THORN BIRD

索·恩

忘掉地平线

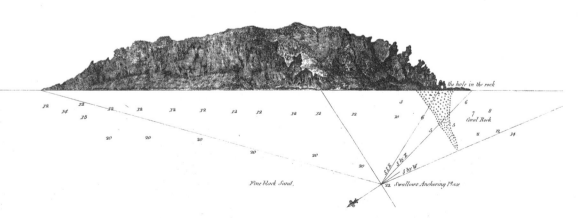

A View of the N.W. Side of MAS-A-FUERA

the hole in the rock

Coral Rock

Fine black Sand,

Swallows Anchoring Place

The EMPIRE OF NECESSITY: Slavery, Freedom, and Deception in the New World

By Greg Grandin

Published by arrangement with Metropolitan Books, an Imprint of Macmillan

Publishing Group, LLC. d/b/a Henry Holt and Company.

THE EMPIRE OF NECESSITY

必然帝国

新世界的奴役、自由与骗局

Slavery,
Freedom,
and
Deception
in
the New World

〔美〕格雷格·格兰丁 /著

陈晓霜　叶宪允 /译

By Greg Grandin

社会科学文献出版社
SOCIAL SCIENCES ACADEMIC PRESS (CHINA)

本书获誉

一部（该领域）顶尖的学术著作……精彩、引人入胜且是当下最为需要的。

——托尼·莫里森

震撼人心……一项非凡的学术壮举……对于近乎不可能却必须追忆的那些因奴隶制而消亡的无数生命来说，这是一份极为重要的贡献。

——安德鲁·德尔巴科，《纽约时报书评》

一部严谨的学术作品，有着吸引人心的叙事结构。

——《芝加哥论坛报》

一个伟大而动人的故事。

——《华盛顿邮报》

格兰丁的文字充满了一位优秀小说家的写作技巧……我对这种

富有创造力、大胆且热情洋溢的作品感到异常欣喜与激动。

　　——H.布鲁斯·富兰克林,《洛杉矶书评》

　　内容丰富,吸引力强……格兰丁先生的书带着我们在历史中畅游,时而曲折,好像乘着帆船般随风而行。他以一种克制的方式描述了这段令人不安的历史全景,客观求实,避免夸大……格兰丁的这部作品,连梅尔维尔本人都会啧啧称赞。

　　——《华尔街日报》

　　一个优雅、精确,充满力量和纯粹乐趣的阅读奇迹……格兰丁带领读者回顾了奴隶贸易如地狱般的残酷历史,这场极具启发性和吸引力的旅行,使读者近距离地观察到了真相。

　　——莫琳·克里根,美国国家公共电台

　　令人兴奋且充满启发的叙事……格兰丁笔触精致,描述生动且极具感性。作者的深度反思使这本书的内容远远超出了只是讲故事的范畴。

　　——《旧金山纪事报》

　　关于《必然帝国》,我无法做出更好的评价。这是我十年来读过的最好的书之一。对于那些对非洲奴隶贸易感兴趣的人,以及希望了解在美洲建立商业企业的人来说,这将是一次必不可少的阅读。

　　——维克多·拉瓦尔,图书论坛

一个非凡的故事，一个以不同寻常的微妙且深刻的方式揭开美国与奴隶制相遇的故事。

——《美国学者》

令人着迷……一部关于公海历史扣人心弦、严谨客观的戏剧性作品……强力推荐。

——《基督教科学箴言报》

引人入胜，令人着迷。

——《西雅图时报》

在这个包罗万象的著作中，格雷格·格兰丁挖掘了一段关于奴隶起义的残酷历史，在这个自由与奴隶制并存的时代里，去关注这一持久的政治与身份困境。这本书叙事精彩，充满了独特的思考，它的历史与文学价值使它成为当下不可或缺的著作。

——菲利普·古里维奇，《阿布格莱布的歌谣》的合著者

格雷格·格兰丁从南太平洋上的一次戏剧性相遇，向我们展示了一个完整的世界：跨大洲交流、奴隶贸易、对自由的幻想。同时，他讲述了这次相遇如何改变了德拉诺船长和千里外一位作家的一生。这是一个精彩无比、非同寻常的故事。

——亚当·霍赫希尔德，《利奥波德国王的鬼魂》的作者

透过赫尔曼·梅尔维尔在《班尼托·西兰诺》中讲述的一个事

件,《必然帝国》为此展开了令人惊叹的细致研究。跨越两个大洋的边缘,它讲述了这其间种种令人痛苦的故事:非洲裔穆斯林徒步横穿南美大陆、奴隶贸易的本质、十九世纪初的海上世界、美洲各地奴隶制与自由并存的生活。格兰丁无疑是一位具有新颖且独到见解的历史学大师。

——大卫·W.布莱特,《弗雷德里克·道格拉斯的一生》(即将出版)的作者

格雷格·格兰丁是当下最出色的历史学家之一,他重新发现了调和严肃学者和普通读者的写作艺术。作为他迄今为止最好的作品,《必然帝国》充满了令人惊叹的力量。

——德比·阿佩盖特,普利策奖获奖作品《美国最有名的人:亨利·瓦得·毕奇尔传记》的作者

献给埃莉诺

人类高歌猛进，要实现更大的自由，

却扩展了必然帝国。

作者未知，梅尔维尔《钟楼》的题词

Contents /

Contents /

Contents /

/ 绪 言

南太平洋，1805 年 2 月，周三，日出后不久

　　亚玛撒·德拉诺（Amasa Delano）船长醒着躺在自己的轻便小床上，这时，他的舱面船员过来告诉他，发现了一艘船正在圣玛丽亚岛南端转向，圣玛丽亚岛是智利沿岸一个无人居住的小岛。德拉诺穿好衣服来到甲板上，那艘"奇怪的船"（后来他这样称呼它）已经收帆，正随风朝着一个水下暗礁漂去。让德拉诺船长倍感困惑的是，这艘船没有挂旗。看起来此船处境艰难，而且如果它继续靠近浅滩，还会遇险。德拉诺急忙叫人在一艘小船上装上水、南瓜和新鲜的鱼。然后，他让人把小船放到海面上，自己上了船。

　　那天早上浓雾茫茫、微风阵阵，但在太阳升起时，能发现这是一片宁静的港湾。这艘神秘的船是在岛屿另一边出现的，那里崎岖不平。连续不断的碎浪、尖突的海底暗礁、陡峭的岩石悬崖让其海岸难以接近，这为在其他地方几近灭绝的海豹提供了庇护所。但是"坚毅"号停泊的小岛东岸则风平浪静，南半球的夏天即将过去，让人昏昏欲睡的土褐色和棕色的沃土、碧绿的大海、晴空万里的蓝天相互辉映，呈现出一派和谐的景象。由野生红蓟覆盖的高耸的峭壁，围拢住这一片沙滩，形成了一个安全区域，捕猎海豹和鲸鱼的人们在这里交流，将邮袋交给返乡的轮船，并且补给木柴和水。

　　德拉诺靠近时，可看到船首漆着由灰白色字母组成的英文船名："考验"号（Tryal）。他也可以看到甲板上到处是黑人，貌似奴隶。登船后，他这位皮肤光洁雪白的新英格兰人发现自己被几十名非洲人和几名西班牙白黑混血水手围住，他们用杂七杂八的语言讲述了自己的"故事"，倾诉自己遭遇的"不幸"。

　　他们中有人讲沃洛夫语（Wolof），有人讲曼丁哥语（Mandinka），有人讲富拉尼语（Fulani），有人讲西班牙语，言辞急促，尽管具体内容不详，但在德拉诺听来总体上是让人放心的。早些时候，当他的水手划船靠近这艘船时，他能看到船帆破烂不堪。本该是齐整有序的索具网却乱七八糟地缠绕成一团，好像沾上了羊毛似的。老化的船体覆盖着青苔，拖曳着长长的海草，变成了浅绿色。但是，他知道海盗们经常让船只假装遇难，以引诱别人上船。拿破仑刚刚在法国加冕称帝，西班牙和法国正在和英国交战，私掠船随心所欲地袭击商船，甚至连偏远的南太平洋也不放过。然而，这些人深陷的双颊和惊狂的眼神证实了他们所述的痛苦是真实的，德拉诺的担心和顾虑转变成了"恻隐之心"。

亚玛撒·德拉诺在"考验"号上待了大约 9 个小时，从早上 7 点左右一直到下午 4 点多。因为他将自己的外遣队派到岛上为"考验"号装水，所以这一天大部分时间他都独自和这艘船的成员在一起，和船长谈话，帮助分发自己带来的食品和水，并且将船固定住，不使其随风漂流。德拉诺是富兰克林·德拉诺·罗斯福（Franklin Delano Roosevelt）总统的远房堂兄弟，来自马萨诸塞州海岸一个颇有名望的造船和捕鱼家族，他是一位经验丰富的航海家，正在进行第三次环球航行。但是，他此时没有看出来，指挥这艘船的不是那位自称是船长的人，而是船上的奴隶。

将近两个月前，这些西非人在一位叫巴波（Babo）的老人及其儿子莫瑞（Mori）的带领下，控制了"考验"号，并且杀死了大部分船员和乘客，以及准备把他们运往利马的贩奴商。随后，他们命令船东以及船长班尼托·西兰诺（Benito Cereno）将他们送回塞内加尔。西兰诺拖延不前，不敢在只有几个水手和一整船叛乱奴隶的情况下绕过合恩角。他首先沿着智利海岸往北前进，然后又向南航行，后来就遇到了德拉诺的"坚毅"号。奴隶们原本可以战斗或者逃跑。但是，巴波想出了一个计划。这些西非人让德拉诺上船，而自己假装依然是奴隶。莫瑞守在西兰诺身边，伪装成恭顺、忠诚的仆人。西兰诺假装自己依然是船只掌管人，他编造了一个故事，说这艘船遭遇了暴风雨，穿过了赤道无风带，犯上了热病，以此来解释为什么他的船变成了这副样子，为什么除了自己以外没有别的高级船员。

德拉诺不知如何看待西兰诺。他在西兰诺身边觉得惴惴不安，甚至在确信他不是强盗后也难释然。德拉诺将西兰诺那茫然的眼神——亲自目睹自己大部分船员被杀害后将近两个月都生活在死亡威胁下，并且饥渴交加——当作蔑视的眼神，好像这位穿着丝绒马褂和宽松黑裤、有着贵族气派的西班牙人，认为自己太高贵了，不屑于和一个穿厚呢短大衣的新英格兰人交谈。那些西非人，尤其是妇人们，也让德拉诺感到不自在，尽管他说不出原因。船上有将近30名女子，包括年长妇女、年轻女孩和大约9名带着嗷嗷待哺婴儿的母亲。食物和水分发完毕后，妇女们带着自己的孩子聚集在船尾，在那里她们开始缓慢地唱起一首挽歌。德拉诺听不出是什么曲调。他也听不懂歌词，尽管在他听来这首歌和那些欢迎他到来的让人宽慰的嘈杂言语产生了完全相反的效果。

还有西兰诺的仆人莫瑞，他紧紧跟随着主人，一步也不曾离开。当两位船长走下甲板时，莫瑞也跟着。当德拉诺要求西兰诺让他的仆人走开，这样他们可以单独谈话时，这位西班牙人拒绝了。他坚持说，这位西非人是他的"知己"和"同伴"，德拉诺可以在他面前畅所欲言。西兰诺说，莫瑞是"奴隶队长"。起初，德拉诺被莫瑞亦步亦趋服侍主人的样子逗乐了；但后来就开始厌恶他，有点儿觉得就是因为这个黑人，他才对西兰诺感到困惑不安。德拉诺开始关注这位奴隶。后来，他写道，莫瑞"让我倍感惊奇"。其他西非人，包括莫瑞的父亲巴波，也总是在旁边转悠，"一直在倾听"。他们似乎能够预料到德拉诺的想法，仿佛一群领航鱼在他身边盘旋，将他一会儿挪到这边，一会儿又推到那边。"他们都将我看作恩人。"德拉诺在他的回忆录《航海和旅行纪实》（1817 年出版）中这样写道。此事发生 12 年后，德拉诺依然将他所认为的当天叛乱者看待他的态度，与他们事实上对他的看法相混淆。

　　一直到下午晚些时候，大约 4 点时，当德拉诺的手下人带着更多的食物和日常用品返回时，西非人的阴谋才昭然若揭。德拉诺正坐在"考验"号的船尾，准备返航回到"坚毅"号，这时，班尼托·西兰诺从船上跳下来，逃离莫瑞的控制，正好落到德拉诺的脚边。就在那个时刻，德拉诺听西兰诺解释了刚刚在"考验"号上看到的每一件怪事，这才意识到此骗局套路之深。接着他让手下人准备发动极其恐怖的暴力攻击。¹

　　事实上，这是一群殊死一搏、饥渴交加的男女，上演了一部历时 9 个小时的有关主奴关系的哑剧，他们中的大部分人根本就不会说即将逮捕他们的人的语言。多年来，这起非同寻常的事件给众多作家、诗人和小说家带来了灵感，在这幕假面舞剧中，他们看到了这个时代应该吸取的教训。举例来说，智利诗人巴勃罗·聂鲁达（Pablo Neruda）认为，奴隶们的胆量和魄力可与 20 世纪 60 年代的反叛运动相呼应。聂鲁达在其生命最后几年里开始撰写一首长诗，然后编写成剧本，命名为《造反者巴波》（*Babo, the Rebel*）。新近，乌拉圭人托马斯·德·马托斯（Tomás de Mattos）写了一部"中国套盒"①式结构的小说《面具护卫舰》（*La Fragata de las máscaras*），在书中，他用这个骗局来隐喻世界——这个世界上，现实并非隐匿在面具之后，而是面具本身。²

　　但是，迄今为止，受"考验"号事件启发写成的最著名的故事是赫尔曼·梅尔维尔的《班尼托·西兰诺》，这也是美国文学史上最让人难以释怀的作品之一。不知是否因为对奴隶们的计谋感到吃

---

　　① Chinese box，一种嵌套，是 19 世纪文学中一种比较流行的手法，类似于"俄罗斯套娃"。——译者注

惊，还是对亚玛撒·德拉诺的天真觉得好奇，梅尔维尔援用了德拉诺长篇回忆录中的第 18 章"西班牙船'考验'号攻陷细情"，并将其改编成一部中篇小说，许多人认为这是他在《白鲸》之外的另一部传世杰作。

梅尔维尔将这艘幽灵般的轮船作为故事背景，在他的描写中，这艘船似乎不是从岛屿另一边出现，而是从深水中冒出来的，笼罩在氤氲雾气中，"灵车般"地起伏摇晃，拖曳着"黑色帷幔的海草"；锈迹斑斑的主锚链酷似奴隶身上的枷锁；贯通船体的骨架裸露出来，犹如骨头。读者们读到此处，知道船上定有罪恶隐藏，但不知道谁在作恶、是什么邪恶，也不清楚凶险潜伏在何处。[3]

《班尼托·西兰诺》于 1855 年底分期连载于《普特南月刊》（ Putnam's Monthly ），除了纯属虚构的结尾以外，大部分内容忠实于德拉诺的记录：在叛乱计谋被揭穿后，这艘船被缴获，叛乱的奴隶被移交给西班牙当局。但是，故事的主要内容发生在船上，占 2/3 的篇幅，当时是这些内容让书评家们对其"不可思议的叙事"评论纷纷，并且说阅读该故事"让人毛骨悚然"。[4]

《班尼托·西兰诺》这个故事的大部分内容发生在虚构人物德拉诺的脑海中。一页接一页的内容都是有关德拉诺的遐想，读者们随他经历了船上的一天，其中充斥着稀奇古怪的仪式、神秘模糊的评论、奇形怪状的象征物。事实上这些奴隶在操纵局面，但是梅尔维尔遮蔽了这个事实，就如同船上的奴隶曾经对德拉诺隐瞒真相一样。和真实的德拉诺一样，梅尔维尔笔下的德拉诺也被这位西班牙船长和其黑人贴身男仆的关系惊呆了。在故事中，梅尔维尔将历史上的巴波和莫瑞结合成一个人物形象，即巴波，他被描述为一位身材矮小、面目宽厚的人。这位西非人可能不仅和西班牙船长平起平坐，而且还是他的主人，这种想法在德拉诺看来是难以理解的。德拉诺观察到巴波温顺地照料生病的西兰诺，帮他穿衣服，擦去他嘴边的唾液；当西兰诺看起来要晕倒时，把他环抱在自己黑色的臂弯里。"主人和仆人站在跟前，黑人扶着白人，"梅尔维尔写道，"德拉诺船长不由得赞叹这两个人之间温良的关系，一方肝胆相照、鞠躬尽瘁，另一方由衷信赖、赤诚相待。"① 在这个节点，梅尔维尔让巴波提醒西兰诺刮胡子的时间到了，然后让这个奴隶用一把折叠式剃刀对这位西班牙人进行心理折磨，而德拉诺则在一旁茫然无绪地瞧着。

梅尔维尔在 1851 年（这一年他发表的《白鲸》未得到好评，遭遇商业失败）至 1861 年（美国内战开始）撰写《班尼托·西兰诺》。这段时期，作者和整个美国都好像神经错乱了。这部中篇小说的故事都集中发生在一天中，以及一艘中等大小的双桅纵帆船上，故事所表达的幽闭恐惧症可以说也发生在梅尔维尔本人身上（在创作过程中，他远离尘嚣，将自己"关闭"在"寒冷北方"的伯克郡农场内），这个国家也正因为其本身的偏见而陷入困境（如同亚玛撒·德拉诺受困一样），不能够事前预见从而避免即将发生的冲突。梅尔维尔完成这部小说后不久就崩溃了，而美国则开始了内战。这是一个很有感染力的故事。[5]

事实上，这个故事的感染力如此之强，以至于读者很容易忘记作为故事素材的原型事件并非发生在 19 世纪 50 年代，即美国内战爆发前夕，也不是发生在美国历史学家研究奴隶制通常关注的区域，比如说大西洋的一艘轮船上或者是美国的一个种植园内。故事发生在南太平洋上，在美国奴隶制中心地带 5000 英里之外，时间是奴隶制在南方扩展并且向西部推进之前的几十年，并且故事的主人公不是一位种族主义者，也不是一位家长式奴隶主，而是一位反对奴隶制的新英格兰共和党人。在"考验"号上发生的事件并非与内战爆

---

① 本书中《班尼托·西兰诺》的译文均引自赫尔曼·梅尔维尔《水手比利·巴德》，《梅尔维尔中短篇小说精选》，陈晓霜译，新华出版社，2015。——译者注

发前的美国有关，而是更早的时代，这是革命年代和自由时代。这次叛乱发生在1804年末，几乎正好在美国独立战争和拉丁美洲独立革命的中间点上。1804年也是海地宣布独立的年份，海地是在美洲建立的第二个共和国，而且是世界上第一个通过奴隶起义产生的共和国。

耶鲁大学的埃德蒙·摩根（Edmund Morgan）是率先全面探讨这个自由时代的"核心悖论"的现代历史学家之一，他在20世纪70年代的著作中写道：这也是奴隶制时代。摩根所描写的地方是殖民时期的弗吉尼亚，但是这个悖论也适用于美洲其他地方，包括北美和南美、从大西洋到太平洋，就如同"考验"号事件本身以及之前的历史所揭露出的事实一样。在里士满存在的真实情况在布宜诺斯艾利斯和利马也同样是真真切切的——很多人心目中的自由就是将黑人当作财产买卖的自由。[6]

的确，西班牙自16世纪早期就开始将被迫为奴的非洲人带到美洲，比颠覆性的共和主义开始在美洲传播，以及自由人据说都具有的所有品质即权利、利益、自由意志、美德和良心等传遍新大陆还要早。但是，从18世纪70年代左右开始，奴隶贸易经历了令人震撼的转变。西班牙国王开始放开对殖民经济的限制。水闸打开了，贩奴商开始不择手段地将非洲人运入新大陆，他们和私掠船合伙，将奴隶们卸载在空荡荡的沙滩、黑乎乎的洞穴，沿着河流将他们运送到内陆平原和山麓丘陵地带，迫使他们穿越大陆。商人们很快就采用了和自由经济有关的新语言，要求得到输入更多奴隶的权利。在宣布自己的需要时，他们毫不矫饰言辞地宣称：他们想要更多自由，更加自由地买卖奴隶。

1804年，进入乌拉圭和阿根廷的奴隶比过去任何年份都多，包括巴波、莫瑞和其他"考验"号上的叛乱者。当德拉诺在太平洋上巡游时，按照一位历史学家的说法，整个美洲都处在"贩奴热"中。

美洲每个地区都有其自身的奴隶制历史，分别有自己的节奏和高潮。但是，如果将西半球看作一个整体，19 世纪早期发生在南美洲的事件，也在新世界将奴隶视为个人财产这种制度爆发的过程中，这种动产奴隶制（chattel bondage）早先在加勒比海就已出现，在葡属巴西盛行。1812 年后，随着棉花和蔗糖生意向美国路易斯安那州推进，并且穿越密西西比河进入得克萨斯州，这种奴隶制度便借助特殊力量侵入美国南部。

在美国和西属美洲，奴隶劳动都产生了财富，使当地人民有可能获得独立。但是，奴隶制并不仅仅是一种经济制度，它也是一种心理层面和意念层面的制度。男人和几乎所有女人的生活都有某种不自由的时候，人们总是要受这种或那种束缚，诸如契约、学徒合同、地租、磨坊、作坊或者监狱，甚至还包括丈夫或父亲的束缚，如此这般，要说有什么自由，是比较困难的。但是，要说什么不是自由，那是容易的，自由与"一个几内亚奴隶"毫不相干。那么，自由人的理想形象，就是能够遵循个人良心，控制自己内心的感情，有充分自由追求自己的利益。站在开明世界中心的理性人，是根据其设想中的自由对立面磨炼出来的。一个奴隶，就像他无法摆脱奴隶主的束缚一样，他也无法摆脱其自身内心欲望的牵制。由此，对奴隶的压制经常反复地被作为一个喻体，来比喻理智和意志必须压制欲望和冲动。如果一个人希望获得真正的自由，能够在一个由享受同样自由的人组成的文明中要求平等的地位，那么他只有不做自己内心的奴隶才能成为自由人。[7]

说自由时代也是奴隶制时代可能听起来比较抽象。但是，想想下列数字：1514～1866 年装上开往美洲的奴隶船上的非洲人，已知的总共有 10148288 人（历史学家估计总共至少有 12500000 人），这其中超过一半的人，即 5131385 人，是在 1776 年 7 月 4 日美国建国后被掳掠上船来到美洲的。[8]

新英格兰人亚玛撒·德拉诺、西班牙人班尼托·西兰诺和西非人莫瑞，他们所跳的南太平洋三人舞由巴波精心设计，非常戏剧化，足以激起任何一位史学家的好奇心。这部舞剧捕捉了19世纪早期新世界民族、经济、思想和信仰之间的冲突。巴波、莫瑞和他们同伴中的一些人是穆斯林，这意味着世界上三大一神教——西兰诺的天主教、德拉诺的新教和西非人的伊斯兰教——在作为舞台的轮船上彼此交锋。

这个延续一整天的骗局，除了其大胆无畏之外，最吸引人的是它揭露了一种范围更广的谎言，而奴隶制整栋意识形态大厦都建立在这个谎言之上，即奴隶是忠心耿耿、头脑简单的，而且没有独立的生活或思想，如果他们有真正的内在自我意识，那也是甘愿接受其主人的管辖。奴隶只是一种财产而已，你所看到的表面现象也是他们的内在本质。这些西非人使用了各种才能（狡猾、理性和纪律），他们的主人说他们并不拥有这些才智，这就揭穿了有关奴隶的刻板印象（愚蠢、忠诚）是不可靠的假象。在"考验"号上的那一天，叛乱的奴隶们控制了自己的情感，能够延缓满足自己的欲望（比如说，复仇或者立刻获取自由），并且驾驭自己的思想和情感来扮演各自的角色。尤其是莫瑞，一位西班牙官员在审理这个事件时写道："他能够驾轻就熟地扮演一个谦卑顺从的奴隶的角色。"9

这些造反奴隶欺骗的对象是亚玛撒·德拉诺，他在太平洋捕猎海豹，这种行当和捕鲸业一样具有血腥的掠夺性，有一小段时间还和捕鲸一样收益颇丰，但越来越不可持续。人们很容易将德拉诺视为众多海外无辜的美国人中的第一位，他们不顾自己行为的后果，即便是要将自己以及身边的人推入绝境。但是，德拉诺是一位更引人注目的人物。他出生在导致美国革命的基督教乐观主义兴起的年代，这种乐观主义认为个人能控制自身的命运，包括此生和来世。德拉诺身上体现了那次革命所具有的可能性和局限性。当首次作为水手从新英格兰出发时，他满怀其青年时代的希冀。他认为奴隶制是过去的遗物，肯定会消亡。但是，他在"考验"号上的行动，他手下船员的野蛮行径，以及他在接下来几个月中的行为，都说明了所谓即将到来的未来会是什么样的状况。

赫尔曼·梅尔维尔在几乎整个写作生涯中都在思考有关自由和奴隶制的难题。但是，他通常以比较隐晦的方式表达思想，好像是力图要将经验与肤色、经济或地理等具体细节分离开来。他几乎不写人类奴役情况是一种有受害人和施害者的历史制度，而是将之作为普遍的存在主义或哲学的状况。《班尼托·西兰诺》是一个例外。但是，甚至在这部小说中，通过迫使读者采用亚玛撒·德拉诺的视角，他的重点并非要揭露特定的社会罪恶，而是要揭露奴隶制的基本骗局：不仅仅是有关某些人天生是奴隶的幻想，还包括其他人可以获得绝对自由的妄想。阅读《班尼托·西兰诺》会有这样一种感觉，那就是梅尔维尔知道或者担心这种幻想不会终止，在废除奴隶制后（即便是奴隶制真的废除了），这种幻想会在新的环境中呈现出来，甚至变得更加不可捉摸，在世间的人与事中根深蒂固。正是这种意识、这种担忧，让《班尼托·西兰诺》这个故事如此经久不衰——使梅尔维尔成为有关奴隶制的真实强度和持续影响的敏锐评论家。

我第一次知道《班尼托·西兰诺》取材于真实事件，是在教授"美国卓异主义"研讨班，当时我将这部中篇小说作为作业布置给学生。那个研讨班探讨了如何看待通常被认为是美国独有使命的观点——美国有天授使命和天定命运，要引导人类走向新的黎明——实际上这是所有新世界共和党人都坚信的理念。我开始研究《班尼托·西兰诺》背后的历史，认为这本专门写叛乱和诡计的书会漂亮地阐明奴隶制在美国人的这些自我理解中所扮演的角色。但是我越是试图要揭示有关人物的动机和价值，即班尼托·西兰诺、亚玛撒·德拉诺，更重要的是巴波、莫瑞和其他叛乱的西非人，我越来越相信，如果不呈现更多背景情况，就不可能讲述这个故事，或者说不可能表达该故事的真实含义。我忍不住扩大研究范围，进而研究与奴隶制并不直接相关的人类活动和信念，比如说海盗、海豹捕猎和伊斯兰教。这也是美国奴隶制的重要内容，它从来不仅仅只与奴隶制相关。

在回忆录中，德拉诺使用了一个现在已经被废弃的水手术语"马市"（horse market），来描述汇聚堆叠的海水，其力量之大，足以倾覆船只。这是一个很好的比喻。"考验"号上的人所遭遇的正是历史潮流相互冲击之下的马市，包括自由贸易、美国扩张和奴隶制，以及有关正义和信念相互冲突的思想。戏剧中涉及的所有人通过不同路线来到太平洋，这些路线充分揭示了美国有关自由和奴隶制的悖论，这个悖论如此普遍，以致它不仅能让奴隶和贩奴商陷入困境，而且涉及那些认为自己既非奴隶又非贩奴商的人。

第一部

有 主 鲸

　　首先：什么是有主鲸？一条鲸，不管它是死鲸还是活鲸，只要它和一条捕鲸船有着联系，比如它身上拖着这条船上的标枪和绳索，并且绳索的另一头儿还在那条捕鲸船上，或者是这条鲸的身上有着和那条船连结在一起的什么东西，那么，我们说：这条鲸就是所谓的"有主鲸"。①

　　　　　　　　　　　　　　　　　　　　——赫尔曼·梅尔维尔:《白鲸》

---

① 本书中的《白鲸》引文均引自赫尔曼·梅尔维尔《白鲸》，曹庸译，上海译文出版社，2013。

/ 1 老鹰来了

1804 年 1 月初，一个独臂法国海盗闯入了蒙得维的亚（Montevideo）港口。他多国船员中的西班牙人觉得说他的名字很麻烦，就称呼他为曼科船长——曼科（manco），在西班牙语中意为跛子。弗朗索瓦 - 德 - 保罗·希波吕忒·莫德耶（François-de-Paule Hippolyte Mordeille）不在意这个绰号，他不喜欢的就是头衔。

莫德耶是一名在海上航行的雅各宾党人。他带领的人系着红腰带，唱着《马赛曲》，跟着革命歌曲的节奏在甲板上工作。共和国万岁！消灭世间君王！在横杆上吊死贵族！他指挥着"勇敢的长裤汉"号（Le Brave Sans-Culottes）、"革命"号（Révolution）和"民主"号（Le Démocrat）巡逻非洲海岸，从印度洋上的法兰西岛（现在的毛里求斯）到大西洋岸边的塞内加尔，骚扰法国革命的敌人，并且保卫盟友。莫德耶忠于共和党，他更喜欢被称为公民——如有必要的话，或者可称他为公民曼科。但是他不喜欢船长这个称呼。

莫德耶从南部的巴西过来，在进入拉普拉塔河（Río de la Plata）时换成了偏右舷的方向，紧靠着海岸线航行。拉普拉塔河是进入蒙得维的亚和布宜诺斯艾利斯的大水路，并且还可通往别的地方。宽阔的海湾看起来像是在热情迎客，却充斥着浅滩、沙洲和礁石。其湍急的支流——该海湾是几条河流的入海口——都流经南美洲一些最干燥的地区，带来大量淤泥沉积物，形成沙洲，改变海中航线。来自大草原、夹带着乌云的狂风拍击落潮海水时，河道尤其变幻莫测。就在几年前，仅仅一次暴风雨就导致 86 艘船失事。甚至被认为是最安全路线的北边海岸线（莫德耶就是沿着这条路线航行的）也被称为"木匠海岸"，因为木工们通过打捞被海浪冲刷上来的沉船木材谋生。[1]

位于拉普拉塔河沿岸的两个城市中，布宜诺斯艾利斯位于南岸，更靠近内陆，而且更加富有。但水手们更喜欢北边的蒙得维的亚。

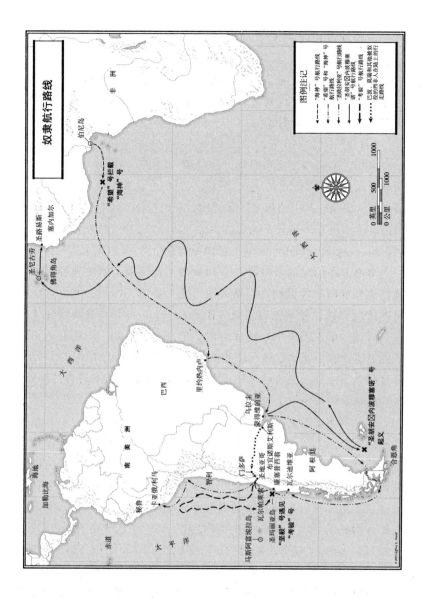

奴隶航行路线

尽管该城市的港口充斥着沉船的船壳，而且依然没有靠泊码头，但是其港口的水比布宜诺斯艾利斯的浅河滩深一些，因此更适于装卸货物。莫德耶驾驶"希望"号驶入港口，开过浑水，驶向安全锚地。跟随在他后面的是"海神"号（Neptune），这是莫德耶及其船员在比夫拉湾（Bight of Biafra）附近捕获的战利品。[2]

"海神"号重 343 吨，底部由铜制造，柚木框架，有三个桅杆和三层甲板，船头破浪处角很尖，并有精美的雕饰——一头无冕之狮，西班牙人后来就是如此描述这个船头装饰的。这艘船很大，看起来像是战船。但是，其主要用来运载货物，而不是作战。它比不上武装更精良、体积更小的船只，比如"希望"号，"海神"号船长大卫·菲利普斯（David Phillips）付出了惨重的代价之后才明白这个事实。

船停泊在伯尼岛沿岸时，菲利普斯早就听说一艘法国轻巡洋舰就在他和外海之间巡航。但是，因为船上装满了俘虏，他决定冒险和巡洋舰交锋，驶向巴巴多斯（Barbados）。当菲利普斯发现"希望"号朝他的左舷方向快速靠近时，他下命令逃跑。但追赶他的船开得更快，袭击了他这艘商船的船首，迫使其朝着顶风的方向转动。莫德耶随后让自己的船顺风势转向，撑起船帆，紧接着进攻"海神"号。菲利普斯被困住了。

如果莫德耶的目的是摧毁目标，战斗会很快结束。但是，私掠巡航的规矩意味着莫德耶要扣留"海神"号运载的货物，所以他的手下并没有将枪支对准其船壳，而是瞄准船上索具。射击继续进行，见习水手们来回跑着往"希望"号甲板上浇水，确保火药不会让它着火。一群人做好准备，拿着登舰斧，要徒手捕获"海神"号。没必要再用武器了。一发炮弹击中了船舵上部，使这艘船不能再前行；又经过一小时的射击，船员中 11 人死亡、16 人受伤，船帆垂落，索具被损坏，菲利普斯投降。

当莫德耶的人打开"海神"号的舱口时，他们发现了近 400 名非洲人，大部分是年龄在 12~15 岁的男孩和男人，而且还有一些女人和儿童。

他们都戴着枷锁，穿着蓝棉布工装。

西班牙的历史文件表明，"考验"号叛乱奴隶中的一些人是来自"海神"号的西非人。但是，这些文件没有说明他们是谁以及有多少人。"莫瑞"这个名字在伯尼岛上岸的俘虏中比较常见。根据一个非洲人名数据库，在记录中，所有作为奴隶离开非洲的名为"莫瑞"的男人中，有多个（将近 37%）是从伯尼岛离开的。巴波这个名字的变体——巴卜（Baboo）、巴布（Babu）、巴巴（Baba）等——同样也常见于在附近港口被装上船的奴隶。法院记录只显示了参加叛乱的 13 名其他奴隶（全部是男性）的名字：迪亚梅洛（Diamelo）、莱奥贝（Leobe）、那图（Natu）、奎阿莫波（Quiamobo）、利希（Liché）、迪克（Dick）、曼屯奎（Matunqui）、阿拉散（Alasan）、尤拉（Yola）、扬（Yan）、马尔鹏达（Malpenda）、亚姆巴依欧 [Yambaio 或称桑木巴（Samba）]，以及阿土缶（Atufal）。

莫德耶在"海神"号上发现的大部分人已经航行数周，有些人甚至已经沿着汹涌的尼日尔河及其支流辗转数月，这条河流的干支流组成一个不断扩展的网格，深入到非洲内陆。伯尼岛是当年比较受欢迎的港口，因为载货能力相当强的大船可以在硬砂层抛锚停泊，并且装载大量货物，有些情况下可装载多达 700 名非洲人。这条河流"宽阔且水深"，一位英国水手在"海神"号可能抵达的时期汇报说："比泰晤士河还要宽阔。"在任何给定时刻，都会有多达 15 艘船排队等待，其中很多来自利物浦，依次停靠在这个岛屿的海岸边，等待黑人贸易商到来，他们每隔两周从内陆来一次进行交易。这些贸易商带着小型船队，有 20~30 条独木舟，每条独木舟装有多达 30 名俘虏，用来交换枪支、火药、铁、布和白兰地。[3]

伯尼岛和西非其他地方的欧洲人不知道这些俘虏是从哪里来的。

直到 1803 年，英国皇家非洲公司才指示其位于伯尼岛西面的黄金海岸上海岸角城堡（Cape Coast Castle）里的政府代表调查非洲商人，搞清楚他们是从谁的手中买到奴隶的？他们怎么来到海岸的？是"小撮人结队"来还是"组成大队伍"过来？"经过的城镇或村庄"叫什么？这些城镇的人"是穆斯林还是异教徒"？如果他们来自"大沙漠"，"他们部落的名称是什么？"如果他们来自"尼日尔河流域之外的区域"，那么他们知道"该河流的航道信息"吗？他们是否知晓"据说从曼丁哥高原一直绵延到阿比西尼亚的山脉"？英国人在黄金海岸已有一个多世纪——他们从 1644 年开始控制海岸角城堡，但是他们的政府代表对这些问题只能给出模棱两可的答案。[4]

即便奴役他们的人不知道他们的来历，在伯尼岛上船的非洲人依然远近闻名，因为他们任性恣意并且有自杀倾向。这两种特性看起来相互对立，但经常导致同一行为——自杀。亚历山大·福尔肯布里奇（Alexander Falconbridge）是一位随船外科医生，他在 1788 年谴责奴隶贸易时提到，在伯尼岛装上船的 15 名奴隶在轮船离开港口时纵身跃入一个鲨鱼群。另一位伯尼岛奴隶船上的航海者也描述了类似的情形，他是一名年轻的见习水手，因为"那些黑人的号叫声"，他曾一度难以入眠。他曾看到 3 名俘虏挣脱枷锁，从船上跳下水，他们"在海浪中跳舞，用最大的力气呼喊，在我听来好像是在唱一首凯歌"，直到他们的"歌声越来越微弱，最后消失在风中"。[5]

"海神"号是一艘利物浦奴隶船，这意味着对于莫德耶来说，夺取这艘船不仅可能获利，而且还可为自己报仇。这个法国人在逃离一个西班牙地牢时失去了一只手臂，但是他对英国人怀有深仇大恨是因为他曾被一艘利物浦海盗船擒获，而后被长期关押在朴茨茅斯（Portsmouth）。[6]

利物浦以异乎寻常的热情加入反对共和制的斗争中。1793 年初，听到法国人已经处死了自己的国王路易十六时，市政府高级官员们将海关楼上的英国国旗降了半旗。哀伤演变成愤怒，愤怒又导致了反对弑君者的战斗。一份报纸警示，人们唯恐在皮卡迪利（Piccadilly）大街上出现此类口号："自由红帽高举，死亡之旗招展，人们高唱《马赛曲》，宣布理性时代来临，自由女神及其断头台永久存在。"利物浦的贩奴商、种植园主和运货商筹募资金建立了一支庞大的雇佣舰队，由67艘装备精良的快速私掠船组成，每艘船上都装有20门或更多的火炮，将反对激进共和主义的斗争扩展到海上。在一段时间内，法国船舰都只能任其摆布。

但是，巴黎接下来就开始派遣自己的私掠者，包括莫德耶；同时，因为拿破仑崛起，法兰西共和国的海军得到加强。"希望"号袭击"海神"号时，法国不仅能够更好地在公海上自我防御，而且发起了攻势，骚扰往来于加勒比海甘蔗种植园的英国货船和奴隶船。莫德耶的船挂着荷兰国旗，持有法国私掠许可证，是这些复仇者中最顽强的，被拿破仑时期的新闻报道赞颂为"利物浦之鞭"："莫德耶！莫德耶！矮小体弱，但临阵时英勇无敌。"[7]

"海神"号的船主是约翰·博尔顿（John Bolton），他是利物浦雇佣舰队最大的赞助商之一；而且还装备了一支反对雅各宾党的队伍，有近600人，名为"博尔顿的无敌之师"，目的是防备利物浦受到内外敌人的攻击。博尔顿出生在一个贫穷乡村药剂师的家庭，从西印度群岛的实习办事员开始职业生涯，传说他通过连本带利的赌博，使一袋土豆和一块奶酪变为后来他创建的奴隶帝国的原始资本。他将自己的"有色人"妻子和孩子抛弃在加勒比海，让他们穷困潦倒，自己却回到利物浦，把时间花费在忙碌的亨利大街账房和斯托尔斯的豪宅里。后者是一座建造在精美小树林中的乡间别墅，位于一个树木繁茂的海角，可俯瞰温德米尔湖，在这里，他款待过保守党政客和浪漫派诗人，包括他的朋友威廉·华兹华斯。

博尔顿出身卑微，但是通过至少120次贩奴航行，积累了庞大的财富，让他在离开人世时被装在一付精美绝伦的棺材里。这付棺材用黑天鹅绒包裹，镶嵌着银钉。他的送葬行列包括：

> 8位并肩行走的绅士，300名来自蓝制服学校的男孩排成6排，250名步行的绅士和60名骑马的绅士排成6排，30名绅士的私人马车排成一行。几辆轻便两轮马车……4名骑马的哑巴。3辆送葬的四轮大马车，每辆都由4匹马拉着。博尔顿先生的私人马车，由4匹美丽的纯血马拉着，走在队伍的最后面。

这是利物浦一次值得铭记的送丧活动，看客们都认为在博尔顿下葬的那一天，圣卢克大教堂的钟声特别优美。[8]

在准备航行跨越大西洋时，"希望"号和"海神"号表征大革命时代矛盾的双方。在一艘船上是被视为财产的非洲奴隶，这意味着根据自然法自由主义的某些解释，他们可以作为货物买卖交易；在另一艘船上是由各种肤色人种组成的船员，这兑现了法国大革命关于自由、平等和博爱的承诺。欧洲人（大部分是法国人和西班牙人）和作为枪手与火枪兵的黑皮肤的葡萄牙混血人，以及非洲黑人和海地黑人一起工作。他们没有因为肤色而指定头衔，并且说着一种主张人人平等的语言，听起来像法语，但是带着阿拉伯语、西班牙语、葡萄牙语和法国南部奥克西坦语的口音，还有从加勒比海一带以及西非、东非不经意学会的一些词语。莫德耶出生于地中海，距离马赛不远，到北非也只需短途航行即可，他曾被描述成"像埃塞俄比亚人那样黑"。[9]

严格来说，肤色界限并没有把大西洋上的人划分为主人和奴隶。在当时所有航海帝国与共和国的海军舰队和商船队中，都有有色人——其中包括非洲人、南太平洋诸岛岛民、阿拉伯人、印度人、中国人以及重获自由的美国黑人——在船（包括奴隶船）上工作，担任厨师、客船服务员、水手，在少数情况下甚至担任船长。

白皮肤也不能让一个人的身体和意志免遭专制奴役。抓壮丁队在英国境内各港口城市的码头游逛，为皇家海军船只寻找补充人员，看起来和在非洲海岸和河岸搜捕黑人的奴隶团伙没什么区别。[10]

在利物浦，商人反动先锋队（vanguard of merchant reaction）那些野蛮的家伙们在街道上巡逻，领头的经常是一名"闲游浪荡的军官，不达目的不罢休，穿着破烂不堪的制服，戴着破旧的帽子"。一看到他们，男人们赶快逃跑，孩子们尖声喊叫。消息很快就传开，说"老鹰来了"。遗憾的是，有穷苦的水手没有锁好门、关闭窗户，"他被抓捕，好像一个重罪犯，失去了自由，被迫离开家园、朋友、父母、妻子和孩子，仓促地被送到集合场所，接受审验，通过后就被送上一只小船，酷似一个黑人被押上一艘奴隶船"。[11]

一旦出了海，水手们就要接受像旧封建制度一样的统治，像奴隶在种植园那样受到野蛮的控制。他们可能会被鞭打，被涂油沾羽①，被浸入海水中并被船拖曳着前行，一分钟内他们的后背受到船体附着的节肢动物藤壶的撞击，相当于遭受15次鞭打，或者被处死、被迫走跳板或在船的桁端被吊死。是在"希望"号这样的船上，尽管它是带着起义造反的热忱在海上航行的，而且废除了等级，但莫德耶的权威仍然是绝对的，不管他是被称为公民还是被称为船长。[12]

然而，非洲奴隶贸易是一种不同的奴役。它不仅在自由时代到来之前就已存在，而且还在不断扩展，甚至获利愈加丰厚。所以，让我们重新回顾"海神"号事件，这艘船平稳停下来后，船上的尸体被扔出船外，英国囚徒被用镣铐锁住。莫德耶开始清点作为货物的非洲奴隶，他算了一下，这艘船上的奴隶被整批卖出的话，至少值8万银比索（将这个数目转换成现在的货币几乎不可能，但这笔巨款大致相当于墨西哥和秘鲁总督的年薪，他们是在美洲职位最高

---

① 一种刑罚，即在犯人身上涂以柏油并覆以羽毛。——译者注

的西班牙官员）。

　　莫德耶看起来并没有特别在意这个矛盾，即他是一位雅各宾党人，坚持人权和世界自由的信念，却通过掠取英国人的奴隶并将其贩卖给美洲的西班牙商人来谋生。毕竟，他发誓要效忠的并非理想，而是法兰西民族，这个国家于 1794 年在其殖民地废除了奴隶制，但是 8 年后又恢复了这一制度。拿破仑于 1802 年恢复奴隶制的布告简明扼要："应该维护奴隶制"；奴隶贸易"必须进行"。不管怎样，大革命中有关奴隶制和自由规定的反复变化，对于这位私掠船船长来说无甚关系，对于他手下的人来说显然也是如此。

　　当"海神"号一切就绪，存货清单完成，船舵修好，受损的船帆被替换，索具重新做好，这两艘船，一艘是征服者，另一艘是战利品，起航前往蒙得维的亚。英国人（包括高级船员）都被安置到船舱，不是那个装非洲人的船舱，而是"海神"号后甲板下方较小的那个船舱。

　　直到 18 世纪 70 年代左右，大部分非洲人在前往美洲的中途航道上，一旦穿过大西洋就不再继续远行了。美洲的主要奴隶港——新奥尔良（New Orleans）、哈瓦那（Havana）、太子港（Port-au-Prince）、亚历山大港（Alexandria）、巴伊亚（Bahia）、里约热内卢（Rio de Janeiro）、卡塔赫纳（Cartagena）、巴尔的摩（Baltimore）、查尔斯顿（Charleston）——是通往沿海、沿河和岛屿种植园、大庄园与城市的门户，航行中幸存下来的大部分俘虏会在这些地方度过他们的余生。

　　但是莫德耶带到蒙得维的亚的"海神"号上的西非人是作为奴隶制新极端产品的一部分到达的，即一种重塑西属美洲的市场革命的发动机。从伯尼岛到拉普拉塔河，他们已经航行了 5000 多英里。他们即将成为商业腐败的牺牲品，尽管对他们而言被称为犯罪的行径和被认为是商业的行为并无区别。那些要被继续运到太平洋沿岸的俘虏，包括那些后来上了"考验"号的俘虏，他们的行程尚有一半多未完成。

蒙得维的亚人住在屋顶，很像纳撒尼尔·菲尔布里克（Nathaniel Philbrick）描述的 19 世纪楠塔基特岛（Nantucket Island）上的居民那样。这里的房屋密布在一小块土地上，这块土地揳入一座秀丽的小山和一个弧形的海湾之间，很少有空间造花园。妇女们在屋顶漫步道上种植花草，傍晚时分，男人们在这里休闲放松，喝咖啡、抽雪茄。从下方可以听到巡回演出的歌手在唱歌。一位在该城市旅行的英国人汇报说，"通常'爱'是这些歌曲的主题"。[1]

从狭窄街道传来的另一种声音，是流动小贩那拖得很长的叫卖声。这些叫卖的小贩都是奴隶，他们中很多人刚从非洲过来，他们叫卖馅饼、糖果、牛奶、面包、鱼的单调节奏也透露出这个事实。他们将西班牙语中的"r"音转化为非洲语中的"l"音，用一种非常哀痛的挽歌声调发出元音，好像要竭尽举世之痛楚来宣告那天早上的大麦蛋糕已经做好。

　　　　¡Toooltas…toooltítas! ¡Toltitas son de cebáa!!
　　　　（蛋糕……蛋糕……大麦做的蛋糕！）
　　　　¡Chaá que soy negla boba, pala que tanto glitá!
　　　　（我是刚从非洲来的黑人，所以我才这么喊叫！）
　　　　Toooltas…toooltítas! ¡Ya no me queda ná!
　　　　（蛋糕……蛋糕……现在我一无所有！）

最后这个句子的意思是物品已经卖完。但是，透过字面逐字翻译出的意思则更让人哀伤，尤其是考虑到小贩们来到此地的状况：现在我一无所有。城市里的自由人不得不接受这种奴隶们叫卖自己货物的苦乐参半的声音，因为在这些小贩早就从城市街道销声匿迹很长时间后，当地居民依然能够记住这些声音。今天，乌干达的孩子们在校园露天表演节目中还会背诵这些儿歌。[2]

蒙得维的亚比其肆意扩张的姐妹城市布宜诺斯艾利斯面积要小，而布宜诺斯艾利斯有牛仔和赶骡人，甚至都不能确定它是一个港口城市。布宜诺斯艾利斯的滨水区是一个临近一条浅河的泥坡，充斥着小酒馆、醉醺醺的水手和垃圾。最大的船只能停靠在离岸 8 英里以外的地方。货物需要卸到小船上，再运到岸边，然后再转送到水陆两用车辆上，这种车有大轮子，可以抬升货车底部以避开风浪，接着马将货车拉上海滩。后来，在河流清淤疏浚、建造足够的码头后，该城的居民也开始称呼自己为"港口人"，说自己住在港口城市。但是，19 世纪初期，大部分人"不指望这条河流"，他们关注的是内陆草原。[3]

蒙得维的亚人面向大海。这座城市的很多露天酒吧都配有观察塔和望远镜，从港口港湾看去，蒙得维的亚看起来像是一个带堡垒的修道院。商人们会像修士朝拜修道院那样爬上这些观察塔，观察天空，看是不是有暴风雨，看河口是否有轮船到来，"对安全满怀忧惧，或者急切期盼某一艘船来临"。[4]

大部分进出阿根廷的货物都要通过蒙得维的亚的深水海湾，这些货物很快就成为大西洋世界的生活必需品，是屠户的案头肉或进入面包篮。从蒙得维的亚运出的货物有兽皮、猪油、牛肉干、小麦、黄铜、木材、可可豆、金鸡纳树皮、巴拉圭茶、醋。从蒙得维的亚输入的货物包括哈瓦那朗姆酒、波士顿及英国纺织品、英国家具和纸张、法国帽子、来自加的斯的糖果和镀金手镯，以及来自巴西的白糖、烟草和烈性酒。

还有奴隶。当时的一位观察者曾说过，人们对奴隶"如饥似渴"。蒙得维的亚是拉普拉塔河官方指定的奴隶港口，所有的奴隶船，即便是要开往布宜诺斯艾利斯，根据法律也要在那里停留，接受港口医生的检验，并由港口收税员进行评估收税。前往上游港口的奴隶要转移到从海湾开到巴拉圭的定期货船上。进来的大部分贩奴商要在这里报账，奴隶是进口商货物的一部分。

但是，商人们每天会登上屋顶塔楼，观看海潮还会带来什么，希望瞧见不期而遇的轮船，可以让他们多赚一点外快。1月底，一位心有所望的商人在"海神"号抛锚后不久就注意到它了，他低估了这艘船上奴隶的数目，认为甲板上只有"100多名"奴隶。"我拿不准他们是否允许贩卖这些奴隶，"他在给马丁·德·阿尔萨加（Martín de Alzaga，当时布宜诺斯艾利斯最富有的人之一）的短信中写道，"但是，我确信不管如何，这些奴隶都会被出售。"[5]

当莫德耶抵达蒙得维的亚时，其半月形港口人头攒动，船只也不少，船吃水很深，船舱里装满沉重的货物，船帆收起。这里有一个繁忙的码头沙滩，被燃烧的沥青发出的火光照亮。沙滩后面是一排工作坊，呈新月状排列，在那里，铁匠、煤炭工人、木匠、细木工、砌块制造工、拾荒者和捻缝工准备好船只返航。装卸工（其中很多人是黑色和棕色皮肤的奴隶）从新到达的轮船上拉下木桶、板条箱和其他奴隶。在蒙得维的亚货栈的账房里，文书和出纳坐在扶手转椅上，记录着跨越半个地球的贩奴生意中谁欠谁多少。他们管理着数量众多的账目——本票、银行汇票、经常项目账本、保险单、寄售发票、货运和税收收据。这些票据将拉普拉塔河港口和内陆城市、智利及秘鲁与大西洋彼岸的伦敦、利物浦，以及波士顿、纽约和非洲及巴西的贸易港口联系起来。

这就是历史学家所称的西属美洲市场革命，而奴隶们则是让所有这些业务运转起来的飞轮。

几个世纪以来，西班牙王室力图通过一种被称为重商主义的制度来控制奴隶制，还有美洲的所有其他经济活动。西班牙禁止其殖民地相互通商，禁止外国船只进入美洲港口，禁止商人拥有私人运货船队，并且限制生产。进口奴隶的垄断权只赋予选定的几个国家或公司，而且只有少数几个港口才有这种权力，主要是哥伦比亚的卡塔赫纳（Cartagena）、墨西哥的韦拉克鲁斯（Veracruz）及古巴的哈瓦那（Havana）。这种政策是为了避免在美洲产生过于强大的商人阶层，确保西班牙的殖民地依然是金银的来源地，并且只使用在西班牙制造或者经西班牙运输的商品。

不管如何，那只是理论，在实践上则是另一种情况。在西班牙征服美洲早期，违禁品走私盛极一时。布宜诺斯艾利斯就是在腐败走私中形成的。16世纪早期，创建这个城市的西班牙人成功地捞取了从该市运往西班牙的安第斯山白银。几个世纪以来，走私构成拉普拉塔河贸易的重要部分。早期有位西班牙总督试图阻止葡萄牙商人从巴西走私奴隶，结果他被投毒身亡。到18世纪晚期，未完税的非法贸易构成该海湾近一半的贸易活动，这些贸易的对象大部分是新建立的美国或者英国。商品通过大西洋流入流出，经过易于穿越的阿根廷与巴西的边界来回流动，沿着巴拉那河上下流将布宜诺斯艾利斯和蒙得维的亚与巴拉圭连接起来。6

非洲人是最常见的走私货。他们可能在夜晚黑暗的布宜诺斯艾利斯沿岸沙滩上被卸载，然后神不知鬼不觉地被带入该城市的市场。或者奴隶进口商在白天大摇大摆地将他们带进城市，只需说他们是在非洲内陆某地发现的"走失的黑人"，这意味着出售这些奴隶不需要进口许可证和税单。但是，有时候，非洲人是走私品的掩护，商人们使用进口少量奴隶的许可证来掩护装满船舱的巴黎花露水或纽约腌菜。在一些进入西属美洲港口的英国船只上，黑人水手临时装扮成奴隶，足以让海关检查员相信船上的货物就是他们，而不去查验真正的走私商品。7

到18世纪70年代，西班牙承受越来越大的压力，被要求赋予其殖民地居民更多经济自由（más libertad）。大西洋世界越来越商业化，殖民地居民有新的机会从事走私，而且诸如英国之类的敌人也有更多的空子可以钻。于是西班牙王室需要寻找方法来规范非法贸易，以保持其殖民地臣民的忠心，并且遏制英国的野心。马德里也希望刺激经济发展，从而产生更多的收入，当时西班牙与各帝国之间战事频仍，似乎永无止境，迫切需要经济支撑。

所以，从美国革命开始，每逢殖民地叛乱热情高涨，每逢殖民地臣民发布人权宣言，西班牙就颁发一个法令，允许更为自由的贸易，包括更为自由的奴隶贸易。[8]

1776 年 7 月，美国《独立宣言》在费城签署；11 月，西班牙将古巴港向北美开放，包括贩奴船。1789 年法国大革命之后，国王允许西班牙人和外国人将奴隶带入加拉加斯、波多黎各、哈瓦那和圣多明各等港口。1791 年海地革命开始之后，马德里将蒙得维的亚列入奴隶自由贸易港口名录（这个名录在不断扩大），并且降低了奴隶买卖税，允许商人根据供求"原则"定价，可以像出售"任何其他商品"那样，"同等自由"地售卖他们手中的非洲奴隶。1793 年，法国人处死了自己的国王，西班牙又一次降低了与奴隶交换相关的商品出口税，免除奴隶船的销售税和注册税，并且允许殖民地之间互通贸易，还可以和葡萄牙人统治下的巴西通商，以获取奴隶。[9]

后来，在 1804 年 1 月，海地成为独立国家，打败了试图在岛上恢复奴隶制的法国军队。"我们敢于争取自由，让我们独立自主、为自己谋福利，"海地领袖们宣布。这一宣言吓坏了那些用"自由"一词来指随意买卖非洲人的自由的人。几个月后，西班牙扩大了其美洲臣民的权利，以及在其领土上任何其他居民的权利，准许他们驾驶自己的船只去非洲"购买不管在何地何处发现的黑人"。①

---

① 西属美洲商人在呼吁更多"自由"和"更自由的贸易"，或者西班牙王室在响应这些解除经济控制的呼吁时，他们都不倾向求助于个人权利观念。他们使用的是"实用"一词，为促进帝国繁荣，实现一个更高的"利益"。西班牙神学家们确实承认个人拥有他们所称的一种内在主权（fureo interno），像英语国家的新教思想家那样，他们甚至认为追求个人利益能够产生公共美德。但是，国王不接受具有颠覆性的自然法观念，即个人利益本身也是一种美德。

海湾的商人因贪婪而臭名昭著，当有更多贸易自由时，他们就利用腐败来攫取更多好处。西班牙对其美洲臣民做出的每一次让步只是为他们提供了更多绕开税收员的新机会。比如说，马德里最终允许商人购买外国制造的船只，直接和中立国进行贸易，或者直接开船到非洲购买奴隶并将其运回，几乎不需缴税。但是，很多拉普拉塔河商人发现和波士顿和普罗维登斯运货商合谋比自己花钱建造舰队成本更低。在满载曼彻斯特宽幅布、纽黑文手枪或者黄金海岸奴隶的船只靠近蒙得维的亚或布宜诺斯艾利斯港口时，新英格兰船长们会降下星条旗，升起西班牙王家旗帜，准备好伪造的证件，打算告诉港务局他们驾驶的轮船是当地西班牙人所有的。新英格兰人将这种做法形容为"虚假买卖"（sham sale）。因此，随着自由贸易的扩展，奴隶制这种本来就建立在谎言基础上的制度，因为这种伎俩以及上述其他手段，变得更加不切实际。

当莫德耶登上"希望"号、后面紧跟着"海神"号来到蒙得维的亚时，奴隶贩卖在拉普拉塔河流域早已经向所有人开放。1804 年到达的非洲奴隶比以前任何年份都多。抵达布宜诺斯艾利斯的奴隶数量每年增长 1/3，抵达蒙得维的亚的奴隶也在成倍增加。到 1804 年，非洲人和非裔美洲人占当地人口的比例超过 30%。[10]

奴隶制是西属美洲市场革命的动力源，尽管和加勒比海、巴西沿海或者后来美国南部种植园中的奴隶制不完全一样。和那些地区一样，西属美洲可能用非洲人和非裔美洲人生产出口欧洲的产品、挖掘金矿、在加勒比海和太平洋捕捞珍珠、晾晒兽皮或者收割甘蔗。[11]但是，在"黑人自由贸易"新制度下到达的非洲人中，很多人（甚至大部分）被用来制造殖民地之间互贸的商品。

被奴役的非洲人和非裔美洲人在阿根廷的潘帕斯草原上宰牛、剪羊毛，在墨西哥城的纺织品作坊里纺棉花、织布，在波哥大城外的山间种植咖啡。他们在安第斯山脚下发酵葡萄酿酒、煮秘鲁蔗糖做糖果。在厄瓜多尔的瓜亚基尔，被奴役的造船工人建造货船，用来将智利的小麦运到利马市场。在西属美洲大陆所有繁荣的城市里，奴隶们都在不停地劳作，经常作为劳工、面包工人、制砖工人、马车夫、补鞋匠、木匠、制革工人、铁匠、拾荒者、厨师和仆人等，领取报酬。还有人像蒙得维的亚那些悲哀的小贩一样，在街上叫卖他们自制或受托代销的商品。

刺激社会商业化的不仅仅是奴隶劳动。随着越来越多奴隶被赶到内陆，跨越大陆，新的贩奴路线开辟，原有路线得到扩展，内地市场相互连接，形成了当地的金融和贸易线路。被奴役的人同时是投资品（购买后作为劳动力出租）、信贷抵押品（用作贷款的抵押物）、财产、商品及资本，他们成为抽象价值和具体价值的怪异混合体。作为贷款抵押品和投机项目，奴隶们也是怀旧的对象，就在他们在商业化的新世界充当货币之时，他们也成为阶层固化但正在消失的贵族世界的纪念品。奴隶确实在为他们制造钱币：他们在利马的制币厂里劳作，为了让银汞齐化做成钱币，赤足踩踏，使水银进入矿石，导致有毒的水银进入了他们的血液。而且他们本身也是金钱，至少在某种意义上。不仅仅是奴隶个体被根据货币标准定价，奴隶本身就是标准：当估价师在评估任何特定庄园的价值时，奴隶通常占其大部分价值，比诸如工具和磨坊之类的无生命的生产资料值钱得多。

世界瞬息万变，旧有的等级和身份界限越来越模糊不清，而奴隶，还有牲畜和土地，经常被看作最终的实质性财产。奴隶并非仅仅创造财富，他们还被新兴商人阶层当成炫耀性消费品，以展示这些商人的财富。而且，因为西属美洲有些奴隶（尤其是在诸如蒙得维的亚和布宜诺斯艾利斯之类的城市里）领取工资，他们也是消费者，花钱购买那些和其他奴隶一起到达的物品（甚或在有些情况下，那些物品还是和他们自己同船被运送到美洲来的）。[12]

法国私掠船主像希波吕忒·莫德耶那样，让"黑人自由贸易"的承诺成为现实，因为他们擅长的走私活动就是"黑人自由贸易"原则的应用，而且因为西班牙作为巴黎在拿破仑战争中的同盟国，倾向于允许他们把从英国人手中获得的战利品在西属美洲港口出售。在有关海盗的传奇小说中，他们经常被想象成无政府主义者，在"永恒自由"的大海上航行，不受任何法律制约，也不尊重任何私产。事实上，他们是商人资本家的前驱，至少在布宜诺斯艾利斯和蒙得维的亚是这样。从1800年起，当地商业行会向其成员收取一种非正式的税来资助海盗船，保护其船货不受敌船抢掠。行会当时开始发放自己的私掠许可证，授权海盗夺取并出售敌人的商品。很快，商人们就和在法国注册的私掠公司建立正式的合同关系。[13]

莫德耶驾船往来于拉普拉塔河已将近10年，他与西班牙加的斯的商行及蒙得维的亚和布宜诺斯艾利斯的商人紧密合作。人们认为这首创了拉普拉塔河的综合私掠合同，这些合同规定了所有方面的权利和义务——商人、船长和船员——以及各方在"丰厚战利品"中享有的分成，这些战利品按照"船上等级以及每个人所执行任务的重要性"分配。他们筹集资金、贷款，购买武器和弹药，集合船员，配备并派遣船只抢掠挂着敌国国旗商船的货物。莫德耶可把从英国船上卸载的所有货物带到蒙得维的亚，包括枪支、工具以及丝巾、精美手帕、布列塔尼亚麻布、佛兰德蕾丝裙、华丽的风扇、珍珠、银镜、金梳和饰有金银丝细工的念珠。但是，莫德耶掠获的最贵重货物莫过于奴隶，其价值大大超过其他货物。[14]

甚至在贸易更加自由的新世界，莫德耶依然需要王室许可，这样才可以将其掠夺之物转换成可出售的商品。因此，1804年1月，在莫德耶驾驶的"希望"号拖着"海神"号到达蒙得维的亚后不久，他坐下来写了一封信，寄给住在布宜诺斯艾利斯对岸的西班牙总督华金·德尔皮诺（Joaquín del Pino）。

/ 3　无冕之狮

"我当海盗时被迫采取的行动，让我变得冷酷无情。"莫德耶在致总督的信如此写道，信中使用西班牙语，其中夹杂着法语。穿越大西洋行旅艰险，他的士兵忍饥受饿，他的船只也亟须修理。他在信中继续写道："但最让我忧伤的是，我的工作并没有使黑人受益。"

管理奴隶贩运船需要技巧。让这些俘虏用餐需要很多机敏的人，他们分发食物，在旁边站着监视，因为每一位船长都知道，叛乱经常在用餐的时候发生；还要分发少量的饮水，水要限量配给，这样才能保证整个航程都有水可用；而且要对装载奴隶的船舱进行消毒。所有这些都需要耐心和专注力。[1]

莫德耶对德尔皮诺说，这两种品性，"希望"号的船员们在航行和战斗中都具备，但是在贩运奴隶时消失了。莫德耶说："自然的生理需求——排便和排尿——是个问题，尤其是在夜间。"奴隶要大小便需通知值班水手，他们要陪奴隶到甲板上的临时厕所。这位私掠船主承认："但我的船员很害怕走进奴隶船舱。"警卫们不得不在密密麻麻的躯体中蜿蜒而行，在充斥着恶臭的黑暗中摸索沉甸甸的钥匙，然后引导着戴枷锁的男人和女人爬上舱口。更容易出现的状况是，如果不理睬这些呼叫，让奴隶们在已干的呕吐物和粪便之上自行排泄，那些污物便层层铺叠在船舱的地板上。莫德耶说，这很让人恶心。

在横渡大西洋的航程中，"海神"号上的医生詹姆斯·华莱士（James Wallace）曾监督过奴隶管理。但是，物资配备使这次从伯尼岛到美洲行程的情况比以往更糟糕。这艘船为到巴巴多斯岛的航程做了充足的储备，但船上的食品紧张，莫德耶的72名水手供应不足。水的储备量也低（华莱士曾试着把水桶封盖，然后在上面切开一个小洞，插进一根折断枪后膛的枪筒，就像吸管一样用来吸水，

/ 032

以降低奴隶的用水量）。这次行程的死亡率并非特别高。1802 年，在"海神"号前一次航行中，395 名非洲奴隶在伯尼岛登船，但只有 355 人在英属圭亚那上岸。而这一次，最初装载的约 400 人中有 349 人幸存下来。

但是他们的状况很糟糕，憔悴不堪，身上的蓝色工装已经支离破碎。莫德耶对德尔皮诺说："他们赤身裸体。"他没有足够的钱来给俘虏买衣服穿，也没钱为他们提供食物。事实上，他希望卖掉这些俘虏，这样就可以向他的船员支付报酬，修理他的船只，还可以储备物资。他也不能指望华莱士医生，因为医生早前就已经跳船逃跑。莫德耶告诉德尔皮诺，在没有医生的情况下进入公海，他惴惴不安。

莫德耶恳求道："以仁慈的名义，我请求允许卖掉奴隶。"总督后来说，他认为莫德耶的言辞有些夸张。

总督拖延批准莫德耶的请求。75 岁的德尔皮诺眼睛低垂无力，胖乎乎且无毛的脸上，鹰钩鼻是唯一有棱角的部位，看起来不像一个十字军战士。但他承诺要为西班牙统领美洲。三年前，他一上任就发起了一项运动，阻止没有缴税的走私货继续流入和流出。他不愿意让莫德耶的奴隶们上岸的原因之一是他知道，海盗与拉普拉塔河的一些最强大的商人走私分子勾结在一起，这正是他的反走私运动所要对付的。他们是总督的冤家对头，任何可能使他们赚更多钱的事，德尔皮诺都不会做。

每个人都在抱怨这两个城市黑人人口过多，在"淫乱和邪恶"的巢穴里，"奴隶们不分男女老少混居在狭小的空间里"。没错，每个人都想要奴隶。大多数富裕的妇女没有黑人奴隶跟在后头是不会参加弥撒的，而且她们中的大多数人没有黑人或黑白混血保姆的话也不会生孩子。即使是贫穷的家庭也拥有奴隶。

但奴隶并不短缺。在莫德耶向总督提出贩卖奴隶的请求时，大约有 10 艘运送奴隶的大帆船停泊在海湾里。许多船（也许是大部分船）运载着奴隶。"维纳斯"号护卫舰最近刚开进来，它是印度洋法兰西岛上的法国殖民者派来的，该岛被英国人围困，这艘船希望用船上198名非洲人换取急需的小麦。法国军舰"埃及"号即将拖着战利品"活跃"号和"水星"号亮相，这两艘船来自利物浦，共装载有441名非洲人。就在上一年12月，莫德耶带来另一个战利品，即"阿里阿德涅"号，这是一艘130吨重的英国双桅横帆船，满载非洲人、火药和子弹（在莫德耶抵达后的几个月里，成千上万的非洲人在蒙得维的亚登陆，很可能包括"考验"号上大部分幸存的叛乱奴隶）。[2]

德尔皮诺还必须考虑日益增多的暴力事件，包括奴隶谋杀主人的事件。这一罪行在西班牙语中被称为"弑父罪"，或称为"杀尊亲罪"，因为杀死自己的主人，在道德和法律上被认为等同于杀死自己的父亲或国王。这种犯罪虽然很少见，但也并不像以前那么罕见了。1799年，园丁华金·何塞·德·穆西卡（Joaquín José de Muxica）被他的奴隶佩德罗（Pedro）从后背刺死，佩德罗后来因其罪行被绞死。1803年早些时候，奴隶西蒙（Simón）和华金（Joaquín）也被处以绞刑，因为他们在蒙得维的亚城外的步兵队长曼纽尔·科里亚（Manuel Correa）家中杀害了曼纽尔·科里亚和其他六个人，包括科里亚的妻子和儿子。为了应对这些及其他罪行，蒙得维的亚市政府在其广场上竖起了一个永久的绞刑架，这是对黑人日益呈现出的"傲慢无畏""不服管束"以及"过度狂妄"的警告。[3]

在许多当地西班牙人的心目中，这些少量的杀尊亲罪都来自一个根源，那就是路易十六在巴黎被处决，这是杀尊亲中的杀父。几年前，在布宜诺斯艾利斯流传着一个谣言，说奴隶、法国人和叛乱的西班牙人正在策划起义。一个狂热的奴隶贩子发起了一次调查，他进行酷刑拷问，结果发现除了普遍的不满之外，没有所谓的起义。然而，调查中一些谈话片段在言辞之间确实揭示了某种信息，表明奴隶们密切关注着法国大革命时期的事件：总督将被斩首，因为他是窃贼、走狗。法国人有充分的理由处决他们的国王。令人心生恐惧的是，送国王上断头台的日子已经确定：耶稣受难日——复活节前一周的星期五，我们都将是处死国王的法国人。[4]

这是在 1795 年，当时君主国西班牙与英国结盟，反对革命的法国，所以不满情绪很容易被平息。但到了 1804 年，马德里与伦敦的关系破裂，站在了巴黎一边。现在，这座城市的穷人可能会不经意地提起断头台，而且听起来仍然像是保皇党人。[4]

一些西班牙官员将这些城市问题归咎于法国的私掠船，这些私掠船的船员们身上有喧闹的水手和傲慢的革命分子所具有的最恶劣品质。"没有人喜欢他们到来，"一名行政官如此写道，"他们来自一个在宗教和政治原则上与我们冲突的国家。"这些评论出现后不久，就在莫德耶来此地的几个月前，几十名被奴役的和自由的蒙得维的亚黑人，显然是在和停泊在港口的一艘法国船上的海地黑人水手交谈后，逃到城市北部的一个江心岛上，在那里他们宣布成立一个独立的共和国。他们的建国口号是"自由、友爱、平等"，并宣布将受"法国法律"管辖。这个小岛共和国很快就被镇压了，但是奴隶们继续逃跑。[5]

这种颠覆的企图不仅仅是政治上的。几个世纪以来，从征服美洲大陆开始，西班牙王室和天主教会不仅限制生产和贸易，还限制消费。例如，衣服被认为反映了上帝尘世国度的富丽堂皇，充分体现了巴洛克式的等级荣耀。因此，服装按照等级和种族来规范：更纯洁血统出身者，穿金子、珍珠、天鹅绒和丝绸做的衣服，而国王粗鄙的臣民们则穿着棉花和粗糙的羊毛做的衣服。西班牙的一名行政官员写道，西班牙政府对"黑人、穆拉托人①、印第安人以及麦斯

---

① 欧裔与非洲人的混血儿。

蒂人①中的越界穿着行为"进行了监管，并抱怨"那些人为了能够买得起如此昂贵的衣服而频繁偷窃"。②但是随着社会越来越商业化，莫德耶和其他私掠船主带来了围巾、蕾丝裙、扇子、镜子、香水、梳子和念珠，越来越多的人在穿着上不再关注天赐的神圣地位，而是更在意个人品位。奴隶被当作商品出售，作为劳工，他们也是顾

① 西班牙和美洲土著血统的拉丁美洲人。
② 在美国，时尚追求与颠覆企图之间有着类似的关系。1793 年 11 月 17 日，赫尔曼·梅尔维尔叔父伦纳德·甘斯沃特的奥尔巴尼家后院的马厩发生了一场大火，几乎摧毁了奥尔巴尼。这是奥尔巴尼爆发的一系列纵火案中的一起（在梅尔维尔的祖父彼得·甘斯沃特——一位独立战争英雄的谷仓里也发生了一起纵火案），这些案件的作案者都被认定为奴隶，一些奥尔巴尼的荷兰绅士担心奴隶是受海地革命启发而暴乱。警方逮捕了一名叫庞培（Pompey）的奴隶，认定是他在教唆这些阴谋。他们从来没有发现他的真实动机，但他们确信他不仅犯了纵火罪，还犯了僭越之罪：他喜欢漂亮的衣服。在美国革命的艰难岁月里，奥尔巴尼人里里外外都穿灰色衣服，战时经济紧缩，素以古板节省著称的荷兰商人士绅更加简约。因为贸易通道被切断，家家户户都自己编织色彩单调的亚麻羊毛交织物。但是，当战斗停止时，船只再次出现在哈德逊河谷，带来"富丽的丝绸、绸缎和宽布"。"彩虹的颜色取代了以前女性穿着的棕色和浓黑色，而男性则选择蓝色、豌豆绿和鲜红色的宽幅细毛织品做礼服。"正如西班牙人指责"黑人、穆拉托人和印第安人"偷穿高于其出身的衣服，人们指控庞培从他的情妇手中抢钱"买衣服，穿着风格随心所欲"。他被说成"像个纨绔子弟"、一个"混迹妓女间的同性恋者"，他希望"模仿那些混杂在上层社会的人穿衣服"。甚至他的名字都随着时间改变。他放弃了自己的新古典名字"庞培"［他的第一位主人，就像他那个时代的其他奴隶主一样，显然喜欢阅读普鲁塔克的《希腊罗马名人传》（1970 年英文版）］，而采用了"庞普"（Pomp）这个更加轻薄的名字。在火灾发生之前的某一时刻，庞普逃到了曼哈顿，人们看到他在百老汇"招摇过市"，"穿着一件用亮红色布做的外套，按流行风格裁剪，并饰有金色扣扣"。他被抓获并返回奥尔巴尼。后来，庞普及另外两名奴隶因涉嫌纵火而被定罪，其中那名 16 岁的女孩是赫尔曼·梅尔维尔的堂弟菲利普·范伦斯勒（Philip van Rensselaer）的财产，还有一名 14 岁的女孩黛娜，她是梅尔维尔另一位亲戚沃尔克特·杜的奴隶。三个人都被执行死刑，吊在距梅尔维尔祖父奥尔巴尼宅邸不远的一棵榆树上。

客。在布宜诺斯艾利斯和蒙得维的亚，就像在整个殖民地一样，奴隶和其他贫困阶层的人也开始在他们的衣服上缝上天鹅绒花边，身上披着丝绸，戴上珍珠和金耳环，"穿得就像西班牙人和当地大人物一样"。外表与真实身份之间的界限仍然模糊不清。[6]

德尔皮诺把所有这些该考虑的都考虑到了。他最不愿意看到的是数百名饥饿的奴隶被"倾倒"在蒙得维的亚的海滩上，尤其是因为这些饥饿的奴隶在过去 60 多天里一直在听海盗们唱《马赛曲》。德尔皮诺想要的是让莫德耶尽快离开港口。为了实现这一目标，莫德耶的船需要重新补给和修理。这要用掉一笔钱，而莫德耶声称他没有钱。因此，总督告诉他，他可以卖掉 70 个奴隶，但他必须带着其余奴隶离开。

莫德耶早就和当地的同盟者制订了一个后备计划，以防他要出售"海神"号上所有奴隶的请求得不到批准。用德尔皮诺一名下属的话来说，该计划是私掠船主及其盟友"用来追求他们肮脏的个人利益"的标准"谎言和诡计大全"的一部分。

莫德耶的后备计划内容很简单。莫德耶合法地将 70 名奴隶卖给安德烈·尼古拉斯·柯哲乐（Andrés Nicolás Orgera），这是一个以利马为基地的商人，当时他正在蒙得维的亚。他们将登上"圣欧拉利亚"号（Santa Eulalia），这是一艘从西班牙加的斯开往利马的护卫舰。他们将支付港口税，填写报关单。然后，"圣欧拉利亚"号和"海神"号将在同一天内先后离开蒙得维的亚，在拉普拉塔河的一个小岛的海滩上会面，并秘密地移交所有剩余的非洲奴隶，只留下 40 名年轻奴隶。

"海神"号将会改头换面。它的私掠船员将被换成葡萄牙商船的水手，船上的三桅船帆将改装为西班牙风格，使它看起来少一些英国风格。它的船体和艏饰像（无冕之狮）将被漆成黑色。"海神"号将改名为"阿吉拉"号（Aguila），意为"老鹰"，它将驶向布宜诺斯艾利斯以东 40 英里处的一个小海湾。在那里，利物浦的奴隶将被出售，剩下的 40 名非洲奴隶将被卖给一个新主人，即唐·班尼托·奥拉扎巴尔（Don Benito Olazábal），他是布宜诺斯艾利斯的主要商人之一。

莫德耶将不得不等待 1 个月左右，直到"圣欧拉利亚"号从加的斯开过来，在这之前他的计划不能付诸行动。与此同时，他忙于维修船只。"希望"号已经服役 15 年，最近三年作为私掠船的航行更是艰难。船身严重开裂，经常发生泄漏，船的水泵需要不停运行才能使船浮在水上。"海神"号多次往返于利物浦到西非再到加勒比海的航线，也显示出破损迹象。

蒙得维的亚海湾的一个优势是，它有明显的涨潮和落潮，如此他的两艘船可以在那里进行倾侧检修。也就是说，船可以被拖到岸边，然后让它们随着潮水退去慢慢地落入海湾的软泥底，然后向一边倾倒。因为没有干燥的甲板，这是最好的方法，由此莫德耶的手下可以把"希望"号和"海神"号船体上附着的节肢动物——藤壶清除，重新填塞船体上的接缝，涂上一种沥青和硫黄的混合物来保护船木，可以防虫。这些操作需要一些技巧才能顺利进行，但莫德耶可以让蒙得维的亚经验丰富的木匠和船工来做。他们首先会从两艘船的桅杆上卸下船帆、帆桁、索具，用支撑物撑起甲板和内壳。当船体下降时，他们会用准备好的支撑装置抓住桅杆，再用沉重的绳索穿过舷窗，像滑轮一样滑动。

在这些工作开始之前，这些船只必须被清空。任何不能捆住的东西都必须被拆除，包括他们的大炮、货物和俘虏。这些英国囚犯被运送到附近的法国双桅横帆船上，在那里他们被关押一段时间后才被释放。奴隶们则用驳运船送到岸上，每次大约 40 人。

/ 4　身心交瘁

　　西非人被带到一个叫作"黑人村"（ el caserío de los negros ）
的地方，等待出售或被转移到布宜诺斯艾利斯的奴隶都安置在那里。
这个地方位于海湾西侧，就在海滩后面，还处于整洁的有屋顶花园
的蒙得维的亚的逆风方向。"黑人村"是一个肮脏的地方，是一个由
厚土砖墙筑成的混杂区，没有多少其他建筑结构。不过，几十年前，
当该城官员们为之举行落成典礼时，他们将之归功于"无上的君主，
他满怀虔诚之心，对其臣民，他展现出的只有爱怜"。一个露天的
坑被用作公用厕所，鼠满为患的垃圾堆得很高。在旧的垄断或许可
制度下，西班牙官员偶尔会强迫那些经营奴隶贸易公司清理它们关
押奴隶的围区。① 但因为现在奴隶制已经自由化，很难再坚持要求
让所有贩奴商清除污秽，故肮脏充满这座城中"村"，能做到的基
本上也就只是在墙外的一小片土地上及时掩埋掉死去奴隶的尸体。1

　　对于莫德耶和他所服务的商人们来说，蒙得维的亚是不断扩张
的大西洋经济的枢纽。然而，对于无数的非洲奴隶来说，这是他们
的终点站。在接下来的几周里，这些黑奴在"黑人村"等待他们下
一步的苦难来临时，在伯尼岛被装上"海神"号的 14 名西非人将会
死去，此前穿越大西洋途中还有 51 人没能活下来。死亡无处不在。

　　"海神"号出现几天后，一艘名叫"贝利萨里奥"号（Belisario）
的葡萄牙双桅横帆船抛锚着陆。在莫桑比克登船的 257 名非洲人中，
有 91 人已经死亡，大多数活下来的人正濒临死亡。然后是"拉路易

---

① "自由贸易"通常被认为是政府从经济中撤出。但是，西班牙放松对奴隶制的
　管制，实际上使殖民地内的奴隶待遇问题成为更严重的公共政策问题；随着
　奴隶贸易和奴隶的所有权变得更加普遍，不能让某个人、某个阶层或某个公
　司对奴隶管理中的无节制行为负责任。随着奴隶制的自由化，出台了一系列
　规范奴隶卫生、埋葬、惩罚和教育的法律和法令。

莎"号（La Luisa），这是另一艘来自莫桑比克的葡萄牙船。在起初运载的 300 名非洲人中，近 1/3 在穿越大洋期间死亡。当时，越来越多的奴隶从非洲另一边即印度洋东海岸过来。他们绕过好望角，然后顶着南大西洋的西风航行，需要将近 4 个月才能达到，旅程漫长，通常又有致命的危险。[2]

在航行过程中，非洲人被幽闭于一个狭小的空间内，他们或死于传染性疾病，或死于穿越大洋过程中遭受的种种悲惨苦难。一些人失明了，还有一些人疯掉了。即便"马戏团"采用 19 世纪早期最佳的医疗措施，船舱清理速度即使足够快，排泄物、呕吐物、血液和脓汁还是不断堆积。由于通风不良，在赤道阳光的烘烤下，货舱里的奴隶遍体鳞伤。从几英里外就能闻到奴隶船的气味。一名英国奴隶船的外科医生在 18 世纪 80 年代观察到，"幽闭空间的空气，被排泄物散发出的有毒气体污染，再被反复呼吸，很快就会让人发烧和腹泻，这通常会导致大量奴隶死亡"。遇到恶劣天气时，舷窗和舱门不得不长时间关闭，舱室的地板就会被"血污和黏液"覆盖，"酷似一个屠宰间"。这位外科医生说："人类无法想象出比这种情形更可怕或更令人厌恶的处境了。"[3]

蒙得维的亚港口的医生试图识别这些最严重的疾病——坏血病、肺结核、水肿、疟疾、麻疹、黄热病、伤寒、眼炎、腹泻（或称不停的痢疾，这在密闭的船舱内容易传播），以及"罗安达之恶"（*el mal de luand*，一种安哥拉的疾病，由于维生素 C 缺乏造成，西班牙人将之区别于坏血病）、癣菌病、淋病和梅毒，也称为加利西亚之疾（*mal de Galico*）。天花尤为致命。在 19 世纪早期一种有效的疫苗被研制出来之前，到达拉普拉塔河的非洲奴隶由于感染了这种疾病，他们的价格比健康状况良好时预期价格低一半。但是那些感染天花而后又痊愈的人则被高价出售，因为他们被认为已经具有免疫力。[4]

贩奴船不仅是漂浮的坟墓，还是漂浮的实验室，为医生和科学家提供机会，在相当可控的、被隔离的环境中检查疾病发生传播的过程。医学专业人员经常从船上的外科医生那里了解病例，他们使用贩奴船上的高病死率来识别多得让人眼花缭乱的症状，并将其分为不同类别的疾病，假定病因并分离变量，由此推动医学知识发展。①

在英国的加勒比海甘蔗种植园里，也有一群医生，其中一些人

---

① 在新大陆，非洲奴隶是天花的主要受害者。但他们在根除天花病毒方面也发挥了关键作用。1803 年，西班牙国王卡洛斯四世的女儿死于这种疾病之后，他下令将天花疫苗（一种实用的疫苗样本最近由英国人研制出来）应用于他的统治区域。皇家探险队的医生弗朗西斯科·哈维·德·巴尔米斯（Francisco Xavier de Balmis）被任命来执行这项任务，由他决定采用最佳方式运送活性疫苗。有 22 名 3～9 岁的弃婴被装上一艘船：医生们在两个孩子的胳膊上开一个小切口，并注射进一种淋巴和脓液混合物，几天后就产生了脓疱，接下来还为两个男孩接种了疫苗。这一程序被重复进行，直到船到达美洲。一到那里，弃婴就受到了人们的款待和赞扬，在教堂的祭坛下，被国王自己收养为"国家的特殊儿童"。但巴尔米斯的团队没有资金来扩大接种范围，以覆盖整个西属美洲，只能借助于已经跨越遥远国度的制度——奴隶制。在哈瓦那，巴尔米斯购买了 4 个年轻的女奴隶，他曾利用这些女孩的身体把疫苗送到尤卡坦半岛（一旦她们完成任务，其中两个女孩就被卖掉）。一开始，奴隶们被专门派去运送疫苗。但随着时间的推移，使用已建立的商业路线变得更加容易，将疫苗"从黑人的手臂转到另一些黑人的手臂"，这些人像货物一样被运送。葡萄牙从一开始就依赖非洲奴隶在大西洋对岸接种疫苗，利用 7 个被奴役的儿童的手臂，把疫苗送到了巴西。然后用船把 38 名已经接种疫苗的奴隶带到拉普拉塔河，他们在蒙得维的亚被出售。一名非洲妇女在"脓疮愈合良好"的情况下，把疫苗带到了布宜诺斯艾利斯。从那以后，奴隶们就携带"奇迹发现物"——这使奴隶制度对奴隶主要有利可图——穿过阿根廷的其他地方，越过安第斯山脉，进入智利境内。有趣的是，在西班牙通过孤儿和奴隶的手臂开始转送疫苗之前，博物学家亚历山大·冯·洪堡（Alexander von Humboldt）就报道过，年轻的非洲奴隶、安第斯山脉斜坡上牧牛的印第安人，都知道接触奶牛乳腺小结节能保护他们不得天花。洪堡说，非洲人和印第安人"在观察动物的特征、习惯和疾病方面表现出极大的智慧"。

致力于减轻犯病者的痛苦，另一些人则希望提高奴隶制的效率，为此他们在早期的流行病学方面做了重要的工作。他们识别了不同类型的发烧，学会了如何降低死亡率、提高生育率（当时死亡的奴隶多于活下来的奴隶），对奴隶以咸鱼和肉干为食、需要多少水才能生存进行了测验，并确定奴隶劳动时间内最佳的卡路里摄入量。当奴隶不能存活时，他们的尸体被解剖，提供了有用的医学信息。医学知识随后从奴隶产业中传播出去，造福更广大的国际社会；贩奴商并没有对从治疗奴隶中获得的技术或数据提出任何专利要求。[5]

例如，1819年，在从伯尼岛出发、载有72名奴隶的法国贩奴船"游荡者"号上，爆发了一种导致失明的流行病，这就帮助眼科医生识别了有关眼炎或沙眼的重要信息。这种疾病在船出海后不久就爆发了，先是在奴隶中间流行，然后传染到甲板上，除一名船员外，所有的航行者都失明了。根据一位乘客的说法，唯一一个能看得见的人被用一根粗绳子和船长绑在一起，指挥瞎眼的水手们工作，"如同机器一样"。"我们都瞎了，全瞎了，像乘着一艘沉船在海上漂荡。"有些水手发疯了，想要醉酒自尽。另一些人则日日夜夜在诅咒。还有一些人则退到他们的吊床上，一动不动地躺着。每个人"都生活在自己黑暗的小世界里，被阴影和幻想笼罩。我们看不到船，看不到天堂，看不到大海，也看不到我们同伴的面孔"。但是他们可以听到船舱中奴隶们的哭叫声。[6]

这种状况持续了10天，"游荡者"号既经历过风暴，也穿过平静的海面，直到航行者听到另一艘船的声音。这是西班牙贩奴船"圣莱昂"号（San León），曾与"游荡者"号一起漂流。但是该船上的全体船员和所有的奴隶也因患眼疾而失明：当两艘船上的水手们意识到这种"可怕的巧合"时，他们都陷入了沉默，"就像死亡一样寂静"。最终，"圣莱昂"号随波漂流而去，之后再也没有听到它的消息。

"游荡者"号上那位唯一能看见的大副成功地将这艘船领向瓜德罗普岛（Guadeloupe Island）。到此时为止，包括船长在内的一些船员已经开始恢复部分视力。但是有 39 名非洲人没有恢复，所以在进入港口之前，船长决定淹死他们，在他们的腿上绑上重物，把他们扔到海里。这艘船买了保险，他们的损失将得到保障（当时已经普遍为奴隶和贩奴船提供保险，这为奴隶贸易提供了一种新的经济合理性，有助于奴隶商们做出决定，一个死奴隶可能比活的劳动力更有价值）。"游荡者"号上的这一事件引起了塞巴斯蒂安·圭利尔（Sébastien Guillié）的注意，他是巴黎皇家盲人青年学院的主管和医学主任。他把自己的发现写成文章发表在《眼科文献》（*Bibliothèque ophtalmologique*）上，然后其他医学期刊引用了这一发现。①

"华金"号晚于"海神"号几个月抵达蒙得维的亚，船上的非洲人死于何种原因，长期以来人们对此各执一词。1803 年 11 月 19 日，在莫桑比克登上这艘葡萄牙护卫舰的 301 名东非人中，经过近半年的航行，只有 30 人活着到达蒙得维的亚。死亡在这艘船起航后不久就开始，在到达好望角前的 46 天里，每天死一个人。这艘贩奴船驶入大西洋后，继续前往巴西海岸的圣卡特琳娜岛，死亡率稳步上升。在中途短暂停留之后，"华金"号向拉普拉塔河开去。7

"华金"号抵达港口的当天下午，蒙得维的亚的外科医生胡安·

----

① 1846 年的眼科教科书《眼疾的手册》称"游荡者"号上的病例为"一种让人忧伤的实例，例证了此种眼疾在有利环境下会扩散，造成巨大破坏"。贵格会的废奴主义者约翰·格林立夫·惠蒂尔（John Greenleaf Whittier）从圭利尔的文章中摘取了部分内容，于 1834 年创作了他的反奴隶制诗歌《奴隶船》。这首诗描述了"被捆绑的目盲"的奴隶们，被扔到船外的水中，"一个接一个 / 从船侧一头扎进了水中……地球的神呀！是什么在呼叫 / 人们在仰望你…… / 最后一次沉闷的落水声被听到了 / 最后一波水体被沾污了"。

卡耶塔诺·莫利纳（Juan Cayetano Molina）随港务局长登上了这艘船。打开舱口时，他们被下面的景象吓住了：30 名瘦骨嶙峋的东非人处于一个肮脏、空荡荡的船舱内，除了几百副未使用的镣铐外，其余一无所有。他们被告知，最近的死亡就发生在那天早上，还有几个非洲人在前一天刚死去，莫利纳和港务局长惊慌失措，命令船长重新起锚，立即离开。船长起初拒绝执行这个命令，气压计在下降，暴风雨马上要来了。然而，他还是屈服了，因为港务局局长威胁如果他不遵命的话，要扣留他的船，还要把他投进监狱。食物和水被带到船上后，"华金"号带着疲惫的船员和瘦弱的奴隶退出港口，驶回海湾。

几乎船刚一离开蒙得维的亚温暖舒适的港湾，来自潘帕斯草原的狂风就掀起巨浪涌向河口。可以看到帕姆佩罗（pampero）冷风（由南美吹向大西洋的冷风）肆虐的景象：气压下降时，蚱蜢、飞蛾和其他昆虫飞离地面，在狂风中飞舞。厚厚的黑棉云（black-cotton clouds）像一堵来自西部的墙向前推进，把水和泥土搅合在一起，形成泥雨。有时，大风如此猛烈，将大量的海湾水体"撵入"大西洋，露出大片河床。暴风雨几乎使"华金"号倾覆。首先，它的船帆从垫圈结合处被吹出；其次，三根桅杆都折断了，这只船处于"半毁"状态。凭借仅存的船首三角帆和前桅帆，"华金"号摇摆着缓慢返回蒙得维的亚，搁浅在靠近海岸的沙洲上。

现在，他们开始了一场旷日持久的指控和反诉的法律战。进口这些奴隶的商人马丁·德·阿尔萨加指责莫利纳无能。阿尔萨加属阿根廷历史上常见的人物类型，他是一个坚定的反颠覆分子，他把"颠覆"定义理解为任何与"自由"有关者，是触犯了他买卖非洲人的权利（布宜诺斯艾利斯传闻有法国大革命激发的叛乱，在调查过程中，阿尔萨加亲自主持，对嫌疑犯执行了酷刑，无论是黑人还是白人，只要表现出"危险的平等主义倾向"，都要受到拷问）。贩奴商想要把幸存者运上岸，然后卖掉他们，以补偿他的一些损失。城市官员依据莫利纳的诊断，说奴隶们携带有一种传染疾病，拒绝了他的请求。[8]

阿尔萨加对医生提出起诉，认为他心怀恶意。这个贩奴商坚持说，非洲人不是死于传染病，而是由于缺乏饮水和在长途航行中遭受极端的温度变化。他还说，长途航行让这些"痛苦的背井离乡的人"筋疲力尽。有证据表明，蒙得维的亚不存在传染病危险：在穿越大洋的过程中，葡萄牙船员就没有死亡。

王室官员召集成立了一个调查委员会，这在归纳推理的极限情况下成为一种奇怪的运作。这种推理认为，法律、科学和医学领域的事务要通过观察来决定。委员会听取了"华金"号船员的证词，因为他们见证了航行中疾病传播的情形。调查委员会还征询了5名外科医生——2名英国医生、1名西班牙医生、1名瑞士籍意大利医生以及1名美国医生的专业意见。他们都有治疗生病奴隶的第一手经验，要么是因为他们之前乘坐过一艘贩奴船，要么是因为他们曾在莫桑比克待过一段时间。每个人，包括医生、水手以及船上的军官，都对东非奴隶的死因发表了自己的看法。不过，没有人想到问幸存的东非人，在整个调查过程中，他们都被关在"华金"号的船舱里。

医生们一致认为，奴隶不是因为传染病死亡，而是由于脱水和慢性腹泻，而奴隶身份给他们生理和心理上带来的折磨使他们的病情更加恶化。那些曾去过莫桑比克的外科医生证实，在登上这艘船之前很久，这些俘虏就已感到极度痛苦，他们被迫靠树根和虫子生存，在抵达海岸时已经很瘦弱而且腹部肿胀。然后，在大海航行过程中，他们挤在密不透风的黑暗船舱，除了倾听同伴的叫喊声和锁链的叮当声之外，什么也做不了。许多人会发疯，试图去理解他们的处境，试图去思考"不可思议的事情"。"他们已经完全心灰意冷了"，瑞士的意大利医生卡洛斯·约瑟夫·古尤兹（Carlos Joseph Guezzi）作证说。他们的状态不是由疾病造成的，而是因为他们在情绪上日渐消沉。在古尤兹看来，精神上的"放弃自我"让他们走向死亡。

委员会调查得出结论，东非奴隶死于一种肠道疾病，思乡怀旧（nostalgia）、忧郁悲恸（melancolía）和精神分裂（cisma）加重了他们的病情。蒙得维的亚城无须担心。阿尔萨加可以让幸存的奴隶上岸并且卖掉他们。

这是一个奇怪的裁决，它支持了一名贩奴商，与此同时，至少是含蓄地对奴隶贸易本身进行了谴责。这样做的过程、这一裁定，揭示了医疗专业人士开始在临床医学上使用与宗教、道德和情感相关联的术语。"Cisma"这个词的字面意思是分裂。在西班牙语的基督教神学文本中，这个词不仅涉及天主教与新教之间的政治分裂，还涉及堕落者的精神分裂：亚当对上帝的反叛导致了"身体与灵魂、肉体与精神之间"的分裂。至于"melancolía"，在"华金"号抵达蒙得维的亚20年之前，西班牙皇家学院还将这一术语与夜间恶魔入侵、做梦让"心脏紧缩抽搐"相联系。在英国，忧郁症患者可以是天才，他们崇高的灵魂能够产生美丽的诗歌。然而，更多时候，伦理和宗教哲学家们倾向于把极端的悲伤看作一种罪恶，是一种颓废的自我放纵，具体表现是喜好那些"爱情故事""情节夸张的冒险故事"和其他"流行废话"，这些都让大脑弱化愚钝。[9]

但是，调查"华金"号事件的医生们显然在以世俗、事务性的方式使用这些术语。更重要的是，他们如此用词无疑肯定了奴隶也具有人性。诊断非洲奴隶患有思乡病和忧郁症，就是承认他们也有可能会失落，有内心世界，可能会精神分裂或神经错乱，他们也有值得怀念痛悼的过去。西班牙医生约瑟夫·卡普德维拉（Josef

Capdevila）是最具同情心的，他强调是"悲伤"摧毁了这些俘虏，此时俘虏们意识到他们被迫离开自己的"家庭和故土，失去自由以及所有那些让人感到欢欣快乐的熟悉事物"。

这五位外科医生共同代表着美国、信奉新教的英国、信奉天主教的西班牙的医学界，读完他们的医学意见，它给人的感觉是，在将诸如"忧郁"之类的概念从教士、诗人和哲学家那里传达给医学界的过程中，奴隶制发挥了重要的作用，但是这种作用基本上没有得到承认。思想史学家托马斯·拉克尔（Thomas Laqueur）指出，从18世纪初开始，一种新的法医文书（既是临床的也是人道的）开始"非常翔实地"揭示普通人的"痛苦和死亡，用这种方式，能明显地在读者的行动与描写对象的苦难之间建立因果链接"。"关于那些曾经被认为是无足轻重的人，有很多翔实的观察报告。"拉克尔指的是"现实主义的小说、尸体解剖、临床医学报告和社会调查"，贩奴船医生对奴隶悲惨命运的观察记录也可包括在内。[10]

"华金"号事件20年后，西班牙医疗行业不再认为忧郁症是由梦魇造成的，也不再认为这是道德缺点的迹象。它被理解为一种精神错乱，与痴呆和狂躁有关。西班牙医生也开始用这个词来指代晕船，虽然他们没有直接提到奴隶制，但这种言辞类似那些批判大西洋中央航道①的人，航程中腐臭的食物、过于拥挤的人群、极端的天气，尤其是在海上经历的"与世隔绝"和"单调枯燥的生活"，都可以诱发暴力神经疾病和肠道疾病。这就好像每次医生将奴隶舱门往后移开，就能发现下面那人为制造的恐怖场面，要把种种精神疾病归咎于恶魔和个人缺陷就更加困难了。[11]

———————————

① 中央航道（Middle Passaage）指从非洲西海岸到加勒比海这段穿过太平洋的航程。

然而，医生们并没有扩展自己的推理逻辑，对奴隶贸易进行谴责。相反，他们关注的是大西洋中央航道的艰难，将其视为技术问题。"这是为了商业利益，有利于人类"，调查团成员约翰·雷德黑德（John Redhead）说，他出生于美国康涅狄格州，受教于英国爱丁堡大学。"要尽可能快地让奴隶速速离开运送他们的船。"[12]

被带到"黑人村"的西非人一定认为他们已经到达地狱和天堂的交界处。到处都是生病、发热、化脓的非洲人，在结束大西洋中央航道的航行后，要么恢复健康，要么死亡。然而，在船舱里幽闭了三个月后，他们如今至少已经在陆地上，住在露天的围区内，还可以在旁边的淡水河里洗个澡。

在美国以及西属、法属、英属、荷属加勒比地区以及葡属巴西地区，奴隶们在海上遭受的折磨在陆地上继续发生。非洲人离开贩奴船进入种植园，即从一种集权体制进入另一种集权体制。然而，在拉普拉塔河地区，大西洋上恐怖的管理体制（如"华金"号航程调查揭示的）和岸上生活之间，存在一种令人昏乱的分裂。

由蒙得维的亚或布宜诺斯艾利斯运送来的非洲人在矿山或种植园辛勤劳作，会更加痛苦。但那些留在上述两个城市的非洲人发现自己身处的是一个拥有相当自由的平民世界。许多人都是商人和工匠的助手，这些商人和工匠不是他们的主人；对那些声称非洲人是其财产的人来说，非洲人的主要义务，只是支付他们每周或每月现金工资收入的一定百分比即可。随着职业技能的提高，他们的自由度也会相应提高。许多人通过谈判协商，达成了他们自己的就业和住房安排，一些奴隶自身也成为独立的工匠。在拉普拉塔河地区，没有大规模聚集的种植园奴隶。面包师、制砖工、农场主、小麦种植者和牛肉腌制者是最大的奴隶主。大多数被奴役的人所在的家庭都只有一两个奴隶。成千上万的城市奴隶在生活中几乎不受监督，他们跳舞、打鼓、喝酒、赌博，而且通常无视那些试图禁止他们做这些事的规定。①

"海神"号上的非洲人在这个奴隶村对这个世界有了初步了解。在某种程度上,它确实是一个村庄、一个永久的难民营,来自非洲大陆的人聚集在这里,他们分别来自塞内加尔、几内亚、刚果、安哥拉和莫桑比克。有些主要依靠低技能工作为生的家庭已经定居下来,围绕着炊火搭建起坡棚,作为简陋的住所。白天,新来的奴隶会看到黑人女洗衣工清晨离开围区大门,在深夜返回。她们虽然辛勤努力地工作,但被孤零零地留在自由的边缘生活。她们吟唱道:"*Acuchú chachá acuchú chachá...al cubo del sur, vamo a lavá...vamo todo a lavá*。"[13]

与"海神"号案件有关的官方文件总共有数百页,却没有任何有关西非人的描述和信息,除了他们在伯尼岛登船,被莫德耶的船员们捕获时穿着粗糙的蓝色棉罩衫,而成年男性脖子和腰部戴有珠串,头皮上有一条刮出的细线,从额头一直延伸至颈部。

有一件事是确凿无疑的:他们宁做任何事,都不愿再回到"海神"号或其他贩奴船上。似乎他们也如同"华金"号上的奴隶一样,深受思乡病的折磨,按照一部西班牙字典的定义,这种病就是"那些背井离乡的人想要返回家园的强烈愿望"。[14]

---

① 拉普拉塔河流域最南端的边境村落,音乐家和历史学家内德·萨布莱特(Ned Sublette)称之为大西洋的"圣徒和节日纽带"(sints and festivals belts),融合了天主教和非洲的仪式和节奏,类似于新奥尔良狂欢节。在蒙得维的亚和布宜诺斯艾利斯的印第安人及其二线社团、被奴役的非洲人,以及奴隶制度废除后被释放的有色人,他们组织互助会社。这些组织通常以其出生地为基础,组建了数目惊人的"国家",包括刚果、本吉拉、bornó、lubono、安哥拉、莫桑比克,选举"国王"和"王后",还会举行集体舞会和公共游行。到18世纪晚期,西班牙官员经常抱怨居民区里的"黑人男女在各种房子里跳坦博(tambo)和探戈(tango)",这两个词的意思是乐器(鼓)或两种舞蹈。

2月底，倾船修理工作完成，"圣欧拉利亚"号也从加的斯港赶来，莫德耶急于出海，于是便安排"海神"号上的奴隶重新上船。其中14人已死在奴隶村，另有9人因病无法移动，剩下约320人可以运走。他们被分成两组。德尔皮诺允许莫德耶出售70名奴隶，故70人被装上"圣欧拉利亚"号，还有250人返回"海神"号。

首先发生奴隶起义的是"海神"号。早晨登船时，他们几乎赤身裸体，只是凑合地裹着腰布衣服，腰间脖颈上戴着珠子。随着白日的流逝，这些西非奴隶变得越来越疯狂。黄昏时分，在抛锚停泊的船甲板上，其中一个人抓住了一个水手，把他扔到海里，大声喊道："我宁愿杀死所有的白人，也不愿回到海里去。"莫德耶后来描述的"举投入海的阴谋"，从那时候就已开始。

船上爆发了骚乱。起初，莫德耶的船员试图控制战斗局面，和俘虏们近身肉搏。当奴隶们把更多的水手推到水里以后，水手们就撤退到小船上，划船离开。附近的西班牙军舰"美狄亚"号（Medea）派遣了海军陆战队的一个分遣队，要从手无寸铁的非洲人手中夺回这艘船。士兵们对准叛乱者的头部射击，分遣队登上了"海神"号。形势已经明朗，奴隶起义失败了，一些叛乱者开始翻越船舷，自投于海。

如前所述，在长达4个世纪的奴隶贸易中擒获的所有非洲人中，来自西非的奴隶尤其是那些在几内亚海湾和尼日尔三角洲地区登上港口的奴隶，特别是在伯尼岛（"海神"号正是从该岛起航），以自杀率高而闻名。在佐治亚州沿海岛屿上的水稻种植园内劳作的奴隶的后代们，传下一个传说，那就是被囚禁的伊博人（Igbos）不甘心做奴隶，会把自己扔进大西洋，他们不是自杀，而是在水上"飞翔"或"行走"——或在海浪上跳舞——回家。"黑人没有自杀，"曾经是古巴奴隶埃斯特班·孟德霍（Estebán Montejo）回忆说。①"他们飞着逃走了。他们飞过天空，回到自己的土地上。"1

"海神"号上的西非人没有一人成功逃脱，他们都被活活地从水中拉了上来。像这样的小冲突在贩奴船上很普通，但几乎没有被报道过，对反叛动机进行的调查就更少了。莫德耶倒是向总督德尔皮诺写了封短信，他写道，这些非洲人在岸上与"他们同种人"相处一段时间后，发动了叛乱。他说，看到其他人"穿着和饮食"的样子，这些非洲人"决定不再回海里去了"。他的手下们费了好大力气才迫使他们进入船舱。

秩序恢复后，供应补给品准备就绪，包括5桶黑漆，"海神"号将于3月21日起航。这艘船发布的公文说，它将前往圭亚那，但一天后，它就在河口一个岛屿的海滩上下锚。按计划，它将与"圣欧拉利亚"号会合。那天晚上，在皇家海岸警卫队的帮助下，这两艘船的船员们将"海神"号上所有的非洲奴隶都转移到"圣欧拉利亚"号上，只留下40人。莫德耶的木匠和画师开始工作，要将"海神"号改装成利物浦贩奴船的模样；与此同时，"圣欧拉利亚"号起锚出发，前往秘鲁首都利马。2

当"圣欧拉利亚"号到达拉普拉塔河口就要进入公海时，许多奴隶"挣脱了枷锁"。他们没有攻占整艘船，仅仅是占据了防护墙

---

① 在这种情况下，孟德霍认为刚果非洲人是最有可能飞走的人：他们"飞得最多；他们通过巫术消失……无声无息地。有些人说黑人自投入河，这是不真实的。事实是，他们将一条充满魔力的链子系在腰间，那是他们力量的来源。我深入了解这一点，毫无疑问这是真实的"。将自杀等同于飞行的主题贯穿于托尼·莫里森（Toni Morrison）的《所罗门之歌》。在听到孩子们唱着一首古老蓝调歌曲中的歌词（"所罗门完成了飞翔，所罗门走了，所罗门横穿天空，所罗门回家了"）时，小说中那位生活在20世纪的主人公米尔克曼发现了他与过去"飞翔的非洲人"之间的关系。有一天，米尔克曼那在棉田工作的祖先"飞走了……飞走了。你知道，就像一只鸟……马上回到他的故土"。

前面的空间。位于船中部的防护墙就是为了应对这类情况而建造的，约有 8 英尺高，从船的两侧伸出两英尺的距离，在墙上凿出孔并安装上老式的大口径短枪。船尾和后甲板仍然在西班牙人的控制下。叛乱者要求"圣欧拉利亚"号的船长托马斯·洛帕特吉（Tomás Lapatequi）航行到非洲，但洛帕特吉仍控制着全船的大部分设备，包括船舵、绞盘、后桅，船没有前往非洲，而是开向位于海湾北端的埃斯特角（Punta del Este），那里的海岸线附近的水很深。在一天结束的时候，船逐步靠岸，洛帕特吉下令放下一艘小船，并派出一名信使，向附近的卫戍部队寻求帮助。

"圣欧拉利亚"号从船尾下锚固定下来，随着潮水摇荡，静静地泊在水中摆动，船头的非洲人和船尾的西班牙人，彼此通过防护墙上方观察着对方，度过漫漫长夜。第二天早晨，少尉约瑟夫·卡萨尔（Josef Casal）率领头戴黑帽、身佩宝剑的骑兵来到船上。卡萨尔不知道如何处置是好，就把 40 人中的一半放在"圣欧拉利亚"号船尾，把剩下的一半人放在他自己的船上。

接下来的半天，没有发生什么重要的事情。某个时刻，那些被锁在另一个船舱的妇女已挣脱枷锁。现在的前甲板，大约 800 英尺的空间内，密布着大约 290 名叛乱分子，大部分都裸着身体。叛乱者似乎意识到，在这种情况下，不会有和局，僵持下去只会有利于抓捕方。叛乱者已经占据这艘船的一半，释放了妇女，并要求返回非洲，除此之外他们也做不了其他有用的事了。因此，叛乱者威胁要摧毁船上的货物。

"圣欧拉利亚"号满载酒、蜡烛、铁、钉子、纸、巴拉圭冬青茶、皮鞋以及水银，水银用来从矿石中提取银。洛帕特吉船长则要求少尉卡萨尔采取一些行动，不要让货物蒙受损失。两门 24 磅重的舰炮被运上后甲板。一个带有榴霰弹锡筒的弹匣也被储存在船尾，装满了重达 6～8 盎司的铁球。当霰弹被点燃发射时，弹药的爆炸力将薄锡膜撕裂，推动弹球各自以锥形集束射出，对人造成最大的杀伤，尤其是目标聚集在一起时，就像叛乱分子集中在船头一样，这样攻击叛乱者同时减少了对船上设备的破坏。

卡萨尔后来在给他上司的报告中写道，只有"精确地开火射击"，才会迫使这群黑人屈服。两次开火就结束了叛乱。卡萨尔让他的手下把 100 名"最强壮、最厉害的"非洲奴隶拉下了船，其中有 20 人被确定为叛乱领导者，给他们戴上镣铐，押送到屯驻地。其余的奴隶都被送回船上。为什么船上有这么多非洲人呢？经过一个不认真的、非决定的调查，当地官员就允许"圣欧拉利亚"号继续前往利马。

这是一段漫长而可怕的航行，向南穿过了麦哲伦海峡。"圣欧拉利亚"号不是一艘大船，原定运载不超过 100 名奴隶的储藏室里，关着 250 多人。这些西非人，只能两侧斜躺，一个人的前身紧挨着另一个人的后背，在黑暗中他们只能听到船在海峡风暴中艰难航行时船梁嘎吱作响的声音。因为吃着腐臭的食物、通风不良、饮水不足，生病了也得不到医疗，奴隶开始死亡。在这艘船到达太平洋的时候，有 15 人死去，另有 10 人在到达智利北部阿里卡港口之前死亡，在到达秘鲁的皮斯科之前，又有 6 人死亡，船在利马停泊下来之前又死了 23 人。

"圣欧拉利亚"号于 1804 年 6 月结束了航行，船上存活的奴隶在这 9 个月中大部分时间都在货舱里待着。

与此同时，莫德耶的方案按计划进行。他把伪装的"海神"号（现名为"阿吉拉"号）移交给西芒·德·罗查（Simão de Rocha）指挥的葡萄牙水手。罗查是一名客舱服务员，莫德耶晋升他为船长，让他把这艘伪装后的船开到恩森纳达·德·巴拉甘（Ensenada de Barragán），这是一个小的港口村，位于拉普拉塔河布宜诺斯艾利斯一边，在此罗查把这艘船以及剩下的 40 名非洲俘虏一起交给了它的新主人——一名布宜诺斯艾利斯商人。

但港口官员发现了这一骗局。德尔皮诺总督早已收到警报，知道了超载的"圣欧拉利亚"号上的奴隶起义事件。在他的命令下，港口官员捕获了这艘船，囚禁了罗查，并对奴隶们进行禁运。他们认出了"海神"号上那个被涂黑的艏饰像：无冕之狮。

莫德耶（公民曼科）早就乘坐"希望"号离开了拉普拉塔河。在接下来的三年里，他将一次又一次地返回，他将向蒙得维的亚和布宜诺斯艾利斯的商人再出售至少8艘捕获的船只，还有1000多名被奴役的非洲人。[3]

当英国皇家海军试图夺取布宜诺斯艾利斯和蒙得维的亚之时，莫德耶和他的手下帮助保卫了这两个城市。他对这两个城市的河口海湾有深入了解，这是多年来为躲避西班牙官员的监管积累的经验。他充分合理地利用这些知识，先碰撞英国船只，然后逃跑，把英国船引诱进河口浅水区，让其在沙洲和浅滩上搁浅。

英国军队占领了布宜诺斯艾利斯和蒙得维的亚，却不能持久。但驱逐英国人的莫德耶去世了，时间是1807年2月3日，被人用刺刀杀死在蒙得维的亚海滩。正是在这个海滩，多年来，他卸载了成千上万的非洲奴隶，包括"海神"号运来的那些奴隶。[4]

没有登上"圣欧拉利亚"号继续前往利马的60名"海神"号的奴隶被送到布宜诺斯艾利斯，其中40人因来自伪装的"海神"号而被禁运，另外20名是从"圣欧拉利亚"号上下来的"强壮而可怕的"叛乱者，他们将在布宜诺斯艾利斯奴隶市场上被拍卖。他们是作为战利品和被偷盗两次的物品拍卖的。现在，在点金术般的"黑人自由贸易"政策下，他们即将完成从海盗的战利品和走私品到可出售商品的转变。

/ 插曲　目睹死亡我无法不心惊胆颤

赫尔曼·梅尔维尔相信应该废除奴隶制。"这完全是滔天大罪，"他在描写奴隶制度时写道，"就像在正午时分熄灭太阳之光"。然而，他倾向于将奴役视为一个形而上学的问题，将自由视为所属个人内心世界的一个理念。在他所处的时代，这是一个共同的立场。《班尼托·西兰诺》出版的前一年，亨利·大卫·梭罗（Henry David Thoreau）在《瓦尔登湖》中说，个人需要实现"自我解放，即便西印度群岛上想象力丰富的土著也是如此"。梅尔维尔认为，所有的人都在自由和奴役这两个极端之间摇摆，美国南北战争前的大部分政治言论都围绕这个话题。在他故事的人物角色中，一些奴隶似乎是自由的，而所谓的自由人，像以实玛利和亚哈，他们却像奴隶，主要是他们因为自身紊乱的思想和无法控制的激情而自我设限。梅尔维尔在《白鲸》中写道，所有卷帙浩繁的"人类法则"都可以从本质上简化为捕鲸者的规则，以区分"有主鲸"（用鱼叉捕获或用鱼线钩钓，为一个特定的人所有）和"无主鲸"（无人认领，因此准许捕猎）。梅尔维尔说："这个巧妙规章的毛病，正是因为它本身过于简赅，得写下一卷注释浩瀚的书，才能把它说得清楚。"[1]

　　一旦进行阐释，就会发现，没有完全有主的鲸鱼或完全无主的鲸鱼。"世界上的人权和自由不就是无主鲸吗？……还有你，读者先生呀，不也既是无主鲸又是有主鲸吗？""人类都是生活在捕鲸索的包围圈里。"梅尔维尔在《白鲸》的其他章节中也说："所有人生来脖子上就套着绞索。""谁不是奴隶？"以实玛利问道，"请告诉我是否如此"。在这个问题及其隐含的答案中，我们有一种小确幸——凡人莫不如此——我们都承认，作为纯粹人的存在，我们都是彼此约束的。[2]

　　然而，在梅尔维尔的写作生涯中，有那么一段时间，他承认来自非洲的黑皮肤的奴隶，或者非洲人的后裔，他们是不同的。这是他在早期小说《雷德本》中描述的，部分素材来自他在 1839 年访问利物浦时偶遇的海军少将霍雷肖·纳尔逊（Horatio Nelson）的雕像。1805 年 10 月，纳尔逊率领英军在特拉法加尔（Trafalgar）击败了法国和西班牙联合舰队，这是英国海战史上最大的胜利，但纳尔逊在战斗中被一枚法国子弹击中死亡。纳尔逊纪念碑遍布英国，其中大部分形式简单，比如说，伦敦的纪念碑是柱状的，支撑着海军上将的雕像，全副武装，威风凛凛。

但是利物浦的纳尔逊纪念碑位于交换国旗广场（Exchange Flags Square）的阴面。一位观察家认为，它隐约象征着由"野蛮人"而非真正天主教徒统治的"残暴"国家：赤裸的纳尔逊后仰躺在胜利女神怀里，心神不宁，他的左脚踏着一个死人，而死神以披斗篷的骷髅的形式呈现，其肋骨被黑影分开，手伸出来要攫取纳尔逊的心。基座周围坐着四个可怜的人，他们被绑在石头上。[3]

这四个人应该是法国和西班牙的战俘。但是他们让赫尔曼·梅尔维尔想到了奴隶：

> 有四个裸体的戴着枷锁的人分坐在基座周围，间隔距离一致，比真人要大。他们坐姿各异，呈各种蒙羞绝望的状貌。一人屈膝而跪，头颅低垂，仿佛他已放弃了一切希望；另一人垂头丧气，毫无疑问，他的眼里充满了悲伤，但因为他的脸转过去了，我无法捕捉到他的表情。这些悲痛欲绝的战俘象征着纳尔逊的主要胜利成果；但是，当我看到过他们那黝黑的四肢和手铐，都会不由自主地想起市场上的四个非洲奴隶。
>
> 我的思绪会回到弗吉尼亚和卡罗莱纳。我还会想起一个历史事实，那就是贩卖非洲奴隶曾是利物浦的主要商业贸易，这个城镇的繁荣一度被认为与奴隶贸易有着不可分割的联系。我

记得在纽约，我父亲经常和来访的绅士们交谈关于废除奴隶贸易的讨论在利物浦引起的不快：肮脏的利益与人性之间的斗争，对商人家庭造成了严重的破坏，儿子疏远父亲，丈夫和妻子甚至因此分居。

让梅尔维尔尤其不能忘怀的是，这座纪念碑中那"丑陋的骷髅"将其"瘦骨嶙峋的手伸入纳尔逊的长袍"，要攫取他的心脏。"这是一个非常引人注目的设计，并且符合想象力；目睹死亡我无法不心惊胆颤。"[4]

考虑到梅尔维尔坚持要将奴隶制度看作一个单一问题，有别于其他统治形式，第二段提出的命题就很有趣：利物浦的财富，以及卡罗莱纳和弗吉尼亚的财富，都基于非洲黑奴的脊梁之上。但特别引人注目的是其行文的流畅，由一种转瞬即逝的初始印象展开一系列"不由自主"的联想，揭示了奴隶制和奴隶贸易在西方历史上的深刻影响，将貌似偶然的巧合纳入一种富有含义的模式。

其中一种巧合是纳尔逊雕像本身。梅尔维尔可能并不知道，建造纪念碑的公民委员会主要是由奴隶商贩、航运商和糖业种植园主组成，他们心存感激，因为英国皇家海军在纳尔逊的领导下称霸大西洋，这样他们可以相对安全地往返于加勒比海的奴隶种植园。委员会成员包括约翰·博尔顿（John Bolton）。正是这位奴隶贩子，在向美洲输送西非奴隶途中引发了"特里亚"号叛乱，后来给梅尔维尔《班尼托·西兰诺》的创作提供了灵感。

梅尔维尔对此一笔带过，接下来就重新讨论奴隶制作为人类总体状况的一种象征。然而，在利物浦的时候，他却"不停地"绕着这个可怕的纪念碑转。"这群雕像是如何影响我的，"梅尔维尔在基于利物浦之行创作的《雷德本》中写道，"也许可以从这个事实推断，我在穿过教堂街（Chapel-street）时都会穿过小拱门再多看一眼这群雕像。在那里，无论夜晚还是白天，我总是会发现纳尔逊勋爵身体仍后仰，胜利女神的花环仍悬停于他的剑尖上，死神还是那样残酷、贪婪，而这四名青铜俘虏依然在为其被囚禁而悲痛欲绝。"

　　1856 年，在完成《班尼托·西兰诺》一年后，梅尔维尔又回来看了看这个纪念碑。"晚饭后去了国旗交换广场，"他在日记中记录道，"看着纳尔逊的雕像，百感交集，想起了 20 年前的事。"⁵

第二部

无 主 鲸

这个大地球本身不就是无主鲸么?

——赫尔曼·梅尔维尔:《白鲸》

/ 6 可靠的幸福指南

最初来到美国的那些移民家庭迅速扩展，如果不是因为他们的血统，就是因为其家族成员数量庞大，他们似乎参与了美国社会发展的方方面面。亚玛撒·德拉诺就出生在这样一个家族。他的高曾祖父菲利普·德·拉努瓦（Philippe de Lannoy）于 1621 年抵达朴茨茅斯（Plymouth），这是继"五月花"号（Mayflower）后到达的一艘船。不到 10 年时间，他就和殖民者一起，带着家人穿越海湾，在坐落于海洋和盐沼之间的一个沙嘴上定居下来。此地有森林和草地，还有淡泉水，后来成为马萨诸塞州的杜克斯伯里镇（Duxbury）。

菲利普结过两次婚，育有 5 个儿子、4 个女儿，还有 38 个孙子女，每个人都有很多后代，急切地想要孩子：菲利普的一个儿子，亚玛撒的曾祖父，因为和一个后来与他结婚的女人"滥交"而被罚款 10 英镑。"他们人丁如此兴旺，就像火鸡栖息在树上一样，"一名杜克斯伯里镇的邻居这样说。这个家族的姓氏后来定为德拉诺斯（Delanos），其成员很快遍布新英格兰地区，从缅因州到纽约，再到其他地区。该家族有些支系产生了美国一些最成功的商人、艺术家和政治家，其中包括 3 位总统：尤利西斯·S. 格兰特（Ulysses S. Grant）、卡尔文·柯立芝（Calvin Coolidge）和富兰克林·德拉诺·罗斯福（Franklin Delano Roosevelt）。亚玛撒母亲的祖先也很早就抵达了普利茅斯，其血统起源于英格兰西南部的德文郡，其先祖据说获得过伊丽莎白女王的封爵。[1]

1763 年亚玛撒出生时，杜克斯伯里镇是一个贫困的小渔镇，只有窄小的马路和村舍，屋里是粗糙的自制家具。只有一个家庭有可以称为地毯的东西，无人拥有四轮马车，只有少数家庭拥有非洲奴隶。马什菲尔德（Marshfield）镇就富有多了。这个镇上的孩子可以去哈佛读书，或者加入英国皇家海军。杜克斯伯里镇一直有许多农民、渔夫、伐木工人、矿工（炭匠）和造船工人，他们有着铁一般的勇气，可以"砍倒森林，以面包屑为生"。"所有的人都很穷，但有些人更穷，大部分是老人，他们比自己的亲戚活得更老，无法靠自己生存。"例如，一些家庭轮流"照顾"亚玛撒家族的远房亲戚——老简·德拉诺（old Jane Delanoe），在她死后，他们为其支付棺材费。[2]

　　亚玛撒的父母塞缪尔（Samuel）和阿比盖尔（Abigail），给他们的儿子分别取名亚历山大、威廉和塞缪尔二世，但给第一个孩子取名亚玛撒，和他叔叔同名，在希伯来语中，亚玛撒的意思是负担或负重。《旧约》中只有一个亚玛撒。他是大卫王的侄子，被他的表兄约押谋杀，约押用右手很友善地抓着亚玛撒的胡子，仿佛要亲吻他，却用左手将一把匕首刺进亚玛撒的身体。亚玛撒的肠子撒了一地，死在了自己的血泊里。"罪恶的阴谋越深，罪孽也就越深重。"这是18世纪的一篇《圣经》评论对这节内容的评述。如果《圣经》故事不够令人生畏的话，亚玛撒的同名叔叔之死的情形就更加黑暗了。[3]

　　1759年10月4日，亚玛撒的叔叔亚玛撒·德拉诺埃（Amasa Delanoe），著名的英国罗杰斯别动队的军士，参加了对圣弗朗西斯的攻击行动。这是与法国人结盟的阿布纳基人的定居点，在圣劳伦斯河附近。村里的男人出去巡逻，留下的大多是孩子、妇女、病人和老人。他们打扮成印地安人的别动队，在这个村庄纵火。"不到一刻钟，整个城镇都熊熊燃烧，这是一场恐怖的大屠杀，"罗伯特·柯克（Robert Kirk）是别动队中的苏格兰人，他在日记中这样记录道，"那些没有被火焰吞噬的人要么被射杀，要么被砍杀"。柯克称之为"全美最血腥的一幕"。

　　杀戮几个小时之内就结束了，但在法国人和阿布纳基人的追捕下，英国人撤回康涅狄格河谷，这一行动持续了数周。在食物和水短缺的情况下，再加上恶劣的天气，别动队现在被分成了若干小分队，在树林中迷失了方向。他们筋疲力尽，饥肠辘辘，通过同类相食才生存下来。柯克的部队杀死了他们从圣弗朗西斯捕获的一名俘虏，她是玛丽－珍妮·吉尔（Marie-Jeanne Gill），阿布纳基酋长的女儿。"然后我们就把她烤熟，吃了她身体的大部分，"柯克写道，"因此，又重新恢复了很大的体力。"亚玛撒的团队，减少至3名士兵，他们把囚犯也烤熟吃了，受害者可能是阿布纳基酋长的另一个孩子，即哈维（Xavier）。第二天，阿布纳基人抓住了德拉诺和他的手下，在尚普兰湖（Lake Champlain）附近。当印第安人得知英国人"杀死并吃掉一个小男孩"时，作为"报复"，他们"杀了他们并剥掉了他们的头皮"。[4]

年少的亚玛撒首先是熟悉淡水，然后是接触咸水。5岁时，他会纵身跳入冰冷的海水中，潜水时间异常长。即便只是孩童之躯，他的体格也很健壮，钢筋铁骨一般，好像充满浓缩的能量。亚玛撒和他的弟弟塞缪尔和威廉（亚历山大夭折了）从造船工匠父亲那里学习建造船只，还前往纽芬兰岛东南的大浅滩捕鱼，带回了鳕鱼、鲭鱼和鲱鱼，并在波士顿出售。几年后，因为反抗"校长的严厉教育"，他退学了，尽管之后他仍然酷爱读书。

杜克斯伯里镇是一个小镇，亚玛撒的大部分道德教育，是在第一教区教堂里的家庭长凳上进行的。在亚玛撒13岁前，教堂的乡村牧师一直是可敬的查尔斯·特纳（Charles Turner）。他是一个看上去很严肃的人，在拜访各家吓唬孩子们时顶着一头巨大的白色假发。"我非常害怕他。"亚玛撒的一个同时代人回忆道。[5]

特纳代表权威，但他的神学思想是颠覆性的。他"能言善辩"，后来被称为"神体一位论"的种子，就是他那一代传教士播下的。他们给德拉诺的父母和祖父母们灌输了冷酷的加尔文主义，他们认为，个人几乎不能改变他的来世（根据这一思想，给一个小男孩取名亚玛撒没什么关系）。杜克斯伯里镇的人信奉一种更为自由的信仰，其中包括人类拥有自由意志的观念。1773年，特纳获得一个机会，在波士顿的皇家地方法官面前讲述这个新观点。同年，他被选中进行年度选举布道，这是一项很高的荣誉，以表彰他长期杰出的传教生涯。[6]当时，波士顿的报纸正在公开辩论独立问题，而特纳在担任马萨诸塞州州长的英国人托马斯·哈特金森（Thomas Hutchinson）面前宣讲这种道理，实际上具有叛乱性质。"经文阐释，"他说，"如果对自由事业不利，就不是正确的解释。"特纳说，他和杜克斯伯里镇的善男信女一起生活了近20年。伦敦的舆论认为，他们和美国其他"普通人"一样，"与野蛮的印第安人的地位相差无几"，但他们比国王和他的代表们，更能成为美德的真正来源和捍卫者。

特纳还在他的布道中加入了一种在公共辩论中越来越常见的说法，即个人的"贪婪"可能有助于"公共利益"。他说："增加可获得的财富和资源，追求利益的，对整个社会都有好处。"在这个新等式中，一些基督徒过去认为是恶习的品质，诸如野心，被置于"利益"的范畴。这些品质不再被压抑，而是要通过美德达到平衡；或者如特纳所说，通过"更高的原则"进行"强化"，这些原则会保护"公共利益"免遭"少数人邪恶喜好"的影响。他说，人的激情、欲望和利益需要得到控制，"如果我们愿意的话，这种控制体系可称为宪法"。[7]

历史学家戈登·伍德（Gordon Wood）认为让美国革命显得激进的一种思想如下：自我治理和社会治理相关联，依赖道德体制来制约并平衡个人激情，在政治层面依赖书面宪法进行制约和平衡。特纳的言论便是一个鲜明的例子。哈特金森州长"在布道过程中敛眉蹙额，惊愕失色"，"而且有意不邀请特纳参加布道后的节日餐"。然而，塞缪尔·亚当斯（Samuel Adams）对特纳的布道印象非常深刻，他将布道册子广泛散发，遍及殖民地，还送至伦敦，在那里册子被送到本杰明·富兰克林的办公桌上。[8]

特纳回到杜克斯伯里镇后将带着他的信众来到革命的海岸，并将他们留在那里。由于健康问题，特纳于 1776 年初从牧师职位退休。1776 年 7 月 3 日，在大陆议会投票决定与英国决裂后的第二天，亦即在大陆议会通过《独立宣言》的前一天，西底家·桑格（Zedekiah Sanger）被任命为镇上的新牧师，附近的谢尔伯恩第一教区教堂的牧师——可敬的伊利亚·布朗（Elijah Brown）在这天进行了布道。[9]

布朗对人性的看法甚至比特纳更加乐观。他在介绍桑格的演讲中说："在神的启示中，没有什么是与纯粹理性的基本命令和要求是矛盾或相反的。""理性是神的光芒，是永恒之光的璀璨光辉，在最先植入人类灵魂之时，"他继续宣讲，选择一组华丽辞藻，散发着纯洁的爱的光芒，"理性是幸福和荣耀的可靠指南"。[10]

但是布朗牧师有一个问题。和许多其他邻近的城镇一样，杜克斯伯里镇与波士顿的"自由之子"组织站在一边，反对伦敦。三年前，亚玛撒的父亲和叔叔们帮助这个村镇成立了第一个民兵组织，并承诺要与"大陆议会"共存共荣。杜克斯伯里镇为此付出了代价。甚至在莱克星顿战役之前，英国皇家军队就在骚扰其居民，在教会活动和政治会议期间包围教堂，并阻碍渔民出海。英国皇家海军在近海处焚烧了一艘帆船，将包括亚玛撒的几名堂兄弟在内的船员转移到纽约港内的一艘监狱船上，其中一些人在那里丧生。在其他地方，反对英国的战争也付出了沉重的代价。英国人造成的损失和席卷北美的天花疫情相比简直不算什么。此次天花疫情从新英格兰蔓延到墨西哥，从 1775 年开始，遍及城市和村庄，在疫情减轻前，超过 10 万人因为患天花而丧命。[11]

所以，在即将结束赞美上帝赐予理性的光明和幸福的布道之时，布朗变得阴郁了。他告诉杜克斯伯里镇的会众说，他支持脱离英国独立，并敦促该镇继续"为我们的天赋人权而奋斗"。但他说，目前的处境是"灾难性的"，"天国对我们很生气"。生灵涂炭的瘟疫、我们伤员的呻吟、同胞的血、战争的恐怖，这一连串的灾难，除了被理解为对我们的惩罚，还有什么可言说的呢？他反问道，难道我们没有"做错事，遗弃天主吗"？

布朗已放弃有关个人宿命论的教义，但他坚持上帝通过历史来说话的观点，历史不只是由自由意志支配的个人行为累积的结果。历史是一种神宠或失宠的表现。如果杜克斯伯里镇的好人们正直地运用其自由意志来为他们的天赋人权而战，那么如何解释他们所遭受的这些苦痛呢？

1776 年，亚玛撒 13 岁，大家都说他是个有思想的男孩。然而，坐在教堂里德拉诺斯家的长凳上听讲，他很可能忽略了布朗悖论的深层次意思，即个人命运可能不是命定的，但历史的进程仍然是由上帝指引的。直到临终时他才质疑以下这个观点：如果用理性和纪律来控制欲望和冲动，那么成功就会随之而来。无论如何，这位牧师是在其长而又长的布道快结束时才简短说了他担忧的情况。

布朗布道结束后，他把讲道台让给了杜克斯伯里镇的新牧师，新牧师开始布道的主题是大家都关切的问题。桑格牧师首先引用了《圣经》中的《利未记》："在遍地给一切的居民宣告自由。"

革命改变了杜克斯伯里镇。亚玛撒的父亲塞谬尔·德拉诺（Samuel Delano）最初"一贫如洗，也没有文化"，现在拥有一家小型造船厂，事业发展顺利，到 1783 年已可以买下大片良田。然而，尽管他被列为靠技能和努力工作让杜克斯伯里镇致富的人，但没有像他邻居以斯拉·韦斯顿（Ezra Weston）那样出现在富翁名单上。韦斯顿开始也是一个贫穷的自耕农和造船木匠，但他在 18 世纪末期开始主宰这个小镇的经济，拥有一家大型造船厂、一个铁匠铺、一片用材林地、一个制绳工棚、一家切割帆桅杆的锯木厂、一支捕鱼船队。他富甲一方，势力强大，以至于他在共和党人控制的新英格兰获得了一个可以想象到的最具谴责性的绰号：凯撒大帝。[12]

杜克斯伯里镇在独立革命后繁荣发展，结果造船厂附近滋生了卖淫、酗酒、骂街、赌博和其他的罪孽。"走开吧，"一位老前辈警告一群乡下农场来的男孩——他们想到镇上的捕鱼船队工作，"这个地方是《圣经》中的罪恶之地'索多玛'，它将会沉没，而且正在沉没。"像"凯撒大帝"这样的人，统治着杜克斯伯里镇的小"所多玛"，积累的财富之巨在几十年前人们做梦也想象不到。韦斯顿的儿子小以斯拉·韦斯顿（Ezra Weston Jr.）和亚玛撒的年龄一样。他不仅继承了父亲的生意和财产，还继承了父亲的头衔。他是"凯撒大帝二世"，掌管并进一步扩张其家族的航运帝国。[13]

与财富积累相伴生的是贫困。为老简·德拉诺的灵柩支付钱财，一般家庭和教会慈善机构只能偶尔为之，不足以解决不断蔓延的贫困问题。1767 年，小镇投票决定"驱赶穷人"进入作坊，不久之后，成立了常设委员会来管理这项事务。为了获取食物和衣服，破产的人选择捡填絮的工作（像查尔斯·狄更斯笔下的奥利弗·特维斯特），他们从旧绳索中牵拉出麻绳或黄麻绳，然后混以焦油，用来填堵船体上的裂缝。[14]

杜克斯伯里镇所发生的变化，是新共和国各地发生的更大变化中的一个小片段。戈登·伍德将革命胜利后几十年这段美国历史描述为一个巨大的拆解变化过程。"一切似乎都在分崩离析，"他写道，"而谋杀、自杀、盗窃和聚众滋事现象日益增多和普遍，都成了人们因为自由和获益预期而造成的负担做出的越来越普遍的反应"。一个以"仁和无私"为基础的国家尚未建立，开明的共和主义正孕育着社会竞争和个人主义。特纳牧师认为，"更高的原则"可以调和私人野心的观点被抛在脑后。对许多人来说，私人的野心抱负是更高的原则。在任何地方，粗鲁的人都在积累巨大的财富，投机、放高利贷、哄抬物价，或者寻求政治地位，不是为推动实现共和国理想，而是"利用自由和平等这些革命的豪言壮语"来谋求其特殊阶层的利益，或者更糟的是，只是为了他们自身的利益。"革命，"伍德写道，"是它自身矛盾的根源。"15

在杜克斯伯里镇，人们对这些变化的一种反应就是外出逃避。甚至在革命之前，特纳牧师已经把认识世界定义为一种积极的善，是一种培育公民美德的方式。"如果一般性术语无法解释有关自由的恩典，"他讲道，"那么就让人们在世事中领会吧。"到19世纪初，离开杜克斯伯里镇被认为是一种既能了解世界又能飞黄腾达的方式。一条不成文的法律支配着这个城镇，就像一个居民说的那样，这是一条"自然法"："每个男孩都应该在他能上船时，就在船上找个位置。"这一经历将让杜克斯伯里镇的儿子们"扩展了他们的同情之心"，并改善了他们的生活状况——也就是说，在道德上和物质上都能提高自身。16

亚玛撒年幼时，美国独立的观点在一些激进分子心中还是模糊的；而到1823年他去世时，西半球所有地方（除了古巴、波多黎各和加拿大）已宣布自由。亚玛撒·德拉诺确实是美国革命中产生的新人。他深刻理解并确信无疑地支持新国度中流行的所有革命思想中最激进的思想：人生来平等。然而，在他们心目中，这种平等只是有关自己的事。在像特纳和桑格这样的牧师的指导下，德拉诺认为"自治"不仅是政治程序，甚至可能是一种个人美德，他也努力争取自治。他承认自己野心勃勃，渴望获得成功，因德才兼备而受到伙伴们的尊敬，并且有经济保障足以养家糊口。17

与他那个时代许多其他的共和党人一样，德拉诺在抱负和嫉妒之间进行了区分。嫉妒是一种罪恶，而抱负是一种美德、一种自我提升的力量、一种完善自我和社会的方式。如果德拉诺有嫉妒心，面对日益分化的杜克斯伯里镇，他可能将目光盯着内部，要求均平财富。相反的是，他开始向外看，相信他可以通过扩大自己的世界来实现自己的抱负。德拉诺希望能摆脱杜克斯伯里镇的地方观念，去看看世界真实的样子，让自己有关世界的认识不再局限于书本中发现的"夸张叙述"，以及那些长途航行回来的水手们兜售的海外奇谈和"那些有关遥远他乡的虚假故事"。

他想做牧师曾经教促他做的事：认识世界的本真。①

战争给了他机会。在听闻桑格牧师赞颂自由后不久，亚玛撒违背他父亲的愿望，（因为他还未成年）与杜克斯伯里镇起义的民兵签署了协议，并进军波士顿与英国人作战。从那一刻起，到30年后他提笔写回忆录，亚玛撒似乎没有片刻停息。

和一些共和党人一样，德拉诺亲眼目睹了许多标志着"新时代"开端的最著名的事件。他守卫过萨拉托加战役（Battle of Saratoga）中的英国俘虏，并且目睹了约克镇在战火中被摧毁的情景，后来在回忆录中回想起那些"悲伤的感觉"，目睹"兵燹之祸、血流满地"时他悲恸不已。美国革命前几年，他多次乘坐"凯撒大帝"建造的商船航行到海地，载着新英格兰的腌鳕鱼卖给那里的种植园主来喂养他们的奴隶。正当中国向西方开放贸易时，亚玛撒来到了中国的港口城市广州和澳门。库克船长（Captain Cook）死后不久，亚玛

---

① 对于像德拉诺这样的平民百姓来说，下海谋生，就如同共和党的贵族们拥有地产一样，他们的大地产不是大宗商品，不能像许多大桶烟草那样进行交易。事实相反，拥有土地财富使他们远离了市场竞争，不需要为蝇头小利斤斤计较。这使像托马斯·杰斐逊（Thomas Jefferson）和乔治·华盛顿（George Washington）这样的人能够培养世界主义，超越狭隘的争斗，推进实现共和国的崇高愿景。正如华盛顿所言，成为一名共和党人，就是要成为"伟大的人类共和国的公民"。下海谋生虽然没有类似的经济保障，但在海上，与许多种族的人生活在一起，让像亚玛撒·德拉诺或赫尔曼·梅尔维尔这样的人能够将自己想象成一位"无拘无束的公民、宇宙的水手"（梅尔维尔语）。

撒就在夏威夷下锚了。离开时，他带走了两个年轻人。其中一位是传奇的国王卡米哈米哈（King Kamehameha）的儿子，他后来在中国失踪；另一位则去了波士顿，在那里，他在《库克船长的悲剧》中扮演角色，获得了好评。亚玛撒目睹了英法海军之间的战斗，以及帕劳群岛上岛民之间的斗争，这让他反思了后者的道德优势。当他问帕劳国王，为什么他的支持者本着复仇精神，破坏了被他们击败的对手的财产，他被告知："英国人是这样做的。"

在非洲、南美洲和南太平洋诸岛，梦幻般丰饶的景象在他眼前掠过：成群结队的羚羊和鹿群似乎绵绵不绝，庞大的火烈鸟和鹦鹉、天鹅群遍布整个智利海岸，行进的企鹅群落像地毯一样覆盖福兰克群岛（马尔维纳斯群岛）。早在达尔文观察加拉帕戈斯群岛巨龟几十年前，德拉诺就将它们与印度象进行了比较。"它们的嘴、头和脖子，"他说，"似乎在满怀激情地颤动。"

德拉诺在利马逗留期间，访问了西班牙宗教法庭办事处，参观了西班牙铸币厂，并描述了非洲奴隶们将黄金铸造成金条和金币的情况，颇引人注目。德拉诺是第一个详细讲述"邦蒂"号（Bounty）叛乱事件①的人。在法兰西岛，他的货物被法国革命者扣押；在英国统治印度、欧洲殖民者统治太平洋群岛之初，他就出现于这些地方。德拉诺描述了南非种族隔离的根源，深刻地思考了我们今天所说的世界种族分裂所造成的影响。他与马来西亚的摩尔人一起吸食鸦片，与波利尼西亚酋长们讨论伦理和战争问题，并认为基督教的圣父、圣子、圣灵三位一体和他在孟买无意中发现的一个三头小雕像具有相似性，三头小雕像分别是毗湿奴（守护之神，印度教主神之一）、湿婆（毁灭之神，印度教主神之一）和梵天（创

---

① "邦蒂"号叛乱事件（Mutiny on the Bounty）是英国皇家海军军舰"邦蒂"号上发生的叛乱事件，发生于 1789 年 4 月 28 日。船上的船员推举弗莱切·克里斯蒂安（Fletcher Christian），一同对抗船长威廉·布莱（William Bligh）。

造之神，印度教主神之一）。

　　总之，这三十年的大部分时间，亚玛撒·德拉诺都在海上度过。

　　德拉诺认为，周游世界会拓展眼界，增加智慧，帮助"克制自己的偏见"，不受琐碎小事影响，掌握"从邪恶中汲取善的神圣艺术"。但是，正如他所说，他宽容大度、心胸开阔是因为能够"对自己的观察、原则和感觉进行概括，"所以，在某种程度上，他希望证实自己有关理性、自由意志和人的自制能力的思想，这些思想是特纳和布朗牧师教给他的。但他在世界上发现的真实情况却完全不同，并不能证实他过去确信无疑的思想，而是粉碎了他曾经坚定的信念。[18]

德拉诺作为一名高级海员，第一次获得佣金，是在一艘英国东印度公司的船上，这艘船走私鸦片并测绘太平洋岛屿。登船两年后，德拉诺领到了工资。他的部分工资是以毒品的形式支付的。他将这些毒品走私到中国出售，收入增长了一倍。那是在 1793 年初，因为急于离开广州，回到家乡，他指挥了一艘开往欧洲的船，名叫"伊莉莎"号（Eliza），船上装载着荷兰人范百兰（Van Braam）的糖。[1]

"伊莉莎"号并非一艘好船。"航行中船很迟钝"，"漏水很严重"。水渗进船舱，与糖混合在一起，糖溶解成糖浆，然后船上的水泵将糖水抽回大海。这甜蜜的混合物开始吸引鱼群前来，起初只是一小群鱼，然后成群结队越来越多，以至于"伊莉莎"号被笼罩在一个闪闪发光的巨大银色鱼群中。

从巽他海峡到法兰西岛横跨印度洋的过程中，"为数极多的鱼"跟随着"伊莉莎"号，"包括各种各样的鱼，从最大的鲸鱼到最小的鲱属小海鱼"。这是一场移动盛宴、一场永不停息的宴会：一些钩子和一点谷物就足以抓获一船鱼。但是其中一种鱼，德拉诺不知道它是什么，虽然怀疑是鲣鱼，这种鱼被证明是有毒的，因为"大部分船员因吃这种鱼都中毒了"。[2]

1793 年 7 月，德拉诺到达位于印度洋马达加斯加岛东部的法兰西岛（Île de France）。一名港口领航员开船来到"伊莉莎"号船上，告诉亚玛撒这个新闻：法国国王路易十六已经命丧断头台；法国现在是一个共和国，而贵族统治的欧洲已经联合起来力图粉碎这个共和国；法兰西岛外部被围攻，内部由激进分子统治；暴徒们在街上游荡，洗劫了富裕商人的商店，迫使他们出售自己的商品以换取革命势力发行的几乎毫无价值的纸币；私掠船拥塞在港口，他们中一些人持有 40 多条或更多的枪，武装起来扣押船只和货物。没有任何船只是安全的,即使它们打着共和国盟国的旗帜航行也不安全。

"这些信息让我们瞠目结舌",德拉诺说。

"伊莉莎"号后面跟着追随糖水的鱼群,现在已进入一个充满革命激情的热带暖房。在那个奴隶劳作的产糖小岛上,人们对震撼欧洲的思想甚至更加狂热。德拉诺被他看到的情景吓坏了。"我知道法兰西岛上的人民是诚实可敬的",在回忆起早些时候访问此岛的情景时他说。在弑君事件发生之前的几十年中,这块殖民地因为欧亚贸易增长繁荣发展,许多商人、甘蔗种植商和贩奴商都变得富有。糖的价格很高,岛上的圣路易斯港为欧亚之间航行的船只提供服务。但是越来越多的贫穷白人、自由的有色人也在此定居,他们天生就是激进派革命党人。当路易十六被处死的消息传来时,一切都崩溃了。

亚玛撒·德拉诺以前经历过革命的热情。当时,杜克斯伯里镇的人民团结起来,支持"自由之子"和"大陆议会"。当镇上树立起一个自由旗杆时,他还是一个小男孩。"我们的旗杆非常高,"一位杜克斯伯里镇的居民回忆道。然而,他的家乡很幸运,没有发生其他社区所遭遇的那种内部冲突。在整个新英格兰地区,爱国者们给被怀疑是保守党的人一个选择:亲吻自由旗杆、宣布支持独立,或被涂上柏油和羽毛。然而,杜克斯伯里镇却很少有"自由旗杆前发誓改变信仰"这样的行为,一位革命老兵记得,因为"没有人需要发誓"。但是曾发生过一个事件,爱国者抓住了一个名叫杰西·邓巴(Jessie Dunbar)的哈利法克斯(Halifax)商人,因为他把屠宰的肉卖给了英国人。爱国者用牛肚击打他的脸。然而,在大多数情况下,反对英国人的战争并没有使德拉诺的邻居中间出现"偏执狂或狂热者",战斗一结束,他们就回到了造船和航海事业——尽管镇上有一些人变得越来越富有,而许多人却变得越来越贫穷。[3]

然而,在法兰西岛,德拉诺看到了一个被革命搅得精神错乱的世界。一个雅各宾派俱乐部成立了,从该殖民地由商人和奴隶主控制的议会那里攫取了权力。女人们把头发染成红色、白色和蓝色，种植园主们以希腊诸神的名字重新为他们的奴隶命名。雅各宾人举行了一个又一个"节日"：一个祝贺"美德"，另一个就祝贺"收获"，还有一个赞美"纯洁"。那个扮演"纯洁"的女孩，穿着白色的束腰外衣，戴上花环，但由于她在寒气中待的时间太长，第二天就死了。葡萄收获节中，两位女"公民"是主角，表现"纵情酒色的放荡场景"。[4]

德拉诺写道，"他们很快就学会了呼吁'自由与平等'"，还有其他的口号——"暴君死了""打倒压迫""人权必胜"。在广场上竖起了一座"断头台"，上面挂着一个牌子，写着"收治贵族的药方"。

岛上的奴隶没有起义，殖民地的种植园主也无视巴黎1794年颁布的废奴法令。但是偏执狂在增多，阴谋论甚嚣尘上。种植园主阶级诚惶诚恐。有谣言传开，说工匠们正在和奴隶们一起密谋，水手们也正在为他们提供装备。人们认为英国间谍和反革命分子无处不在。食品供应在缩减。

德拉诺发现，法国大革命期间发生的事情中，最让人痛苦的一件事莫过于使海盗活动大众化。过去，莫德耶在蒙得维的亚和布宜诺斯艾利斯的商业伙伴们，以及利物浦贩奴商的雇佣舰队，都是人脉广的富人为私掠船主提供资助，这些人还可以装备一艘海盗船，把它派遣到大海上，看看能攫取到什么财物。然而，现在，在法兰西岛，私掠船发售便宜的运营股份，每艘船发行的股份高达500股，卖给任何能买得起的人。德拉诺指出，"所有等级的人"都可以从海盗行为中获利（类似于"自由贸易"在这一时期使西属美洲的奴隶贸易大众化）。后来，拿破仑在巴黎掌权后，这些私掠船被国有化，它们与共和国海军协调行动，以破坏英国的商业活动。但在路易十六刚被处决后的几年里，海上抢劫对所有人都是开放的，每个人都是私掠者。

　　尽管德拉诺年轻时曾在一艘大西洋海盗船上短暂工作过一段时间，但他现在谴责这种行为。他认识的许多船长因为海盗船而没落，他自己也不止一次避开海盗船。私掠巡航充其量不过是"有执照的抢劫"，这是"邪恶的"商业活动，与奴隶制没什么区别。就像人们有可能从自己家中被抓走、失去他们所珍视的一切，一个"诚实的水手"，他一辈子在船舱中辛勤劳作的成果可能全部被掠夺，"一文不名"，而这种盗窃行为"是遵照法律执行的"。

　　这个岛上的人无法无天，使德拉诺直接受到影响。他的货物，那部分没有融化入海的糖，被殖民地当局专横地禁运。由于被禁止离开港口，德拉诺大发雷霆。他抱怨说，岛上的管理人员不"尊重我们，或不公正地对待我们"。看到那些"非常低劣的人，没有才能或不正直，却拥有权力，他们以自由的名义，滥用权力以达到最邪恶的目的"，这是"令人痛心的"。

　　作为美国革命之子，德拉诺发现自己羁绊于一个道德堕落、理性颠倒的世界里，而道德和理性正是美国革命承诺要实现的。"我很快就发现"，他后来写道，法国大革命的革命者们使用"自由"这个词的意思是，"他们可以随心所欲地行动，而另一些人要么服从他们，要么被杀死"。德拉诺认为，"那些最强烈地支持平等制度的人，就我的经验而言，他们得权时是最厉害的暴君。……要实现完美自由或那些没头没脑的人有时所说的完美自由的尝试，必然失败"。

　　德拉诺的船是在美国注册的，但它的货物由荷兰公民拥有。法国在与荷兰人交战。因此，德拉诺不得不把他的提货单藏起来，使这些糖看起来像是他自己的。几周过去了，什么也没能解决。他的船员们在"消耗"他的补给物，而虫子在"啃噬"他的船。德拉诺想办法秘密卖掉他的糖，但为时已晚。"伊莉莎"号（Eliza）彻头彻尾地烂掉了，不得不沉没了。

　　用卖糖的收入，加上他卖鸦片之所赚，德拉诺和另一位美国船长合伙从一名私掠船主那里购买了一艘载重1400吨的船，名为"赫克托耳"号（Hector）。岛上港口中停泊的都是这种船只，它们是被海盗船捕获拿来出售的。德拉诺需要离开这个小岛，尽管他对购买这样一艘被海盗捕获的船只有所顾虑，但也不再顾忌。"当时的船"，他写信给杜克斯伯里镇的兄弟说道，"你想要有多便宜就有多便宜"。[5]

当时德拉诺的想法是航行到孟买购买一船棉花，然后在广州卖掉。他说，"我们还以为会为自己做一些漂亮的事情"，同时还能赔偿范百兰糖的损失。但是他很快就意识到，"对我们来说，这项任务花费太大了"。日常开销，包括食品、工资和维修费用，就让这两名美国人用完了所有的钱。港口的雅各宾派当局"对他们下了一道又一道禁运令"，他们说，因为"赫克托耳"号上有60支枪，所以不允许航行到"印度的英国港口"，在那里，船可能会被英国人夺取，并用来封锁他们的岛屿。德拉诺和他的助手们被迫以"高利息"借钱，"在孟买还钱"，作为他们的运营费用。

尽管德拉诺和他的合伙人最终逃脱，但他们的命运并没有改善。离开法兰西岛几天后，"赫克托耳"号就遭遇了一场持续8小时的飓风，船几乎解体。"我们失去了3个顶帆，"德拉诺说，前桅最下部的帆桁在吊索上裂开了。他们修理了这艘船并把它开往印度。但由于法国人正在扣押美国船只，他们发现没有一个商人愿意让他们运送货物。他们在孟买被困了几个月，错过了去往中国最好的航海季节。在法兰西岛借贷的债务节节攀升，现在达到2万美元。两人借了第二笔贷款来支付第一笔债务，之后就向加尔各答转移。他们仍然找不到一个愿意冒风险合作的商人。当他们被要求偿还新一笔贷款时，两位船长被迫出售"赫克托耳"号，而这些收入仅够勉强偿还债务。

德拉诺在加尔各答破产了，穷困潦倒。"累计的损失"让他感到压力"重重"。他对弄丢范百兰的货物感到沮丧。他通过出售这位荷兰人的糖获利，购买了一艘作为战利品的船只，他知道自己的动机是"纯粹而诚实的"。他觉得自己在雅各宾派控制的法兰西岛上被劫持了，他写信给范百兰，告诉他每一个不幸事件的细节，并计划把"赫克托耳"号所获利润支付给范百兰。但他就是无法实现这个计划。"反思一下，试图用这么少的资金来管理这么大的商业计划是不明智的，现在却让我不断自责。"他说，"我们做了力所不及的事"。他的尝试失败了。

德拉诺搭乘一艘纵帆船回到了费城，抵达时身上只有"一个金摩尔"（gold moore），他的"远大理想"受到挫折，他的"思想受到伤害和抑制"。[6]

在大海上航行五年之后，亚玛撒·德拉诺回到了杜克斯伯里镇，他两手"空空"，"衣衫褴褛"，"除了大量需求要满足外，他别无所有"。"我见到祖国时心情从未如此低落，"他在信中写道，"我的事业灾难性地结束了，希望也全部破灭。"成功的船长生意兴隆，回来时带着充满异国情调的礼物，并受到朋友和家人的热烈欢迎。相反，他没有什么可赠予别人的。德拉诺走上街头时，他敏感地察觉到人们种种"装出来的怜悯"和"吝啬的同情"。遇到熟人时，他假装很高兴。但是在这个冷漠的世界中，他"低垂的眼睛和受伤的心灵"无人理睬。"我心里肯定感到失落。"[1]

德拉诺回到他父亲的造船厂工作，决心要在失败中崛起。他开始建造自己的船，在波士顿找到一些投资人，这样他就能买到最好的材料。他有条不紊地工作，小心翼翼地为船的每一部位选择合适的木材。德拉诺用的是硬白橡木和杜松，或者落叶松木材，这些木材用牛车拉到杜克斯伯里镇的船坞里，切成又厚又长的木板。木材经干燥处理后，他估计它们的强度和坚度能保持30年之久。松木用于制造桅杆，涂过三次油的云杉用作帆横杆。德拉诺计划用黄松木做甲板上的木板和梁，用他能找到的最好的铜包裹船身。

用于远航的船"应该永远没有任何不坚固的顾虑"。不能依赖"运气"，因为运气"带有奇迹的意思"，人们应该小心地为任何"危险"做好准备，不要有任何"如果"或"但是"等设想。船的下甲板上有两个很好的链条泵，主桅的前后甲板，由坚硬的松木和铁制造而成。[2]

这艘造型优美的船完工时有84英尺长、24英寸宽，吃水深度12英尺。它有两层甲板，两个有斜度的桅杆轻微地斜向船尾，还有一个突出的船首斜桅。德拉诺把这艘船称为"坚毅"号。[3]

　　德拉诺边建造这艘船边考虑如何从经济和情感上挽回自己在最近那次航行中的惨重损失，可是他的选择是有限的。有一个行业他可能做得很好，这是一个非常重要和充满活力的行业——贩奴，在某种程度上，有了它所有其他行业才成为可能。

　　正如历史学家洛伦佐·格林（Lorenzo Greene）在半个世纪前所写的那样，而且当今许多学者，如哈佛大学的斯文·贝克特（Sven Beckert）和布朗大学的塞思·罗克曼（Seth Rockman），也都证实过，奴隶制"构成新英格兰经济生活的基础：经济是围绕着它转的，而该地区大部分其他行业都依靠奴隶制"。奴隶劳动力在南方扩展，进入西部，还需要一些年的时间；但是奴隶制在南方各州早已存在，这已经是南方利润的一个重要来源，就像加勒比地区和南美洲急速增长的奴隶贸易一样。银行让奴隶贸易资本化，保险公司承保奴隶贸易。承保贩奴航运活动，有助于在罗德岛从事保险行业，而在康涅狄格州，安泰（Aetna）制作的第一份保单就是有关奴隶生命的保险。反过来，从贷款和保单中获得的利润也被投入其他北方生意。父亲们"供应远航船只发家"，把钱留给了儿子们；儿子们"建造工厂、开办特许银行、组建运河和铁路企业、投资政府证券、投机新金融工具"，并捐款用于建造图书馆、演讲厅、大学和植物园。[4]

　　在德拉诺建造他的"坚毅"号之时，北方正在结束使用奴隶劳动力，但在整个新英格兰，一些商人家庭和港口城市（塞勒姆、新港、普罗维登斯、朴茨茅斯和新伦敦）都是在奴隶贸易中蓬勃发展起来的。在马萨诸塞州和罗德岛，每年蒸馏的数百万加仑的朗姆酒，有许多是用来购买奴隶的。这些奴隶然后被运到西印度群岛，用来交换糖和糖浆。这些糖和糖浆被蒸煮后用来酿造更多的朗姆酒，再用来购买更多的奴隶。其他的新英格兰人也间接受益，他们建造贩奴船，织造"黑人布料"，做鞋子给奴隶穿，或者在南部各州和加勒比海群岛捕捉并腌制鱼，作为奴隶的食物。海地的种植园购买了来自新英格兰的63%的干鱼和80%的腌鱼。大卫·布里翁·戴维斯（David Brion Davis）写道，单是在马萨诸塞州，"大约一万名水手参与了西印度贸易，更不用说还有建造、装备和供应船只的大批工人"。[5]

如果奴隶制在经济上是不可或缺的，那么对许多人来说，这也是一种在道德上应受谴责、不可原谅的行为。到18世纪末期，新英格兰地区实际奴隶数量越来越少，但当地人的许多儿子，当他们出门去了解"世事"时，却遇到了海外贸易的恐怖情景。例如，1787年，亚玛撒·德拉诺儿时的朋友甘梅利尔·布拉德福德（Gamaliel Bradford）就遭遇过一次，他在一艘船上做高级海员时，从佛得角群岛购买盐，然后在冈比亚河（Gambia River）北面登上一艘法国贩奴船。他在日记中记录了这次拜访留给他及其同伴的印象：

> 我们两个人现在看到了一个从未曾见过的场景。船上有300名可怜的人，他们这类人构成这个海岸上所进行贸易的主要标的。看到别人戴着镣铐，我都会感到痛苦，即使他因犯罪而被所谓正义之手铆钉，或因战争失利暂时被俘。但在这里，这一幕令人倍加震惊。现在我们面前是无辜可怜的人，他们被那些贪婪的同类从其安宁的住处抓走，带到市场，像牲畜般卖给出价最高的人，现在被绑上镣铐扔进"漂浮的监狱"（贩奴船——译者注）。他们对未知的未来感到恐惧，他们将远离自己的国度、父母和朋友，被运往一个遥远的地区，在那里，他们的余生将在忍饥挨饿、伤心悲痛中度过。他们被惨无人道地利用，不停地劳作，最后在疾病中死去。妇女和孩子们被安置在后甲板，在那里，你可能会看到微笑着的婴儿在其焦虑的母亲胸前玩耍，这位母亲看起来悲痛欲绝，她温柔的眼泪滴在孩子身上。可怜

的不幸人，也许这种爱护很快就会被剥夺。现在我的心为你而流血。到航行至终点时，你们母子可能分离，孩子可能会从你的怀里挣扎着被拽走，卖给一个苛刻的主人，他可能和刚刚买了你的人住得很远。你的泪水徒劳地流淌——徒劳地希望你们母子能在相同的地点做奴隶，同属于一个暴君。但是你的主人想要你，而不想要你的孩子。所有的苦难中，这仅有的慰藉也被剥夺了。你被交付给无情的主人，吓得呆若木鸡。你一动不动，直到你那野蛮的主人再次用皮鞭抽打你，将你唤醒，让你又感到不幸。希望在遭遇各种不幸和苦难以后，也许你还有开心的时候，希望你还能看到你的宝贝也会幸福。[6]

正如历史学家伯纳德·贝林（Bernard Bailyn）所写，"奴隶制"是布拉德福德和德拉诺那一代人中的"核心理念"。"作为绝对的政治邪恶，它出现在每一则政治原则的声明中，也出现在每一次关于宪政或法律权利的讨论中，还出现在每一次针对反抗活动的训词中。"英国殖民者和当时的美国共和党人实际上并不认为他们有从自己的家中被抓捕的危险，戴上镣铐被带到外国，像财产一样被卖到种植园和矿井里劳动。他们把这个概念理解为许多不同的状况，包括缺乏个人或政治的自我控制、经济上的依赖，或者在一个更大的政治群体中缺乏公正的代表性现象。德拉诺本人将私掠船船主的掠夺与贩奴商做了比较。当还是个小男孩的时候，他听到杜克斯伯里镇的牧师查尔斯·特纳经常在讲道坛上提到奴隶制。"当奴隶的想法是多么令人痛苦，"特纳1773年在波士顿的英国总督面前布道时说，"自由是多么迷人。"[7]

然而，美国独立之后，"奴隶制"用作政治概念以及其所暗示的问题，已经发生改变。它仍然是各种奴役形式的象征，然而，当像布拉德福德那样的新英格兰水手回到杜克斯伯里式的城镇，描述这些"新场景"时，他们对谁是奴隶谁不是奴隶，有着越来越清晰的判断。

布拉德福德回国后不久，奴隶制在杜克斯伯里镇成为一个有争议的问题。"难道我们的品位不会降低，"在 1805 年的一次布道中，镇上的牧师翰·阿林（John Allyn）问，因为我们所用的这些东西"是奴隶制的产物"？他说，大卫王不会喝奴隶给他带来的水。① 杜克斯伯里镇是那些从奴隶制中获得间接利润的城镇中的一个，所以阿林的评论是有针对性的。波士顿人蒙戈·麦基（Mungo Mackay）在大西洋中央航道上致富，他从"凯撒大帝"韦斯顿手中至少购买了一艘船。在佐治亚州萨凡纳河滨江步道上有一块匾，上面写着："1821 年 10 月 6 日，在萨凡纳港，马萨诸塞州杜克斯伯里镇的'古斯塔夫斯'号（Gustavus）帆船上，26 名非洲人登陆上岸。其中有男人、女人和孩子，年龄从两个月到 36 岁不等。""古斯塔夫斯"号的船主是小纳撒尼尔·温萨（Nathaniel Winsor Jr.），他是杜克斯伯里镇另一位富裕的造船商和商人。韦斯顿的大船队，为杜克斯伯里镇的水手提供了工作，也为海地、古巴和弗吉尼亚的种植园提供鱼，并把奴隶生产的糖和棉花带到北方和欧洲的港口。8

然而，可敬的阿林牧师不会顺着自己的假设得出其激进的结论。"我们基督徒，提倡自由和人权，"他说，"但是，每天毫无悔意地刺激我们的食欲、享用美食，而这些奢侈品制造是有赖……"突然

---

① 在阿林 1805 年布道后数十年，拉尔夫·爱默生（Ralph Waldo Emerson）在 1841 年发表了同样的观点。他批评了一种自负的想法，即简单地通过选择一种崇高的职业，人们可以保持洁身自好，而远离商业的恶臭气息。"狡猾之人的踪迹，"爱默生说，"触及了人类所有有利可图的职业和活动。""我们都牵连其中。"每一个人所要做的就是对这些进入一个人家庭内的商品问"几个问题"，意识到"我们吃的、喝的、穿的 100 种商品中都包含着背信弃义和欺诈"。"每天供应给我们的日常消费品，有多少是从西印度群岛或西班牙群岛而来，"他问道，"每年十个人中有一人死亡……为了给我们生产糖？"

间，在说到此处时，他打断了自己的话。在改变话题之前，他承认，继续这个话题的讨论太过挑衅："我停止了，以免引起一些让人难以接受的讨论，事关我们一些姊妹州的社会状况。"他警告说："大众自由之海，狂风暴雨般地激荡，富人和穷人、北方和南方，形成了不同的政党，互相伤害和毁灭；而且，在保护自由的华丽掩盖下，自由终于被消灭了。"

阿林开始意识到这种困境，美国北方人的下一代，包括杜克斯伯里镇本身在内，将会迎头正面遭遇。为结束奴隶制而战，这可能会终止美国在自由方面的实验，或者不干预南方各州的奴隶制，这就承认一些人有自由意味着另外一些人受奴役。在杜克斯伯里镇这个精通自然法的社区，当时全镇团结一致地支持革命，并且大多数人反对奴隶制。但在未来几年里，争论的话题将是如何结束奴隶制，或者终止奴隶制的代价可能会是合众国解体。杜克斯伯里镇基督教会的会众将会因为奴隶制问题分裂，后来又分裂一次。①

在德拉诺思索用他的"坚毅"号来做些什么时，这些分裂主义现象还未出现。这艘船并不是作为贩奴船而建，但他可以利用它与加勒比海上的奴隶岛进行贸易。他年轻时，曾作为航海学徒在载着咸鳕鱼到海地的船只上服役。作为一个年轻的高级船员和船长，他多次前往加勒比海上的其他奴隶岛，包括特立尼达岛（Trinidad）、

---

① 阿林提出打破僵局的解决方案，即支持将非洲人和非裔美国人遣回非洲。然而，另一些人则要求他们的宗教领导人发挥更强有力的领导作用。杜克斯伯里镇关于奴隶制的分歧最终导致了卫斯理教会的成立，因为卫理公会主教派不会投票支持如下动议：奴隶制是"罪恶的"，"自由和奴隶制不能共存"。杜克斯伯里镇的居民塞思·斯普拉格（Seth Sprague）比亚玛撒·德拉诺年长三岁，引领了这些分裂。在卫理公会派教徒中，斯普拉格说："奴隶制的罪恶渐渐地进入了教会；当教会中的一些成员试图驱逐那滔天的罪恶时，教会所有势力都一致反对这些人。"斯普拉格说，教会只不过是"支持奴隶制的一个主要支柱"。"只要我还是那个教会的一员，我就会在支持奴隶制方面发挥自己的影响力。"

多巴哥（Tobago）、波多黎各（Puerto Rico）以及大陆上的圭亚那（Guiana），他成为经验丰富的老船员很大部分归功于奴隶遭受饥饿［艾米·威伦茨（Amy Wilentz）写道，海地的奴隶，"常常不能摄入足够的热量以达到正常的生育率；他们所生的孩子可能会很容易饿死"］。但就像他的朋友甘梅利尔·布拉德福德一样，德拉诺认为奴隶制是令人厌恶的。[9]

德拉诺可能已经试过捕鲸。捕鲸业仍处在持续上升阶段，尽管当时大西洋的鲸鱼大部分都消失了，但德拉诺本可以把他的船装备成一艘捕鲸船，并尝试探索太平洋这个"活的油海"。从杜克斯伯里镇出发，绕过科德角，一天工夫就能抵达楠塔基特（Nantucket），更远一点就是新贝德福德（New Bedford），这两个地方是美国的两大捕鲸中心。但是很少有来自杜克斯伯里镇的人加入到这个行业，不管是作为普通的水手还是船长。[10]

有一次，当德拉诺在智利的瓦尔帕莱索港（Valparaiso）时，他曾试图用鱼叉叉一条鲸鱼。一条很大的鲸鱼睡着了，就在距离港口停泊船只不远处。德拉诺让手下人划船把他静静地送到距离鲸鱼20英尺的范围之内。他掷出长矛，击中了目标，但鲸鱼"感受到伤痛后"抬起巨大的尾部，使用让人惊恐的力量，把鱼叉带了下来，掀起巨大的水浪，德拉诺的船一半装满了海水。"如果它撞上了船，船就会被撞成小碎片，也许我们中一些人会被杀死。"鲸鱼游走了，怒吼着，血水喷溅，一直到消失在他们的视线之外。"因此，我们第一次也是最后一次捕鲸事业就此结束，"德拉诺写道。这次尝试使他相信："捕鲸业是一项艰难而危险的事业，除了那些从小就接受培训并技艺精湛的人之外，任何人都不应该去尝试。"

即使他能掌握杀鲸的技巧，捕鲸业也是一种等级森严的复杂事务，有很多的利益和技能在起作用。到18世纪末，大多数捕鲸活动都是由资金雄厚的公司或投资人团体组织的，由已建立的保险公司承保，并由制造商提供特制设备，包括有刺的鱼叉、砍刀和鱼钩等。起锚机必须强化，滑轮组和索具要经过校准，在将鲸鱼拖出水面，鲸鱼脂肪剥落时，使船的浮力和鲸鱼自身的重量保持平衡。船只也需要配备大量的木桶和盆，甲板要加固以承载沉重的砖砌炉子，炉子用以分解鲸脂成油，这样捕鲸船就变成了浮动的熔炉工厂。

赫尔曼·梅尔维尔有关这种炼油炉的描写很精彩。操作这些设备的人来自许多国家，他们优雅地保持自己的工作位置，用他们"无意识中培养起的技术"来启动这些炉子，使熊熊燃烧的炉子不会让在风浪中夜行的船只着火。拿着"巨大叉杆"的人，"一会儿把那些咝咝发响的鲸脂块戳到滚烫的炼锅里，一会儿搅动一下下边的炉火，直搅得那蛇舌似的火焰一阵卷旋，径直从灶门冲了出来，碰上他们的双脚。浓烟愤愤地成团成团滚了出来。船身每一簸动，滚腾的鲸油也簸动一阵，像是一个劲儿要泼到他们脸上似的。人们谈笑风生，随口吐痰，此时"风不停地咆哮，海在奔腾，船在哼叫冲潜"。[11]

要组织这样一个同步协调性很强的集体商业活动，亚玛撒·德拉诺不仅没有资金和同伴，而且没有这种情绪。

《白鲸》中的一段文字描述了这样的劳动场面：将从鲸鱼头中提取的类似于凝胶状的鲸脑油挤压成液汁。在他的描写中，梅尔维尔传达了一种人类互联的强烈感觉，即自我放纵可产生狂喜的团结一致性：

> 捏呀！捏呀！捏呀！我捏了整整一个上午；我捏着那些鲸油，直捏得我自己也差不多溶化在它里面；我捏着那些鲸油，直捏得我竟奇奇怪怪地神志不清起来；我发觉我自己竟不知不觉地捏起浸在油里的同伴们的手，把他们的手当成那柔滑的水珠。这种差使竟会产生这样一种富有深情友爱的情感来；弄得我终

于不住地捏着他们的手，满怀感伤地抬起头来直望着他们的眼睛；好像在说，——我亲爱的伙伴们呵！我们干嘛还要待人尖酸刻薄，或者稍怀一点恶意和妒忌呢！来吧；让我们把手捏个遍吧；不，让我们彼此都捏在一起吧；让我们把我们自己一起融化在这种乳油交融的友情里吧。要是我能够这样把抹香鲸油一直捏下去，可多好啊！[12]

读了德拉诺的长篇回忆录后，人们会觉得，这位来自杜克斯伯里镇的船长会因为这样的场景而惊恐万分。不是因为清教徒的性压抑，他并没有表现得特别纯洁。[①] 而是说，作为一个痴迷于自我创造和自我控制的人，德拉诺将排斥这段文字所表达的自我放纵感。很难想象他会投入这样一种血腥、烟熏火燎、纯体力活的劳动场景，或者就此而言，将之组织成一个有利可图的冒险行动。

德拉诺太过自我，太专注于自我改善，而且对自己为什么再努力也没有大作为而耿耿于怀。他精通自然法则，然而关于他与世界的关系，却有一些矫揉造作或貌合神离的东西。他想得太多，但同时又还不够。

在德拉诺早些时候服务于英国东印度公司期间，发生了一段插曲，揭示了他在工作时是如何被严重孤立的。德拉诺喜欢从事鸦片贸易的"美洲豹"号上的同事们，"论出身都是英国北部和南部的人"，在"英格兰和苏格兰的好学校"接受教育。他认为，这些人"胸怀广阔"。他差点儿就认为他们是喜欢他的。他们称他为"乔纳森兄弟"，这是英国人给美国人的一个绰号，意思是"无畏"和"好奇"，但也有"轻信"和"世俗天真"的意思。[13]

[①] 他没有拒绝帕劳酋长送给他的女妾，他典型地将之描述为满足好奇的美德而不是沉迷于性欲之恶："我很好奇地想知道，女性是否都不愿意和那些被别人选择出来的人在一起；但是我在她们的面容里只发现高兴和快乐。"

因此，当同船船员在一个叫皮奥·金托（Pio Quinto）的太平洋小岛上装载木材和水后回来说，在岛内陆几英里之处，他们在一条注入港口的狭窄河流里发现了金子，德拉诺也没有理由怀疑他们是否在说谎。他听着同伴们谈话时，"每次讲到黄金这个词，他们都用强调的语气，"德拉诺说，"我就更加热切地想去看看。"这些英国人说，他们不打算自己回去找黄金，因为他们对矿产不太了解，也不能从无用的岩石中提炼出有价值的黄金。

"老头子，"一名苏格兰人说，一边拍打着德拉诺的肩膀告诉他去做这件事，一边向他这个美国人提供了帆布包和马拉巴尔男孩——一个来自印度科拉拉（Kerala）地区的奴隶作为向导。"他知道我们找到这些稀有矿石的地方，你可以带着一堆黄金回来。"14

那天晚上，德拉诺一直做着"南洋美梦"。第二天早上，他早早和那个年轻的奴隶一起匆匆离去。他们沿着河岸走，开始很开心，路面平坦，走得很轻松。但随着地面逐渐上升，破碎的沟壑和散落的岩石开始阻挡他们前进的脚步。他们走了几个小时，仍然没有找到金子。德拉诺越来越疲惫，他不断地问这个男孩还要走多远。这个男孩不会说英语，但他一直在打手势，指向前面。"黄金激励着我，"德拉诺说，"并消除了所有的困苦感。"他们不停地向前移动。

大约 5 小时后，当德拉诺疯狂质问那个男孩时，他哭了起来，然后瘫倒在地。德拉诺意识到，同事们和他开了一个玩笑。那个奴隶只是整个诡计的一半；他的苏格兰主人曾指示他，德拉诺问任何问题时，他只要指向河上游即可。"从这是个骗局的想法进入我脑海的那一刻起，这么思忖时，我意识到了有关这个骗局的所有证据。我看明白了如何把这些情况放在一起分析，以及如何解释每一件事情。"20 多年后，德拉诺写道，这个恶作剧给他留下了深刻印象。"这一阴谋的情景历历在目，我看到了荒野中的自己，一个疲惫、失望、可笑的上当受骗者。"

归途是一场"艰难的斗争"。德拉诺试图充分利用他这种处境，他在袋子里装上昆虫、植物、石块、土壤和用枪打下的鸟。他装扮成博物学家的样子，希望能以此反击"那些对我的嘲笑声"。但他很快就放弃了这个借口。对蝎子、蜈蚣和狼蛛的恐惧，还有那些浓密灌木丛中的刺尖和棘草，让他留在河岸。这一天慢慢过去了，他要观察的昆虫叮咬了他的脚踝，驱使他到河中央的岩石上避难。在回"美洲豹"号的途中，每走一步都让他"重新……意识"到自己"多么愚蠢地轻信他人的话"。

就在夜幕降临前，他们才回到海滩，"完全筋疲力尽"。德拉诺坐在河口中央的一块巨石上，耻辱感涌上心头：

> 当悄无声息地坐在河流源头附近的岩石上时，我能听到河水的回声穿过那静得可怕的沙漠，其中还夹杂着那可怜的马拉巴尔男孩发出的焦虑声音，虽然听不清他在说什么；想起我在祖国千里之外为外国人卖力，他们在各个方面都对我提出无理要求，现在我被骗到一个野蛮的地方，当地人随时都可能侵害我，我承认自己离忧郁、屈辱和恐怖的固定情绪沼泽不远了。这种情绪差点就控制了我。

这肯定是一幅不同寻常的画面：亚玛撒·德拉诺瘫坐着，沉默不语，头发蓬松，用手抱头，一个忧郁的科拉拉邦男孩匍匐在他的脚下，因惊骇而抽搐哭泣，两个孤助无援的人，在一个太平洋荒岛的河口上，他们身边是空阔无人的白色海滩，背后是绿色热带森林。德拉诺沉浸在他自己的痛苦中，"悄无声息"，"静得可怕"，以至于他几乎没有听到身边那个年轻的印度人无法理解的恸哭声。

后来，这一事件过去后，德拉诺说，坐在海岬上感受到的那种强烈痛苦，让他更能同情别人的痛苦。作为一个"不幸的孩子"，他对"人们的痛苦和渴望"极其敏感，离家很远时，人们的精神就会崩溃，似乎是被从人类家族驱逐出来，不再有人关怀他。虽然在谈论水手的艰苦生活，但德拉诺对人性弱点和失落的描述也可以用来描述奴隶制的状况："许多人都例证了一点，在别人的支配控制下，忧郁成疾，受到非人待遇，而且无以弥补，结果他们慷慨和有同情心的头脑被毁坏，直至死亡才得以解脱。"他回顾说，这段插曲帮助他理解了孤独，这是"人性"的固有部分，并使他成为一个更好的领导者。

然而，就是在这片南洋的海滩上，德拉诺却忽略了他的马拉巴尔男孩，这孩子毫无疑问也像他一样感到了"忧郁、屈辱和恐惧"。即使这个男孩想要引起注意，他也不会说英语。"可是我，"德拉诺说，"不能说任何其他的事"。

这一事件发生后不久，德国哲学家黑格尔（G. W. F. Hegel）出版了《精神现象学》，其中包含了历史学家大卫·布里翁·戴维斯（David Brion Davis）所描述的"已有著述中对奴隶制最深刻的分析"。戴维斯指的是一个简短的章节，这一节开头就说，奴隶的主人相信自己是一个至高无上的存在，独立于他的奴隶，比他的卑屈的奴隶要高贵优越，尽管他在物质上和精神上都依赖于他的奴隶。很快，主人的唯我主义让步于对奴隶的存在所产生的强烈意识，以致他无法想象没有奴隶的世界。他开始意识到他对奴隶的完全依赖，不仅是奴隶的劳动，还有奴隶对他的存在的承认。反过来，奴隶也意识到这种依赖性，并意识到他和主人是平等的。一位哲学家将黑格尔的描述称为"存在主义僵局"。但这并不是一个真正的僵局，因为有一条通道：黑格尔的隐晦格言的全部意义在于确定了人类的意识是如何进化的，它是如何走向更高的自由的。在主人与奴隶之间的斗争中，一个新的世界意识出现了。正如黑格尔在其他地方所写的那样，与其说"人类从奴隶制中解放出来，不如说人类是通过奴隶制得以解放"。[15]

现在陷入僵局的是德拉诺，坐在那块岩石上，如此作茧自缚，以至于他甚至不能看清依赖和相互依赖之间的辩证关系，他甚至不能开始从另一个人的角度审视自身。在这个特殊情况下，当奴隶躺在他的脚边时，他没有察觉到自己内心的呼唤，至少有一天时间。但在整部回忆录中，他似乎对周围更大的社会世界都视而不见。远离新英格兰，他认为自己是"自由的"，不仅在政治意义上与非洲奴隶及其他人相比如此，而且从任何其他方面来看，他也这样认为。摆脱过去的束缚，摆脱让人类历史充满血腥的激情。摆脱恶习；理性是他的主人。当然，他也摆脱了奴隶制本身，不受奴役和剥削关系的束缚。在经历了许多其他的危机或失望之后（包括这一次），他肯定了自己对"自我掌控"和"自我创造"的信念。而他的信念却被反复证明是错误的。

他的英国同伴乘坐船上的小艇来到他身边后，德拉诺感觉开始恢复了弹性。"乔纳森兄弟"以他们的欢快而闻名，所以开这个笑话的人迫使他"也一起大笑"。德拉诺这样做了。但当他跳进小艇，回到船上时，他感到一阵刺痛。"一个八九英寸长的蜈蚣"，从一堆柴火中爬出来，在德拉诺的喉咙部位"恶狠狠地咬了一口"。被感染的地方"肿得很厉害，因此他那天晚上过得极其痛苦"。

"我寻找黄金矿石的梦想和探索就这样结束了。"

德拉诺因为其道德操守不会去经营贩奴船，也不会参与奴隶岛的贸易。资金不足，加上其他方面的缺欠，排除了他参与捕鲸业的可能性。然而，有一种海洋职业很适合德拉诺拥有的资源、天赋和秉性，那就是猎捕海豹业。

/ 插曲　黑色永远让人感到阴郁忧伤

　　在整个 19 世纪,《班尼托·西兰诺》一直没有得到关注;到了
20 世纪初,这部作品却被誉为杰作。一位评论家写道,这是"作者
天纵之才的喷薄之作"。但作品的含义是什么?《白鲸》的象征意义
是如此不确定,以至于人们可以无休止地讨论下去。相比之下,《班
尼托·西兰诺》似乎只关注一件事,即美国历史上最具争议的话题:
奴隶制。[1]

　　只可惜很长一段时间以来,学者们都说这本书不是写奴隶制的。
卡尔·范·多伦(Carl Van Doren)在 1928 年写道,《班尼托·西
兰诺》"和康拉德最好的作品不相上下"。那些读过约瑟夫·康拉德
《黑暗的心》的人,很欣赏作品中"弗洛伊德式的弦外之音、神话
故事的反映和对内心的审视",却忽视了作品中的真实故事,即发
生于刚果的比利时帝国主义凶杀事件。与此类似的是,评论《班尼
托·西兰诺》的学者们也不认为这本书写的是奴隶贸易和种族主义。
一些人说,这是有关欧洲颓废衰落(西兰诺)和美国天真无邪(德
拉诺)之间发生冲突的寓言。但更常见的是,批评家将其解读为有
关绝对美德与绝对邪恶之间永恒斗争的一种隐喻。[2]

　　一篇又一篇的学术文章都专门讨论巴波的阴险(在梅尔维尔的
中篇小说中,扮演狡诈的仆人角色的黑人叫巴波,而不是莫瑞)。
"阴险和阴郁是梅尔维尔主要的邪恶象征,巴波就是阴险本身,而
不仅仅只是一个黑人。"他是"纯粹的魔鬼……一种纯粹的邪恶生
物"。故事中,这个西非人主导发动了对他的奴隶主和船上许多
船员的谋杀,他是一个"纯粹邪恶的化身"。他是"邪恶之源""怪
兽"和"人性中基本的邪恶"的"隐喻性扩展"。巴波不是邪恶的
象征,也不是作恶之人的象征:"巴波就是邪恶"。

　　20 世纪早期大多数学者都看不出巴波的暴力行为有任何合理的

/ 092

理由。巴波的暴力是一种"无动机的狠毒"。他为了"满足仇恨的欲望"而仇恨，"为了邪恶"而作恶。他是"一切未经驯服、魔鬼般的东西——不为人知的恐怖的源泉。"他是"隐藏于水下的鲨鱼"。一些人，比如哈佛大学的 F. O. 马西森（F. O. Matthiessen）谨慎地提出，奴隶们的行为是由他们被关押导致，因为"最初对他们施加了邪恶"。但大多数白人学者坚持认为，"奴隶制的道德问题并不是该故事中的一个议题"。"毕竟，巴波，就像他的名字所暗示的那样，"耶鲁大学的斯坦利·威廉姆斯（Stanley Williams）在 1947 年写道，"只不过是一种动物、一种难以驯服的狒狒（baboon）。"[3]

非裔美国批评家持不同观点。斯特林·布朗（Sterling Brown）是霍华德大学的文学教授，他本人就是奴隶的儿子，并且培养出了一代作家、诗人、社会活动家、演员，其中包括托妮·莫里森（Toni Morrison）、斯托克利·卡迈克尔（Stokely Carmichael）、克瓦米·恩克鲁玛（Kwame Nkrumah）、奥西·戴维斯（Ossie Davis）、阿米里·巴拉卡（Amiri Baraka）。早在 1937 年，斯特林·布朗就写道，西非人被刻画为"血腥和残忍"的形象，他并没有对此感到困惑。"他们不是坏人，"布朗写道，"更不用说是对宇宙邪恶魔咒般的感叹了。"他们是普通的人，他们的反抗"就像史上人类一直在进行的反抗"。在 20 世纪 50 年代的民权运动和 20 世纪 60 年代的黑人民权活动之后，非裔美国作家和活动家开始将巴波誉为"地下英雄"，认为《班尼托·西兰诺》具有颠覆性意义，装作和白人站在一边，实际上在讥讽他们愚蠢白痴。[4]

然后是亚玛撒·德拉诺的白色特征。在他的回忆录中，这位杜克斯伯里镇船长的形象鲜明夺目。他的短发是无色的，脸是白色的，就像紧紧系在他圆脖子上的白色领结那样白。德拉诺头皮两侧呈倒弧形，弓形眉毛似乎在他丰满的脸颊上继续蔓延。他有一点水手般的斜视，但眼睛缺乏深度，看起来像是鱼眼。事实上，他又白又圆的样子使人联想到一种海洋生物——鲸鱼或是水獭。D. H. 劳伦斯（D. H. Lawrence）曾将赫尔曼·梅尔维尔描述为"半水生动物"："他身上有些滑溜溜的东西，总是一半在海上的样子。"据一位熟人所说，德拉诺也"几乎是水陆两栖的"。[5]

德拉诺在 50 岁左右的时候留下了一幅坐像。这是一幅正面的半身像，用点刻法完成，他脸庞的轮廓由成千上万的黑点压制在白色的画面上显示出来。所有的阴影和纹理都由黑白对比形成。黑点越密集，德拉诺如鲸类般的白色就越明亮。梅尔维尔被这种黑白相间的相互作用吸引。他用一幅黑暗背景的肖像或一个"被黑暗笼罩的"发亮球体的形象，作为一种崇高的恐怖（sublime terror）的象征，当人们在"幽灵般神秘的无限"之中思考自身的渺小时，就会产生这种感觉。[6]

然而，他并没有将简单的色码适用于道德层面，即黑意味着坏，而白意味着好。在《白鲸》最著名的章节"白鲸的白色"中，叙述者以实玛利用很大篇幅对白色进行了反思，尽管它与"快乐、可敬、崇高"的事物相联系，但白色也能激起"灵魂的恐惧"。[7]

在写这一章的时候，除了别的著述之外，梅尔维尔还阅读了埃德蒙·伯克（Edmund Burke）的《对崇高感与优美感之起源的哲学探讨》（1757），其中探讨论证了黑色有一种因素，会让"全人类"共同排斥它。"黑暗不仅隐藏了潜在的危险"，伯克写道，这种色调还会引起一种"非常可感知的痛苦"：当光线变得昏暗时，瞳孔会放大，虹膜会缩小，神经紧张、抽搐、痉挛。为了证明他的观点——黑暗"在本质上是可怕的"，伯克举了一个例子。一个小孩，大概是白人，一出生就是盲人，在十三四岁的时候，他的视力恢复了，"意外地"看到了"一个黑人妇女"，他会被"震惊，感到恐怖"。人们会习惯于看"黑色的物体"，一旦他们习惯了，"恐惧就会消退"。但"黑色永远让人感到阴郁忧伤"。[8]

梅尔维尔说白色也会有此种效果。一想到弗吉尼亚州的蓝岭山脉，人就好像会"进入一种柔和的迷蒙蒙且若即若离的梦境"。

然而，"只消提到"新罕布什尔州的白山，人们就会"情绪奇特，心头掠上一种巨大的鬼影"。黄海只是"让我们睡意朦胧"，而白海则"使想象力产生错觉"。梅尔维尔并没有说，他相信这种恐惧的起源在于奴隶制，但他确实让以实玛利提到，白色与善的关联让"白人"在"每一个黑人部落中获得主人身份"。

他从来没有真正解释过白色的权力来自哪里。也许这是一个对比的问题。例如，北极熊的白色，用一种"天赐的纯洁和爱的白毛"来掩盖其"不负责任的残忍"，把"我们内心的对立情绪"统一起来。"如果不是因为白色，"梅尔维尔写道，"你就不会有那么强烈的恐惧。"也可能是由于白色与其说"是一种颜色，不如说是明显缺失颜色"，所以它让人联想到其他更令人愉悦的色调是"微妙的欺骗"，掩盖了"里面的藏尸房"。

第三部

新 极 端

太阳是个贼，用他的伟大的吸力偷窃海上的潮水；
月亮是个无耻的贼，她惨白的光辉是从太阳那儿偷来的；
海是个贼，他汹涌的潮汐把月亮溶化成咸的眼泪；
地是个贼，他偷了万物的粪便做肥料，
使自己肥沃；什么都是贼，
那束缚你们、鞭打你们的法律，
便是凭借野蛮的威力不受约制的窃贼。

——威廉·莎士比亚《雅典的泰门》中赫尔曼·梅尔维尔
做过记号的一段话

/ 9   皮货交易

　　1804年4月19日，在布宜诺斯艾利斯，一名20岁的加泰罗尼亚人胡安·诺内尔（Juan Nonell）刚抵达美洲，他向亚历山卓·德·阿兰达（Alejandro de Aranda）出售了64名非洲人，阿兰达是一名来自阿根廷门多萨（Mendoza）的商人。在这群奴隶中，有一人叫巴波，还有巴波的儿子莫瑞。

　　这笔奴隶买卖可能是在一个弥漫着腐臭气息的装人围区内进行，这种围区遍布整个城市。早些时候，大多数奴隶交易集中在一些区域，包括埃尔·雷蒂罗（El Retiro），这是一个英国人建造的大型露天围区，当时他们垄断了西班牙的奴隶贸易。奴隶贸易也在海滨的拍卖行进行。但随着自由贸易的出现，拍卖行被改造为城市的海关大楼，而雷蒂罗则被一些更小的围场取代，遍及整个城市中心和码头。官员们不停地抱怨商人，说他们没尽力维持这些围场，也没有照看好奴隶，他们"满是虱子，患有皮肤病和坏血病，身上散发出一种污秽和瘟疫的气味"。那些没有吸引买家的非洲人，他们仅仅"被释放"，流落街头，衣不蔽体，不懂西班牙语，也没有谋生方式。几乎所有人都在被释放后的那个午夜很快死去。奴隶主们甚至连尸体都不埋，而是把尸体"拖过街道"，"扔进城市的沟壑里"。[1]

　　阿兰达向诺内尔支付了1.3万比索，购买了64名非洲人，其中1/3用白银支付，剩下的写了一张期票，他承诺从利马回来后在一年内支付。诺内尔的这些奴隶来源不一。有些奴隶是皇家官员从"海神"号和"圣欧拉利亚"号上拉下来的俘虏，由诺内尔通过公开拍卖购买得到。这个加泰罗尼亚人的大部分生意都是与美国贩奴船合作的，这些贩奴船在西非塞内加尔河和冈比亚河之间的区域作业。这次销售几个月前，诺内尔贩运了161名非洲人到布宜诺斯艾利斯，

其中 71 人用"路易斯安那"号（Louisiana）运过来，另外 90 人用
"苏珊"号载运，这两艘船都是美国双桅横帆船，它们在冈比亚河上
装载黑奴。"考验"号上的叛乱者中有 15 人留下了名字，其中"桑
巴"（Samba）是典型的富拉尼人①的名字，"莱奥贝"（Leobe）也
是如此，尽管沃洛夫人②也有叫这个名字的。"阿土缶"（Atufal）可
能是贩奴商将名和姓合并得到的名字——缶尔（Fall）在塞内加尔是
一个常见的姓氏。"阿拉善"（Alasan）是一个受欢迎的西非穆斯林的
名字。他们都是指可能在塞内甘比亚③被抓的西非人。[2]

　　阿兰达购买的奴隶可能还没有被打烙印。1784 年，西班牙取
消了一项要求，即将皇家标志烙在奴隶身上，以证明他们是合法
进口的，而且标牌税（el derecho de marco）已经征收（尽管有
些美国、法国和英国的船只继续使用该标牌作为区分其商品的一种
方式）。阿兰达开的期票里没有提到他们的名字。当西班牙人把奴
隶称为商品或货物时，他们通常使用"piezas"（件或单元）这个
词。在非洲人在围区中挤作一团时，他们通常简称为"la negrada"
或"la esclavitud"（黑人群），大致可以解释为结合奴役状态和奴
隶身份的意思，但经常用来统称那些处于这种状态的人，将他们简
化为那种状态，比如"喂过了"（la esclavitud）或"登陆了"（la
esclavitud）。在诺内尔这笔交易中，进口文件将他买卖的人称为
negros 和 negros bozales，即直接从非洲运过来的"土生土长"的
黑人。[3]

　　这并不是说西班牙不鼓励记录保存和文书工作。相反，西班牙
帝国最爱舞文弄墨。西班牙人比他们任何帝国主义竞争对手都更痴
迷于法律。西班牙不仅把战士、牧师和准贵族派到大西洋对岸，还

---

① 居住在尼日利亚北部沙漠边缘的游牧民族。
② 即塞内加尔和冈比亚人。
③ 位于塞内加尔河与冈比亚河之间。

派出大量的公证人和司法人员，建立了世界历史上最全面的官僚机构之一。具体内容很重要。几个世纪以来，西班牙的神学家们一直在争论攻占领土和奴隶制度在道德和宗教上是否正义。他们复兴罗马法，重读了亚里士多德（Aristotle）和圣托马斯·阿奎那（Saint Thomas Aquinas），还重新解释了《圣经》经文。

形式，精致的形式，也很重要。皇室法令、商业交易、税务和关税记录、法律调查和证词都被不断复制，并保存在遍布于西班牙帝国的档案中。抄写可能是匆忙的，字迹潦草。也有可能是装饰雕琢的，带有阿拉伯人统治伊比利亚半岛时留下的修饰符号，充满了因不断重复而变得毫无意义的短语。销售收据上经常说一个特定的奴隶"受到奴役"，或者说"在一场正义的战争中而非通过和平途径获得"。这是早些时候的一种法律术语，当时，天主教的神学家们有意识地争辩说，奴役非洲人是合法的，因为他们是被认为是正义战争中获得的囚犯。到 18 世纪晚期，这种表达方式被机械地使用，不仅适用于战场上捕获的奴隶，也适用于那些在美国已繁衍好几代的奴隶。[4]

在西班牙在美洲实施奴隶制的整整四个世纪里，有另一种说法，即一个奴隶要被出售时，"就像装在袋子里的骨头，嘴里还叼着灵魂"（como huesos en costal y alma en boca）。这是一种生动的说法，"眼见即事实"，如果货物在交易结束后死亡，这就向卖方提供了一揽子免罪许可。

到 19 世纪早期，这种文书工作即便有描述能力也无能为力，因为奴隶贸易的情况让人眼花缭乱，产生暴利。西班牙王室试图阻止这种令人眩晕的状况，随着管制放松，关于如何记录这种贸易的新规定也出现了。现在要求每艘贩奴船都有一个独立登记簿，列出进口非洲人的数量以及他们的性别。然而，进口商没有义务提供非洲人的姓名或原籍。船长应该描述自己的行程，但是写下"航行到非洲海岸去购买奴隶"即可。

胡安·诺内尔年纪轻轻就成了一个农场主和兽皮商人,他利用西班牙的贸易自由化来实现多样化经营。在美洲其他地方,特别是在加勒比海和美国南方,随着奴隶制的发展,通常都会形成单一作物种植园社会,几乎完全基于大量奴隶被迫从事无报酬的劳动,这些奴隶集中分布在私人企业中。然而,在拉普拉塔河,"黑奴自由贸易"帮助创造了一个更加多样化的商业社会。例如,诺内尔现在可以使用越来越多的奴隶采拾以仙人掌为食的小型介壳虫,然后把它们煮沸、晒干、捣碎,做成名为"胭脂虫红"的红色染料。在革命年代,这种染料在布宜诺斯艾利斯当地的纺织工业中很受欢迎。不过,大多数情况下,诺内尔购买并批发非洲黑奴,以支持他的牧场和航运业务。他慢慢地扩张,将利润再投资于其他生意。不久,诺内尔就向利物浦运送了2万件兽皮,每件售价8~10美分。[5]

他在布宜诺斯艾利斯的皮革交易中已成为一名成功的竞争者。在布宜诺斯艾利斯,西班牙人用牛皮交换奴隶已有近两个世纪的历史。那些货舱刚卸完满舱的黑人,就又塞入了一层又一层的干皮,直到被塞满为止。这堆皮革将被盐水覆盖,然后用帆布严实掩盖,以防漏水遭到损坏。由于皮革的重量相对较轻,不足以作为压舱物,因而装有浓缩牛脂的木桶也被包装起来运送,以增加吃水深度,使船只保持平稳。在整个18世纪,一个健康的男性奴隶的卖价,相当于100张兽皮,价值200比索。如果一艘船不够大,不能进行平等的交换,那么差额就会用违禁的黄金和白银来支付。[6]

潘帕斯草原皮革在欧洲很受珍视;它柔软有香味,畅销巴黎和伦敦。工匠们学会了阿拉伯工匠的一个方法,把皮革放在石灰水里浸泡,刮掉表皮和毛发,然后用盐腌制,再用黑橡木和漆树皮把它们晒成棕褐色,能制成黄褐色的书籍封面、圣坛外罩、画壁挂饰、教会法衣、棺材衬里,以及带有橙子和茉莉花香味的斗篷、靴子、手套。

这是一种缓慢稳定的贸易。但是，从 18 世纪末开始，随着西班牙放松对商业的管制，这个行业爆炸式发展，不仅是皮革产业，而且包括与肉和皮有关的所有产业。一个多世纪以来，高乔人①、牛仔和牧场主们遗弃被剥皮的大部分动物尸体，任其腐烂，当地肉市场不够大，只有一小部分动物肉是靠盐腌、熏制或晒干来保存的。但是，一旦西班牙授权允许商人和牧场主可以直接航行到巴西和加勒比地区，销售咸牛肉和咸马肉作为种植园奴隶的食物，赶牲畜的人就会赶到安第斯山脉的山麓盐场，双桅横帆船沿着海岸航行到南美的巴塔哥尼亚（Patagonia），带回大批的盐。肉成吨腌制，然后出口到北方的销售点。与此同时，到达拉普拉塔河流域的奴隶数量增加，为农场和屠宰场提供了劳动力，这就维持了肉产品的增长。

皮革干燥过程曾经是粗放和廉价的，牲畜在露天的草原或牧场上被屠宰，它们的皮被剥下。奴隶制的扩张集中了生产制造过程，并且使之集约化。其中大部分过程首先发生在蒙得维的亚附近的拉普拉塔河沿岸。但从 19 世纪初开始，进出布宜诺斯艾利斯的游客可能会注意到路边逐渐在发生变化。在城市的郊区会多出来一间屠宰场，河岸上会再多出一家腌制品工厂。阿根廷现代肉类加工业就这样诞生了，这将使阿根廷的经济发展在 20 世纪早期达到世界先进水平。而这一切都是通过奴隶劳动和奴隶贸易实现的。[7]

由查尔斯·狄更斯（Charles Dickens）编辑的《伦敦周刊》杂志在描述这一场景时首先询问其英国读者：

> 每年 3.5 万吨的牛皮从哪里出口到这个国家？7 万吨动物

---

① 高乔人，拉丁美洲民族之一。分布在阿根廷潘帕斯草原和乌拉圭草原。属混血人种，由印第安人和西班牙人长期结合而成，保留有较多的印第安文化传统。

油脂大部分来自哪里？那两万吨的干骨（用于炼糖，制作车削产品和工艺品）从何而来？数百万只动物角来自哪里？巴西、巴伊亚、伯南布科（Pernambuco）和古巴的大部分奴隶的主食——干腌牛肉从哪里来？

答案是拉普拉塔河的一家腌制品工厂，该杂志上一篇匿名的文章（但是带有狄更斯风格）这样解释道。文中写道，工作日开始的时候，牛仔们

> 拼命推挤、驱赶、高喊着，直到动物被紧紧地挤压在一起，正像在一场流行戏剧之夜，剧院后排挤在一起的观众。但是，和剧院正厅后排入口不一样的是，牲畜圈或更小的围区的门是吊闸门，当里面的工作开始时，这扇门就被抬起来。要被屠宰的牛群蜂拥而入。但是当它们一进入，就会看到即将到来的厄运景象并感受到这种气息，这促使它们突然撤退逃走。唉！当最后一头牛的尾巴在打开的门下经过时，门闸落下，挡住了它们的回路。而闷闷不乐的牛群发现自己已全无出路，好像老鼠被夹在捕鼠器中一样。[8]

直到该文发表几年后的 1853 年，阿根廷才彻底废除奴隶制。在那之前，本文所描述的那种操作方式严重依赖于奴隶劳动。第一个现代腌制品工厂位于蒙得维的亚附近的拉普拉塔河岸，18 世纪 80 年代末，那里的工作人员完全由奴隶组成，整个生产流程的每一部分工作都由他们完成。[9]

腌制品工厂（Saladeros）是早期工厂，整合了新旧工作流程。它们运转起来近乎流水线的协调操作，同步协调工人朝着共同目标作业（而不是像老工艺方法那样，一个工匠从头到尾完成一个产品

生产）：有人把牛赶进畜栏，在那里牛可能被马夫套住、被刀工屠宰、被货车司机拖走、被屠夫切割、被厨师蒸煮，如此等等。

　　腌制品工厂并没有像现代工厂那样消除工匠的专业技能，而是利用了他们的技能，尤其是用套索和牧人腰刀（facón）开始批量生产。一旦这些动物被赶到一个更小的围区里，就会发生一种非常"巧妙的过程"。一名男子站在一个高台上，举着一根绳子，绳子一端系着套索。绳子的另一端缠绕在一个轮子上，并拴在一匹马上。他会"毫无偏差"地将套索套在牛脖子上，锁定目标后，他对着那匹马大喊"去"，马会向前移动，直到牛头被套到车轮上。这名男子会一下拉出长屠刀，并将其插入牛暴露出来的颈部，在头骨和脊椎之间。"牛立刻死亡。"因此，阿根廷高乔人的屠牛技术已达到工业化水平："他们如此灵巧而迅速地大量捕杀，每天，在12小时内，能处理 400 ~ 500 只动物……杀掉、剥皮、切割、盐腌，然后被分送到全球各个商业区域。"[10]

　　在过去，牛和马的尸体在太阳下任其腐烂；在新的体系下，需要制作盐腌肉来作为奴隶的食物，并用兽皮和兽脂来购买奴隶，甚至尸体上哪怕是"最少的"一丁点东西都被利用起来。屠夫将肉切成两英寸长的肉块，腌在盐水里，在它们上面撒上一层盐，然后放置在地上，用一块干皮像防水布那样加以遮盖。当一块块肉堆上去时，肉自身的重量和压力迫使液体从肉里流出来。当这些肉条足够干时，就会被放在太阳下的架子上，直到它们变成坚硬、难以腐烂的黑色肉块。[11]

　　修剪工刮掉了兽皮上所有剩下的外皮和脂肪，这些外皮和脂肪用木桩铺开在地上，在太阳下晒干，或者用盐水一层层地腌制。碎肉，连同骨头、脂肪和内脏，被带到煮制间，扔进大桶，在那里，通过汽蒸，从混合物中提炼牛脂。木材很珍贵，煤甚至更少，所以用草原上收集来的蓟草煮水，使之成为牛脂。这种加工后剩下的废物将被扔进火中，连同老马和羊的尸体，让火燃烧得更长一些，以节省蓟草。在因为梅尔维尔的描绘而闻名的炼油间，鲸鱼身上的碎片被用来保持火焰燃烧，与此类似，牲畜自己身上的物质被作为燃料来煮熟自己，就像一个"血腥燃烧自己的殉道者，或者是一个自我衰竭的厌世者"。

有缺陷的兽皮被用来做胶料，一天结束时，骨头灰被收集起来堆积到路面上。牛内脏用来喂猪，下颚骨送到欧洲制成梳子，而蹄子则用来制作明胶、油和胶水。

唯一没有利用的是血液，每一个腌制品工厂都有红色血水涌入拉普拉塔河。动物的号叫让人毛骨悚然。查尔斯·达尔文（Charles Darwin）在徒步安第斯山脉之前，曾拜访一个腌制品工厂。他描述了从工厂中发出的"死亡"喧嚣，"在我所知的所有声音中，没有哪种声音能表达更加强烈的痛苦"。而且，工厂发出的臭味令人难以忍受。

达尔文认为"整个景象"是"可怕、令人作呕的"。他说："地面几乎是由骨头铺成的，马匹和骑手都被淤血浸透。"另一位游客写道："1000家可怕的屠夫店铺铺天盖地。"每一家都升腾起滚滚烟柱，烟雾弥漫城市的天际线。[12]

主要的产品——干皮、咸肉、牛角和牛脂——将被装载到船上。其中一些船只前往古巴或欧洲，用皮革、咸肉和油脂交换诸如朗姆酒、枪支和纺织品等货物，然后运往非洲海岸，交换俘虏，再运往拉普拉塔河流域。其他商人直接跑到巴西、加勒比海地区或非洲去买奴隶。[13]

胡安·诺内尔在奴隶贸易自由化后顺风顺水。而另一些人则发现奴隶生意很难做。西班牙宣布殖民者可以跳过中间商，直接前往非洲购买奴隶后，一个名叫若泽·米拉·德·拉洛卡（José Ramón Milá de la Roca）的蒙得维的亚人加入贩奴行列。但是，因为海盗、战争，以及至少遭遇了一次奴隶起义，他丢了一船又一船的奴隶。他回顾冒险经历的时候说，自己"几近完全破产"。当然，与过去对奴隶贸易的严格监管和限制相比，现在诸如诺内尔这样的中产阶层商人和大农场主赚钱的空间更大，还有像米拉·德·拉洛卡那样的人，认为他们也能赚钱。但能最好利用管制放松的是拉普拉塔河上早已安居立业的大商人，他们借此机会对大批货物支付运费，保护自己免受时常发生的损失、沉船或奴隶反抗，也能支付税收和关税，这些税费尽管大大减少，但加起来还是很多。到 19 世纪初，大约 2/3 爆炸式增长的贸易，由少数极其强大有势力的布宜诺斯艾利斯和蒙得维的亚商人控制。①

　　对于像亚历山卓·德·阿兰达这样来自门多萨的外地人来说，在商业上取得成功是非常困难的。门多萨的居民们长期生活在波西托投射的阴影下，波西托位于今天的玻利维亚，是一个传说中的银山，是著名的西班牙银元或称西班牙古银币（piece of eight）的主要原产地，而西班牙银元是当时世界上流通最广的货币之一。然而，实际的现金很难得到。大部分铸造的硬币都被西班牙提走，以

---

①　这群商人中，居于首位的是托马斯·安东尼奥·罗梅罗（Tomás Antonio Romero），他在拉普拉塔河流域大部分地区的经济活动中都实行"垂直统治"。他控制了土地、船只、奴隶和腌制品工厂，并与加的斯的商人、伦敦的银行家、波士顿和普罗维登斯（美国罗得岛州首府）的货运商密切合作。罗梅罗被描述为西班牙行政长官的"主要行贿者"，他纵横捭阖，拥有无人匹敌的技巧。在不同的时刻，他拥有独家垄断的合同，为西班牙皇家海军提供咸肉，这些咸肉来自他的腌制品工厂。他还进口巴西的捻式可咀嚼烟草，烟草因其中加入糖蜜而变得很甜，在布宜诺斯艾利斯的水手、市场妇女和牲畜驾驭者中很流行。他还输水银，用于混合调制白银，运到波西托，然后把白银从波西托运往西班牙。然而，他在捍卫"自由贸易"时雄辩恣肆，"全副武装"作战，争取权利以拥有多样化的贸易选择，尽管他本人利用自己的政治关系来除掉他的对手。1799~1806 年，罗梅罗总共组织了至少 32 次奴隶探险，出口了价值大约 25 万比索的皮革，并进口了几乎两倍于此金额的非洲人，而这仅仅是他公开申报的数字。罗梅罗正是德尔皮诺总督反腐运动的目标。

弥补其不断膨胀的军事预算，去发动那些无休止的战争。贸易几乎完全是通过贷款或本票进行的。根底雄厚的布宜诺斯艾利斯商人可以与加的斯和伦敦的金融家协商信贷，但是连他们都抱怨这种条款。像门多萨这样的内陆城市的贸易商位于这条商业信贷链的下游，和他们相差好几个环节，这些贸易商每做一笔交易都会让自己负债更多。[14]

甚至在从诺内尔那里购买西非人之前，阿兰达因为过去的交易早就债台高筑。他以前曾在布宜诺斯艾利斯购买过非洲人，但一次只买一两个，把他们带到潘帕斯草原，然后在门多萨或圣地亚哥再卖掉。但现在他开始进入人生新阶段。他刚刚结婚，要养家糊口，他希望和诺内尔的大笔交易能让他摆脱债务，并改善他的地位——至少能稳定现在的社会地位。[15]

/ 10　沦落之人

　　在豪尔赫·路易斯·博尔赫斯（Jorge Luis Borges）的祖母曾给他讲述的故事中，有一则是博尔赫斯本人在晚年许多采访中都很喜欢与别人分享的，那就是关于他祖母是在何处买到奴隶的。"我的祖母曾告诉我，奴隶市场在雷蒂罗广场（Plaza El Retiro），"博尔赫斯曾说，"那是卖奴隶的地方"。在博尔赫斯生活的 20 世纪中叶，雷蒂罗广场按照巴黎风格布局，是布宜诺斯艾利斯最优雅的公园之一。富人们在四五层高的公寓大楼里安置自己在城里的住宅，从那里可以俯瞰池塘和成百上千的遮荫树。

　　出于同情或顾及民族团结，博尔赫斯没有继续指出雷蒂罗广场曾是该城市的主要奴隶市场。众所周知，他对非裔阿根廷人持有极其负面的看法。他不如说是在延续他的家族怨恨。

　　这位阿根廷作家的家族血统可以追溯到几个世纪前的征服时期。他的祖先包括皇室成员——这些人在美洲创立并建设了西班牙帝国，以及那些为了从西班牙分裂出去而奋斗的共和党人，他们创建了新的阿根廷国家。但博尔赫斯的家族，尤其是他母亲那边，基本上没有利用市场革命带来的机会。他们无法利用自己的声誉发财，在政治冲突中屡屡失败。商人和牧场主剥夺了他们的财产，政客迫害他们，这个家族成了没落贵族。

　　博尔赫斯的祖母在失去财富后，给年幼的他如数家珍般讲诉其家族黄金时代的故事。其中她最喜欢的一个故事与她父母的奴隶有关：他们在哪里得到了奴隶，奴隶有多少人，奴隶在解放后还常来拜访他们。博尔赫斯也喜欢重复这些轶事，这是以一种扭曲的方式提醒城市中的新贵们，在他祖母的时代，他们大部分的财富都可以追溯到奴隶制度，而且他们周日喜欢去散步的公园，是建造在非洲黑奴的累累白骨之上。"我们的绅士们，"他在一次采访中说，"管理着雷蒂罗奴隶市场。"至于公园的豪华公寓大楼，他说，"第一座建在那里的高层建筑，是一所关押奴隶的简易房"。

博尔赫斯的一些远房表亲们利用奴隶制致富。"那些靠贩奴致富人中有我的亲戚，"他说。①"富有的家庭"能够拥有"30或40个"奴隶。其他家庭，比如博尔赫斯家族，因为荣耀不再，只能养几名奴隶。"在我曾祖父母的房子里，只有5个奴隶仆人"，博尔赫斯说，这算不上什么"巨大财富"。废奴之后，没落的家庭会牢记有奴隶的时光：博尔赫斯经常谈论他祖母的奴隶的后代们是如何保持使用他祖母的姓氏；在他小时候，奴隶后代们是怎样常常拜访他的家人，以表达敬意。

布宜诺斯艾利斯的精英阶层中，有许多人都喜欢声称拥有精心设计的家族纹章，并炫耀听起来像贵族的西班牙家族姓氏。因此，博尔赫斯会重复讲述他曾拿起一份由非裔阿根廷人出版的报纸，惊讶地在报头上看到"布宜诺斯艾利斯所有伟大的姓氏"。"只不过它们是黑人的姓氏。"他特别挑出一个，阿尔萨加，这是马丁·德·阿尔萨加，他买下了拉普拉塔河停泊过的可能导致最多人死亡的奴隶船"华金"号）曾拥有的奴隶后代的名字。"不是很久前，在这里，"博尔赫斯追忆道，谈到自己的邻居，"那里住着许多非常势利的黑人"——非常势利（muy snobs），他说，把英语名词用作形容词。他们取名为阿尔萨加，世代都曾是阿尔萨加家族的奴隶。"就像

① 博尔赫斯这里谈论的是杰米·利亚瓦略尔·德尔·里奥（Jaime Llavallol del Riu），他是一位来自巴塞罗那的移民，创立了布宜诺斯艾利斯最成功的商业机构之一。他被认为是港口设施实现现代化的功臣，据博尔赫斯说，这些设施也包括雷蒂罗奴隶市场。后来，在19世纪40年代，当阿根廷开始废除奴隶制时，利亚瓦略尔的公司开始从加耶戈斯（Gallegos）和加那利群岛（Canary Islands）买下成千上万的契约仆人，"把他们当作奴隶"〔Isidoro Ruiz Moreno, Relaciones hispano-argentinas: De la guerra a los tratados (Buenos Aires, 1981), p.16〕。

和他们同名的西班牙人那样，这些黑人阿尔萨加也很自负，"他回忆说，"鄙视那些名字更平民化的人，比如戈麦斯（Gómez）或洛佩斯（López）。"[1]

亚历山卓·德·阿兰达出生于阿根廷潘帕斯草原另一端的门多萨，尽管他自称是西班牙人。他的真实姓氏是费尔南德斯（Fernández），但他祖上更喜欢使用另一个姓——德·阿兰达，据传这是他们在安达卢西亚的一个远亲祖先的姓氏。他的父亲从西班牙来到阿根廷，希望扭转家族财富急剧下降的趋势。1769 年，亚历山卓才 1 岁时，他父亲就去世了。亚历山卓 8 岁时，他的寡母罗莎·文图拉（Rosa Ventura）再婚，嫁入了门多萨市一个有钱有势的家族。[2]

亚历山卓出身于没落家族，母亲嫁给了有钱人，他成了边缘人。他父亲曾在门多萨城外买下一个葡萄园，去世后留下这片富饶的土地，但是他不仅没留现金，还让其遗孀承担债务，直到她嫁给了亚历山卓的继父若泽·克莱门特·贝内加斯（José Clemente Benegas）。亚历山卓和哥哥尼古拉斯搬进了贝内加斯家里，这是一个有围墙的建筑群，他们从此过上了那个时代只有上流社会才能享受到的最舒适生活。

后来，罗莎·文图拉和若泽·克莱门特生下了自己的儿子，但亚历山卓和尼古拉斯并没有被赶走。他们长大后一起做生意时，阿兰达兄弟俩可以依靠他们的继父及其庞大的亲戚关系网，获得经济和政治上的支持。但他们在家庭中的地位更像是受监护的未成年人，或者是来访亲的堂兄弟，而不是父亲的真正儿子。

门多萨位于安第斯山脉正东方，四周是庄园和酒庄，因为有山上融化的雪水的滋润，其干旱土壤变得肥沃。在这个农业带之外，是巨大的沙漠平原，这是阿根廷潘帕斯草原的西部边缘。从布宜诺斯艾利斯坐马车到这里需要一个月，门多萨的商人们将那里的货物运过来，然后翻山运到智利的圣地亚哥，作为中间商，他们生意做得不错。他们还把自己的产品出口到东部和西部，包括小麦、大麦、苜蓿和葡萄酒。

门多萨是一个整洁的城镇，盖有简单的土砖房，这里的人们喜欢午后小憩。该城地处偏僻，却得到繁荣发展，实现了一种并不稳定的平衡，同时努力在商业和习俗之间达成了一种同样艰难的均衡。19世纪早期，一位经过此城的法国人写道，城里的女人彬彬有礼，优雅安详。男人们穿着斗篷，并以之为荣，甚至作为正装，遮盖配有金质或银质带扣的长裤。这种着装风格"奇异""奢侈"，门多萨的精英借此将中世纪西班牙张扬的服装与潘帕斯草原高乔人的衣服相融合、匹配。这位法国人说，门多萨的居民"为他们的传统所控制"。3

作为20多岁的年轻人，阿兰达兄弟俩过着不同的私人生活。尼古拉斯住在城里，而亚历山卓在布宜诺斯艾利斯和圣地亚哥之间来回活动，他出售从其父亲那里继承过来的葡萄园里酿造的酒，并且购买了大批商品带回门多萨。根据当时的军队花名册，尼古拉斯是一名五英尺又五英寸高的骑兵中尉，他总是在门多萨；而亚历山卓比哥哥矮了一英寸，是一名军士，总是在"旅行中"。4

亚历山卓的父亲移民到美洲希望发财，但没有成功就死了，亚历山卓成了半个孤儿。到1804年，他已经深入门多萨淫乱的贵族小圈子内部。这年1月，他与表妹玛利亚·德尔·卡门·赛恩斯·德拉·马萨（María del Carmen Sainz de la Maza）结婚，5她是亚历山卓妈妈之妹的女儿，和亚历山卓的母亲一样，亚历山卓的姨妈也嫁入了一个富有的家庭。因此，与其说亚历山卓在门多萨上流社会崛起，还不如说他是走弯路进去的。1个月后，他的情妇弗朗西斯卡·德·宝拉·普埃布拉（Francisca de Paula Puebla）给他生下了一个女儿，他们给女儿取名玛利亚·卡门，即他妻子的名字。弗朗西斯卡的爸爸胡安·马丁·普埃布拉（Juan Martín Puebla）是门多萨最大的葡萄酒商之一，但他是白手起家的，随着时间的推移，他的葡萄园的种植资源已经耗尽。到了世纪之交，他的 200 个酒桶被认为是"古旧的但还有点用"。[6] 当时亚历山卓即将 36 岁，早已过了而立之年，却未立业，在那一年晚些时候，他知道自己要有一个像样的家庭了。他的妻子怀孕了。[7]

亚历山卓和黑人奴隶相处得很融洽；他们是其世界的一部分。他继父房子里的奴隶仆人比家庭成员还要多。他和哥哥都是由女奴抚养长大的，并与奴隶的孩子们一起玩耍。富裕家庭的女性，通常都有仆人代替其做母乳喂养，亚历山卓甚至可能是一个"奶妈之子"——他们得到黑奴奶妈的护理，通常会和她们建立一种持久的情感关系。阿兰达兄弟的隔壁堂兄弟家，奴隶比他们家还多，这些奴隶大都与他们年龄相仿。亚历山卓 9 岁时，他的表妹玛利亚·卡门（即他后来的妻子）的家中有超过 16 名黑人和黑白混血儿，其中有 10 人在 12 岁以下。[8]

在亚历山卓的童年时期，通常每年有几百名非洲黑奴经过门多萨，翻越安第斯山脉到智利去。18 世纪 70 年代末，当西班牙国王开始实行奴隶贸易自由化时，经过的黑人数量稳步上升。到 18 世纪 80 年代中期，离开门多萨去往圣地亚哥的每三辆骡车中，几乎就有一辆是运送奴隶的。这些奴隶货物的运输大部分都是小规模的。到 18 世纪 90 年代，只有少数几个非常富有的进口商有钱在陆地上大规模运输奴隶。[9]

随着新世纪的到来，情况发生了变化，因为更多的船只抵达拉普拉塔河流域，更多的奴隶来到这里。可以开始看到，从西班牙运送鞋子或从法国运送糖果到圣地亚哥的每批货物中，都装载有相当数量的非洲人。奴隶仍然供不应求，其价格也在不断上升。到 1804 年，非洲奴隶被认为是比土地更好的投资品。[10]

这种"贩奴热"席卷了西属美洲，在 19 世纪早期流毒至深，当历史学家们谈论这种情况时，他们普遍都提到有关商业利益的期望。然而，这种狂热更是超出经济学范畴。奴隶制塑造了最私人的生活领域：像阿兰达这样的男人是喝女奴的奶水长大的（作为乳母，黑人妇女比穆拉托妇女更受尊重）；家庭网络中的父亲、儿子、堂兄弟、朋友都从事海上和大陆贸易，因为非法同居和强奸，奴隶制也渗入了人们珍视的血统之中，不同血统的亲戚编织进不为人所知的血缘关系网中，最著名的例子是美国国父——托马斯·杰斐逊（Thomas Jefferson）和奴隶生有孩子，以及西蒙·玻利瓦尔（Simón Bolívar）被普遍认为有着奴隶出身的祖先。在这个时尚与宗教、法律相较量以维持等级秩序的世界里，奴隶充当象征性的装饰品。富裕家庭的妇女们去市场、教堂等公共场所时，或周日做完礼拜散步时，她们总是由衣着讲究的奴隶服侍着，奴隶仆人对她们来说就像珠宝一样。上等家庭还供养非洲音乐家剧团，包括小提琴家和竖琴演奏家，他们在各种社交活动的盛大宴会上演出娱乐节目，而最好的教堂和修道院的合唱队都是由奴隶组成的。蒙特塞拉特是布宜诺斯艾利斯的一个社区，当地许多黑人仆人住在这个社区附近。该社区的一位牧师说，奴隶们演唱莫扎特的《天主颂》，堪称"完美"。[11]

　　对阿兰达兄弟来说，他们在商业冒险活动中的负债远远超过利润，这进一步削弱了他们所谓的贵族地位。因此奴隶和其他商品的自由贸易，对他们来说既是威胁，也是机会。这是一种威胁，因为随着自由贸易，城市的骡马车夫也致富了，平民和贵族之间的差距缩少，他们童年时代的那种文雅世界成为过去。但是，奴隶制可能带来的暴利也为他们提供了一个机会，来阻止他们地位的下降，以确保他们祖先长久以来所颂扬宣称的高贵名字仍然光耀。随着西班牙重商主义让位于快速发展经济，奴隶以及牲畜和土地，似乎经常被视为是最后一些重要的材料。像阿兰达兄弟这样的人，他们把自己的命运紧紧地捆绑在黑奴的躯体上，紧抓不放。

/　11　跨越草原

　　有两条路线可以把奴隶从布宜诺斯艾利斯运到利马。"圣欧拉利亚"号走的就是其中一条，即顺着阿根廷海岸，穿过麦哲伦海峡，然后沿太平洋北上到达利马。这条路线很危险，而且成本昂贵，每一个奴隶的食物费加上运费，在 60～100 比索，几乎是奴隶零售价格的 1/4。亚历山卓·德·阿兰达把他从诺内尔那里购买的奴隶通过陆路运送，可以节省开支，只需水路费用的 1/3。

　　7 月初的一天，他们在日出前两小时出发，加入一列长长的车队，除了阿兰达的货物，该车队还有其他商人的货物。雨季可能在 9 月就早早到来，他们希望能在雨季来临之前穿过潘帕斯草原。大篷车队给人一种移动旅行的村庄之感，向前移动的不仅是商品，而且是阿根廷社会的喧闹和等级制度。有几百匹骡子，还有许多牛队和货车托运货物，后面还有几辆马车，里面坐着一些富裕的乘客，其中包括像阿兰达这样的商人，他们陪护着自己的货物。尽管这种马车不是轮子上的豪宅，但还是相当舒适的。这些马车后面是赶车人的家，那些摇摇晃晃的旅行车挤得满满的，许多人带着妻子、孩子和其他亲属一起旅行。然后，还有厨师、木匠、铁匠，以及其他专业人员，需要他们来修复崎岖不平的道路所造成的车辆损坏。

　　这个队伍有特权、财富和分工之别，也有法律和秩序——雇用的武装人员骑行在队列前后。大篷车向西行，平行于南部不远的一条线，这条线是西班牙当局的边界，边境线那边生活着一些被称为"潘帕斯海盗"的人，他们是还没有被征服的印第安人和无法无天的高乔人。[1]

　　在干燥的冬季，从 5 月到 8 月，这种旅行最容易，因为河上没有桥，水位这时最低。但是，这个季节，风从西方吹来，像海面上的洋流一样拂去了道路上的痕迹。被称为"船"（buques）的货车排成一列，车厢离地面很高，巨大的车轮间距分得很开，这样设计的目的是让车辆在流沙和泥泞的草地上也能滑行前进。这些车轮实际上是滚动的骨架，"毛发朝外"的兽皮，盖在用甘蔗制成的车架上，用来防尘。牛皮也被用来加强马车的木制部位。牛皮被切成窄条，浸泡在水里，然后包裹在马车的轴、木弹簧和车轮上。牛皮干的时候会收缩，当车辆行驶在有沟壑的道路上时，牛皮会增加拉力，可以保护车辆。

离开布宜诺斯艾利斯的那一段路程，满是三叶草和深紫色的蓟草。道路即使是在旱季也似沼泽般泥泞，但是人们把牛骨和其他动物的骨头扔进去，用于填平泥泞的路面，车队也能够顺利通行。一个星期后，车队就会进入潘帕斯草原的中心地带，这是一片"雾蒙蒙的开阔区域"，常常让旅人想起荒凉的海洋。查尔斯·塞缪尔·斯图尔特（Charles Samuel Stewart）是一位海军专职牧师，曾在19世纪中叶穿越草原，他描述道："一片辽阔无垠的三叶草和蓟草的海洋，没有道路，没有围区，没有住所，走很远距离才能碰到一些。没有什么能打破一成不变的天际轮廓，除了时不时出现的商陆树（一种单独生长的巨大遮荫树）在遥远的地平线上升起，就像大海中的一艘船。"一个大车队从布宜诺斯艾利斯到门多萨，要用一个月多一点的时间，和穿越大西洋所用的时间差不多长。[2]

阿根廷作家维多利亚·奥坎波（Victoria Ocampo）说，潘帕斯草原破坏了人们对事物的合理判断，呈现的是"没有中间地带"的景象：每一件东西要么突兀于眼前，要么遥不可及。"只有那些酷爱空阔地方的人才会感到轻松自在，"奥坎波这样评论，这让人想起了 T. E. 劳伦斯（T. E. Lawrence）对阿拉伯沙漠的迷恋。劳伦斯本人引用了雪莱的作品，雪莱在谈到海洋时写道："我爱所有荒凉之地。与世隔绝的地方：在那里，我们体会到所见皆无垠的快乐，我们希望自己的灵魂也是如此。"[3]

　　对巴波、莫瑞和其他奴隶来说，无穷无尽的草原景象一定让他们心神不宁。这不是因为这是异域风光，而是因为这些景象和他们过去生活的环境几乎一模一样。在途中，他们的马车穿过芦苇丛生的沼泽，就像塞内冈比亚、几内亚和尼日尔三角洲的洼地和沼泽一样。虽然现在大部分已经消失，但阿根廷那著名的一望无际的草原景象，当时仍然没有被破坏，在某种程度上，就像西非的内陆草原。因为这里全部是平地，看起来比非洲的草原更辽阔。到过潘帕斯草原的人常说，他们可以看到地球的曲线，地平线朝天空延伸时有弯曲现象。

　　一名旅行者写道，潘帕斯草原上遍地是奇怪的动物，一群群的鹿、孤独的鸵鸟、小猫头鹰，还有4英寸长的蝗虫，它们从马和牛的脚上飞起来，就像小鸟一样。西非人穿过奶牛群，这些奶牛和非洲奶牛同种，山羊在空旷的草地上吃草，舔着盐渍土，喝着泥泞的潟湖水。这些牛由深色皮肤的麦斯蒂索人和美洲印第安人看着，这让这些非洲人回忆起在非洲大草原上游荡的富尔贝（富拉尼）牧牛人。高乔人是熟练的骑手，就像曼丁哥人一样（即便阿兰达的俘虏中有人来自西非森林地区，那里舌蝇很常见，但他们可能从来没有见过一匹马，因为得了舌蝇传播的昏睡病会对大多数家养动物构成致命威胁）。巴波、莫瑞和其他人都在拥有蓝天的晴朗季节行进，此时潘帕斯草原不断吹起沙尘，偶尔会产生旋风（"就像从一个大烟囱里喷出的一股浓烟"），类似于来自撒哈拉沙漠的干燥的哈麦丹风（Harmattan）。[4]

　　蒙着兽皮、绑着藤条、经常摇摆的车厢，比起奴隶船的船舱，没有那么恶臭和拥挤。西非人有更多机会在路边解手，也可以在冰冷的河流等淡水里洗澡。即使是在干燥的季节，这些河流也很难穿过，而尝试过河的努力也打破了旅途的沉闷。骑手们在前面测试，以确保能顺利过河，如果河水太深，他们的马就会嘶叫起来，不愿意前进；接着通过的是骡子和牛，河水会灌入它们驮着的箱子里。

大多数时候，他们无所事事，只能呆坐着，忍受着颠簸、折磨，因为道路崎岖不平，到处都是平原兔鼠这种肥胖、兔子般的啮齿动物打的洞穴。马车那未加油润滑的车轮发出的吱吱声几乎震耳欲聋。广阔的平原一望无际地延伸，覆盖着青草、绿色的三叶草、苜蓿，偶尔点缀着巨大的向日葵，"几乎没有什么起伏波澜来打破这死寂无边的单调"。那是一片"草海"，一片"碧绿的草海"。[5]

在对优美感和崇高感的探究中，埃德蒙·伯克写道，大片土地，比如开阔平坦的平原，不会引起像"海洋本身"造成的恐怖。毫无疑问，比起穿越南美的旅程，穿越大西洋的航行更让西非人感到恐惧。然而，伯克也认为无聊厌倦有它自身的恐怖。"忧郁、沮丧、绝望，通常还有自杀念头，"他写道，"这些是我们在此等松懈的身体状态下悲观看待事物的结果。"巴波、莫瑞和其他人被强迫接受的那种无聊厌倦，一定特别能产生这种效果。除了失去自由，这种环境还偷走了另一件使他们之所以为人的东西：有关时间的体验，对有目的的活动进行排序。时间一小时接一小时地过去，他们不断从车里望出去，看着类似他们原来世界的景象消失，只不过周遭的气息和颜色稍微有点不同。[6]

当完成2/3的旅程时，即大篷车渡过了金托河（the Quinto）这条大河之后，他们来到了一个更荒凉的狭长地带，名为"拉崔夫斯"（la travesía），意思是"横道"，西班牙贩奴商也用这个短语指代大西洋贩奴航线中的"中央航线"（the Middle Passage）。石头路消失在沙地里，他们行走了很长一段时间都没有看到一棵树或一滴水，也没有看到地形上的变化，只是偶尔看到牛或骡子的骨架躺在路边。一位说英语的旅行者说，这段旅程看起来完全就像"非洲类似的广阔地带"。天气变得灼热，比他们家乡的干燥季节更热。南方的夜晚很冷。

　　然后，在他们横跨草原旅程结束之前，还要来到另一条河边，这条河"像温莎的泰晤士河一样宽阔"，一位英国旅行者这样认为。到这时，他们应该是第一次看到安第斯山脉。

　　安第斯山脉是世界上最长的山系。然而，它之所以令人震惊，是因为它同时也是最窄的山脉。喜马拉雅山脉是广阔的，四面延伸，缓缓绵延数百英里长，在那里旅行的人，由于海拔逐渐升高，所见景象并不突兀，以至于喜马拉雅山脉一些最高的山峰给人留下了小山丘般的印象。与此相反，安第斯山脉的山顶与山脚之间只有一小段距离，这使它们看起来像一堵长墙，横亘于整个南美洲大陆。如果从潘帕斯草原前往安第斯山脉，这种视觉效果尤其显著。偶尔遥远的地平线上悬浮的薄雾会挡住视线，但也增强了这种冲击力。冰雪覆盖的山峰吸引了人们的眼球，它们似乎漂浮在空中，就像"静止的白色云柱一样"。巴波、莫瑞和他们的伙伴们靠近山脉时，"这个巨大的障碍物看起来"更加清晰。他们还有好几天才能抵达山脚，但是他们必须抬起"脖子来仰视"安第斯山脉。

　　刚跨越草原就是门多萨，这是阿兰达的家乡，这里有白杨树作为行道树的马路，有围栏的农场、葡萄园和果园。在夏天雨季到来之前，他们穿过了潘帕斯草原。现在，西非人不得不等到冬季的冰雪融化之后再继续前进。到 12 月初，他们又沿着一条笔直的道路开始往西前往安第斯山脉。

自从西班牙人在 16 世纪 40 年代到达这个地区后，几个世纪以来，奴隶们就一直沿着这条路行进，其中有些死在路上。当佩德罗·德·瓦尔迪维亚（Pedro de Valdivia）率领一支从秘鲁来的探险队来到今天的智利时，他把自己建立的城市称作圣地亚哥·德·拉·厄斯特雷马杜拉（Santiago de la Nueva Extremadura）。圣地亚哥是西班牙的守护神，也称为圣地亚哥·马塔莫洛斯（Santiago Matamoros）或"摩尔人屠夫"（Moor Killer），因为他参与了将阿拉伯人赶出伊比利亚半岛的早期战斗。而厄斯特雷马杜拉是西班牙一个省的名字，是瓦尔迪维亚（Valdivia）的出生地。然而，有时西班牙人称之为拉努埃瓦厄斯特雷马（La Nueva Extrema），意思是"新极端"，地处这个帝国遥远的边缘，夹在安第斯山脉和太平洋之间。

1551 年，西班牙人开始试图翻越安第斯山脉，在弗朗西斯科·德·比亚格兰（Francisco de Villagrán）带领下的艰苦跋涉造成很多灾难，非洲人开始死亡。一位西班牙编年史编者写道，比亚格兰在美洲土著的帮助下才得以成功翻越，在此过程中，他因为冰雪失去了"两个奴隶和两匹马"。1561 年，门多萨成为圣地亚哥的一个前哨，很快西班牙人就定期来回翻越安第斯山脉。旅程仍然是危险的，甚至在夏季的几个月里也很危险。通路开放时，旅行者们沿着狭窄的小径缓慢移动，用引导绳拴在一起，以获得支撑。美洲土著会在他们的身边飞速前行。一位西班牙人写道，他们"自由地行走，不需要这些绳索，好像他们的足底有钻石一样"。[1]

从山脉两侧延伸出的山谷气候温和，因此定居者认为他们可以在美洲重建欧洲那样的大封建领地。然而，这需要大批工人来种植小麦、培植葡萄、饲养牲畜。在非洲人开始大量涌入之前，殖民者曾试图将印第安人变成奴隶。在安第斯山脉一侧的太平洋地区，马普切人（Mapuche），或称阿劳堪人（araucanos），很难征服，所以西班牙人转向了生活在门多萨北部地区小村庄里的华尔佩人（Huarpes）。大部分劳工需求来自圣地亚哥，他们派出翻越山脉的突击队。当西班牙人开始尝试翻越安第斯山脉时，是华尔佩人教他们走最好的路线，让西班牙人避开必死无疑的路径。

现在，就在那些自己曾引路的小径上，华尔佩人戴上镣铐，被拖着走。许多人被冻死。"当我跨过安第斯山脉时，"圣地亚哥的主教在1601年写给腓力二世的信中写道，"我亲眼看到印第安人冰冻的尸体。"20年后，他的继任者写道，他目睹了"让我心碎哭泣的惨景"。印第安人被用镣铐和颈圈绑系着翻越安第斯山，当一个人崩溃或死去时，更容易做的是把他的手或头砍掉，而不是折断镣铐。最虚弱的人被遗弃活活冻死，其中一些人爬到山洞里寻找栖身之所。许多人试图自杀，用他们的铁圈掐死自己。被奴役的印第安人来到了智利，"饥渴交迫，比野蛮人和异教徒手中的原始教会的基督徒还惨。"华尔佩人作为一个独特的民族很快就消失灭绝了。[2]

1601年，圣地亚哥大主教写信到西班牙讲述美洲原住民遭遇的时候，第一大批非洲人跨越了美洲大陆。91个"几内亚安哥拉人"从巴西经由布宜诺斯艾利斯到达圣地亚哥，门多萨作为一个中转站。他们正前往利马，在那里被出售。从这时开始，陆上奴隶贸易稳步增长，尽管国王起初试图把所有奴隶都经由巴拿马运进秘鲁。作为商品限制的通行体系的一部分，只有一小部分商人被允许从拉普拉塔河地区经过陆路运送奴隶。[3]

但是奴隶走私，尤其是走私两三个非洲奴隶的小集团非常猖獗。到17世纪初，王室官员们一直在抱怨，他们没有办法阻止这种情况发生。1639年，一人致信国王，写道："每年，许多未登记的黑人从布宜诺斯艾利斯的港口越过安第斯山脉进入智利。"如果他们被抓住，商人们就会说，带到圣地亚哥去卖的奴隶是他们的私仆。1762

年，一个名叫何塞·马图斯（José Matus）的奴隶主，为了在长途跋涉中获得他两个奴隶的合作，告诉他们，在安第斯山脉的另一边存在一片自由之地，一旦越过大山，他们就会被释放。可是当他们到达圣地亚哥时，马图斯卖掉了这两个奴隶。[4]

没有有关西非人穿越安第斯山脉诸多细节的记录，阿兰达的奴隶们在开始攀登安第斯山之时，他们的想法或感受也没有记录下来。他们抵达瓦尔帕莱索后，如果不是因为接下来登上了"考验"号，他们的旅程就可能会与历史擦肩而过，被完全忽略不录。

这次旅行的第一站是从门多萨出发的路，平坦开阔，和潘帕斯草原大多数地方一样。它穿过一个深谷进入山麓小丘，然后变成一条蜿蜒于两个山脊之间的小路。在那时，骡子、赶车人、旅行者和大约170名非洲人（阿兰达把他的货物和其他贩奴商的货物混在一起）将会在一条线上移动。经过几次"之"字形曲折，开阔的潘帕斯草原消失在他们身后。官员们建造了一些简易的桥梁，后来，因为困在暴风雨中的邮差曾被迫焚烧邮件以维持生命，还建造了一些石灰岩和砖砌的遮蔽所，以保护旅客。在其他方面，自1551年前两个非洲人死于此地以来，这条路几乎没有什么变化。[5]

这些航海而来的人徒步行走，被用铁或密织麻布做成的颈链连在一起。他们走的路很陡峭，没有植被把松软光滑的土壤粘在一起。这条小路沿着深谷向西北偏北曲折蜿蜒，穿过了18英寸宽的缝隙。在向山上行进的大部分时间里，一条融雪的河流在小路的一边奔腾，而小路的另一边是悬伸的岩石。曾有人失足跌进深谷的地方，竖有小型木十字架作为标志。在这里，贩奴商花时间摘除掉奴隶脖子上的颈圈，因为他们担心如果一个奴隶决定自杀，他就会把整个队列中所有人都拖进深渊。

阿兰达的奴隶们在西非温暖的平原上出生、长大，在他们生活的地方，红树林沼泽和热带稀树草原缓缓抬升，形成丘陵地带。其中一些人可能来自西非的高地地区，比如福塔贾隆（Fouta Djallon），由沙岩高原构成，是冈比亚河和塞内加尔河的源头，也是尼日尔河一些支流的源头。福塔贾隆平均海拔约3000英尺，最高的地方也只有3000英尺多一些。然而现在，这些非洲人正爬上一条陡峭的道路，在美洲两座最高山峰下经过。阿空加瓜山（Mount Aconcagua）高达23000英尺，"其高度惊人，"一位19世纪的旅行者写道，"偏僻荒凉、与世隔绝，不可向迩"。在这座高峰之后是图蓬加托山（Mount Tupungato），稍微低一点，但是更加雄伟，它垂直的山壁被永无停歇的"风暴"冲刷得"粗糙而裸露"，看起来就像一场停止运动的岩崩，在任何时候都可能再次坠落。另一位旅行者观察到，随着行人逐步靠近这两座山峰，整个景象呈现出"巨大的、无生命迹象但壮丽荒凉的风景"。[6]

登山者们在任何地方都能看到巨大的悬崖，以及剧烈地震、山体滑坡和雪崩的迹象。转向一个方向，"除了冰雪覆盖、破碎贫瘠的高山，什么都没有"；转向另一个方向，"所见景象甚至更可怕"，"更加黑黢黢，冰层覆盖更多"。在经过三天攀登之后，他们来到了"印加之桥"（Puente de Inca），这是一座狭长、冰冷的天然岩石桥，横跨于一个深谷之上。就在这里，近三个世纪前，一位观察家曾评论说，美洲原住民"脚底上肯定有钻石"，因为他看到他们能滑过石桥。这听起来好像是在赞美他们，但也许仅仅指他们的脚粗糙、坚硬，并有抓地之力。总之，这座桥吓坏了西班牙人。"只有做过忏悔的人"才有胆冒险过桥，另一个旅行者说。[7]

这群人登得越高，感到越冷，迷失方向感也越强烈。大约三天之后，他们就会到达通道的高点。查尔斯·达尔文在几十年后沿着这条路走到这里时，他说此处"空气完全透明"，"让星月增辉"。奥坎波曾评说过，潘帕斯草原的景象"没有中间地带"，达尔文同样认为这里很难观测景观，判断"高度和距离"。"不是因为像平原那样无边无际，而是因为空气中没有水分，不能折射光线。"达尔文将这种效应描述为"所有的物体……几乎在一个平面上，就像在一幅画或全景图中一样"。空气太干燥了，这位博物学家的木制仪器明显收缩，面包也变得像石头那样坚硬。几乎在所有东西上都能看到静电发光。当达尔文在黑暗中揉搓他的法兰绒马甲时，这件衣服"看起来好像是用磷洗过一样闪光"。狗背上的毛发"有裂痕"，他的亚麻床单"发出火花"。[8]

　　所有这些奇怪的现象肯定让巴波、莫瑞和其他人感到晕头转向，他们觉得正在穿越另一个物质世界，而不是现世。高空疾病可能也会让他们感到更加精疲力竭。被迫走这条路的非洲人遭受着严寒的折磨，就像他们之前的华尔佩奴隶一样，他们经常"被冻住"。那些没有完全冻死的人会被鞭打，被迫又开始行进。他们白天行路所积累的汗水（尽管寒冷）在皮肤上冻住了，让夜晚变得更加可怕。极度疲劳削弱了抵抗力。一年前，即1803年，大约100名非洲人在穿越美洲大陆时染上了天花，其中两人病死。其余的人到达瓦尔帕莱索时，"身上满是疮痂"。在巴波和其他人开始出发前后，至少有四名离开门多萨的非洲人没有越过高山。今天，该地区幸存下来的美洲原住民中流传着一些故事，这是由他们的祖先一代代传下来的，说当时他们偶然会遇到冷冻的非洲人的尸体，他们的头或手臂被切下，这样处理他们尸体的人不需要浪费时间打破锁链或用刀割断麻绳然后再重新绑接。在阿兰达的奴隶们爬上高山几年后，一名法国人目睹了非洲人被带到这条路线上。他说，他希望他那些"高傲的"同胞们能在被迫的情况下"穿过如此偏僻荒凉、陡峭险峻、冰雪覆盖的地方，这样他们就能理解什么是苦难了"。[9]

　　他说，这样的经历会剥夺他们的"自豪感，软化他们的心肠"。

　　对于巴波、莫瑞和他们的俘虏同伴而言，有些现象看起来平常又不寻常，其中之一就是南半球月亮的移动方向。在赤道的两侧，月球的相位是一样的，但它们朝相反的方向移动。阿兰达带来的非洲人都是从北半球而来，在北半球，月球的发光部分从右到左变得越来越大。然后，在满月之后的半周期中，月亮的黑暗部分从相同的方向变大。但是，布宜诺斯艾利斯、门多萨和瓦尔帕莱索都远在赤道以南，在那里，月亮从左到右盈缺变化。

这个倒转的月亮，因为安第斯高山上干燥的空气熠熠生辉，肯定会看起来怪诞诡奇。这月亮是另一个标志，不仅说明他们已经不在现世，而且是在颠倒的天堂里。但由于新月和满月在赤道两侧形状相同，西非人已经能够通过月亮的圆缺判断他们从非洲海岸出发已有长达一年的时间，他们穿过大西洋，然后横跨美洲大陆，抵达安第斯山脉的山麓。

从接下来发生的事情来看，他们似乎知道，1804 年 12 月 3 日，也就是他们开始爬山的一个星期前，是斋月的第一天。12 月 27 日，也就是他们登上"考验"号前往利马的一星期后，是斋月里最神圣的日子——吉庆夜（Laylat al-Qadr）或万能之夜的前一天。

在《白鲸》"裴廓德"号捕鲸船上的众多人物中，赫尔曼·梅尔维尔选择赋予比普（一名年轻的非裔美国侍者）一种洞察真相的能力，他是在太平洋上差点淹死之后得到这种天赋的。

在"太阳普施仁爱、天空蔚蓝而绮丽的那一天"，比普已经跳出捕鲸用的划艇，因为一只被鱼叉捕获的鲸鱼用它的尾巴敲打着小船底部，他受到惊吓。船员们只好通过让鲸鱼逃脱来拯救比普。这种做法受到"裴廓德"号二副斯塔布（Stubb）的指责。"千万不要离开小艇，"斯塔布说，"我们不能为了你这样的人而白白牺牲一条大鲸，在阿拉巴马，一条大鲸的卖价可比你的身价高出 30 倍呢"。

但比普很快又掉到了水里。斯塔布说到做到，只管追逐另一条鲸鱼，任由比普随波漂流。这个小男孩完全独自一人。"比普在海里忽上忽下地漂着，他那黑檀木的头顶好像一簇丁香树冠"，"把比普箍住了的那片水面"，"在他四周乱七八糟地"扩散开来。"孑然一身，紧缩在这样一片浩瀚无底的汪洋中心，我的天啊！谁能说出个中滋味呀！"

比普终于获救了，但在被从海水中拉出来之前，他有了幻象之能。他看到了世界的整体，以及它的起源和内在的运作，在一瞬间：

> 大海开玩笑似地没叫他那有限的身躯给沉下去，却把他那无限的灵魂给淹死了。虽说没有把他完全淹死，却把他活生生地拉到那个奇妙的深渊里。在那里，他那双不由自主的眼睛看到的是，原形毕露的世界的那些怪物在他眼前闪来闪去；那条喜鬼似的人鱼——智慧之神，也把他所囤藏的无数财宝都显露了出来。比普从海里的苍穹冒出来，而鼓起的那两只奇大的眼珠，在那快乐无穷、青春永恒的事物中，看到了上帝所普遍

/ *124*

创造的各种各样珊瑚似的昆虫。他说，他看到了上帝的脚踩在纺车的踏板上，因此伙伴们管他叫疯子。所以，人一神经错乱就看到了天国的理性；人一失去所有人间的理性，最后就有了神仙的思想，而这种思想，在有理性的人看来，是荒谬而疯狂的；不管祸福，人都变得与上帝一样顽固、冷漠。[1]

比普并不是"裴廓德"号上唯一窥测到绝对真理的人。以实玛利站在一堆鲸鱼骨中，也"返回到那种奇妙的时期，那是早在时间才刚开始的时候，因为时间与人类共始"。但是，这一幻象并没有像对比普那样扰乱以实玛利的生活。这两人在社会地位上的差距相去甚远。以实玛利明确表示，他在"裴廓德"号上签署的决定完全是自己做出的。他确实说过自己囊中空空，但加入这次航行的主要原因是他厌倦了现代城市生活的矫揉造作。以实玛利希望航海会是一种令人振奋的经历，或者至少提供消遣，让他排遣厌倦情绪。他明确表示，自己本可以当高级船员，而不是一名普通水手，但他情愿不做高级船员。"谁不是奴隶？你倒说说看。"他这样解释自己做出的决定。

以实玛利提出这个问题很奇怪，他是人们可以想象的最自由之人。我们知道，他是白人，受过教育，可自由行动，就我们所知，他没有家累，没有债务。然而，他认为自己的状况可以推及全世界所有人，而且在美国南北战争前仍然如此。因此，站在鲸鱼骨中间，以实玛利看到了无限的景象，但并没有陷入困境。他仍然认为自己就是历史的主人，而且"时间与人类共始"。

然而，比普从海中出来，似乎由于上帝的冷漠而变得疯狂，而他的疯狂就是梅尔维尔的疯狂。梅尔维尔读过地质学家、博物学家以及他那个时代其他科学家的著作，包括查尔斯·莱尔（Charles Lyell）和查尔斯·达尔文，并立即掌握他们论点中可怕的潜在含义：

存在没有意义，地球如此古老，时间本身如此难以理解，不可能维持人类宇宙中心论的信念和信仰。

在过去几十年里，文学研究学者们对梅尔维尔作品中的政治意义进行了仔细研究。一些人发现了种族主义、扩张主义文化的影响；另一些人则看到了慷慨的人文主义，他们认为像《白鲸》和《班尼托·西兰诺》这样的作品，是对"美国价值观和制度"的微妙指控，包括奴隶制、帝国主义、异化的个人主义和白人至上论。然而，有许多梅尔维尔迷们不愿把他看作一个斥责社会的批评家。他们承认，梅尔维尔可能偷偷地写自己的祖国，刻薄地抨击其缺点，但是他太过形而上学，而且他过于推崇不可知论，以至于不会将其评论政治化。梅尔维尔后来密切关注南北战争。然而，没有证据表明，在19世纪50年代，他对南方实际存在的奴隶的处境尤为关注。《白鲸》发表后不受欢迎，他非常失望，开始专心研究哲学，关注更大的道德问题，这把他自己拖到崩溃的边缘。他的焦虑既是精神上的，也是包罗万象的，但显然不是主要有关政治的。[2]

然而，正是梅尔维尔的存在主义题外话，直接道出了西方社会中的奴隶制问题，直指核心问题：在成百上千年中，成百万上千万的人沦为奴隶，他们大规模、系统性的奴役劳作对那些因奴隶制而繁荣发展的社会意味着什么？而对那些为创造这种繁荣而受难的奴隶又意味着什么？梅尔维尔在努力思考生命是否有意义，如果有的话，它的意义是否植根于激进的个人主义、人与人之间的联系，或者更大的道德结构；他在苦苦思索，如何应对在无神宇宙中失去自我的绝望、自由意志与命运观念之间的冲突、信仰与怀疑之间的矛盾，物质世界不过是海市蜃楼，人需要透过现象表面把握潜在现实性这些观点。在某种程度上，奴隶制是这种形而上学的恐怖之具体表现，因为它对真实个体带来的威胁——毁灭，就像无意义的宇宙可能会对个人主义的威胁一样。

　　所以，比普——"'裴廓德'号船员中一位最微不足道的人"，在濒临死亡之前被告知，他的劳动价值还抵不上一头动物的油所产生的能量，其自由意志的选择完全只能在于，是在鲸船上生活还是在阿拉巴马州的奴隶种植园里生活（假定他还能有那种选择，比普的服务条款并没有透露）。在他身上，梅尔维尔已完全意识到无限的内涵：人的存在本身是不重要的。而梅尔维尔赋予洞察力的人物也正是比普。其余的船员认为比普是在胡言乱语，而这种言语事实上表达了他能够从每一个角度来看待一切事物。梅尔维尔让他在甲板上到处走动，唱着一些神示般的谶语："我看，你看，他看；我们看，你们看，他们看。"

　　梅尔维尔读过达尔文关于"贝格尔"号（HMS Beagle）航行的记载，并且很可能是在 19 世纪 40 年代早期他自己的航海旅行中读到的，当时他访问了许多 10 年前达尔文曾来过的海岸和岛屿。比普的谶语可能是受到了达尔文记录中最生动的一段话的启发。

　　达尔文的作品中有一段时描写自己徒步艰难地翻越海拔约 7000 英尺的安第斯山脉，其间穿过一片钙化的树木，它们像"洛特的妻子一样"，雪白笔直地站立着。他回望身后的潘帕斯草原，意识到自己站立的地方过去曾是大海，仿佛一台巨大的地质构造升降机被抬升，下沉，然后又抬升。达尔文用简短的文字展示了 2.5 亿年前的地质历史：

　　　　我看到一群细树曾生长在大西洋岸边，树枝迎风摆动。当那片海洋（现在已后退 700 英里）来到安第斯山脉脚下，我看到它们是从被抬升到海平面以上的火山土壤中生长出来的，后来这片干燥的土地，连同上面直立的树木，下降到海洋的深处。在这些深海中，从前干涸的土地被沉淀的河床覆盖，而这些又被巨大的海底熔岩流覆盖，厚度达到 1000 英尺。这些熔融石和水沉积物交替地分布了五次，已经铺展开来。能够接收如此厚重的物质的大海一定是很深的；但是，海底的力量也在发挥自身的作用，我现在看到了那片海洋的海床，形成了一条海拔超过 7000 英尺高的山脉。

达尔文曾像比普一样潜到海洋底部，后又登上安第斯山。他凝视着东方，几千年前这里曾是一个"绿意盎然"的山谷，但如今变为沙漠草原。他宣称"一切都是完全无可补救的"。[3]

但达尔文不知道，他纵览这一景象的山口，是连接阿根廷和智利的古老贩奴通道。就在这位博物学家前行的同一条路上，早在 30 年前，巴波、他的儿子莫瑞以及其他被捕获的西非同伴也在行进，他们走过了同一片白色石头树林。

第四部

无 止 境

捕猎海豹者、贩奴商和海盗都是一种行当。

——查尔斯·达尔文:《比格尔号航海日记》

（1833 年 3 月 24 日）

/ 13 屠杀海豹

1799 年 11 月 10 日,"坚毅"号离开波士顿,船长是亚玛撒·德拉诺,他的兄弟塞缪尔担任船上的大副。洋流是逆流,天气也无助于航程,经常下雨,高温闷热的天气持续不断。轮船经过北纬 12 度后,遇到了让人发狂的零级风,船帆发霉,船上的一切东西都被"青霉"覆盖。在绕过合恩角时,兄弟俩撞上了一波"猛烈的顶头浪","山"一般的海浪奔腾而来,把他们的船抛进了"淤塞的"的浅滩,在夜雾中游荡。

但是,到 1800 年初,他们已进入平静的蓝色太平洋,来到了点缀着智利南部海岸的诸多岛屿。这时正值经济史上繁荣和萧条变动最急剧的一个时期,他们打算乘风破浪,崛起发迹。

从 18 世纪 90 年代早期开始,"坚毅"号出船的频率逐渐增加,然后从 1798 年开始爆炸式地增加。船只离开纽黑文(New Haven)、诺维奇(Norwich)、斯托宁顿(Stonington)、新伦敦(New London),或波士顿,首先在塞内加尔海岸不远处的佛得角群岛登岸,装载大量的盐,然后直接取道东南航行,到达偏远的可以捕猎海豹的大半月型群岛,一直从大西洋沿岸的阿根廷延伸到太平洋沿岸的智利。他们正在搜寻一种太平洋毛皮海豹,这种海豹厚厚的坚硬灰黑色外皮毛发下有一层天鹅绒般的底皮。一些海豹皮会被带到欧洲,在那里,皮衣制作工人最近已完善了一项技术,可以把毛皮的皮从毛发上完整地剥下来,把海豹皮做成女士用的披肩、外套、皮手筒、连指手套和男士用的皮带、肩带、钱包、马甲。大部分海豹皮会被运到广州,用来交换丝绸、茶叶和陶瓷。[1]

和捕鲸者一样,亚玛撒和塞缪尔这样的捕海豹者是美利坚合众国的第一代人,此时阿勒格尼山脉(the Alleghenies)还没有完全被突破,他们认为美国要开拓的边疆不在西部,而是在南方。跨越巴西和阿根廷，绕过合恩角，这些新英格兰人深入太平洋，进入夏威夷群岛，还要继续前行，到达日本和中国。然而，捕鲸却发生在富饶的、无法宣称主权的海洋。捕鲸者可能会争论某条鲸鱼是有主的还是无主的，但他们捕猎所在水域是公共水域，对所有人开放。相比之下，捕猎海豹发生在陆地上，因为这个急剧增长的行业，新英格兰人第一次非正式地拥有了这些岛屿殖民地——一名水手甚至形容自己的船是"浮动的大都市"，从一个岛移动到另一个岛，每个岛上留下"小撮儿"剥皮工人驻守这些殖民地。2

波士顿人——智利人这样称呼"新英格兰水手"——带来了美国革命的思想和制度，还有规则和反抗。在美国数千英里外智利海岸线几百英里外的岛屿上，在许多小海湾、峡谷和海滩上，形成了一种奇怪的秩序。海豹船的船长们升起星条旗，7月4日，人们点燃了十三股浸油的绳子，来庆祝十三个殖民地独立日。他们主持临时法庭来解决与财产和债务有关的纠纷。他们甚至有自己的世俗宗教文本，如果没有《圣经》，证人们就拿着威廉·莎士比亚的戏剧集发誓作证，从大多数船只的图书室里都能找到这种戏剧集。3

从1799年11月到1802年11月，亚玛撒·德拉诺在第一次海豹探险的短暂几年里，就扭转了他上次长途航海失利带来的耻辱。他赚了钱，把成千上万的海豹皮运到广州销售。德拉诺受到了他尊敬之人的平等对待，他享受着他认为只有凭借自己的魅力和才能得到的权威，帮助将法律和秩序带到这些遥远的岛屿——和他在法兰西岛上看到的海盗式的均贫富的做法大相径庭。到目前为止，英国人大体上都任由美国人在南太平洋东部地区捕猎海豹，所以没有苏格兰人会捉弄他。但这种声望无法持续下去，因为快速而空前的利润带来了狂暴的屠杀，这个海豹杀手群集的群岛共和国也很快消失了。

在德拉诺兄弟准备起航时，他们不断听到报道说，有个地方满是海豹，"如果在一个晚上杀死许多海豹，第二天早上还有很多"。

那就是他们要去的地方。[4]

马斯阿富埃拉岛（Más Afuera）位于智利圣地亚哥正西方 500 英里处，是一个多山的圆形小岛，笼罩在雾霭之中，拍电影时若要在多雾荒芜之岛取景，这里看起来是一个理想的选择。石壁迅速上升到 6000 英尺的高度，形成了一个由瀑布和深沟分割而成的高原，海豹猎人称这些深沟为"峡谷"（gulches）。该高原周围是多峭壁的海岸，密布着许多洞穴和小海湾。"这是一个金矿，"海豹猎人说。这个岛屿名为"Más Afuera"，在英语中有"更进一步"之意，这似乎让该岛作为追逐财富梦的乐土更加完美。

马斯阿富埃拉岛没有安全的港口或容易着陆的海滩，这使它更让人向往。毛皮海豹大量栖息的地方仍然不容易到达。海豹船在远离海岸的地方下锚，不得不分派出小艇，穿过危险的海浪和巨石，让人和物品上岸。"捕鲸船倾覆了，三人淹死，经过十分艰难的救援，四人得救，"那个时代一艘船的日志这样报告说。[5]

"在每个海湾都有数量众多的大海狮以及若干种海豹，"船长爱德华·库克（Edward Cooke）在 1712 年这样评价马斯阿富埃拉岛所在的群岛，"所有的海豹都有极好的皮毛，他们成群地躺着，我们几乎不能沿着海岸行走，海豹像绵羊，海豹幼崽的叫声像羊羔。"它们在"在海岸上分布的密度如此之大"，库克手下的人"不得不把它们赶走"才能上岸。尤其是在 11 月，海豹"上岸生崽或交配……海岸上满是海豹……要穿过它们是不可能的……当我们进来时，海豹日夜不停地喧闹，有的像小羊羔咩咩叫，有的像狗或狼一样咆哮，有的发出各种各样可怕的响声——我们离海岸一英里处就听到了它们的叫声"。[6]

当德拉诺兄弟于 1800 年 3 月到达马斯阿富埃拉岛时，有 14 艘船停泊在岛屿周围的不同地点。

留在马斯阿富埃拉岛海岸和其他地方的分队在获取海豹皮时，

也猎杀海象，因为海豹生育幼崽的岛屿上也有海象。这些哺乳动物体型巨大，有的高达 20 英尺，腰围有 12 英尺，是世界上最大的海陆动物。它们躯体庞大，像鲸鱼一样，也是由于人类要获取其油脂而被杀掉。一只雄性海象的油脂产量高达 200 加仑。和鲸鱼不一样的是，它们很容易被杀死。

在公海捕杀鲸鱼是非常困难和危险的，因此人们很尊敬这种海中巨兽。相比之下，对他们的屠杀则轻而易举，这是一场对它们充满蔑视的残忍游戏。当海象张嘴咆哮时，猎人会把岩石抛进它们嘴里。"杀死海象没有任何困难，因为它们既不能抵抗也不会逃跑。"

有时，从睡眠中唤醒海象比杀死它们要费劲得多。当公海象终于起身保护母海象时，它们富含脂肪的身躯在巨浪中起伏波动，这让人对其市场价值想入非非，也是一种开始杀戮的信号。这些动物"又软又肥"，捕猎者的长矛"又尖又长"，他们会在猎物身上刺穿"十几个洞"。海象的心脏通过它身体的循环系统喷出大量温热的血液，多达 20 加仑。海象在水下时，它的血液循环会减慢。但在陆地上，血液在高压下从身体里快速流出。如果海豹像圣塞巴斯蒂安（Saint Sebastian）（天主教的圣徒，在教难时期被罗马帝国皇帝戴克里先下令乱箭射死。——译者注）那样身体多处被刺，"鲜血就会如喷泉般涌出，喷射相当远的距离"。其他时候，猎手们只会在海象心脏处快速一刺，"血液喷涌而出，能把人淹没"。[7]

海象很少反击。然而，有故事说，曾经有一个"愚蠢而残忍"的水手当着"小海象母亲的面"杀死了它。海象妈妈从后面扑向杀死小海象的刽子手，"一口咬住他的脑袋"，"用牙齿切割他的头骨"。那水手很快就死了。[8]

当杀戮结束后，捕猎者剥去死去的海象的皮，把兽皮切成边长为两英尺的正方形，每块连同脂肪厚达八英寸，然后以 15 ~ 20 块为单位绑在柱子上运到炼油间，通常炼油间依傍溪流或河流而建，在那里可以将沙子和血从脂肪上清洗掉。然后这些片状物被撕成两英寸的条状，扔进罐子里，第一轮炼油时用木头点燃煮烧。但是，与牛脂和鲸脂提炼过程一样，这些动物的燃烧残渣可以继续作为燃料使用。最初一批兽皮煮成油后，工人将油脂舀入桶里，那些几乎像炸过的松脆的海象肉块，仍然还有足够的油脂用作燃料，以保持炼油间持续燃烧。在南乔治亚岛和其他地方，企鹅的尸体也被堆在火焰上，它们的羽毛被用作"脂肪燃烧的灯芯"。[9]

杀死海豹几乎也无须更多技巧。以下是德拉诺的描述：

> 捉海豹的方法是，在海豹和海水之间，形成一条人巷，两人并排，分成三四组，然后驱赶海豹通过这条人巷，每个人都拿着一根 5~6 英尺长的棍棒；海豹经过时，就将选中的海豹敲打坠地，这些海豹通常是半成熟的，也就是所谓的"小海豹"。敲打海豹很容易，在其鼻子上轻轻一敲就可以了。海豹受惊时，猎手们拿出小刀在它们胸部割开，从下颚一直撕开至尾部，再在胸部戳上一刀，杀死它们。[10]

组成这些团伙的农民大多数屠宰过牲畜，但从未经历过如此规模的屠杀。

袭击海豹群栖地就像一场军事行动。捕猎者们没等天亮就早早出发了，然后分成两组，守住海滩两端，躺在露出地表的岩石后面，"这样就可以不被海豹发现"。信号一发出，两组人同时冲向海豹，开始"尽快地杀戮，场面极其悲惨可怕"。

这些人可能会躲在那里等待好几个小时。正常情况下，是"老辉格"——也就是成年雄性海豹——最先出现，之所以得此名，是因为它们头上有一绺卷发。接着出现的是成年雌性海豹，叫"克莱普迈契"（clapmatch）（不是因为它们快速移动时会发光，就像点燃的火柴［match］，就是因为它们的冠状脑袋像一顶有御寒耳罩的帽子，这在荷兰被称为"klapmut"）。它们后面跟着幼崽。生手会等不及要开始捕杀，而老手们则要求耐心等待，直到整个群栖地挤满海豹才动手杀戮。在海豹皮贸易早期，有时，一个群栖地会有多达两万头海豹。

通常，猎杀信号是在上午 11 点左右发出。海豹猎手乔治·利特尔（George Little）描述了他参加的一场袭击："我们沿着海滩岩石猛烈冲击，在海豹和海水之间，我们毫不留情地开始了杀戮。对'小幼崽'来说，用棍棒在其头部轻微一击就足够了，但要对付'老辉格'和'克莱普迈契'，干掉它们可不容易。""辉格"可能会试图保护它们的妻妾，但很快冲向大海。在任何一次攻击中，大多数海豹都会逃脱，但是海豹猎手会迫使海豹集中在高地上，在那里海豹会陷入困境并被杀死。如果一个人不幸在混乱中跌倒，利特尔写道："他会被这些巨大的动物撕成碎片，因为它们的嘴和狮子一样大。"

毛皮海豹会咆哮和哼叫，偶尔发出有节奏的吠声。单只海豹的声音听起来就像一条狗和一头牛在交错叫嚷。当它们成百上千地聚集在海滩上时，它们的噪音，不时夹杂着咯吱吱的咬牙声，如雷鸣一般，堪与太平洋的狂风一较高下。"这场战斗让我感到非常恐惧，"利特尔承认，"那些老海豹咆哮着，疯狂欲绝，海豹幼崽的尖叫以及船员的呼喊，使我如同身处魔窟，当时如果我能逃出来就会欣喜若狂。"做大衣和披肩时，设计师们更喜欢成年海豹的皮毛，因为比较大，这样他们就可以避免出现交叉缝。但是，"非常小的海豹幼崽"身上起着保暖作用的浓密皮毛是最舒服的。但对于大多数衣服来说，它们"太小了"，所以被用来做精致的钱包和手套。[11]

这场屠杀一直持续到天黑。由于只有皮毛有用，海豹尸体被遗弃在陆地上，一份记录这样写道："尸体如此众多，以致在走动时很难避免踩到它们。""臭气熏天。"一天结束时，这些人浑身都被海水、血液浸透，"肮脏不堪"。[12]

海象庞大无比，其脂肪之多、骨架之大，几乎有悖常理。然而，海豹的体型和人类一样大，海豹猎手们谈到它们时好像它们真的是人一样："海豹们爱交际，十分聪明友善，温柔体贴"；它们有"好奇心"；"当教堂钟声响起，它们就会游向岸边"；它们"互相亲吻，失去幼崽时，会悲伤地死去"。一位旅行者说："我本人曾看到一只年轻的雌海豹泪眼汪汪，而我们一个邪恶而残忍的水手看到了要找乐，在它张嘴时，他用船桨把它的牙齿打掉了。这只可怜的动物可能会让铁石心肠的人都感动；它的嘴流着血，眼含泪水。"偶尔，如果有小提琴、横笛或长笛，海豹猎手们就会演奏音乐来引诱海豹上岸。[13]

在这种疯狂捕杀中，有人瞥见了美。"它们有可以想象得到的最柔美的眼睛，而且从它们的表情里根本看不出凶猛，"一名游客这样说。1797 年，这名游客来到马尔维纳斯群岛（Malvinas）或称福克兰群岛（Falklands），他目睹了一头海豹被棍棒殴打。就在断气前，海豹的"眼睛改变了颜色，它们水晶般的眼睛变为令人惊奇的绿色"。[14]

接下来，利特尔所说的"杀戮工作"结束后的工序确实需要技巧。剥皮必须在尸体开始僵直前尽快完成。如果一个海岸捕猎海豹团伙有足够多的人，这项工作就会被分解成多个任务。一组人用棒打，另一组拿矛刺，还有一组人"撕扯和翻转"，也就是在脖子、腹部和脚蹼上切开一个口子。然后，最后一群人会接着把皮肤和脂肪分开。如此区分工作流程是确保高品质的钢制剥皮刀保持刀口锋利。如果把这些刀具用于其他任务，比如剪掉含沙的头发和皮毛，刀刃很快就会变钝。一个有经验的人会优雅快速地完成工作，大约一分钟就能剥下一头海豹的皮，且完整无损。

然后，这些兽皮被浸泡在水里，这样，肉和脂肪（可以用来保持蒸煮火焰或者让炼油间保持燃烧）就更容易被刮掉。然后，它们会被腌制，或被拉伸开并固定在地面上晾干。广阔的海滩上覆盖着大量兽皮，海豹黑蓝色的毛发在海风中闪闪发光。巴塔哥尼亚海岸上，一段接近两英里长的土地都被康涅狄格州的船长们用来晾晒干皮。他们称之为"纽黑文绿地"（New Haven Green）。[15]

亚玛撒·德拉诺将海豹皮的干燥处理和堆积与盐鳕鱼进行了比较，但必须采取更多的护理措施来确保皮毛精美的下层绒毛不被破坏。在陆地上，等待一艘船返回要几个月，在这期间，堆积的皮毛必须确保免受老鼠和雨水的破坏。一旦装上船，就像布宜诺斯艾利斯的皮革一样，海豹皮可以从船舱的地板一直堆到舱顶。在堆放之前，海豹皮需要保持绝对干燥，并且要对船舱做防水处理。如果这些皮毛在途中受潮，就会结块并且腐烂，即便足够幸运，也只能当肥料卖掉。

几个世纪以来，有关捕鲸的知识慢慢地增长。从楠塔基特水域到整个大西洋，再到太平洋，捕鲸范围逐渐扩大。相比之下，捕猎海豹业只繁荣了相当短一段时间，始于 18 世纪 90 年代初。而且，他们急于杀戮海豹、晒干皮毛并运到中国广东销售，来不及改善捕猎技术。高级船员甚至水手，对捕海豹业中何为最佳实务，无不感到困惑。

1792 年，埃德蒙·范宁（Edmund Fanning）的探险队在马尔维纳斯群岛发现了第一个海豹群栖地。范宁被告知，杀死海豹的最好办法是站在海豹和海水之间的地带，大声喊叫，把它们赶到陆地上。但这种方法用在毛皮海豹身上效果最好。范宁遇到的是粗毛海豹，这是一种更大的物种，有着不同的本能。

范宁的一个手下人产生疑问："你认为这些生长过度的怪物是海豹吗？"

"它们当然是海豹，"范宁回答说。

当人们从水中向海滩前进时，他们集体大喊，举起棍棒，粗毛海豹"发出咆哮，似乎撼动了我们站立的岩石，它们反而以加倍的速度向我们冲过来，完全无视我们的存在，轻轻松松地把每个人撞倒，好像我们就是草茎，然后踩着我们倒下的身体，带着极大的蔑视跳入海水中扬长而去"。[16]

几年后，一些海豹捕猎外遣队还不知道，先前的杀戮在海滩上留下一堆堆被剥掉外皮的海豹尸体，会驱离活着的海豹们，让它们不敢上岸。在一个岛上，人们躲在巨石后面等了好几天，等待海豹群栖地上填满海豹。海豹会"随着海浪着陆，抬起头来环顾四周，左右观察一会儿……然后再回到海里"。在等待的人中，最敏锐的人才意识到海豹"害怕上岸，因为海豹的尸体……遍布海岸，到处都是"。[17]

另一位船长——乔治·豪（George Howe），是"奥尼克"号（Onico）的船主，据说是一位有经验的海豹猎手，他不知道海豹皮应该浸泡多久。当他的外遣队告诉他，他们收集的海豹皮"由于在水里浸泡太久而损坏"时，豪问他们为什么不"尽快"拿出。当他的手下提醒他，是他命令把海豹皮放在水里浸泡 5 天时，他还说："它们还没有被水浸透。"豪问他的海豹皮是否"发臭"，他的手下告诉他"是的"。"很好，"他说，"它们应该发臭了。"这些毛皮很快就变得一文不值。[18]

起初，像这样的失误并不重要。因为海豹那么多，足够他们杀戮。

亚玛撒·德拉诺估计，当新英格兰人第一次来到马斯阿富埃拉岛"开始做猎杀海豹的生意时，毫无疑问，岛上有两三百万海豹"。"伊丽莎"号（Eliza）离开纽约后于 1792 年在该岛下锚，带走了38000 张海豹皮。从那时起，越来越多的船只到来，运走越来越多的货物。1797～1799 年，一艘名为"海神"号的纽黑文市的轮船到来，上岸的船员杀死了 18000 只海豹并剥皮。其中一名船员大卫·福布斯（David Forbes）在其日记的空白地方记录了每天猎杀海豹的数目，除周日外，每天都有猎杀，数量保持稳定："杀死了 370 只辉格""又杀死 500 只辉格""再杀死 700 只辉格"。之后被杀死的"辉格"的数量依次是 400 只、230 只、400 只、160 只、260 只、440 只、270 只、280 只、350 只、300 只。1800 年，"贝特西"号从岛上带走了 11 万张海豹皮。[19]

的确，你第一天把它们都杀掉，第二天好像又可以重来。然而，在极短时间内，因为在马斯阿富埃拉岛和其他地方对海豹进行集中杀戮，海豹皮充斥中国市场。仅在 1801 年 12 月的一周里，就有 32 艘船在广州卖掉成千上万张海豹皮。由于大量海豹皮涌入，它们的价格迅速下降。"你看，市场波动是多么剧烈，"德拉诺在中国的代理商说。[20]

市场不是在波动，而是在直线下滑。为了弥补价格不断下降造成的损失，船长向他们的海豹捕猎外遣队施压，要求他们加快猎杀，这又导致了海豹群栖地迅速消失。供应过剩和物种灭绝是同步发生的。

随着价格不断下跌、海豹群落消失，整个行业的性质迅速改变。在 18 世纪 90 年代早期，可能只需用几个星期，或者最多一个季节，在像马斯阿富埃拉岛这样一个小岛上，一个 6 ~ 10 人的团队就能把整艘船填满海豹皮。不到十年时间，海豹捕猎分队规模就扩大了三倍，而且他们要在岛上连续待上 2 ~ 3 年，才能实现这个目标。

随着海豹数量减少，捕猎者也越来越不顾一切地拼命争夺地盘。在繁荣初期，不同的海豹船和捕猎海豹分队之间进行合作，这是常见的，而现在他们却为争夺地盘而战。1803 年，楠塔基特的一个团伙主张自己拥有马斯阿富埃拉岛价值不菲的"西北平原"，"把海湾附近所有人都派出去，阻止布里特尼尔船长（Capt. Britnall）在此地捕猎海豹"。几天后，他们"阻止了巴特勒先生（Mr. Butler）捕杀海湾的'克莱普迈契'"。为了防止这种冲突升级，海豹船的船长们签署了"条约"，对岛上的狩猎场进行分割。但相互间的争斗仍在继续进行。[21]

对海豹捕猎进行自我监管做出的努力太少，也来得太迟。"这是一种突如其来的巨大财富"，一位海豹猎手根据其捕猎海豹的经历写道，然而，由于"这种动物几乎被消灭"，基本不能靠它们积累财富。短短几年内，海豹栖息地在阿根廷和智利许多岛屿上永远地消失了，一些海豹亚种群也正在灭绝。[22]

"一个岛屿接着一个岛屿，一个海岸接着一个海岸，"历史学家布里顿·库珀·布施（Briton Cooper Busch）在《捕杀海豹之战》中说，"海豹已经灭绝，连最后一只幼崽也不剩，人们认为如果海豹猎手汤姆没有杀死他能看见的每一只海豹，海豹猎手迪克或哈利可不会这般手下留情。"

在捕鲸船上工作需要紧密协作和同志情谊。梅尔维尔在《白鲸》中写道，从那令人毛骨悚然的可怕猎杀到从鲸鱼尸体上剥下毛皮，再到脂肪炼狱般的沸腾，产生了一种崇高壮烈的景象。捕鲸带来的巨额利润不仅整合了资本和技术，还增进了人类的感情。就像点燃世界之灯的鲸油一样，捕鲸劳作中散发出神圣之光，这是整个美洲劳动人民共有的价值。"你将看到那尊严闪烁在一举斧一投枪的臂膀上；那民主的尊严，源源不断地从上帝那里生发出，辐射世间。他本人，伟大的独行独断的上帝！一切民众的依归！他无所不在，赐予我们神圣的平等！"[1]

海豹捕猎则完全是另一回事，让那些为实现成功而孤注一掷的船长和船员，与那些同样殊死一搏的前桅水手相互明争暗斗，而那些水手被丢弃在偏远的岛屿，有足够的时间来怨天尤人、策划阴谋。这种行当让人想到的不是工业民主，而是征服异域带来的与世隔绝和暴力行为、殖民活动和战争，人类野蛮地彼此剥削、掠夺自然，不是为了满足某种像光和火那样的基本需要，而是为了抢掠炫耀性消费的原材料。海豹猎手们占领地盘，互相争斗以维持地盘，并尽其所能攫取他们所能洗掠的财富，直到他们所占据的地盘空无所有、一片荒芜才放弃对此地的主张。

一些捕猎海豹的岛上有之前的访问者留下的黑牛、野猪和山羊。其他的岛屿只有贫瘠的黏土，夹杂着石头和沙子。海豹捕猎船通常是纵帆船和双桅横帆船，如"坚毅"号，让外遣队在岛上逗留的时间越来越长。像德拉诺这样的船长留下的人，几乎没有得到什么指示和食物及必需品，除了开始岛上生活需要的几桶硬面包、猪油、酒，建造临时住所需要的斧头，风干皮毛所需的盐（除非它们能被太阳晒干），一些火枪、火药球和火药。他们要在这块土地上自力更生。岛屿位于美洲南端，人称"荒芜之岛"（Desolation）特别名副其实，甚至在夏季几个月里，当海豹上岸产崽时，此岛依然是不毛之地。

海豹捕猎分队为了存活，涉入冰冷的水中捕捉贻贝，射杀飞鸟，用初生的野草煮茶。吃腐肉的乌鸦可能会被误认为是火鸡，直到它们被射杀后才看清；此外，发出的恶臭表明它们其实是秃鹰。其他岛屿上只有海豹能吃。人们把排骨从肉里切出来，把内脏煮熟，用盐腌舌头，把大脑当作甜面包吃，用血做黑布丁。运气好的时候，他们偶尔也会和过往的船只交易，用海豹皮交换"橙子和英国坚果"。可以说，他们像《圣经》中的约拿一样，生活在动物的体内，似乎他们自己就是动物内脏：他们用鲸鱼的骨骼作为棚屋的梁，用海豹和海象的皮把它们覆盖起来。有时，海豹捕猎分队会发现前人留下的痕迹。一群海豹猎手在这个岩石嶙峋、干燥无水的太平洋小岛完成首次猎杀之后，偶然发现一个"恐怖景象，被吓呆了"，那是七个人的骨骼和一个棚屋的遗址，先前上岸的一队猎手"要得到海象油和海豹"，结果未能生还，只留下遗物。

这是一种严酷而残忍的生活，对于高级船员和前桅手来说，这种工作的地位比捕鲸都低很多。许多参与其中的人都是生手，他们是革命一代的农民，边干边学，希望挣够钱回家买个农场。他们为干这一行具备的唯一工作经验，就是曾经屠宰过农场动物。正如来自国内纽约的威廉·莫尔顿所言，"我航海就是为了获得财产"。

莫尔顿写道，这些被留下来孤军作战的人每次在岛上一待就是数月或数年，他们遭受"这个严酷气候带上的严冬酷寒"。南半球这些岛屿上经常下雪。没有雪的地方，有扁虱、苍蝇和其他昆虫。"受尽臭虫的折磨"，一位海豹猎手的日记中有这么一段记录。食物单调乏味且坚硬难食。黑布丁上的海豹血是纤维状的，会让人止不住地呕吐。坏血病很常见。据报道，一些人在吃了一份海豹肝肉排后不久就死了。他们当时并不知道，海豹肝脏含有巨量维生素 A，过量食用可能会产生"腹泻、痢疾和其他身体不适的症状"。[2]

当这些人不再猎杀海豹、剥海豹皮，他们会做饭吃、喝酒、玩西洋跳棋或打牌。有时，另一艘船会抛锚停泊，这也能缓解一下岛上的无聊生活。"在邦克船长的船上举行了一个舞会，"一名在马斯阿富埃拉岛待了 20 个月的海豹猎手在日记中写道，"音乐就是笛子、鼓和小提琴。"但几个月与世隔绝的生活让他们对群居生活有种隐隐约约的厌烦感，这削弱了这些海豹猎手享受众乐乐的能力："我们中的一些人非常不喜欢这艘船及其船员。"[3]

不管白天黑夜，他们都感到孤独凄凉，就像日记里记录的那样："整天都在下雨。""多暴风雨，多雨天气。""多云多雾天。""雾蒙蒙的天气。""冷，下雪了。""做一条裤子。"然后是"又下雨了。裤子做成了"，"能吃的很少，除了海豹什么也没有"。节日里，这些人也尽量按照节日习俗过。"一个人双手牵着四只山羊回来了……为庆祝我们救世主的生日。除了寻找那艘船之外，没有多少事要做，因为我大部分时间都在这艘船上工作。"在那些水足够温暖的岛屿上，一些孤独的猎手在杀戮之余也出去消遣，和海豹们一起玩耍，和它们一起在海湾里欢跳，就好像他们自己也是海豹。

梦像潮水一样冲袭着他们。"卡特莱特昨晚梦见回家了。"另一个人"梦到年轻的处女"。在岛上与世隔绝并且不断猎杀几个月后，即使是美梦也被解读为不祥的预兆。"昨晚梦见家里举行了一场婚礼，我听说这预示会有葬礼。""昨天晚上我又做回家的梦了，这让我担心家里会发生什么不好的事情。"[4]

他们也不指望很快就能被解救："昨天，我踏上这崎岖不平、荒无人烟的地方正好一年，希望不到一年上帝能开恩让我离开这个地方。"他们也无法设想有一天他们真的会解脱。"我屡屡遥望大海，希望能发现我们的船，因为担心船不会再来，我连连叹息。"[5]

捕鲸让人们在一个狭小空间里紧密合作了很长一段时间，因为鲸油能一直高价出售让他们能够团结一致。海豹业则有更多分裂因素。在需要补充海豹捕猎分队时，一艘海豹船可以在不同港口募集人手，这意味着船员和船长之间的关联度很弱，在压力之下很快就会瓦解。海豹皮供给过剩而导致利润下滑时，弥补利润差的唯一办法就是减少船只的日常运营预算。船员们每天把三餐减少为两餐，并且减少食物的分量。他们稀释了朗姆酒，定量供给药物。他们驱使手下人杀死更多海豹，并在船上找到更多空间来装填更多的皮毛。大副把水手们的箱子放到岸上，以便腾出更多的储物空间；船长把水手们前甲板下的舱房改造为货舱，迫使水手睡在他们能找到的任何角落，通常是在甲板上，暴露在恶劣天气下。需要保持干燥的是海豹皮，而不是人。海豹剥皮完成后，从舱底到甲板的横梁之间堆满了海豹皮，船员们就会把外遣队的人员看作是多余的，于是弃之而去，任其"在某个荒岛上死亡"，并且扣留这些人的正当收益。[6]

捕鲸船上的人也会受骗。塞缪尔·艾略特·莫里森（Samuel Eliot Morison）在其所著的《新英格兰航海史》中描述道，那些回扣和奸诈手段，让水手们已经被削减的收入又被偷走一些，估算下来通常占整个航程收入的 1/100。有好多东西水手们需要支付费用，包括"装配船只"和购买保险的费用，以及从船上"小卖部"提取的物品，如烟草和衣服等。这些费用将被加入船员工资及加班费清单中，这是借方和贷方的账户，并从他们所得份额中扣除。一些人在航行结束到达终点时，才得知他们一直在欠债，不得不支付各种费用，或者再借一笔贷款，这样才能上岸。然而，在一个成熟的行业里，由于包括企业和承销商在内的复杂机构的支持，存在一些问责机制和监督。[7]

然而，海豹船船长甚至比捕鲸船的名声还坏，其因为招摇撞骗而臭名昭著——不是因为这种特殊行当吸引了品行不端的人参与，而是因为其经济和生态是不可持续的，迫使船长和船员们寻找新方法来抑制劳动力成本上升。威廉·莫尔顿在谈到自己在"奥尼克"号担任二副的经历时写道："这些暴君的压迫，令人难以忍受。"

莫尔顿比他的大多数船员都要老。他来自纽约北部的一个农场家庭，是美国革命战争时期的一位老兵。所以他知道暴政是什么样子，他说海豹船船长就像英国贵族或哈德逊河谷的地主。莫尔顿写道："这些绅士（贬义），他们永远不会觉得已经从手下人那里剥削得够多、驱使他们劳作够辛苦的了，或者让他们饿得够厉害了，也不会觉得自己已经想出足够多的托辞，以让自己挑选挥霍所有的东西，以满足他们无厌的贪婪和欲望。"

在马斯阿富埃拉岛以及其他岛屿上的海豹猎手，他们开始认为这种虐待不划算，或者他们意识到，他们能得到收入分配的希望越来越渺茫。于是，越来越多的人决定罢工（to strike）：他们停工了，要么集体，要么个人。①

1803年，"导师"号（Mentor）上的全体船员在马斯阿富埃拉

---

① "To strike"一词指的是劳动停止，它来自航海史，产生于革命时代，意思正好与原意相反。在17世纪和18世纪的大部分时期，"to strike"用来隐喻投降，指的是被捕获的船只向征服它的船只放下旗帜或收起船帆，或下级船只做同样的动作向其上级致敬。威廉·莎士比亚在《亨利六世》中写道："现在玛格丽特／必须放下她的架子（Now Margaret/Must strike her sail）。"他描述的是，法国"强大的国王"向英国势力较弱的女王玛格丽特提出邀请，与他共进晚餐，"学会在王爷们面前低声下气"。1709年，一艘英国私掠船在秘鲁海岸附近捕获了一艘西班牙兵船，1712年的记载说："两次击中它，然后它投降了（fir'd two shot over her, and then she struck）""臣服于我们（Rogers, *A Cruising Voyage*, p. 160）"。1768年，伦敦水手彻底改变了"to strike"这个词的意思。为了提高工资，他们加入了城市工匠和商人（织布工人、帽子制造者、锯木工、玻璃磨工和煤矿工人）的行列，他们放下船帆（struck their sails），使伦敦的商业陷入瘫痪。他们"拒绝驾驶船只，或者以别的方式阻止泰晤士河上的每艘船航行"。从这一时刻开始，strike意指拒绝服从。

岛弃船潜逃，船舱中只剩下 350 张海豹皮和 30 桶海象油。船长不得不在智利卖掉这艘船换取少量钱财，以支付自己和剩下的船员回家航程的费用。大约在同一时间，在一位名叫克罗克（Crocker）的波士顿船长指挥下的"珍妮"号（Jenny），其外遣队也拒绝回到船上。亚玛撒·德拉诺从他在广东的经纪人那里听到了这一消息，该人警告他要注意自己的手下人："克罗克留在马斯阿富埃拉岛的那一批人中的大多数都逃走了。"[8]

这些岛屿大多数是无人居住的，因此没有当地的劳动力来源。如果他们的水手擅自离开，船长们将不得不走很远的路想方设法招募新的人手。在他手下人离开后的某个时点，克罗克当时指挥"南希"号（Nancy），访问了复活节岛（Easter Island），该岛在马斯阿富埃拉岛以西约 1800 英里处。在与南太平洋上的拉帕努伊居民（the Rapa Nui）"血腥"战斗之后，克罗克抓获了 12 个男人、10 个女人，并把他们锁进船舱。根据一名俄国海豹捕猎船船长的说法，克罗克打算把这些人放逐到马斯阿富埃拉岛，以建立一个捕猎海豹的奴隶"殖民地"。然而，在离开复活节岛三天后，这些人跳出船舱淹死了。"他们宁愿在波涛中毁灭，也不愿在囚禁中过悲惨的生活。"女人们试图跟上跳海，"但是被武力阻止"。[9]

船上的官员们需要人手为他们在船舱中填满海豹皮，因此竭尽全力阻止手下人逃亡，并强行将他们"带回来"。这些人也尽其所能避免被带回来。以下是 1799 年 3 月的记录，完全摘自"康科德"号（Concord）船长的日志。"康科德"号在马斯阿富埃拉岛以南的一个岛屿上捕猎海豹：

　　17 日。夜晚，我们的两名水手格洛韦尔和德朗偷了船上的小艇，带着他们所有的衣服逃离上岸。我们找到了那艘小艇，却找不到那俩人。

18 日。看到了那两个跑上岸的家伙,但是有那么多的木头和沼泽,根本不可能抓住他们。

22 日。派小艇上岸装满了三桶水。莫泽,我们的一个水手,给我们留下一张纸条。我们起先以为他去散步,没有及时回来……我们在海滩上看到他,然后划船追他,但他却跑进了树林。人们都感觉不满,近来一直要叛变。

23 日。派了两小艇人登岸,试图抓住那些可憎的无赖。抓住了德朗,但莫泽却离我们很远。夜色平静,一些人上岸去抓那个恶棍。没有发现莫泽。这个家伙一定是个傻瓜,因为他除了身上穿的没有其他衣服。

稍后,在马斯阿富埃拉岛:

4 月 12 日。德朗,一个曾逃跑的伙伴,发誓说无论如何他都不会工作。我想我们一定要把他绑在侧支索上,狠狠地鞭打他,但这也没有用。[10]

海豹捕猎业的劳资关系体系几乎完全是孤注一掷的:一艘船装满海豹皮前,工人们有筹码和船员讨价还价。他们可能会抛弃一艘船,与另一艘船议价,以获得更好的条件。然而,一旦船舱填满皮货,他们就会彻底失去谈判地位,只能任由船员们摆布。然而,在这之前,船主们会不顾一切地维护自己的权威。鞭笞是常见的,就像"康科德"号上难治的德朗受到鞭打的威胁,后来他真的被鞭子抽了。海豹船船长可以利用他们广泛的关系网,在经济上惩罚逃亡者。后来,"坚毅"号在第二次捕猎海豹的航行中,一些人弃船而跑时,德拉诺把这些人的名单寄到中国,并指示他在那里的人,一旦他们在另一艘船上作为水手出现,就扣押"他们份额内的收益"。[11]

到 1801 年，马斯阿富埃拉岛上有超过 100 名"独行侠"，这个短语用来描述那些独立生活、工作的海豹猎手，不附属于任何船只。他们中"各色人等都有"。一些人受到船员"欺负"，是远离威压和虐待的难民，逃离了"暴君的魔爪"；另一些人则处于无所事事状态，他们的船只因走私被西班牙当局没收后，他们被困在离

家很远的地方；还有一些人被留在船舱后面，他们工作了几个月或者一年，在船舱填满海豹皮后就被抛弃。船长们把这些漂流者描述为"重罪犯、海盗和杀人犯"。亚玛撒·德拉诺在中国的代理商警告他要保护他的皮货："岛上有很多同行竞争者或流氓，他们的东西不是自己通过努力得到的，而是偷来的。"这个岛变成一个矛盾丛生之地、一个隐居者的社会。"他们不承认人类共同的世界"，梅尔维尔描述了"裴廓德"号上的"被摒弃者"，每个人都生活在"自己的小天地里"。在马斯阿富埃拉岛上，他们共同生活，散居于岛的不同地方，好像大岛中的小岛，沿着岛屿的沟谷和山崖结成一个联邦。12

其中一个与世隔绝的人是"名叫比尔的英国小伙子"，比起那个时代的大多数人，他对自由的理解更广泛。他逃离了自己工作的船只，住在马斯阿富埃拉岛上众多洞穴中的一个，希望与船上的纪律或现代世界的新主人——金钱——脱离关系。"他一直在捕杀海豹，"一个跟他说过话的水手说，"他说，能得到面包和朗姆酒就心满意足了"。比尔卖给了那位水手 60 张海豹皮，只要求得到"装满酒的小桶"。

这位水手说，这 60 张海豹皮价值 20 美元，可以买到超过两加仑的朗姆酒。比尔对此并不在乎。"他说自己从来没有这么高兴过，不需要在左船弦上值班，不需要给上桅帆收帆，也没有人与他争吵。他可以随意睡觉，随意工作。"13

"想要别的什么吗？"水手问道。"不要，"比尔回答说。

威廉·莫尔顿是捕猎海豹的纵帆船"奥尼克"号的二副，他也试图逃离船长乔治·豪。1799 年末，"奥尼克"号离开新伦敦后不久，豪就开始肆意动粗。起初，莫尔顿和其他船员还以为他是饮酒过度。豪"说话一字一顿，很费劲"，并遭受了长时间"打嗝"的折磨。他白天大部分时间都睡在后甲板上，"他睡得如此之深，以至于即便海水猛烈地冲击他，几乎要把他从船上冲出去，他也不会醒过来"。[1]

莫尔顿开始看到船长残酷行为背后更难叵测的恶意，这是不能用酒精来解释的，也不是海豹皮价格下降带来的压力造成的。莫尔顿认为豪是中了无限权力之毒。他右眼受伤瞎了，这给人留下深刻印象。在读到莫尔顿关于他 1804 年那次多变故的航行的记录时，人们不可能不想到梅尔维尔笔下的船长亚哈。根据莫尔顿的描述，豪又高又瘦，尖鼻子，薄嘴唇，挂着"冷笑"。他是一个"天才"，一位"独眼龙大师"。他通过诅咒上帝和自然来弥补自己在数学和天文方面所缺乏的才干："诅咒恶劣天气，以及造成这种天气的风，还有带来风的上帝，没有哪位水手能比他更尖酸刻薄。"

亚哈通过挖掘恶劣情绪的深井，把他手下人与自己捆绑在一起，让他们觉得是自愿和他一起疯狂，而豪却通过制造恐惧和分裂进行统治。他发明了无用的杂务，比如把海水用水桶拉上来，通过一群人用索具轮流递送，直到桶中空空，这些人都湿透为止。离间手下的船员是他统治的基础。他经常命令一群人把自己的饼干送给另一群人。他还无缘无故地把人绑在甲板的大炮上，迫使所有人都去捆打这个人的屁股，以免自己遭受"同样的处罚"。豪还命令他"复仇心理"的"受害者"把"脸蛋迎着他"让他"击打"。如果他们转过身去，他就会击打他们身体"更加敏感和要害的部位"。

这个破相的人，诅咒上帝和自然下地狱，对他的船员实行"暴政"。莫尔顿说，"别人感到多痛苦"，豪就有多快乐。"奥尼克"号在斯塔恩岛（Staten Island）下锚，上岸捕猎海豹。这是一个崎岖、多山的岛屿，是火地群岛（Tierra del Fuego）最外边的岛屿，这里海浪汹涌而来，"猛烈地拍打四面八方的海岸"。在这里，豪还继续肆虐。豪禁止他手下的人建造自己的住所，直到他们先盖好他宽敞的小屋，有50条椽子，然后用最厚的海豹皮覆盖。他扣留药品和食物，把它们"密封好"，直到船员们生病了才打开。同时，他还拒绝让船员们穿暖和的衣服。他稀释了船上的朗姆酒，并对船员自己带的酒收税。他鞭打所有敢于抗议的人，直到他们流血。豪对莫尔顿尤其关注，因为莫尔顿在美国革命中战斗过，是挑战专制权威的活生生的标志。

莫尔顿试图逃跑。在艰难跋涉12天后，他来到了岛屿的另一边。他睡在山洞里，攀爬悬崖，然后滑下深谷，勉强躲过了山体滑坡。豪跟随他的足迹，携带着"装有火药和弹药"的轻武器，发誓要"报复"。莫尔顿爬进一个峡谷，抵达山顶，他向上帝召唤，希望上帝拯救他，不让那个"自私贪婪的独眼人"控制他。"哦！骄傲和野心，你造成了多大的浩劫，"他叫道，"让我不再受恶意、欺骗和嫉妒打击。……主啊，救救我，不然的话我就要灭亡。"豪在岛的另一端抓住了他，把他拖回了"奥尼克"号。

乔治·豪对莫尔顿的憎恨无以复加，但他对其团队的控制是有代表性的。海事法和惯例都授予捕鲸船、贩奴船、商船、海豹捕猎船和海军舰艇的船长对其船员有绝对权威。一位18世纪的水手认为："船长就像海上的国王，他的权威遍及他拥有的一切。"船长可以随意鞭打，后甲板经常发生鞭笞事件，通常被称为"屠宰场"。水手们因为最轻微不过的罪行而受到惩罚：丢了捕鲸艇上的一只船桨，打碎了盘子，或者让一个非洲奴隶喝水时拿错水桶。"皇冠"号

（Crown）的船长弗朗西斯·罗杰斯（Francis Rogers）告诉船员们，他要"活剥他们的皮"；而另一名船长告诉水手，他会"撕裂他的灵魂或刺穿他的身体，吃掉他的一块肝脏"。一份记录描述了船长们的惩罚手段非常"残酷"，当一艘奴隶船停泊在伯尼岛附近时，一位老水手抱怨分给他的水不够，甲板船员就殴打他，直到他的牙齿脱落，然后把"铁螺栓"塞到他的嘴里，迫使他吞下自己的血。[2]

从法律上来说，在独立战争时期及之后，船只仍然是旧政权的堡垒。直到 1835 年，美国国会才通过了一项法案，试图在商船上实现法治和程序正义，在公海上行驶的任何美国船舶上的任何船主或船员，如果"因为恶意、仇恨或报复，并无正当理由，击打、刺伤或监禁任何一名或数名船员……或不给他们适当的食物和营养，或对其施加任何残酷和不寻常的惩罚，将被视为犯罪行为，需要处以 1000 美元罚款或 5 年监禁"。直到 1850 年，海军才宣布舰船上的鞭打行为是违法的。但这些惩罚手段尽管在法律上被废除，实际上在相当长时期内仍然继续存在。一位海员在其 1854 年的航海日志中说道，"南方没有任何奴隶主"能比海船船长更"野蛮"，更"缺乏道德原则"。[3]

尽管如此，在美国革命、法国大革命和海地革命之后，新的权利语言，在大西洋和太平洋上传播开来，为水手们提供新的方式来思考船上的权威问题。并且，当觉得权力行使不公平时，他们能通过新的方式对其进行质疑。

当莫尔顿回到"奥尼克"号的海豹捕猎营地时，他发现大多数同船水手都准备好与他共同反对豪。他们比莫尔顿年轻，但他们中大多数人的父亲都在革命中战斗过，所以他们做了他们父母一代所做的事情：他们选举了一个议会，起草了一份宣言，进行投票表决，反对乔治·豪。

　　"奥尼克"号上的海豹猎手们于 1800 年 9 月撰写的文件，明显仿照了《独立宣言》，两者都申述了特定的冤屈，并且阐述了自然法则和公正原则。在世界南端一个偏远的岛屿上，该文件的起草者自称是"美利坚合众国公民"，并宣布他们反对豪的"不合理的权力"。

　　他们列举了豪的诸多具体虐待行为，并迅速转移到他们的中心论点："如果我们试图列举出有关你暴政的所有实例，那是不可胜言的，尽管这些事件严重性之大，足以引起特别关注。有什么权力你能篡夺呢，而且你也未曾篡夺？""如果你有权行使这个强大的权力，"他们问，"你又从何处获得这个权力？"

　　"奥尼克"号上的大部分海豹猎手，在策划起义的每一个阶段都进行商议，在采取任何行动之前都直接投票表决。就像美国革命本身一样，其中的程序是有局限的。船员中有一位无名"黑人""没有被告知这些程序，"莫尔顿在日记中这样写道，他没有进一步对此进行评论。

　　叛乱还未开始就取消了。在扣押他的船只、给他上镣铐的威胁下，豪不仅屈服了，而且"充分接受了"船员们请愿的精神。那些近乎暴动的人偃旗息鼓，登上了"奥尼克"号，起锚向马斯阿富埃拉岛开进。

　　10 月 30 日，他们到达马斯阿富埃拉岛。当时，在这片堪称捕猎海豹者海洋共和国的区域，马斯阿富埃拉岛充当首都。他们发现那里挤满了来自至少 10 艘船只的团伙，还有大约 200 名"独行侠"。亚玛撒·德拉诺当时就在那里，"坚毅"号也停泊在岛上，还有"火星"号和"密安托纳莫"号的船长楠塔基特·斯温兄弟。来自纽黑文市的"奥奈达人"号（Oneida）上有一位"背道的卫理公会牧师"。尽管牧师宣称自己是一个无神论者，每晚"畅饮、欢宴"，但他在白天仍继续布道。

　　思想开放的亚玛撒·德拉诺相信，这位敢于质疑的牧师是一个

"有理性的人，崇尚自由原则"，并邀请他在"坚毅"号上举行一次布道。莫尔顿和这位牧师成了朋友，他建议牧师把《新约全书》中《哥林多后书》第四章的内容作为布道的主题：

> 我们不丧胆，乃将那些暗昧可耻的事弃绝了，不行诡诈，不谬讲神的道理，只将真理表明出来，好在神面前把自己荐与各人的良心。那吩咐光从黑暗里照出来的神，已经照在我们心里，叫我们得知神荣耀的光，显在耶稣基督的面前……我们四面受敌，却不被困住；心里作难，却不至于失望；遭逼迫，却不被丢弃；被打倒了，却不至于死亡。

如莫尔顿般的善良的共和党人，把这段《圣经》中诗篇解释成对自然、固有权利的支持：每个人内心都闪耀着天赋的良知——德拉诺在别处提到的"自然之光"，也就是说，主权、理性、道德、正义都是上天赋予个体的理念，而非起源于乔治·豪这般暴君。

登上马斯阿富埃拉岛后，豪没有故态复萌，不再对谁都恣意妄为，而是把愤怒集中在莫尔顿身上，威胁说要把他滞留在内陆，让西班牙人抓去到"矿井里工作"。作为回应，莫尔顿写了另一份声明，这一次不是针对豪，而是针对马斯阿富埃拉岛上的所有"美国船主"，包括亚玛撒·德拉诺，这些船主相当于该非正式岛屿殖民地的临时管理委员会。莫尔顿再次重申了豪的种种侮辱行为，在辩护即将结束时，他要求终止自己对豪和"奥尼克"号船主的所有义务。

船长委员会于1801年3月15日举行了一场听证会，由瓦伦丁·斯温主持，他是纵帆船"密安托纳莫"号的船长。在船长住处的主桌上，坐着德拉诺、斯温兄弟以及其他4名海豹船船长，他们有礼有节地进行了调查。他们传唤了证人，考量了证据，但这一案件归根结底是莫尔顿的港口账单的收支平衡，这份账单是一艘船上船员的借贷记录。莫尔顿对他在这次航行中所获的收入少于他透支的金额以及他从"奥尼克"号的小卖部购买烟草和食品的费用没有反驳。但他说，他的债务应该从豪的收入中扣除，因为此次航行没赚钱是由豪那离经叛道的统治造成的。

船长兼法官们的判决支持莫尔顿，裁定他不再对豪负有义务。莫尔顿很高兴，直到他意识到斯温兄弟也是"奥尼克"号船东诺维奇商业公司雇用的，他们在利用这次争端来打败豪。他们想要豪的船、船员以及他拥有的少量海豹皮。他们并没有免除莫尔顿的债务，而是将其转移到瓦伦丁·斯温和"密安托纳莫"号。因此，瓦伦丁·斯温在听证会前就把莫尔顿的箱子带到了他的船上，这让莫尔顿难以逃离。

斯温船长要求了解莫尔顿的意图，但莫尔顿避免做出正面回答。他是在为一个原则——"自由劳动"的原则而战，每个人在上帝的眼中都有自己的良心，他也拥有自己的劳动成果。对莫尔顿来说，这意味着"我是为我自己或我喜欢的人捕猎海豹"。然而现在，他却被从一个船长转移给另一个船长，如他所述，像个"工具"。

在这个岛上"最重要人物"之一的橡树小木屋里，莫尔顿站在这些岛屿领主前面，他清楚地意识到，有些权力模式虽不全然是奴隶制，却是胁迫性的。船长们的建议是，他应该加入"密安托纳莫"号的团队，仅仅是作为"劝告"。然而，莫尔顿毫不怀疑，这是"那些控制着海洋里几乎所有属于美国的船只和商人财产的人的建议，就是他们，对该岛的海豹捕猎场地进行控制、分割、瓜分"。

莫尔顿在回忆录中描述了他的困境："你将会立即看到，这建议多么像一个命令。"

莫尔顿感谢这些船长，由此他不再受豪的胁迫。然后，他低声"模糊地说了一些词"，以逃避斯温的提问，并隐瞒了自己的意图。"密安托纳莫"号将于第二天前往瓦尔帕莱索，它将留下一队海豹猎手，莫尔顿说他将加入他们的行列。那天晚上，他从船上取下了箱子和寝具，逃到了岛屿腹地。

莫尔顿发誓永远不会再次签署"一个运输账单，不管是在哪位船长名下，"他要"全面独立生活，……自己为自己捕猎海豹"。

斯温船队的人员却没有让莫尔顿那么好过。莫尔顿建造了一间小屋，开始捕猎海豹，加入马斯阿富埃拉岛上无主的"独行侠"的行列，大约100人。他被看作一个被摒弃者，经常被"火星"号和"密安托纳莫"号的人骚扰，他们偷走了他的海豹皮，并把他从岛上的海豹群栖地驱离。

1801年年中，莫尔顿努力争取自由之时，正值海豹剥皮季节。当时该岛上的海豹已遭到六七年的密集屠杀，数量大大减少。到这年年底，"鲜有母海豹"或"幼海豹"被发现。海岸上唯一的海豹是"老辉格"。尽管供给短缺，但广州的市场仍处于饱和状态，价格依然在下跌。结果是，马斯阿富埃拉岛各船只的海豹猎捕队之间出现更多的冲突、更多的盗窃，以及更多的领土争夺。

为了应对今天所谓的生态危机，一些"独行侠"成立了一个协会。最近，莫尔顿帮助起草了一份"独立宣言"，现在他又和其他人一起撰写了一部宪法。"独行侠"的"政府条例"规定，任何由多数人制定、附议、付诸表决和支持的动议，将"对所有人都有约束力"。这个协会是政府因民众认同而建立这一原则的几近完美例证，即人们在一个（被掠夺的）自然状态下走到一起，并形成一套法律来保护自己的利益和自由。

该宪章规定，所有"独行侠"都将经过集体协商来决定捕猎海豹季节开始的时间。宪章允许那些在内陆地区的"辉格"可以自由捕猎，但是，在"我们都要去捕猎海豹"前，不允许在海滩上"捕猎海豹"，这个主意是为了在海豹被攻击之前让海豹群栖地有机会形成并扩大。协会的成员们会集体组织捕杀、屠宰海豹并除去其鳍足，但是他们单独将这些尸体剥掉，"每个人"将"其剥下的海豹皮"当作自己的劳动成果。周日不进行海豹捕猎活动，任何违反规则或偷窃他人海豹皮的人都将被处以适当的罚款。如果可能的话，会员们会作为一个整体把自己的海豹皮卖给过往的船只，以获得更好的价格。

如果协会所做的一切都是为应对海豹消失以及船长和海岸团伙的掠夺行为而尽力调控捕猎活动的话，那也会是一件值得注意的事情。但其中一项规定超出了这一目的，扩大了自由的概念，即自由不仅意味着个人自由，还意味着相互依存和社会保障。"如果我们中的任何人因病致残，或被咬或受伤，"成员们约定，"应为致残的人或团体划出一个公平比例的海豹捕猎区域；或者若因此导致海豹皮数额不足，将由我们其他人根据每个人所获海豹皮数量的比例凑数给他"。每个人都会尽其所能，但每个人都各得所需。

在 18 世纪晚期至 19 世纪初期的短暂几年里，美国船长委员会（其中包括亚玛撒·德拉诺）管理着马斯阿富埃拉岛，他们治理起来与其说像共和党的使者，还不如说像瓜分某一大陆、你争我夺的君主。他们签署条约，划定边界，指挥探险，彼此争夺资源和财富，聚在一起执行有关财产和债务的共同规则，甚至发行自己的货币。①

与此同时，许多"重罪犯、海盗和杀人犯"，在这个"暴政"的角落和缝隙中幸存下来。这些人要么放弃耶稣信仰和金钱，生活在洞穴里，要么认为要取得"全方面"的自由，这意味着要组织一个半无政府、半社会民主的狩猎海豹公会。

至于乔治·豪船长，他在马斯阿富埃拉岛上的船长委员会否决他之后就崩溃了。"奥尼克"号被老鼠侵扰，他也不能用烟将老鼠熏

---

① 船只从"独行侠"手中购买海豹皮时，用美国本票支付，通常是在 30 个月后付款。参见 "Extract from the Journal of Joel Root," Papers of the New Haven Colony Historical Society 5 (1894): 149-172。

出。他感到沮丧焦虑，就像莫尔顿猜测的那样，斯温兄弟解除了他的指挥权，并带走了他的海豹皮和船员。

豪最后来到瓦尔帕莱索，住在一个德高望重的西班牙家庭的后屋里。他病得很严重，卧床不起，还发烧。亚玛撒·德拉诺认为豪是一个诚实、高尚的朋友，尽管他和斯温兄弟一伙否决了他，得知豪的行踪他还是感到惊讶。德拉诺自己曾在那个西班牙人家里吃过几次饭，但主人从未告诉过他，豪离他只有几英尺远。当他去拜访时，他发现这位船长无人照顾，他所住的房间"比简易房好不了多少，状况极其糟糕"。豪独自"痛苦卧床"，看起来"废掉了"，就像一具骷髅一样。

就在豪去世之前，房子的主人拿出他的分类账单，让船长"承认"他逗留期间所产生的"各种费用"。这个西班牙人早已把乔治·豪船长的现金保管起来。现在，他向豪出示了一张他的房租和膳食账单。亚玛撒写道，到目前为止，豪只能说"是的——但可能不知自己说了些什么"。豪船长就这样负债辞世了，就在签署他最后一张船员账单——他自己的账单——之后。[4]

1801 年 10 月中旬，在处理好乔治·豪的事务后，德拉诺返回"坚毅"号，聚集了他分散在马斯阿富埃拉岛和其他岛屿上的人，并航行到中国来运送货物。有一次，他的时机控制得很好。他从经纪人那里听说市场价格波动很大，但他还是来到广州，在价格真正崩盘之前卖掉了他的皮货。

在智利太平洋地区，海豹群栖地继续消失。"海豹罕见"，1802 年的"密涅瓦"号（Minerva）日志说。1803 年，在本应是海豹皮收获季节高峰期，一支海豹捕猎队在马斯阿富埃拉岛上三周后，仅仅勉强能杀死足够的海豹来"盖住一间棚屋，在此期间，我们除了一艘旧船外，没有其他的遮蔽物，只能把旧船翻转过来使用"。前景"暗淡"，令人沮丧，因为"大部分时间都在下雨"，这让情况变得更糟。1804 年，马斯阿富埃拉岛上的人比海豹还多。两年后，岛上的海豹基本绝迹。[5]

　　"没有海豹，"在智利航行的"托帕斯"号（Topaz）报道，"没有海豹"。

/ 16　奴隶等级

　　由于没有海豹可捕猎，捕猎海豹者就通过走私赚钱。刚到美洲的班尼托·西兰诺，一名年轻的西班牙安达卢西亚船长，就是这样拥有了"考验"号，这艘船在成为南太平洋奴隶起义的舞台之前，在新英格兰时就已发生了另一场有关劳工的斗争。

　　"考验"号是拥有平直甲板的三桅横帆船，于 1794 年在新贝德福德（New Bedford）建造。1801 年早期，楠塔基特的贵格会信徒——小保罗·加德纳（Paul Gardner Jr.）、托马斯·斯塔巴克（Thomas Starbuck）、摩西·米切尔（Moses Mitchell）和小托马斯·科菲（Thomas Coffin Jr.）买下了"考验"号。他们四人告诉船员们，可能打算用这艘船去捕猎海豹，但当这艘船在 1801 年 3 月的第一天由科菲掌舵离开伍兹霍尔（Woods Hole）时，它已被秘密改装，设有秘密舱室和假底板条箱。

　　12 月，科菲到达马斯阿富埃拉岛，计划利用该岛作为掩护，快速将包括雪茄、枪支和纺织品在内的走私货物运进智利的瓦尔帕莱索。这是一项危险的业务。西班牙官员一般都比较宽容，但他们的宽容可能很快就会因为战时盟国的变化而改变，比如马德里与伦敦绝交而与巴黎结盟，或与华盛顿就关税问题进行争论。霎那间，一艘西班牙军舰就可以袭击一个小岛，没收皮革，扣押并禁运拍卖船只连同船员的私人物品，还会囚禁水手和高级船员。

/ 161

　　这事就曾发生在瓦伦丁·斯温的兄弟尤赖亚（Uriah）身上，他也是一个贵格会教徒。① 在他的纵帆船"火星"号上，发现有价值

---

　　① "贵格会"禁止"欺骗性"的商业活动，但这一处罚规定很难维持，因为他们趋向于厌恶"任何限制他们交易的能力"，而且"对任何权威都有质疑，但他们自己的权威例外"。贸易是一种超越政治的道德需求，而欧洲的革命战争只会让他们的"内心之光"更加强大，就像拉普拉塔河地区商人的内部协定一样。

2000 美元的违禁奢侈品，他的手下人被送往利马，在那里，他们被"抢劫、掠夺，并关进监狱"。这就是托马斯·科菲在 1802 年 6 月遭遇的事情，当时"考验"号在瓦尔帕莱索被西班牙人捕获，而它那次航行也就此结束。[1]

托马斯·科菲翻过安第斯山脉，穿过巴西，然后又乘坐一艘北上的船只，花了三年时间才回到了楠塔基特。他回家时正好知道，他和另外三位"考验"号船主正因"欺骗"罪而被起诉。

原告声称是詹姆斯·迈耶（James Mye）的主人，迈耶是一名年轻的船上侍者，他于 1801 年乘坐"考验"号船去了国外。迈耶一半是非裔美国人，一半是万帕诺亚格人（Wampanoag），出生在马什皮——一个"祈祷的村庄"，清教徒们称之为印第安人保留地，位于科德角南部。[2]

在 17 世纪早期，欧洲人到来之前，万帕诺亚格人——一个说阿尔冈琴语（Algonquin）的人种，已发展到几千人。他们生活在新英格兰南部，包括玛莎葡萄园岛、楠塔基特岛和东长岛。甚至在普利茅斯海湾殖民地建立之前，由欧洲人带来的流行病，就已导致当地人口数量急剧减少。殖民者把万帕诺亚格人当作奴隶，把他们作为仆人和劳工使用，或者拿他们与西印度群岛上的西班牙人和法国人交易，来交换商品或非洲奴隶。到 19 世纪早期，万帕诺亚格人几乎消失，只有大约 60 个家庭留在马什皮。他们能幸存下来，在很大程度上是因为从南部地区来了很多自由或逃亡的"外国黑人和黑白混血儿"。"有太多黑人，"这个镇 1800 年的人口普查报告说，"和这些人混居"。[3]

马什皮的万帕诺亚格人曾尝试采摘野果、捕捉蛤蜊、制作扫帚，并在玛莎葡萄园和楠塔基特岛出售。在一个现金和信贷主宰的世界里，这种商业活动是不足以养家糊口的。越来越多的万帕诺亚格人向当地商人借贷。因为负债累累，他们就与捕鲸船签署协议，以偿还日益增加的贷款。18 世纪中期的一位牧师写道："陷入债务的印第安人不得不去捕鲸，直到他能清偿债务。"①

　　然而，许多人发现，在长途航行中，他们的债务实际上增加了。因为在航行过程中，他们从船上小卖部"购买"香烟和其他货物。这些债务将会传给下一代，他们的孩子"命中注定要当奴才"。"孩子七八岁时就被卖掉，或作为抵押品捆绑在其父亲的债务上。"这些印第安人及其孩子被从一个主人转让给另一个主人，就像奴隶一样，"1758 年的一位观察家说，"每个印第安人都有他的主人。"4

　　殖民地时期，就在美国独立战争之前，伦敦赋予诸如马什皮等万帕诺亚格人的村庄一些自治权。然而，赋予沦为债奴的被征服民族名义上的自由，导致了更多的压迫：万帕诺亚格人能真正自由做的唯一事情就是承担更多的债务，把自己或孩子抵押给商人、工匠和捕鲸者。然后，在革命之后，马萨诸塞州州政府在马什皮强行建立了一个"监护系统"，据说是为了保护当地居民免为债权人"非常容易捕获的猎物"，这些债权人会给他们喂"烈酒"，让他们当苦力。但这项改革也使奴役制度体制化，赋予一群白人"监护人"几乎无限的权力来管理乡村事务，包括授权所有的债务、契约、学徒和其他劳动合同。

/ 163

　　在这个新体系下，当一名楠塔基特的船主想要一个马什皮村庄的万帕诺亚格人加入捕鲸或猎捕海豹的船只队伍时，他就向马什皮村庄的监护人提出请求。当负债累累的家庭把年幼的孩子签给白人主人时，他们需要得到监护人的批准。当主人让这些孩子做学徒，或者当主人把契约卖给另一名主人时，这些监护人需要给予他们许

---

　　①　在《白鲸》中，塔什特戈（Tashtego）是一位来自楠塔基特岛的万帕诺亚格人，他是一位技艺高超的叉鱼手。一些万帕诺亚格人可能会成为熟练的水手或船员，比如说，阿摩司·哈斯金斯（Amos Haskins）就成了捕鲸船"马萨索伊特"号（Massaoit）的船长，但大多数美国原住民都是只能获得低比例分成的甲板上的水手。"船长和船员的职位是楠塔基特岛上白人的专属。"

可。当主人让其学徒和捕鲸船或捕猎海豹船立契并期望航行完成时，学徒会交出一半的收益，主人需要获得监护人的批准。

这就是为何詹姆斯·迈耶会出现在"考验"号上。两位马什皮的监护人——约瑟夫·奈（Joseph Nye）和大卫·帕克（David Parker），都是"五月花"号上清教徒的直系后代，他们"订立合约"让这个男孩成为约书亚·霍尔（Joshua Hall）的学徒。在霍尔死后，迈耶的学徒"契约"传给了霍尔的两个儿子——斯蒂芬（Stephen）和约书亚（Joshua），他们又把迈耶的契约"签"给了托马斯·科菲，期限是5年。

假如这艘船做了船主所说的事，即去捕猎海豹，斯蒂芬和约书亚想要分享他们认为这期间迈耶在"考验"号上应得的报酬。为了换取他的劳动报酬，迈耶将接受"所有海豹皮产品的1/100份额"，其中"部分"将支付给霍尔兄弟。但是，科菲及其同僚们用这艘船来"蒙骗欺诈"，原告说，结果他们的事业"受到挫败、破坏，他们完全破产"。[5]

巴恩斯特布县（Barnstable County）民事诉讼法院的裁决支持霍尔兄弟，要求"考验"号的船东向原告支付100美元。但马萨诸塞州最高法院推翻了上诉的决定。

由三名成员组成的高等法院裁定，儿子不能像继承私人财产那样继承在船实习契约。当原告的法律顾问争辩说，马什皮监护人已经口头认可了这一转让，法官们则一致认为，口头协议不足以"遣派一个人环球航行并且起诉要求获取其服务的报酬"。在某种意义上，这个决定建立在对法律的狭义解读上。它没有挑战万帕诺亚格人监护者或契约行为的合法性，这意味着，如果监护人曾书面批准此等转让，霍尔兄弟就有权将迈耶送至他们想要他去的任何地方。

其中一位法官确实提出了一个影响更深远的意见。法官西米恩·斯特朗（Simeon Strong）认为，即便迈耶和霍尔兄弟之间有正式契约，这两兄弟也没有"权力把迈耶送到南极，到地球的尽头，为他们服务"。斯特朗还说，即使迈耶想要同意，也不能同意这样的安排，因为他是一个"没有独立意志"的小男孩。斯特朗在此将劳动定义为需要当事人有意愿、理性同意的活动。

学徒制和卖身契把工人以种种方式束缚在一个地方和雇佣人之手。随着越来越多判例法的出现，美国逐渐取消了这种制度，走向了现代自由劳动运动。霍尔等人诉加德纳等人（Hall et al. v. Gardner et al.）案就是其中一个早期先例。在内战前几十年，律师援用此案例来改革童工契约，限制主人们将其学徒工人和契约工人送到任意地方的无限制许可，并约束第三方"经纪人"的活动。在一些州，这些"经纪人"像贩奴商一样，"即使到 19 世纪，买卖学徒的生意也很兴隆"。[6]

内战结束后，夏威夷的律师至少两次引用这一案例，以限制种植园对受契约束缚的流动工人所拥有的近乎绝对的权力。例如，1870 年，W.C. 琼斯（W. C. Jones）律师在他成功从监狱中解救陈杰阿（音译，Gip Ah Chan）时就引用了这一案例。陈杰阿 5 年前坐"斗牛士"号（Matador）离开中国，这艘船所属的船队自 1849 年将成千上万的"苦力"运到秘鲁。这一次，"斗牛士"号航行到夏威夷的希罗（Hilo）。在航行中，希欧多尔·梅特卡夫（Theodore Metcalf）下属的一个种植园的代表，"强迫"陈签署了一份半西班牙语和半英语的合同，尽管陈不能理解其内容，但他别无选择，只能签署。

在希罗，陈被安排在梅特卡夫的糖料种植园工作。梅特卡夫在此后不久去世时，陈离开了种植园。作为回应，梅特卡夫的合作伙伴让地方当局逮捕了他，因为他违反了夏威夷的"主仆"关系法令。他们声称，陈的劳动合同依然有效，而且在梅特卡夫死后，该合同已经转给了他们。陈的律师琼斯征引了霍尔等人诉加德纳等人案以及其他案例，提出了相反的观点，即不能将合同从一个合伙人遗赠给另一个合伙人。法官同意被告无罪释放。在诉讼过程中的某个节点上，梅特卡夫的合伙人反对琼斯的指控，因为琼斯称他们把其客户像奴隶一样对待。他们在辩护中说："一点儿也不像动产奴隶制下的那种囚徒般的劳作。"陈是一个自由的人，只要付清了债务，就可以在任何时间内停止工作。相反，"一个奴隶无权拥有妻子、孩子，或者做世界上任何事情"。

"奴隶有等级之别，"琼斯先生回答。[7]

托马斯·科菲在法庭上为自己辩护，反抗霍尔兄弟的指控同时，他继续努力要回自己的船，他在智利就开始提出这个要求，并恳请美国政府代表他的利益进行干预，反对西班牙。但是，他太迟了。西班牙当局早就拍卖了"考验"号。[8]

"考验"号是利马富商约瑟·伊格纳西奥·帕拉西奥（José Ignacio Palacio）购买的，后来他又把它以赊账的形式卖给了班尼托·西兰诺。西兰诺保留了这艘船的英文名，甚至在科菲回到楠塔基特岛之前就已开始使用这艘船，在西班牙大陆美洲的太平洋海岸，从南部的康塞普西翁到北部的利马，以及两城之间的瓦尔帕莱索进行货物运输。[9]

/ 插曲 大快朵颐

在 19 世纪 40 年代的太平洋航行中，赫尔曼·梅尔维尔访问了亚玛撒·德拉诺 40 年前曾穿行过的许多地方，比如利马和马斯阿富埃拉岛。在加拉帕戈斯群岛，这两人都被岛上著名巨龟的庞大体型和缓慢速度震惊。这些动物坚持走直线，不管路上有何种无法移动的障碍，这似乎都让他们俩想起个人命运和自由意志的问题。

德拉诺带了一些巨龟回船并对其动作进行观察后，开始相信巨龟可以"很容易被教会爬行到甲板上的任何地方"。他写道，诀窍就在于，"巨龟偏离位置时，就用一条小线鞭答它们，把它们带到指定的地方去；重复几次，就会使巨龟自己去这个地方，方法就是当它们偏离指定位置时对其进行鞭打"。

几年后，梅尔维尔写了《魔岛魅影》(The Encantadas)，里面有一系列有关加拉帕戈斯群岛的描述，叙述者也专门研究了巨龟的行动。"这些家伙外表流露出奇怪的自我谴责之情，"他说，"在其他动物身上，从没有像它们那样苦苦哀求的表情，永远抱恨，承受责罚，灰心绝望。"似乎"某个恶意的或可能是彻头彻尾恶魔般的巫师"给它们埋下了一个"最大的祸根"："在一个乱七八糟的世界里，它们拼命苦干，勇往直前。"①

然后，梅尔维尔把一种常见的水手迷信与海龟联系起来。"所有邪恶的海军军官"，尤其是船长和船队队长，"死后都投胎为海龟"，然后被判处在这些荒凉偏僻的岛屿上行走，度过漫长孤独的余生。就像坐船遇难者、被遗弃的人，还有因为不堪遭受乔治·豪那样的船长折磨而逃亡的人。

---

① 《魔岛魅影》的译文引自赫尔曼·梅尔维尔《水手比利·巴德》，《梅尔维尔中短篇小说精选》，陈晓霜译，新华出版社，2015。

然后，就好像是为了强调自己对宇宙理性那如海龟般执着的信念——尽管他生活的世界到处都是理性缺失的证据，但他希望所有过去的事物还会轮回。梅尔维尔让其叙述者和同伴坐下来，"欢快地吃着海龟排，喝着海龟汤"。转世再生的海龟化为腹中之物。[1]

第五部

神的旨意

天使在那夜间降临。

——《古兰经》97：4

/ 17 万能之夜

　　这是一个巧合，对亚历山卓·德·阿兰达来说是一个糟糕的巧合。斋月是伊斯兰历中最神圣的月份，就在他开始运输奴隶越过巍峨的安第斯山脉之前，1804 年的斋月正好也开始了。伊斯兰教是一个崇尚先知的宗教，和基督教和犹太教一样。伊斯兰教承诺将信徒从尘世的痛苦中解脱出来。苏菲派（Sufism）——西非部分地区的伊斯兰教，巴波、莫瑞和其他人就是从那里抓获的——更是如此，伊斯兰教信仰原本就有强大的普世主义精神，这种宗教还带有强烈的神秘主义色彩。

　　神秘主义者经常把他们的努力与绝对真理融为一体的过程比作"向上和向外"的旅程。

　　"我们进入的道路是一条通往天堂的坦途，"圣特蕾莎（Saint Teresa）修女写道。"我们飞升，"圣奥古斯丁（Saint Augustine）说。伊斯兰教也用"旅行"这个隐喻来想象一个人接近上帝的方式，体现在穆斯林一生中要去一次麦加这一宗教义务上。特别是苏菲派，其将宗教信仰与探寻相联系。"出发探寻上帝的苏菲派信徒自称为'旅行者'（salik），他沿着一条小路（tariqat）慢慢地'拾级'（maqamat）而上，以实现与真实融为一体的目标。"说到伊斯兰神秘主义，人们通常想起托钵僧，他们疾走于尘世间，以实现自我毁灭。但在西非，苏菲派也有一种强大的寂静主义传统，鼓励人们在冥想中将内心的自我托付给神圣意志。英国人类学家爱德华·埃文斯－普里查德（Edward Evans-Pritchard）于 20 世纪 20 年代在苏丹南部阿赞德人①（Azande）中进行了田野调查，他写道，苏菲派的目标是超越感官，达到"'上帝'和'我'之二分、只有'上帝'存

---

　　① 　居住在扎伊尔、苏丹、中非共和国的中非地区民族。

在的境界。"西非的穆斯林通过禁欲主义、沉思和祈祷实现该目标，直到灵魂进入"狂喜状态"，将信徒从其"肉体监狱"中解放出来。[1]

巴波和阿兰达手下其他穆斯林俘虏，不管他们信奉哪种宗教传统，他们在安第斯山脉的奴隶贩运道路上攀登时——多年后，达尔文在那里会注意到，空气极其清澈，以至于透视感都失真了，他们的物理和精神世界坍塌了，两者相互交织。那些自愿踏上这段旅程的基督徒，也用神秘的笔触描述了攀登的过程。"在头脑中经常出现一种非同寻常的反应，"一位 19 世纪的旅行者写道。他描写了接近山顶的体验，这使他感到一阵"强烈的震颤"，仿佛他整个人正在与宇宙"协调融合"。"一团团思绪在脑海中纷飞，联想如此迅速，人物形象如此错综复杂，让我难以言表：只能感受到一种律动分明的摇摆。"这样一种定向障碍感，对于那些被强行拉上山的人来说，肯定感受更深。

无论是在每天晚上结束攀爬后还是在早上开始出发前，抑或在途中短暂休息期间，这些西非人可能有足够的时间趁其看守不注意，面向东方祈祷。但是，因为登山过程中条件极端恶劣，他们很难把自己清洗干净，而且他们大概也不可能斋戒，这让他们的旅途更加艰难。而且，他们正在向西行进，而不是向东，离他们的圣地麦加越来越远，这也增加了他们的抵触情绪。天气极端寒冷，他们的衣服上可能会飞起火花，而且根据月相，他们得知时间是斋月（即伊斯兰教历9 月），月光如此灿烂，他们之前从未见过。对于那些惯于在高山生活的人来说，攀登安第斯山脉，通常都会引起恐惧，而这些对于来自草原平地的人们来说，是一个让人心力交瘁、苦不堪言的过程，而且他们刚则结束历时两个月的海洋之旅，紧接着又被迫穿越潘帕斯草原，进行了几乎同样漫长的长途跋涉。可能阿兰达的俘虏并非都是穆斯林。但是，他们的极端经历可能会让那些诸如巴波和莫瑞之类的人崛起，成为领袖人物，他们可以对自己经历的旅程像先知般进行预测和理解，他们还会用月亮和星星来解释他们的行走旅程，而且会向其他人承诺有一天会从痛苦中解脱。在西非的穆斯林中，有一种信仰认为，徒步旅行到麦加朝圣的艰辛，有助于增强精神力量，这些力量可用来击败途中可能遇到的邪恶灵魂或神灵。[2]

对阿兰达来说，他的运气更糟糕，因为到了港口城市瓦尔帕莱索，他不需要等待装载货物。纵帆船"考验"号早就停在港口，装载着从智利南部运来的货物，包括小麦、柏树和松树木材、黄油、奶酪、桶装猪油和酒，以及饼干，船会开往利马，阿兰达计划在那里出售他的奴隶。他们可以在起航前迅速上船，这意味着他们将在公海上度过"吉庆夜"（也译为"万能之夜"或"命运之夜"）。每年，穆斯林都会庆祝这一天，即斋月的结束日，此日，天使加百利出现在穆罕默德面前，提示真主阿拉要把忠实的信徒从历史苦难中拯救出来的承诺。《古兰经》重述了这个承诺："万能之夜胜于一千个月。众天神……降临，……平安的！……直到东方亮！"[3]

"吉庆夜"前夕，黎明前三小时，12 月 22 日从瓦尔帕莱索起航之后的第五天，西非人起来反抗，控制了"考验"号。船上的货舱已经满了；结果，奴隶们自从船离开港口就睡在船中部的甲板上，守卫在晚上值守，但奴隶的枷锁被解除。这些奴隶筋疲力尽、消瘦憔悴，阿兰达将其误解为温顺听话，他告诉西兰诺，这些奴隶"易于管教"。这时，船上有 72 名奴隶，比阿兰达在 8 个月前从诺内尔那里购买的奴隶还多了 8 名。这些新增的奴隶可能是途中诞生的婴儿，西班牙文档中偶尔会提到这种情况。或者，阿兰达从其他渠道购买了这些奴隶。记录里没有说明。[①]

---

① 与该事件有关的西班牙文献中记载，有 72 名奴隶被带上"考验"号，但根据年龄、性别和来源的不同分类，信息不一致。以下是一个近似的估计：32 名来自非洲的男子（其中 12 人被明确判定来自塞内加尔）、3 名男子（可能是阿兰达船上没有加入叛乱的人）、28 名妇女，以及 11 名"哺乳婴儿"。其中，20 人年龄在 12～16 岁；12 人年龄在 25～50 岁。

其中两个人，即何塞（José）和弗朗西斯科（Francisco），都是阿兰达的仆人。伊斯兰教是一个强大的纽带，然而奴隶制却锻造了其他形式的同盟。19 岁的何塞来自非洲。6 年前他被阿兰达购买，可能会说西非人的语言。在叛乱之前，这艘船的领航员曾多次发觉他与莫瑞进行"秘密对话"，并将他赶离。黑白混血的弗朗西斯科出生于布宜诺斯艾利斯，一生中大部分时间都和阿兰达在一起，可能只会说西班牙语。

第三个加入西非人的奴隶是华金（Joaquín），他是这艘船上有着 35 年工龄的捻缝工，他也属于"有色人"（这个术语与 20 世纪后期的种族政治相关，但是，在 19 世纪初的西属美洲殖民地也经常使用），这些"有色人"充当水手、木匠、铁匠、造船工人，这支由自由人和奴役劳工组成的队伍让西班牙太平洋的海上舰队得以持续航行。华金被描述为一位基督徒，"在西班牙人中已经生活许多年"。后来，班尼托·西兰诺在证词中说他是最恶劣的——在谋杀西班牙人时，他属于叛乱分子中"最坏的那一撮"。[4]

起义的那天早上，3 点左右，大约 30 名西非人悄悄向船头移动，他们由巴波和莫瑞带领，手持何塞和华金为他们私藏的刀具和斧头。对于他们中的一些人——他们乘坐"海神"号来到美洲，后来又被转移到"圣·欧拉利亚"号上——来说，这将是他们为解放自我所做的第三次努力。他们首先袭击了船上的木匠和水手长，他们在值班监视，但已经睡着了，他们伤得很严重。叛乱分子随后攻击了其他水手。留在主桅周围的西非妇女们，甚至在男人们制服警卫之前就已开始轻声吟唱，她们的声音因为海浪声变得低沉。当第一声尖叫打破夜间的沉寂时，她们的声音越来越大，吟唱起一首"忧郁"的挽歌，这是一种残忍的悲哀，是为了让男人们鼓足勇气去杀人。

她们在唱什么歌呢？她们可能是在背诵《古兰经》中的段落。男人们普遍通过抑扬顿挫的诵经来背诵圣书中的诗篇，但在整个西非，出类拔萃的优秀女性也参与研究《古兰经》。或者，这可能是一首赞美之歌，也可能是召唤作战之歌，西非有许多类似的歌曲和诗篇，构成该地区丰富的音乐资源。不管这是什么，有一件事是肯定的，这种吟唱让"考验"号上的水手们在遭受奴隶袭击时感到更加恐惧。西班牙人普遍认为，非洲音乐是"一种可以想象到的最野蛮怪诞的东西"，一位观察家在 18 世纪 70 年代这样评价道。奴隶们用他们所能拿到的任何物品来制作打击乐器，其中包括驴的下颚骨，敲击它发出刺耳的声音，尤其让西班牙人感到不安：他们的"歌声就像一种号叫"，他们的"舞蹈让人想起在安息日女巫为恶魔表演的宗教仪式"。⁵

叛变分子处决了 18 名水手，把其中一些人刺死、砍死，并将其他人扔到海里。三四名船员设法逃跑躲起来。7 人祈求饶恕他们的生命而得以幸免。

随后，西非人控制了船只的驾驶舱和三个舱口，将俘虏的双手绑在背后，迫使他们顺着中间舱口的梯子爬到货舱。战斗开始时，船上的几名水手已经在甲板下面。当他们试图爬上来进入前舱时，叛乱者把他们和船上的乘客一起带回前甲板，包括阿兰达在内。

船尾舱口通向船长舱。班尼托·西兰诺当时 28 岁，长得很瘦，在那个年代算是比较高的。他的家乡是西班牙的卡拉尼亚斯（Calañas），这是塞维利亚城（Seville）外一个种植水果和养山羊的小镇，他出生在该地的一个乡绅家庭，在整个 18 世纪晚期，西班牙的农产品价格稳步下降，他的家族开始分崩离析。西兰诺于 19 世纪初抵达利马，可能是乘坐他未来岳父雷蒙多·米尔（Raymundo Murre）拥有的一艘船，米尔的船队包括一些穿行于太平洋沿岸的货船。通过米尔的联系，西兰诺为他购买"考验"号筹措了资金。⁶

与阿兰达一样，西兰诺也在利用西班牙裔美洲人的商业扩张来逃避其家庭衰落的命运——不是利用奴隶制，而是通过航运，这是一个随着奴隶制的兴起而发展起来的行业。当西班牙开始自由贸易时，它允许美洲殖民地之间互通贸易。例如，智利商人想把他们的小麦和葡萄酒卖到秘鲁以及其他北方港口，当他们得到批准时，一支充满活力的商船队伍从利马启航，开始形成规模。尽管西兰诺不是一个贩奴商，而且"考验"号并非一艘"贩奴船"，他在贸易上取得成功有赖于运输奴隶生产的货物，当然偶尔也会运输奴隶。

叛乱开始时，西兰诺在睡觉，但被嘈杂声吵醒，他很快就意识到形势的严重性。他带着自己放在住处的两支手枪和一把步枪，进入他的船舱和主货舱之间的通道，舱口梯通往那里。他在那里待了一整夜，阻止西非人爬下来或者穿过货舱的隔板门。僵局在黎明时分结束，当时巴波命令把3名囚犯带到他的身边。巴波没有给这位西班牙船长下最后通牒，他直接把3名囚犯扔到海中，他们被捆绑着，但是嘴巴没有被堵住，所以被扔到海中的人发出的尖叫声可以听到。西兰诺投降了。

前一天晚上，当西兰诺到下面睡觉时，如果他留意就可以看到，奴隶们已经聚集在主帆周围。拂晓时分，他周遭的世界发生了翻天覆地的变化。

"考验"号有75英尺长，宽不及长的1/3。它的船尾是方形的，既没有艉饰像，也没有船首的涡形装饰：它的船首也毫无装饰。除了桅杆、绳索、操舵室和舱口拦板，"考验"号的上甲板，从船头到船尾，齐平完整，几乎像一艘游艇，或者是一个舞台，新发生的叛乱场景一目了然：西兰诺无论朝哪个方向看，都能看到西非人，他们武装在身，掌控着局势。

莫瑞会说西班牙语，他为其父巴波当翻译。西非人最先问西兰诺的几个问题中就包括"这片海域有没有一些他们可以去的黑人国土"？

没有，西兰诺说。

他是在撒谎。以西兰诺的阶级地位、肤色、出身和职业,他会不知道就在一年前的 1804 年,海地宣布独立,并在美洲建立了第二个共和国,这是不可思议的。

海地起义始于 1791 年,随后的战争持续了十多年。海地当时是世界上最赚钱的奴隶岛中的一个,在海地为废除奴隶制进行的斗争具有深远的影响,波及整个大西洋两岸的世界,从蒙得维的亚到哈德逊河谷。在蒙得维的亚,一群逃跑的奴隶建立了一个自由、友爱和平等的共和国,但很快就灭亡了;在哈德逊河谷,1793 年,据说奴隶们受到海地革命的启发,制造了一连串火灾 [第一起火灾发生在赫尔曼·梅尔维尔的叔祖父伦纳德·甘斯沃尔特(Leonard Gansevoort)的谷仓,还有一起发生在他祖父彼得·甘斯沃尔特(Peter Gansevoort)的马厩里],这些火灾几乎摧毁了奥尔巴尼。有关海地革命的报道、流言,包括目击者的证词、歌曲、诗歌和口号,遍及美洲,被水手们从一个港口传到另一个港口。[7]

想一下这个维克多·雨果式的形象:1797 年,即革命开始后第六年,午夜时分,委内瑞拉加勒比海岸,一个离海地很近的港口小镇拉瓜伊拉(La Guaira),在一座桥上,有一名年轻的黑白混血奴隶男孩,名叫约瑟夫,在朦胧的黑暗中边漫步边用法语唱歌。地方当局得知后惊恐万分,将他拘留,试图知道他所唱歌曲的歌词,所以要求他继续唱。约瑟夫照做了,历史学家克里斯蒂娜·索里亚诺(Cristina Soriano)在委内瑞拉的档案中发现了审讯的文字记录,根据她的发现,每首歌都带有同样的副歌:"共和国万岁,自由万岁,平等万岁。"[8]

"考验"号上的一些西非人不知道海地也不大可能,在布宜诺斯艾利斯和蒙得维的亚的港口以及奴隶围区里,或者是在莫德耶的海盗船上,法国水手肯定一直在谈论拿破仑·波拿巴(Napoleon Bonaparte)想在海地恢复奴隶制但是失败了。1801 年,波拿巴派遣14名将军和2万名士兵前往海地。不到三年，他们就被"叛乱"分子和疾病击退了，海地自由共和国也宣告成立。海地成为寻求自由的"有色外国人"的避难所；海地黑人武装民船拦截了至少一艘驶往古巴的贩奴船，"宣称他们打算把这些俘虏带进圣多明各，这样他们就'可以在自由的土地上享受自由了'"。艾达·费勒（Ada Ferrer）曾研究海地革命在广阔的大西洋世界的影响，她写道，在宣布独立后，新国家的"领导人越来越明确地宣称，'自由之国'指的是海地，而不是法国"。[9]

西兰诺对西非人说，没有这样的地方。在他们自己进行长时间协商之后，奴隶们要求被带到塞内加尔或圣尼古劳（São Nicolau，西班牙文 San Nicolás）岛，这是塞内加尔沿海佛得角群岛上的一个岛屿。

西兰诺说，航程太远了，他的船在此状况下难以到达。反叛奴隶表示，在食物和水的配给上，他们会满足他任何要求，但如果西兰诺不把他们带回非洲，他们就会杀死他。

西兰诺的态度软化下来，但由于西非人不知道返回大西洋的航程是向北还是向南，故此他继续向北航行到利马。莫瑞告诉西兰诺，如果他们发现了任何城镇或定居点，他就会被杀死，所以这位西班牙人导航时远离海岸，远离海岸城镇，尽管他眼睛扫掠着地平线，希望能看到西班牙或外国的船只。

每天清晨，西非人都举行西兰诺后来所说的"每日会议"，来决定他们的行动路线，这种仪式可能还包括祈祷。起义后，许多西非人抛弃了他们那肮脏破旧的衣服，用船上装载的帆布代替之，并系上绳带绑在腰间。西兰诺说，随着时间的推移，他们变得越来越"焦躁不安"和"暴烈"，能感受到他们急切渴望回家之路取得进展。

当他们接近利马的港口城市卡劳（Callao）时，西兰诺开始担心西非人会看到这座城市的灯光，于是他把船调头，朝南走。他没有计划，但他的想法是，从瓦尔帕莱索航行到无人居住的圣玛丽亚岛，捕猎海豹者和捕鲸者经常将这个岛屿用作安全港。如果幸运的话，他可能会不张扬地偶遇另一艘船。至少他的船能够在一个看不到城镇的地方补给水源。

1月16日，西非人占据这艘船大约三周后，在改变航程方向几天后，他们在清晨会议上决定杀死亚历山卓·德·阿兰达。其他一些贩奴船上的叛乱者也有把奴隶主挑出来处死的。1786年，在从非洲黄金海岸起航的丹麦贩奴船"克里斯蒂安堡"号（Christiansborg）上，叛乱分子把去往加勒比海的乘客保罗·埃德曼·伊塞尔特（Paul Erdmann Isert）拖到船首，用剃刀猛砍他的脸，差点割断了他的太阳穴动脉。伊塞尔特后来得知叛乱者试图杀死他，是因为他们认为，作为船上最后仅存白人中的一个，他是他们的"奴隶主"，"最好先把我送到另一个世界，这样欧洲人会更快地像雇佣兵一样投降"。在这种情况下，西非奴隶似乎已经将奴隶制想象成一个等级森严的统一制度，由一个人领导。杀了领袖，他的奴隶就会得到解放。[10]

在"考验"号上，处死阿兰达的决定也是深谋远虑的。莫瑞告诉西兰诺，他和其他人必须杀死阿兰达，不是为了报复，或者为了维护正义，而是为了保护他们的自由。但是，很难确切地说，他们具体是怎么考虑的。一般来说，在西非的伊斯兰法律中，杀死自己的主人并非摆脱奴隶身份的合法手段（我们不知道登上"克里斯蒂安堡"号上的西非人是不是穆斯林）。此外，巴波、莫瑞和他们的伙伴们不可能认为，单单杀死阿兰达将会使他们获得自由。一年多来，他们被从一个主人手中转到另一个主人手中，被一个驾驭者手中转到另一个驾驭者手中，他们会发现美洲的奴隶制是极其分散的，包括许多不同的场所——船只、马车、围栏——由各种各样的船长、水手、驾驭者和狱卒来管理。他们一再警告阿兰达要避开其他船只，这个事实表明他们知道，如果他们被发现并被制服，他们将会重新回到被奴役的状态，无论阿兰达是否活着，都会如此。也许他们认为他们必须杀了阿兰达，以确保若他们真的能够到达塞内加尔或佛得角，他不会重新宣布他们为其财产。然而，这并不能解释突如其来的紧急状况。[11]

西兰诺后来说，他试图阻止死刑的执行。莫瑞告诉他，如果他干涉，他们会杀了"考验"号上所有的西班牙人和水手。"La cosa no tenía remedio，"莫瑞说，从字面上来说，事情没有补救的余地，或者更宽泛地说，别无选择，或者没有别的出路。

这些话来自西兰诺的证词，可能只是传达了与天主教有关的宿命论，在这个案例中，痛苦的折磨强化了这种命中注定的想法。但伊斯兰教也带有宿命论的色彩。就像基督教一样，它也与自由意志的理念角力，试图理解在一个由至高无上的上帝决定一切事物的宇宙中人类行为扮演的角色。

自起义以来已过去三周，西非人恢复了在被迫横跨大西洋和美洲过程中几乎丧失的能力：把时间看作对有意义活动的排序。一年多来，从一个斋月到另一个斋月，他们通过计算伊斯兰历法的月数来战胜他们的无力感，纯粹靠智慧和决心的力量来实现《古兰经》中的救赎应许，此时，真主将干预历史："天使在那夜间降临。"他们发动起义，夺取了那艘船。但是现在，开斋节的新月已经过去，虽然生活秩序不正常，但另一个周期已经开始。

起义者能够掌控自己的命运，现在却发现自己迷失在一片陌生的海域，在一艘漂泊不定的船上，补给供应逐渐减少，他们相信历史被某种未知的自由意志和神圣天意引导，却恐惧担心他们将漫无目的地随波逐流，控制自己生命状况的权力再次从手中溜走，也许他们正试图调和信仰和恐惧之间的矛盾。

在秘鲁和智利海岸附近的南太平洋地区，一月的夜空清澈如洗。

"考验"号的新主人在群星闪耀、月亮低挂的夏季夜空之下航行，他们认定一个主意，即阿兰达必须立即被处死，这样他们才能保住自己斗胆篡夺的权力。正如莫瑞对西兰诺说的那样，"没有其他的出路"。

天刚破晓，莫瑞就命令马特基（Matunqui）和利希（Liché）把阿兰达带上甲板。他们拔刀出鞘，进入前甲板，阿兰达在奴隶起义后就一直被关在那里。阿兰达正在床上睡觉。奉命处决他的人举起武器，刺入这个贩奴商的胸膛。阿兰达的职员洛伦佐·巴尔加斯（Lorenzo Bargas）就睡在毗邻的铺位上。他睁开眼睛，看到了黑色的手臂、猛刺的匕首，感觉到阿兰达那温热的血溅到了他的脸上，他自己跳出舷窗，掉进大海里淹死了。

阿兰达被拖到甲板上，半死不活，女人们又开始唱起挽歌，敦促男人们完成处决行动。马特基和利希把阿兰达的双手绑在背后，抓住他的头和双腿，抬起他的身体，把他扔进海里。随后，起义者也对阿兰达的妹夫弗朗西斯科·马萨（Francisco Maza）以及他的两名职员做了同样的事情，也许是为了节省水和食物，一些在起义中受伤的水手也被抛进大海。"考验"号的水手长胡安·罗布雷斯（Juan Robles）是一个游泳能手，他在波涛下存活的时间最长，当随波逐流而去时，他在做痛悔短祷，在甲板上也能听到，他以最后微弱的话语，乞求班尼托·西兰诺以圣母玛利亚的名义举行一次弥撒以拯救他的灵魂。

当杀戮结束时，莫瑞转向了西兰诺，说："一切都结束了。"然后，他威胁说，如果船长继续拖延把西非人运回塞内加尔，他就会杀死其余的囚犯。

莫瑞在接下来两天里重复了这种威胁。第三天，他和巴波、阿土缶走近西兰诺，并提议签署"一份文件"。西非人已经起草了一份相当于合同的文本，也许是用阿拉伯语，根据该合同，西兰诺要把他们带回家，交换条件是，一旦他们到达目的地，他们就会把船和货物归还。西兰诺后来说："尽管他们野蛮，来自非洲，但他们知道如何用自己的语言写字。"这三个人签署了合同，西兰诺作证说，西非人对此感到"满足，并得到安抚"。

/ 18 "圣胡安"号的故事

巴波、莫瑞和其他的人乘坐"考验"号穿过海峡或绕过危险的好望角进入南大洋再穿过大西洋到达塞内加尔的可能性很小。但这并非不可能。就在四年前，一群穆斯林奴隶驾驶一艘名为"圣胡安·内波穆塞诺"号（San Juan Nepomuceno）的西班牙船上，成功完成了一项几乎同样大胆冒险的航行，这可能是新世界奴隶制历史上最伟大的一次逃亡。

"圣胡安·内波穆塞诺"号是在厄瓜多里瓜亚基尔市（Guayaquil）由自由人和被奴役的有色人建造的，也以"上帝祝福"的船名航行。这艘船展示了西属美洲人精美的造船工艺，排水量在1000吨以上，安装了30门大炮。当它在1800年底从蒙得维的亚出发前往利马时，船上载有90名水手，包括其巴斯克（Basque）船长——安塞尔莫·奥亚圭（Anselmo Ollague），还有65～70名奴隶，大多是"从塞内加尔来的黑人和摩尔人"，他们被另一艘船带进蒙得维的亚。"圣胡安·内波穆塞诺"号满载着价值超过25万比索的商品，包括蜂蜡、油、象牙梳子、丝带、玻璃窗户、银手表、丝绸手帕、开斯米山羊绒、英国被单、花卉印花棉布、成匹的细布，以及"制作精美的母牛铃铛"、瓶装汞、皮鞋、丝绸、帽子、金链子和银色的十字架。几乎所有的人，包括非洲人，都属于一个人，即这艘船的船东——伊格纳西奥·圣地亚哥·德·罗塔尔德（Ignacio Santiago de Rotalde），他是利马最大商行的所有者，其家族是西班牙20个最富有的家族中的一个。[1]

这场起义发生在离开港口约一周时，当时船正接近开普角。船长和高级船员在铺位上睡午觉，其余人员都在船的前面，放松了警惕。起义不是由西非人领导的，而是由一个名叫安东尼奥（Antonio）的30岁的奴隶领导，他被描述成一个意志坚定、不顾

Royal de Cabo Verde, Portuguese Slave Brig captured by the Boats of H.M.S'Brisk' on the 2d Sep.' 1839 in the Bonny River. She had mounted 14 Guns with a crew of 52 men and 596 Slaves on board.

[1]"莫德耶！莫德耶！"船只中间那位戴高顶礼帽的人是公民莫德耶。此时他的船正要捕获一艘瑞典贩奴船。安吉－约瑟夫－安东尼·鲁（Ange-Joseph-Antoine Roux）画于 1806 年。

[2]非洲俘虏正被用小船载着划向一艘停泊在伯尼岛的奴隶船。

NECRES A FOND DE CALLE.

[3] 他们怎么来到海岸的，是"小撮人结队"来还是"组成大队伍"过来？他们是"穆斯林还是无宗教信仰的人"？他们是否知晓"据说从曼丁哥高原一直绵延到阿比西尼亚的山脉"？欧洲贩奴商不知道他们的俘虏是从哪里来的。

[4] 在非洲西海岸等待出售的奴隶。奥古斯丁－弗朗索瓦·比亚尔（Auguste-François Biard）画于约1833 年。

[5] 一艘巴西奴隶船船舱中的画面，巴伐利亚画家约翰·莫里茨·鲁根达斯（Johann Moritz Rugendas）画于大约 1827 年。画中一名被奴役的非洲人伸手把一个盛水碗举到舱口，而一群水手正在将一具尸体移走。鲁根达斯附注：缺水是非洲俘房死亡和反抗的主要原因。

[6]蒙得维的亚停满船只的宁静海湾。"黑人村"可能位于图中海湾右方。费尔南多·布拉姆比拉(Fernando Brambila)画于大约 1794 年。

[7][8]19 世纪后期的布宜诺斯艾利斯，腌制品工厂上空升起一柱柱浓烟，在建造码头、疏通河道之前，人和货物需要借助陆地运输工具马车上岸，这些马车用大车轮托起，高于水面。

[9][10][11] 南美洲的奴隶作为生产者和消费者参与经济生活的方方面面。最下面那幅图画的是一群戴枷锁的奴隶，其中一些戴着头巾，他们在里约热内卢排队买烟草。

[12]1816 年的亚玛撒·德拉诺。

La Lavandera

Lith. de Bade y C.ª

Viau

El Vendedor de pasteles.

Ya se acaba, quien me llama.... Pastelito !!!

[13][14] 非洲和非裔美洲流动小贩为布宜诺斯艾利斯和里约热内卢这两座不断发展的城市服务。两幅描绘一名蛋糕贩子和一名洗衣妇的画来自 19 世纪 30 年代一系列 "逼真的" 平版画。

[15] 展示其横幅、信号旗和国旗的双桅帆船"坚毅"号。

[16] 大约在赫尔曼·梅尔维尔访问时的利物浦的纳尔逊纪念碑。

[17] "每当我看到他们那黝黑的四肢和手铐,都会不由自主地想起市场上的四名非洲奴隶。"

[18] 胡安·诺内尔是一名成功的大农场主和贩奴商,这是他在 19 世纪 30 年代的肖像,画于他将巴波、莫瑞和其他西非人卖给亚历山卓·德·阿兰达 35 年后。

[19][20] 在一个时尚和宗教、法律相互竞争以维持社会等级的世界里，家奴，包括奴隶的孩子，通常作为地位的象征品存在。

[21] 潘帕斯草原马车也称船（buque）或舟（boat）。萨缪尔·布特（Samuel Boot）大约摄于 1885 年。

[22] 巴波、莫瑞和其他西非人登上"考验"号前就是沿着这条道路前往瓦尔帕莱索的。

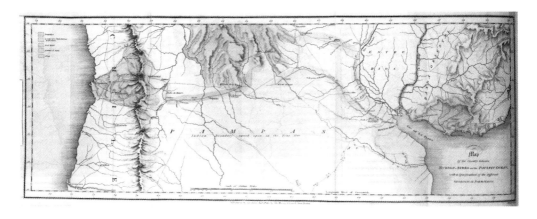

[23] 布宜诺斯艾利斯和太平洋之间国家的地图，约 1885 年。

THE
BOY'S OWN PAPER

No. 465.—Vol. X   SATURDAY, DECEMBER 10, 1887.   Price One Penny.
[ALL RIGHTS RESERVED.]

HARRY TREVERTON.

BY LADY BROOME.

CHAPTER XXI.—WE GO SEALING.

WHEN I awoke next morning Johnny told me that the bullocks had again rambled off during the night, and that Ned and Dilly had gone to bring them back; so I had plenty of time to run down to the lake and have

"It was too much like hitting a man when he is down."

[24][25] "这太像趁一个人倒下时击打他"；屠杀海豹的技术在亚玛撒·德拉诺的时代和这幅插图（前图）创作的 19 世纪末没有多大改变。

[26][27] 穿越安第斯山脉。注意画中的骡子，因为站不住脚，滚落进峡谷。

[28] 从门多萨向安第斯山脉行进。这幅图（前页第 27 幅图）描画了达尔文，《"比格尔"号航海日记》。

[29] 有方形艉、平甲板的类似"考验"号的"安·亚历山大"号（Ann Alexander）。

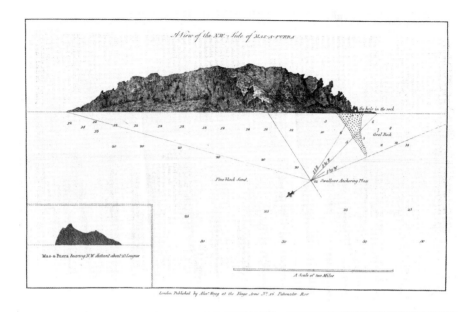

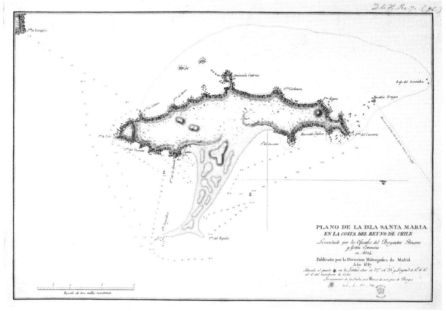

[30] 赫尔曼·梅尔维尔说,马斯阿富埃拉岛看起来像一座"巨大的冰山,泰然自若地漂浮着。其侧面多黑暗的洞穴,就像一座古老的大教堂,侧面带有阴暗的小礼拜堂"。

[31] 圣玛利亚岛地图,1804 年。"坚毅"号在岛屿沙洲左边的背风湾遇见"考验"号。

[32]1793 年，从海上观察塔尔卡瓦诺（Talcahuano）。

[33] 亚玛撒的小船正在靠近这艘西班牙大船——《班尼托·西兰诺》插图版中一幅由加里克·帕尔默（Garrick Palmer）创作的木版画。

[34] 一名西非曼丁哥托钵僧。

[35] 海豹脂肪多腱，所以剥海豹皮的
刀用高质量的钢铁做刀刃，就像对西非
人开膛剥皮用的那种刀。德拉诺说他的
刀"总是确保极其锋利，像绅士的剑那
样闪闪发光"。这把刀见于新贝德福德
捕鲸业博物馆，5 英寸宽，48 英寸长。
注意中间的结，它用来防止手顺着油腻
的把手滑到双刃刀刀刃上。

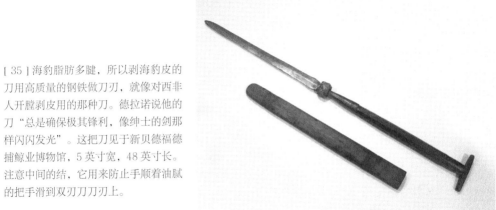

[36] 康塞普西翁最上等家庭的成员穿着他们最好的衣服出来观看了"考验"号起义领袖的绞刑。

[37] 加里克·帕尔默创作的另一幅木版画。在梅尔维尔复述"考验"号事件的故事中，巴波在夺回船只的战斗中幸存下来，但是后来在利马被处以死刑，他的头颅被挂在长矛上示众："那黑人被系在一匹骡子的尾巴上，拖到绞刑架上被绞死，临死时也没有说话。他的身体被烧成灰烬；但是，他的头颅充满微妙之处，被钉在广场的柱子上，示众多日，满不在乎地接受白人的注视。"

[38]"残酷、贪婪的死神。"

一切的家伙，曾经当过船木工，却从主人那里逃跑了。很显然，他又被抓获，和其他奴隶一起待售。

夺取船上的武器之后，奴隶们分成两组，一组向高级船员的住处移动，另一组向船头前进。4 名官员被杀，船长受重伤，脖子被马刀砍伤，侧身被匕首刺伤。第二天，掌控这艘船的安东尼奥把垂死的船长奥亚圭和 24 名水手转移到"圣胡安·内波穆塞诺"号之前遇到的一艘西班牙小船上。安东尼奥随后命令大副何塞·德·里蒂（José de Riti）以及剩下的船员航行前往塞内加尔。

里蒂做了其他欧洲人在类似情况下常做的事情，四年后班尼托·西兰诺也是如此，那就是他本应走这一条路线，但告诉非洲人走另外一条。里蒂当时没有向东航行回到非洲，而是试图往东北航行，前往巴西。然而，在"圣胡安·内波穆塞诺"号航行的南大西洋水域，洋流很难驾驭，主要向南方和东方流动，背离巴西。里蒂不得不抢风航行以抗击洋流，同时还要对安东尼奥和其他人隐瞒其真实意图，可能白天朝一个方向航行，而晚上则改成另一个方向。由于无法继续保持他的方位，他朝着大西洋中部越漂越远。

周复一周，月复一月，航行时间越来越长。船上储存有很多食物——船舱里备有 1500 个鸡蛋、5 桶猪油、25 桶熏肉、火腿、面包、小麦、黄豆、鲜扁豆、黄油、奶酪、蔬菜、22 只四足动物（也许是山羊、猪或牛）、300 只鸡，以及一些无花果、巧克力、干桃子、酸豆、丁香、可可、葡萄、梨和酒等美食。但是，水的供应减少。剩下的水已被污染。24 名叛乱分子死于坏血病和痢疾。水手中没有人死亡，这表明在穿越大西洋中央航道前往蒙得维的亚的过程中，西非人的免疫系统被削弱。航行途中，"圣胡安·内波穆塞诺"号与另外两艘船相遇，但这两艘船被起义者发射的炮弹吓跑了。

/ 184

情况恶化，这艘船上的敛缝工——一位来自塞内加尔、名叫多里（Daure）的年长的非洲人，开始挑战安东尼奥的指挥。航行者变得越来越绝望，多里的疑心也加重了，脾气更加暴躁。里蒂怕自身难保，就放弃了曲折的航行路线，向东北方向航行。"圣胡安·内波穆塞诺"号最终来到圣尼古劳（São Nicolau）岛——佛得角群岛中的一个向风岛，当时是葡萄牙的殖民地。里蒂欺骗安东尼奥，让他陪同自己和一队西班牙水手上岸找水。这一诡计导致起义领袖被捕，"圣胡安·内波穆塞诺"号在猛烈的炮声中从该岛逃走。多里现在是领导，在他的指挥下，十天之后，这艘船到达法国控制的圣路易斯市，这是一个港口城市，位于塞内加尔河口附近。"圣胡安·内波穆塞诺"号进入港口，挥舞着西班牙国旗，并按惯例鸣放了 11 响礼炮，港口也鸣放了欢迎炮。在多里的领导下，起义者登陆，他们把这艘船送给岛上的法国总督，并宣布自己重获自由。[2]

起义者成功偏离了中央航道，这是非常了不起的。根据一项研究，在 1509 年至 1869 年之间，发生了 493 次奴隶起义。实际数量至少是这个数字的两倍，因为许多鲜为人知的起义，像"海王星"号和"圣欧拉利亚"号上的起义，还未被纳入统计。绝大多数起义都没有成功。在这 493 次起义中，可能有多达 6000 名非洲人死亡，他们要么在起义中被杀，要么在起义被镇压后被处决。其他一些人在起义失败后自杀，如"海王星"号上的奴隶。最后让奴隶重获自由的起义往往发生在非洲或美洲的海岸附近，在那里，叛乱者可以让船只搁浅并逃离。[3]

要说某次起义成功，大部分情况下是夺取一艘船并控制一段时间，在船上成立临时的自由人团体，直到他们惨败，被重新逮捕，或者在海洋中漂流，食物耗尽后慢慢死去。一些人决定不再等待。据报告，1785 年，一群非洲人劫持了一艘荷兰贩奴船，当他们显然将要再次被逮捕时，他们选择了死亡。他们点燃了船上的火药库，船上的林材被炸飞，200～500 名叛乱的奴隶被炸死。然而，"圣胡安·内波穆塞诺"号上的起义者横渡整个大西洋，航行 5 个月后幸

/ 185

存下来，其间遭遇了至少三次武装冲突。[4]

他们在"完美时刻"到达圣路易斯港。在一段很短的时间里，从 1801 年 1 月至 1802 年 7 月，圣路易斯市由艾马尔 – 约瑟夫 – 弗朗索瓦·沙博尼耶（Aymar-Joseph-François Charbonnier）掌管，他之前是法国天主教牧师，后来参加革命，他似乎比其前任或继任者在废除奴隶制上决心更大。公民沙博尼耶采取行动时显然没有和上级商量，可能甚至违背了他们的意愿，因为"圣胡安·内波穆塞诺"号是一艘西班牙船，法国与西班牙结盟，沙博尼耶让人拍卖"圣胡安·内波穆塞诺"号及其货物，把这笔钱发给船员和乘客使其回到美洲，并让叛乱的奴隶获得自由。至于"圣胡安·内波穆塞诺"号，在拍卖结束后不久，一艘从戈里岛（island of Gorée）驶来的英国海盗船把它烧毁在海里。[5]

在西属美洲，秘鲁总督得知"圣胡安·内波穆塞诺"号的损失后，借用这个案例，提出了一个殖民地官员近三个世纪来一直在提的建议：他敦促国王禁止将西非穆斯林输入美洲。那些信奉穆罕默德教导的奴隶们"在他们同类中传播非常荒谬的思想"，他说，指的是普通非洲人。

"在这个区域，有很多这样的人。"[6]

/ 19 被诅咒的宗派

　　总督没有说他认为的那些"荒谬想法"具体是什么。西班牙官员和天主教神学家在讨论美洲穆斯林问题时很少提及相关细节。他们没必要细谈。西班牙人对伊斯兰教了如指掌，甚至在其特性中都有根深蒂固的伊斯兰印记，所以根本无须对此进行解释。谈及伊斯兰教时，每个人都知道他们在谈论什么。欧洲人对伊斯兰教的持久战催生了许多信念，这些信念也伴随西班牙人跨越大洋，来到美洲创建帝国；制度、奴隶制使帝国得以建立，而欧洲人对伊斯兰的战争在塑造制度、奴隶制的过程中发挥了重要作用。

　　西班牙人称他们在伊比利亚半岛上与穆斯林的战争（722～1492）为"光复运动"（reconquista）或"重新征服"（reconquest）。这个词具有欺骗性，因为它暗示着回归旧的秩序、恢复原有的领土。而事实是，在伊斯兰教传入之前，伊比利亚半岛处于基督教世界的边缘地带，是一个难以驾驭的地方，住着贫穷的西哥特人。"安达卢西亚"（阿拉伯和柏柏尔穆斯林给这块土地起的名字）是真正的"恢复重兴"，重现了罗马时代以来未有过的辉煌。特别是在科尔多瓦（Córdoba）哈里发国家统治时期，伊比利亚半岛成为法律、科学、建筑、工程和文学中心，其首都科尔瓦多城是一个遍地花园喷泉、灯火通明、人文荟萃的大都会，甚至连基督徒都称其为世界的"璀璨明珠"。

　　"光复运动"创造了一个全新的世界：西班牙和葡萄牙的天主教王国。

　　人们很容易将"光复运动"视为文明的血腥冲突，是被包围的基督教欧洲与奉行扩张主义的伊斯兰世界之间所进行的更广泛斗争的西部前线。我们认为与中世纪天主教和伊斯兰教有关的上帝认可的绝对论的大部分内容，就是在这场冲突中形成的。然而，770 年是很长一段时间，在此期间，有持续的和平时期。即使是在战争最激烈的阶段，天主教徒和穆斯林也彼此生活在一起，交易货物，建立起好客的避难之所。在这八个世纪里，伊比利亚半岛是一个大熔炉，世界上三种主要的一神宗教——天主教、伊斯兰教和犹太教都以微妙而明显的方式影响其他宗教。

任何今天穿过现代西班牙旅行的人都能看到明显的证据。在天主教教堂和犹太教堂里，类似清真寺的凉爽干净的内部环境就是其一。在饮食中，当然，也在西班牙语中，都能看到伊斯兰的影响。读到的西班牙文越久远，其书写就越手写体化，直到16世纪，它还完全是阿拉伯风格的，其华饰和花体将这两种好学的文化相结合。西班牙文的语法和结构源于拉丁语。但是，数以百计的普通词语来自安达卢斯，许多词汇用来描述对人类和社会生活有所意味的最原始的经验：快乐与食物、法律与权威、贸易与税收、意志、命运与接纳等。因此，它们与本书所述故事有一定的关系，也就是说，与奴隶制有关。

"Azúcar" 在西班牙语中的意思是糖，来自阿拉伯语中的 "sukkar"。13世纪晚期，穆斯林将这种甜料引入欧洲，并开始在西班牙种植。葡萄牙人和西班牙人率先把这一作物带到大西洋中的岛屿，包括亚速尔群岛（Azores）和马德拉群岛（Madeira），然后再带到新大陆的种植园，那里需要大量奴隶来切割甘蔗，把茎秆磨成汁。如果"海神"号上的西非人抵达加勒比海的话，那很可能就是他们要做的工作。阿拉伯语派生出的 "aduana" 的意思是海关，而 "alcabala" 和 "almojarifazgo" 指税收，这是西班牙人在美洲用来管制非洲奴隶贩售的词语。"Azotar" 即抽打，也来自阿拉伯语，描述了天主教和伊斯兰教的主人对奴隶施加的一种常见惩罚。"Ahorrar" 即积累财富，"ahorrarse" 即救赎自我，包括通过攒钱来赎买自由，这两个词分别来自阿拉伯语的 "hurr"，意为自由，以及 "harra"，意为把自己从奴役中解放出来，获得自由。[1]

基督徒和穆斯林一样，都主要通过军事征服和海盗袭击来获得奴隶。然而，在被认为是真正的奴隶之前，囚犯通常被认为是人质或"rehenes"，这个词是来自阿拉伯语的"raha'in"，意思是俘虏被当作人质或抵押品。天主教徒通常会勒索阿拉伯人或柏柏尔人，以获得黄金或黑人奴隶，或释放基督徒奴隶。穆斯林也采取了同样的做法来解救被天主教徒抓去的阿拉伯人和柏柏尔人。"Mulato"是一个西班牙语单词，指的是欧洲人和非洲人的混血儿，它与阿拉伯语中的"mulo"（骡）及"muxalatah"（各种东西或人的混合体，通常带有非法或禁忌的性质）有关。过时的"mujalata"（产业合作关系）这个词表示穆斯林和非穆斯林之间的商业行为，包括奴隶买卖。[2]

除了财富、权力和社会地位之外，阿拉伯语借词让人想起了与奴隶社会相关的宿命论、命运、厄运、幸运的感觉——顺从或抗拒本人社会地位的安排。"Mezquino"的意思是"悲惨的"，这个单词通常用来指代被奴役的人。"Afán"在西班牙语中的意思是"热情"或"欲望"，其词源更难追溯。根据一位词典编撰人的说法，它可能源自表示"悲伤或忧虑"的阿拉伯词汇。这也可能意味着神秘的灭绝，这是一种精神体验，就像莫瑞、巴波和其他穆斯林同伴在斋月开始时攀登安第斯山脉时感受到的一样。"Ojalá"和"oxalá"是西班牙语和葡萄牙语中比较流行的表达方式。这两个单词源于阿拉伯语的"inshallah"，意思是"神的旨意"。[3]

如果说几个世纪的战争和共同生活创造了一种共同文化——包括共同的奴隶制文化，这种情况也加大了分歧，加深了裂痕，滋生了原教旨主义。找不出某种实例可以作为一个转折点，即包容被绝对论取代的时间。长期以来，伊比利亚半岛上天主教进行的"光复运动"，一直被认为是一场宗教战争，因为它是两种不同信仰的人之间进行的战争。在多年流血战斗之后，研究十字军东侵和圣战的宗教理论家们阐发了越来越复杂的"正义战争"和奴隶制理论，他们批准囚禁非信徒，同时禁止奴役信徒。

但是，重要的是，天主教神学家并没有争辩说他们的"正义战争"（guerra buena）的目标是让穆斯林皈依天主教。相反，他们声称作战是要收复基督教的合法领土（因为西哥特人在阿拉伯人到来之前就已经接受了基督教），由此使"光复运动"合法化。

西班牙向帝国转变的过程则不同。1492 年，重新征服战争结束，新的征服开始。1492 年 1 月，天主教士兵将穆斯林赶出了欧洲最后一个据点格拉纳达（Granada）。同年 4 月，克里斯托弗·哥伦布（Christopher Columbus）航行抵达美洲，紧随其后的是满载勇士的船只，他们想象自己继续进行在欧洲开始的战斗。一位年代史编者在 1552 年写道："征服摩尔人的战争持续了 800 多年，继征服摩尔人之后，开始了对印第安人的征服。"①

然而，天主教神学家们却不能像他们在伊比利亚半岛上对付穆斯林那样，提出对土著美洲人发动战争的理由，因为西班牙或葡萄牙在巴西不能诉诸对这片土地的历史主权要求。美洲原住民不像穆斯林，他们从来都不"知道"基督，因此也从来没有机会抗拒他，这样就又少了一个要征服他们的借口。一个历史学家写道，对于西班牙，这些事实提出一个"极其严重的法律和道德问题"，因为其他欧洲帝国在挑战伊比利亚对美洲的排他统治（"我希望有人向我展示亚当剥夺我继承权的遗嘱"，据报道，法国天主教国王在听说教

/ 190

---

① 埃尔南·科尔特斯（Hernán Cortes）是墨西哥的征服者，他把定居的阿兹特克人（Aztecs）称为摩尔人，而至少有一个牧师认为，在墨西哥北部沙漠中流浪的游牧民族让他想起了阿拉伯人。西班牙人用"mosque"（清真寺）这个词来形容阿兹特克人和印加人的庙宇，并认为安第斯山区的沐浴仪式和动物屠宰习俗疑似伊斯兰教的仪式。当皇家官员来调查卡斯蒂尔（Castile）的新财产时，当地官员们为欢迎他们，在城镇广场上重新上演西班牙光复而非征服美洲的戏剧。西班牙人选择的美洲守护神是圣地亚哥·马塔莫罗斯（Santiago Matamoros），即摩尔人杀手圣詹姆斯。哥伦布将自己的航行描述为与"穆罕默德宗派以及邪神崇拜和异端分子"斗争的下一个步骤，尽管他向西航行的一个原因是避开伊斯兰教，寻找一条通往亚洲的贸易路线，绕过穆斯林控制的地域。

皇把新大陆赐予西班牙和葡萄牙后这样说）。[4]

西班牙开始提出一系列宗教论据来说明这个问题，其中有很多精巧的论点，但其主旨是明确的，即把西班牙对美洲的垄断统治权辩说为一种拯救当地美洲人灵魂的精神使命。为了让这种理由起作用，美洲的人种必须保持纯洁。宗教裁判所开始运作来清除本土异端（包括那些让西班牙人想起穆斯林仪式的习俗），而皇家官员则禁止犹太人、皈依基督教的犹太教徒、穆斯林和皈依基督教的穆斯林（1609 年有 40 万人，占西班牙总人口的近 5%）迁入美洲。[5]

这类皇室禁令最早在 1501 年就已颁布，也就是哥伦布踏上伊斯帕尼奥拉（Hispaniola）岛不到十年后。国王命令其新任命的美洲总督执行命令，要"非常小心"地"让印第安人皈依我们神圣的天主教信仰"：

> 如果你在上述皈依过程中发现任何在信仰问题上有疑点的人，可能就会对这些人造成障碍。不要同意，也不要允许穆斯林或犹太人、异教徒、任何经宗教审判接受基督教的人或新皈依我们信仰的人进入美洲新大陆，除非他们是黑人奴隶。[6]

除非他们是黑人奴隶。这就产生了问题，因为奴隶制成为伊斯兰教进入美洲的后门。1501 年至 1575 年，有超过 123000 名奴隶被带到美洲，其中超过 10 万人来自塞内加尔和冈比亚河周边地区。大多数人是沃洛夫人（Wolof）、富拉尼人（Fulani）、沃罗人（Walo）、曼丁哥人（Mandinkas），或者在西非发现的其他族群。这意味着他们中间有穆斯林。

由阿拉伯和柏柏尔商人及神职人员带来的伊斯兰教，在第一艘贩奴船航行到美洲前几百年，就已在撒哈拉沙漠传播开来。这种宗教创造了一种奇怪的连续性，因为即使伊比利亚半岛的天主教徒在欧洲清除了伊斯兰教的影响，他们航行到西非时，仍然发现"可恶的穆罕默德宗派"在黑人中广泛传播。16 世纪晚期一位西班牙牧师写道，尤其是"加罗佛夫人（Jalofofs）、弗洛人（Fulos）和曼丁哥人感染了穆罕默德的邪恶霉菌"，并"宣称基督敌人的虚假教义"。

正如《古兰经》中所写，有关"真主"极其"难以接近的神秘"信仰，在西非以不同的形式出现。光谱一端是一种宽容谱系，它与万物有灵论者和平共存，甚至将伊斯兰教出现之前的习俗与诸如占卜和巫术之类的伊斯兰仪式结合在一起，而在理论上，这应该是《古兰经》法则所禁止的。在此意义上，西非的伊斯兰教，尤其是在农村地区，看起来很像西属美洲很多地方出现的天主教圣人和美洲本土神的融合。历史学家兰辛·卡帕（Lansiné Kapa）写道，西非的祖先崇拜可以与伊斯兰教的一神论并存，人们相信"小鬼神"（lesser spirits）从真主那里获取力量。光谱另一端是圣战主义的正统派，对非信徒和叛教者发动战争。[7]

在这两种情况下，西非伊斯兰教的信条都具有强烈的平等主义精神和正义感。它的威胁在于，它挑战了天主教，因为它也认为世界上只有一个至高无上的神，信仰这个神秘、不可见、永恒的神。① 天主教徒在伊比利亚半岛认识到了伊斯兰教的威胁，其神学家经常将伊斯兰教称为一个异教剽窃者，扭曲了真实的教堂的仪式，玷污了法衣，败坏了信仰（比如说，他们每周五庆祝圣日——西班牙语中是"viernes"这个词，而不是在周日过圣日，即便如此，正如一位天主教牧师写道，"我们知道，维纳斯是一个无耻的婊子"）。[8]

/ 192

而且，他们也意识到了在西非存在的威胁。一名 16 世纪的葡

---

① 19 世纪早期，在西非富尔贝人（Fulbe）居住地旅行的一位基督徒记载，西非的穆斯林也认识到两种宗教的相似之处：有人"认为伊斯兰教是真正、原始的基督教，实际上由基督及其使徒传授，到穆罕默德时代出现腐败，穆罕默德对此加以改革，具有同样的权威"。

萄牙商人在谈到冈比亚河流域的黑人穆斯林时说，他们的神职人员"像我们一样计算月份"。和天主教一样，西非的伊斯兰教是一种有文化的宗教。他们"所写的东西被装订成书"，他继续说，"书中他们会讲很多谎言"。和天主教徒一样，他们也有神职人员，但他们的"异教徒牧师会因为节制、斋戒和节食而显得消瘦、疲惫不堪，因为不是他们成员杀死的动物的肉，他们是不会吃的"。他们的神职人员穿着长袍，就像天主教神父一样，"戴着一顶黑白大帽子"。他们的仪式和弥撒圣祭类似："他们面向东方进行祈祷仪式，在此之前，先洗净下身，然后再洗脸。他们聚集在一起大声背诵祈祷文，很嘈杂，就像一群牧师在唱诗，最后结束时，他们说"安拉，阿拉比"。而且，"黑人……相信谎言"。[9]

然而，与拉丁美洲天主教徒不同的是，在西非，人们不仅接受《古兰经》，还用可理解的语言来讨论经文。读写能力和信仰紧密相关。1608年，一位耶稣会教徒写的一份目击见证描述说，曼丁哥人（Mandinka）穆斯林在西非建立清真寺和学校，"他们用阿拉伯文教阅读和写作"。书籍在加奥（Gao）和廷巴克图（Timbuktu）等城市被撰写并装订，或从北非和阿拉伯半岛由"摩尔商人"输入，不仅包括《古兰经》和《古兰经》评注，还有科学论文和阿拉伯语版本的大卫圣歌、以赛亚书、摩西五经。到17世纪晚期，位于几内亚北部高原的廷博（Timbo）有一万人，是一个受人尊敬的研修中心。一位美国观察家写道，"人们对求知相当重视"，包括法律、数学、天文学和语言。主要是男人拥有学习读写的特权，但并非总是这样。一位在该地区旅行的奴隶说，他经常看到老妇人"在日落时分阅读《古兰经》"。其他的旅行者也报告说曾看到女孩学习阅读。[10]

教学方式可能是死记硬背。大多数年轻人"读过《古兰经》好多遍，并至少抄写过一次"。福塔贾隆（Fouta Djallon）的伊斯兰统治者的博学儿子——阿卜杜拉·拉赫曼·易卜拉希马（Abd al-

Rahman Ibrahima）在 1788 年被抓获，成为奴隶，他精通阿拉伯语和普拉尔语，在廷博、杰内（Djenné）和廷巴克图的学校里受过教育。他说他"每天有 48 小时"在做功课。[11]

然而，即使是通过无休止的重复死记硬背，这种教学法和宗教教导相结合，仍然可让人获得力量，在不同民族之间建立一个共同的信徒共同体。拉丁天主教的弥撒远距离就能让信徒感到敬畏，而西非的伊斯兰教则不同，它融合了公认真理、参与式教育和历史经验，这赋予伊斯兰教一种力量，耶稣会信徒阿隆索·德·桑多瓦尔（Alonso de Sandoval）在 17 世纪早期对其描述如下：

> 这种语言听起来就像地狱里的魔鬼在演讲……在几内亚，这个受诅咒教派的主要牧师是曼丁哥人，他们住在离冈比亚河和内陆地区 500 多里格远的地方。他们不仅自己喝下了穆罕默德宗派的毒药，还把它带到其他国家。他们将这种毒药随着自己的货物带到了许多王国……这些牧师拥有清真寺和神职人员等级，类似于我们大主教和主教的等级。他们有学校，他们教授用来写经书的阿拉伯文。高级神职人员旅行时，不同的地方接待他们就好像他们来自天堂一样。当他们到达一个新城镇时，他们宣布开始布道的具体日子，这样，该地区许多人就会知道在哪个时候聚集在那里。他们装饰了一个广场，挂了几幅让其谎言看起来有点权威的卷轴。然后祭司就站起来，对着上天举手抬眼。过了一段时间，他们在那可憎的书本面前俯卧下来，向它鞠躬。站起来后，他们感谢真主阿拉和那被派来赦免其罪行的伟大先知穆罕默德。然后他们颂扬经文中所写的教条，并要求每个人都集中注意力。在长达两个小时的阅读和讨论过程中，没有人会说话、睡觉或走神。演说家赞美其君王和首领，使其虚荣心膨胀，而祭司则颂扬这些领袖及其祖先的战果。他们把许多谎

言编进故事中，贬低我们的神圣信仰，赞扬穆罕默德那被诅咒的教派，并雄辩地说服国王和所有其他人拒绝接受基督教。①

① 这一段出自桑多瓦尔 1627 年关于奴隶制的论文，最初的标题是 "De instaruanda Aethiopum salute"（英文为 "The Procuration of Salvation for the Negros"，译为《使黑人获得救赎》——译者注）。桑多瓦尔这篇论文以他多年对哥伦比亚港口卡塔赫纳（Cartagena）的海滨进行实地考察为基础，这是西班牙在美洲大陆建立的第一批奴隶港口中的一个，涌入了成千上万的西非人。17 世纪早期，桑多瓦尔对此地进行考察时，这个城市就有 7000 多名非洲居民或非裔居民，是欧洲人的两倍多。城市中交流使用的非洲语言或方言有 70 多种，桑多瓦尔通过翻译人员进行工作，或者使用了从奴隶贸易演变而来的非洲语和西班牙语的混合语。在他收集的信息中，有一种是奴隶对在他们离开非洲前强加给他们的强制集体洗礼的印象，在那里，水手们会把俘获的非洲人的头摁到水罐里，同时牧师们吟唱拉丁语祷文。在桑多瓦尔看来，与穆斯林神职人员在撒哈拉沙漠以南地区传播伊斯兰教相比，这些大规模的洗礼，对非洲奴隶皈依基督教起不了什么作用。一些人认为他们被做了标记，油会被从他们的身体中挤压出来，他们会被吃掉。另一些人则认为这是一种"妖术"，意在防止他们在船上造反。有时，奴隶们在一个仪式上受洗并被烙上印记，他们的肉体被一枚皇家印章烙上 R 的印记。他们也许不明白洗礼用水的含义，但用水冲洗伤口造成的苦痛说明了问题。桑多瓦尔对穆斯林沃洛夫人、富拉尼人和曼丁哥人的信仰转变尤其悲观。桑多瓦尔所写的历史并没有质疑奴隶制的合法性。"只有上帝知道奴役这些黑人是否公正，"他写道。但他确实把非洲人描绘成蒙受苦难的人，拥有与白人平等的灵魂。桑多瓦尔用生动的、骇人的细节描述了我们今天认为奴隶贸易带来的痛苦折磨，他是第一批这样做的欧洲人中的一位。他的描述因为基于奴隶本身的证词而更加非同一般。桑多瓦尔对"基督徒"的批评尤其严厉，他说他们在一周内"对其奴隶施加的惩罚"比穆斯林奴隶主"一年内施加的惩罚"还要多。这位牧师认为奴隶制是一种典型的现代制度，因为它迫使人们在表象和现实之间、内心思想和外在表现之间产生一种精神上的异化或分裂，他也是第一批这样理解的欧洲人之一。桑多瓦尔的耶稣会同事认为，只要奴隶们不公开反对天主教会，那么就可以认为他们的被动无抵抗暗示他们接受了基督。但桑多瓦尔认识到，奴隶们有内在的生活和个人思想，这些他们没有在主人面前表露出来。因为奴隶制固有的残忍，奴隶们不得不变得狡猾才能得以生存。关于这种欺骗行为，他给出的例子是打烙印和洗礼的仪式。"想想他怎么不去反抗那燃烧的烙印，他们被烙上印记，而且主人永远可以役使他们，虐待和威胁他们，"他写道，"在他们身上打烙印伤害了他们，他们不想被烙印，但他们被动地接受它，忍受它，同时内心非常憎恶。"至于洗礼，那些认为这是宗教皈依仪式的非洲人后来经常说'他们心里什么也没说'（他们自己说的话）。"

若干世纪后，在 19 世纪早期，一个在富尔贝人居住地旅行的新教徒，也同样观察到教育在人们皈依伊斯兰教过程中扮演的重要角色。他说，贫困家庭和农村家庭会拥护真主，以便保证孩子的教育。"通过这种方式，伊斯兰教传播如此迅速，"他写道，"它很快就会取代整个西非的异教。"他不情愿地承认伊斯兰教有吸引力：其"影响力在某种程度上有教化作用"，"为疲惫的灵魂"提供栖息之所。[12]

没有人知道，戴着枷锁进入美洲的 1250 万非洲人中有多少穆斯林。一些人估计其比例高达 10%。它们出现于 1501 年到达的最早一批奴隶船中。三个半世纪之后，最后一批抵达美洲的奴隶中也有穆斯林。在新英格兰地区美洲最北端的奴隶港口，以及布宜诺斯艾利斯和蒙得维的亚、最南端的奴隶港口，都有穆斯林上岸。

被带到美洲的一些穆斯林奴隶认为，伊斯兰教是统治世界的宗教，是诸如马里（Mali）和桑海（Songhai）帝国般不断扩大的威严国家的信仰。这些社会里，人们有很强的阿拉伯语和当地语言读写能力，并且围绕清真寺、图书馆和学校组织起来。在其他领域，伊斯兰教是一种反抗的宗教，以放牧或农耕为生的伊斯兰群体进行斗争，对抗不义或邪恶的大领主，赢得或维护自治。例如，1804 年，富拉尼人和豪萨人（Hausa）的游牧部落发起了一场圣战，反对戈比尔（Gobir）城邦里奴役穆斯林自由人的伊斯兰统治者。叛乱是由一位名叫奥斯曼·丹·福迪奥（Uthman dan Fodio）的苏菲派乡村传教士领导的，他解放了那些加入他的事业的奴隶，并主张解放那些改信伊斯兰教的人。这场战争持续了十多年，改变了西非大部分地区，历史学家曼努埃尔·巴尔西亚（Manuel Barcia）认为，这一事件对大西洋历史的重要性，堪比法国大革命和海地革命。战斗震动尼日尔河上游地区时，穆斯林和非穆斯林都在袭击中被捕，他们被卖给欧洲人，然后运到美洲，他们的宗教分歧因为大西洋中央航道的恐怖而消失。巴波、莫瑞和其他"考验"号上的叛乱分子大约就是在这段时间里首次被奴役的。13

当时，伊斯兰教为美洲的奴隶提供了律法（一套关于何为正义的奴隶制的规则和预期）、用来质疑其奴役状况的精神（圣战或反抗非法奴役的经历），以及读写能力和神学，来增进他们的经验。一位英国旅行者指出，在巴西，一些穆斯林奴隶"能流利地书写阿拉伯语，而且比他们大多数主人都要优越得多"。14

美洲第一次重大奴隶起义中，有一部分人就是穆斯林，这场起义发生在 1521 年的圣诞节，地点是克里斯托弗·哥伦布儿子经营的一个种植园。来自塞内加尔的数十名沃洛夫人起来反抗，杀死西班牙人，焚烧种植园，赢得了一周的自由，直到他们被抓获、吊死。这次叛乱之后，西班牙当局颁布了第一个法令，随后颁布了更多法令，禁止奴役被认为是穆斯林的非洲人。在被禁止奴役的人中，有来自黎凡特的黑人、在摩尔人中长大的人、来自几内亚的人，以及"格洛夫人"（Gelofes）或"沃洛夫人"，还有塞内加尔河和冈比亚河附近的居民。西班牙人认为，沃洛夫人特别"傲慢、不听话、桀骜不驯、不可救药"。一位西班牙诗人写道，他们拥有"骑士般的自负"。15

穆斯林不停地被捕捉并被运往美洲。他们一直在反抗。在海地革命中为自由而战的非洲人和非裔中就有他们。乔治·华盛顿的芒特弗农农场里有他们，托马斯·杰弗逊的蒙蒂塞罗农场里可能也有他们。西蒙·玻利瓦尔由被解放的奴隶和黑白混血儿组成的军队结束了西班牙在南美洲的殖民统治，这支军队里也有他们。公开承认信奉伊斯兰教的非洲人最集中的地方是巴西的巴伊亚，在那里，直到 19 世纪他们都可以读《古兰经》，在清真寺里做礼拜，穿着白色的亚麻布，坚持过伊斯兰教圣日，在斋月禁食，在开斋节期间庆祝。1835 年，他们发动了美洲最大的一次城市奴隶起义。他们选择开始起义的那天，和巴波、莫瑞三十年前发动起义是同一天，都在"万能之夜"。16

　　当赫尔曼·梅尔维尔思索着怎么称呼《班尼托·西兰诺》里的那艘奴隶船时，一个选择是保持该船的实际名字——"考验"号。这个名字足够响亮。当梅尔维尔在 1855 年初开始写这个故事的时候，亚伯拉罕·林肯还没有用《圣经》中"火炼的考验"这个短语来指称奴隶制危机。但在梅尔维尔的成长过程中，这个比喻经常用来指代美国革命。梅尔维尔反而决定将这艘船称为"圣多米尼克"号，沿用了海地原来的法国殖民名字"圣多明各"。[1]

　　虽然海地于 1804 年宣布独立，但美国在半个多世纪后才承认海地。一位密苏里州的参议员说，华盛顿不会接纳"黑人大使"，因为这样做好像就是向谋杀"主人和女主人"的凶手致敬。甚至许多最狂热的废奴主义者，也不想吹捧海地，因为他们担心奴隶制的捍卫者会援用海地革命中出现的野蛮残暴行为来反击他们的废奴事业。"那个可憎、可鄙的海蒂"，哈里特·比彻·斯托（Harriet Beecher Stowe）在《汤姆叔叔的小屋》中让一个具有同情心的角色这样描述这个国家。但是，另一些人对奴隶制的日益发展壮大感到绝望，他们开始赞美革命，并赞扬杜桑·卢维杜尔（Toussaint Louverture），朗诵诗歌、发表演讲、上演戏剧以纪念这位海地开国元勋。[2]

　　例如，整个 19 世纪 50 年代，弗雷德里克·道格拉斯（Frederick Douglass）的报纸都在报道杜桑的复活，比如，巴黎波特·圣马丁剧院演出了名为《杜桑序曲》的戏剧，报纸对此戏剧的开演情况进行了评述。"早在 12 点的时候，一群人就聚集在门口；在戏剧开场时，人山人海。在第一个场景中，圣多明各的居民聚集在海岸边，蓝色的海面反射着阳光灿烂的光芒；演员们热情地歌唱黑人《马赛曲》。"道格拉斯在 1849 年说："奴隶主们正睡在沉睡的火山上。"六

／ *198*

年之后，梅尔维尔问，《班尼托·西兰诺》中的圣多米尼克是否"像一座沉睡的火山"，等待"现在藏而不露的能量突然释放"。[3]

也许梅尔维尔在给他的船取名"圣多米尼克"时，将一个小小的文学知识用在了这个长期被否认的岛屿共和国。或者他只是对历史上的班尼托·西兰诺向巴波、莫瑞和其他叛乱者否认了海地共和国的存在感到震惊，于是就决定让他做和该国家同名船只的船长，然后在该船上被俘。

梅尔维尔对德拉诺的真实叙述，做了一些其他变通，添加了一些细节，如"奇怪的经历"、"船上奇怪的人"，来烘托这艘"奇特的船"。在故事的开头，作者让德拉诺注意到船首是用帆布包裹的，下面有涂鸦："跟着领袖走"。后来，当德拉诺手下的人夺回这艘船时，防水布被拉开，露出可怕的一幕：亚历山卓·阿兰达的骷髅。叛乱者已经用阿兰达的骨头取代了"圣多米尼克"号上的艏饰像——克里斯托弗·哥伦布的雕像，这意味着他们把阿兰达吃了。同时，还揭露了巴波迫使每个幸存的船员和乘客向前走，他指着船头白骨问他们，"因为骨头是白色的，是不是认为这不是白人的骨骸"。这个西非人警告说："从这里开始一直到塞内加尔，对黑人讲信用，否则，你的灵魂如同现在你的肉体，就要追随你的领袖。"

梅尔维尔在写这一场景的时候，是不是如同一位学者表示的那样，是在试图用一种象征性的方式颠覆"以欧裔美洲人的角度述说的新世界通史"，揭露"新世界历史上大屠杀的基本面"？他是否打算将这名贩奴商变成"他自己邪恶的权力体系的牺牲品"？难道他认为只有把肉体变成白骨，奴隶制的罪恶才能从美洲抹去吗？[4]

这无从知晓——有关创作《班尼托·西兰诺》的动机，梅尔维尔没有留下信件或日记，或者至少还没有找到这些资料。但是，1855年2月，就在梅尔维尔向《普特南月刊》（*Putnam's Monthly*）提交《班尼托·西兰诺》书稿前两个月，查尔斯·威利斯·艾略特

（Charles Wyllys Elliott）在曼哈顿阿斯特广场（Astor Place）的一个商业图书馆做了一场关于海地革命的演讲。在演讲开头，他对新世界第一次重大奴隶起义进行了评论，即1521年在克里斯托弗·哥伦布的儿子圣多明各的种植园里由西非沃洛夫人领导的起义。

"奴隶们站起来了，杀死了监工，"艾略特说，"他们中许多人被吊死。"艾略特是一位作家和城市规划师，他和梅尔维尔是一个圈子里的人，他的演讲也将被出版《班尼托·西兰诺》的同一家出版社发表，在演讲中，他提醒听众，海地曾被称为圣多明各，哥伦布就是在那里第一次登陆。不久之后，为了获取黄金，"上百万淳朴的原住民"被"牺牲掉"。新世界（美洲大陆）首次种族灭绝完成后，西班牙人就转向非洲"偷窃、引诱、收买黑人……这种行为受到教皇的保佑、国家的鼓励"。[5]

"这次起义只是开了个头，"艾略特说。的确是跟着领袖走。

第六部

谁非奴隶？

自由只是一种名称，用来命名一种不自由的东西。

———赫尔曼·梅尔维尔:《玛迪》

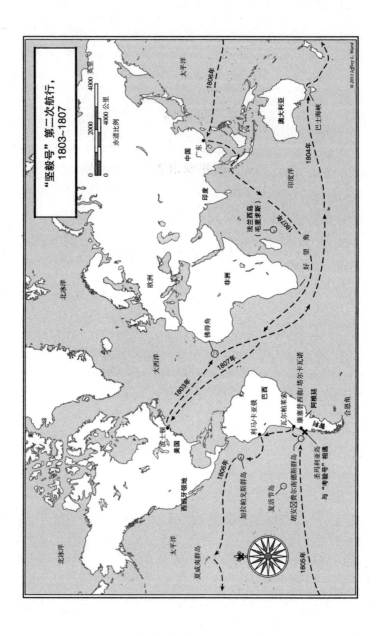

"坚毅号"第二次航行，
1803~1807

1805 年 2 月，亚玛撒·德拉诺乘坐"坚毅"号沿着智利海岸向南航行，前往圣玛丽亚岛，这是他的第二次捕猎海豹之行。山顶覆盖着皑皑白雪的安第斯山，转移了他的注意力，让他暂时忘却诸多烦恼。从北到南，在德拉诺的视野中，层峦叠嶂，"令人震撼而又壮美雄伟"。这位自学成才的水手，使用壮美（sublimity）这个词时，其所指就和当时那些读过埃德蒙·伯克或其他 18 世纪哲人或诗人作品的人所指的一样。如果形容一件事情很壮美，那就是说它既能唤起恐惧又让人愉悦——面对大自然的无限感到恐惧，而相隔一定距离则产生愉悦。这里面暗含着特权，因为只有幸运的灵魂才会在安全场所体验到恐惧，就像亚玛撒·德拉诺，在他的"船甲板上，离岸 8 英里或 10 英里"。

碧空如洗，在右舷一侧，夕阳的余晖投射到山脉西部的丘陵上，形成了光影斑驳的格子花纹。风平浪静，"坚毅"号平稳前行。亚玛撒的目光追随着波浪进入海岸起伏的平原，地势突然上升，陡度令人吃惊。山峦"如此壮丽，妙不可言"，他想，"在一些地方，在美丽的阴影里，一座山刚好耸立在另一座山之前，形成了一种人们能想象到的最美妙有趣、瑰丽多彩的景象"。[1]

/ 204

"坚毅"号与"朝圣者"号（制造该船时期望第二次海豹猎捕远征和第一次一样成功），17 个月前就从波士顿出发，实际上这两艘船是德拉诺家族的救济所。"朝圣者"号由亚玛撒的兄弟塞缪尔指挥，并带着他另一位兄弟——"双脚严重畸形的威廉"。亚玛撒的侄子和被监护人查尔斯也在"坚毅"号上，查尔斯已经 7 岁了，却像个 3 岁小孩那样"需要照顾"。查尔斯的手臂不能自如活动，亚玛撒有义务照顾他，亚玛撒说，这个责任比"其他所有事业加起来"对他的"影响还要大"。[2]

尽管亚玛撒最近从那次航行中已经获利，但他在不在家时，家庭债务在逐步增长。6月，他与寡妇汉娜·阿普尔顿（Hannah Appleton）结婚，她经营着一家还算不错的波士顿公寓。但钱仍然是个问题。在陆上，德拉诺感受到了责任的负担。塞缪尔是一位造船师，他在杜克斯伯里镇有财产，所以可以自己照顾自己。20岁的威廉是一个更倒霉的人物，他多年后死在海上。他的3个妹妹，特别是比他小一岁的妹妹艾琳，日子也不好过。

当亚玛撒准备离开时，负担变得更重了。"我们留在身后的亲戚，几乎所有人都需要我们帮助。"他写道，"而我们至少三年后才能回家。"

他说，自己感到"在任何事业开始时都未曾如此焦虑"。他带走了父母膝下"所有的儿子，一个孙子，还有我姐妹们所有的兄弟"。他感到自己不惑之年体力不支："我发现自己的身体和思想都不如25岁时那样活跃。"尽管如此，他别无选择，只能面对"风暴、危险和巨浪"，从遥远地区贫瘠的岩石中尽其所能攫取资源。[3]

"坚毅"号和"朝圣者"号首先在佛得角群岛装了一船盐，在那里它们招募了一些葡萄牙水手，一些任性不羁的"三明治群岛（夏威夷群岛的旧称）的岛民"。然后，他们沿着非洲西海岸航行，绕过好望角，横穿印度洋，向太平洋航行，沿途还有更多人手加入。

兄弟俩听说智利附近水域几乎已没有海豹，但一艘法国船的船长告诉他们，在将塔斯马尼亚（Tasmania）岛和澳大利亚大陆分开的宽阔、多风的巴斯海峡（Bass Strait）东部海口的国王岛（Kings Island）上，海豹群栖地满是海豹。国王岛曾经是大量长着暗色羽毛的黑鸸鹋的家园。1804年初，当德拉诺到达时，海豹都已消失不见，鸸鹋也没有。过去几千年里，这种类似鸵鸟的鸟类已经进化到能够将大部分肉食动物踢死，但在刚过去的大约五年时间里，海豹捕猎者通过利用经过专门训练的狗咬住鸸鹋的脖子来捕捉它们，从而将它们大规模捕杀，直到灭绝。[4]

"在岛上没有发现任何海豹，感到非常失望，"兄弟俩转向海峡西端，抵达巴伦角岛（Cape Barren Island）。在此航行过程中，他们发现了搁浅被困的"诚信"号（Integrity），一艘英国独桅纵帆船，它正沿德文特河（Derwent River）帮助建立一个新的监狱殖民地[此地最终将发展为霍巴特城（Hobart），这是英国在塔斯马尼亚岛建立的第一块也是最大的一块殖民地]。"坚毅"号和"诚信"号停在一起，帮助它修理坏掉的船舵，而"朝圣者"号则把货物和乘客都送往德文特河。后来，亚玛撒把塞缪尔送到悉尼，向英国长官提交了一份价值400英镑的"服务执行"发票。长官抱怨说，这个账单太高了，但他必须支付，因为"诚信"号的船长已经在发票上签了字。他认为，德拉诺是一个"海盗般的家伙"，因为他会"借机敲诈"。[5]

3月3日，"坚毅"号到达巴伦角岛的肯特湾并建立了营地。周围的水域充满了"岩石、浅滩和危险"，这片土地是由破碎的花岗岩和深厚的波状黏土组成，上面覆盖着草树、石楠和灌木。几年前刚开始在这里以及海峡其他地方捕猎海豹。尽管如此，英国官员已经开始担心，成年海豹被胡乱捕杀，这使成千上万海豹幼崽在海滩上饿死。如果市场价格足够高，那么杀死小海豹是值得的，因为它们的小片皮毛可以用来制作钱包和手套。但随着中国市场饱和，海豹皮毛价格下降，利润率不足以抵偿剥小海豹皮所费的时间和精力（把海豹的大皮毛切成小块容易些）。[6]

/ 206

德拉诺在巴伦角岛面临的最紧迫的问题不是海豹数量太少，而是捕猎海豹者太多。其中一些人是来自澳大利亚大陆的逃亡者，他们原来为杰克逊港（Port Jackson）和悉尼的商人打工。另一些人则是来自德文特河上囚犯殖民地的逃犯，英国人已经开始向该殖民地输送"最糟糕的"的罪犯。"不守规矩、无能、懒惰"，这些"被遗弃的冷酷卑鄙的人"一到那里就逃走，偷走小船、步枪、火药、食物，然后逃到巴斯海峡的暗影里。他们希望能到达新西兰或帝汶岛（Timor Island），尽管大多数人只到达巴伦角岛，岛上"长期以来一直有大量的非法逃亡者，现在人满为患"。这些"海鼠"加入了已建立商业契约的海豹团伙，或者独自劳动，生活在简陋的小屋里，从塔斯马尼亚岛绑架土著妇女，作为奴隶的妻子。他们故意点燃引导火光，引诱船只航行进入浅滩，然后在船只受损时进行掠夺。[7]

亚玛撒后来说，他曾试图避免与其他捕猎海豹者"公开争斗"。然而，要忍受如此多"恶棍的侮辱"是很困难的。他的小船被偷，他的大船漂走。他手下许多人都无法忍受这种骚扰。他们弃他而去，要么加入了敌对的海豹捕猎团伙，要么加入了"不列颠国王陛下"的军队。随着船员数量不断减少，德拉诺被迫招纳逃犯来补充人员。[8]

大约在 10 月中旬，亚玛撒的团队和一个海豹捕猎团伙之间偶然发生的小冲突，演变成大规模的战斗，这个团伙由詹姆斯·默雷尔（James Murrell）领导，他曾为凯西尔和安德伍德的悉尼商行工作。默雷尔和他的船员攻破了德拉诺的营地后，德拉诺的水手进行了报复。他们抓着默雷尔和他手下几个人的头发，把他们从小屋里拖出来，跨过岩石与刺草，把他们拖到海滩上，把他们剥光，绑在树上鞭打，直到他们流血。默雷尔挣脱开，奔向了大海。他被德拉诺团队中的一位"三明治岛的野蛮人"追赶，并遭到"大石块猛烈击打"。默雷尔举起他的手臂防卫，他手腕和手肘之间的部位受到猛击，"伤得很重，皮开肉绽"。最后，他被从海浪中拖出来，半死不活，被遗弃在海滩上，身受"最折磨人的疼痛"。

第二天，"坚毅"号和"朝圣者"号逃离了新南威尔士。这两艘船几乎没有装载任何海豹皮，但至少有 17 名英国人、威尔士人、爱尔兰人逃兵或逃犯，还有从默雷尔海豹捕猎营地里偷窃的帆布、滑车和索具。[9]

德拉诺兄弟向东航行，来到他们更熟悉的智利猎场，他们造访了一个又一个岛，却仍然没有发现海豹。他们的手下人意识到这次航行失败了，开始弃船潜逃，每到一个锚地就有几个人逃跑。这俩兄弟决定，如果他们分开航行，可以覆盖搜寻更多的海域，也许会找到一个完整的狩猎场，他们计划在一个叫圣玛丽亚岛的小岛上集合，然后就分道扬镳了。塞缪尔前往圣安布罗西奥（San Ambrosio）和圣费利克斯岛（San Félix Island），亚玛撒则向北航行，到胡安·费尔南德斯岛（Juan Fernández Islands），该群岛位于马斯阿富埃拉岛和大陆之间。

"坚毅"号在离岛西北海岸约 6 英里处抛锚。德拉诺可信赖的大多数人都留在了其他地方，试图寻找海豹，这让他感到与世隔绝。他是船长，却觉得自己像是船上的囚犯。他的兄弟们在很远的地方，船上没有一个人可以让他托付指挥这艘船。让船上的人员（尤其是塔斯马尼亚的犯人）独自驾驶捕鲸小艇出海，他也不放心。他担心，一旦登上岛，他们就不会回来了，或者如果遇到其他逃亡的人，他们可能会联合起来反对他。尽管德拉诺对离开这艘船顾虑重重，但他别无选择，只能自己带领外遣队。

高涌的巨浪阻挡了他登陆，他的小船随风漂向东方。天气阴沉沉的，不久，德拉诺就注意到自己的大船正从岛上退去，显然是拖着锚。它渐渐消失在西方，很快看起来就像"一个人的拇指那样大"。德拉诺的人员艰难地**划着船**，却无法前进。他们来到一个比较平静的海湾，这里有一个小码头。岛上的长官就在码头上，好像在等他们，却拒绝让他们上岸。德拉诺请求允许他们过夜。长官收到利马的命令，不允许外国人登岛，对他们也不宽待。德拉诺别无选择，只能退回，穿过海浪离去，而狂风巨浪变得更加猛烈。[10]

/ 208

海浪开始盖过小艇。艇上的人努力划船，以求摆脱困境，到了晚上 10 点，仍然找不到"坚毅"号。德拉诺用步枪射击，希望他的**船能看到子弹发出的光**，但厚重的空气使这火光倍显昏暗。"**逆浪滔**

天"，船桨每划动一下，就把海水带到船里，"小船一半都是水，水一直漫到横梁"。然而，他们却不能在没有某种压舱物的情况下穿行于海浪之中，等待暴风雨结束。每次都是先被推上浪尖，接着就急剧跌入浪底，整艘船都湿透了。德拉诺让他的人把桨捆扎在一起，**做成两个弧形物**，船两侧一边一个，每一个都系上石头，临时做成一个双体船，有助于稳定在波浪中摇摆的小艇。

小船就这样度过了一整夜，"在极端情况下承受苦难"。之前亚玛撒在巴伦角岛几乎被淹死。当时，他和兄弟威廉以及其他四名水手正用一艘小船把一桶桶鱼带到岸上熏烤。但是当他们向陆地靠近时，他们遇到了**"马市"**，即海水爆炸性汇聚。海水的碰撞迫使波浪成堆上涌：他们的船**先是被抬升**，然后下降，其后船里浸满了水，沉没了，而亚玛撒和其他人"漂浮在水面上"。亚玛撒抓住一块木头来保持漂浮状态。他抬头看到他手下的一个船员，一个叫约翰·弗斯特拉姆（John Fostram）的瑞典人向他游去。德拉诺怕弗斯特拉姆会把他拉下水，就开始疯狂踢打以挣脱离开。他回头看到弗斯特拉姆淹死了。德拉诺后来写道："我记得，在我的一生中，没有什么事件对我来说比弗斯特拉姆被淹死更让我高兴的。"然后，他看到另一个水手也在试图接近他。他也沉到水下去了。"一直到那时，我从来不觉得看着一个人死去是件乐事，但是在濒临危险时，我们如此看重自己，以至于我们宁愿看到整个人类灭亡，也不情愿自己死去。"最后，海面终于风平浪静，亚玛撒、威廉和另外两个人一起获救。[11]

然而，这一次，亚玛撒不能指望他的兄弟了。塞缪尔在遥远的南方寻找海豹，威廉在附近一个岛屿上。他开始担心"坚毅"号是故意弃他而去的。在这艘船上早已形成小集团，从新南威尔士到南美洲的航行中，他们的头领一直在考验他的权威。没有诸如默雷尔那样要去战斗的外部敌人来鼓舞全船的人团结一致，也没有海豹要捕杀，而且没有钱可以赚，他手下的一些人已经背叛他了。一年前和亚玛撒兄弟一起离开波士顿的水手们，早就开始抱怨他们可"分享"的利润实在是太少了。那些沿途加入的人，尤其是那些逃犯，对德拉诺斯也没有什么忠诚之心。船员之间发生打斗。不服从命令的小事件也越来越多。他的手下无视他的命令。更糟糕的是，他们开始嘲笑他。"我的船员们都不听话，这些逃犯总是不忠实的。"

他开始依赖他的大副鲁弗斯·洛（Rufus Low）来更频繁地施加更重的惩罚。这些反击行为让情况变得更坏，加速了违纪行为和惩戒行为之间的恶性循环。很快，绝望的德拉诺就开始通过采用鞭答和扣留食物来惩罚"轻微的过错"。① 反过来，甲板上的水手则开始看到德拉诺的指挥变得越来越变化无常。"没有什么能让他高兴的。"一名水手后来作证说。[12]

德拉诺坐在自己临时做成的双体船漂浮在波涛汹涌的海上，他认为已经失去了自己的船队，他的船员们已经抛弃他，任由他自生自灭。他衣着单薄，只穿着南京马裤，"非常紧"，还有一件薄薄的白棉布马甲和外套。它们也很紧。亚玛撒躺在小船的底部，一整夜都全身湿透，"水一直在冲洗我的身体。"早上，大海汹涌不已。到了 10 点，风暴终于停息，能让小船上的人拆掉拖曳物，重新开始划船。最后，又过了 5 个小时，他们终于遇见"坚毅"号。船员们不得不用一根绳子和滑轮把德拉诺拉到他们的大船上，因为整个寒冷的夜里他全身湿透，像一团浸满水的棉花，暂时性地瘫痪了。他问

/ 210

---

① 鲁弗斯·洛来自马萨诸塞州的安角的格洛斯特镇（Gloucester），是"坚毅"号上除德拉诺外最富经验的水手。洛曾是一艘商船的船长，曾多次航行前往印度。1794 年，他是"勤勉"号（Industry）纵帆船的主人，这艘船先是被英国海军夺走，然后被法国海军捕获，之后被海地的法国殖民官员掠夺。1800 年，他还曾在作为航海员美国海军的"埃塞克斯"号（Essex）上服役，这是美国现代海军最早的舰船之一，该船在航行中发生了异常多的鞭答事件。

之前他留下来负责的那位水手为什么没有跟着他的小船，此人只给出了一个含糊的答案。他对德拉诺说，因为风暴，他们无法这样做，大风使他们放下了桅杆。

随后，德拉诺下令把附近的海豹捕猎外遣队接过来，然后前往圣玛丽亚岛。他需要找到他的兄弟。

"考验"号沿着圣玛利亚岛崎岖、多风的南端艰难航行，摇摇晃晃。西兰诺因为运气好才和大约一英里开外的暗礁保持安全距离，然后停泊在一个安静的海湾里，距离"坚毅"号大约半个里格。

突然碰见这艘来自杜克斯伯里镇的双桅横帆船，让"考验"号上的人从昏睡状态中晃醒过来。起义53天以来，西兰诺的航程一直未被发现，他避免走瓦尔帕莱索和利马之间的繁忙航道，那里挤满了商船和海军船只。两个西非女人，还有她们的两个孩子，死于饥饿和干渴，船上还共有87人：68名西非人，他们的三个盟友——杰奎因、弗朗西斯科、何塞，10名幸存的水手，4名客舱服务员，1名乘客，他原来是亚历山卓·德·阿兰达的随行人员，还有就是船长西兰诺。自叛乱者把阿兰达扔进大海到现在已经有1个月，阿兰达被谋杀后，紧张局势有所缓和。西兰诺签约说要将叛乱者带回塞内加尔后，矛盾也得到缓和。

但情况非常糟糕。食物短缺，水也没了。晚上会有露水，但几乎和雨水一样稠密，不足以让旅行者体内保持水分。在两名妇女及其孩子死后，绝望让人麻木。[1]

"考验"号船腹较宽，和许多新贝德福德的橡木捕鲸船和贸易船一样，都具有良好的适航性。然而，航行者们在航程中却吃了很多作为压舱物的食物，包括桶装猪油、小麦、盒装饼干、鸡、猪和牛，这些食物本来都是用来增加船的重量，并使船保持稳定的。在谋杀阿兰达后不久，他们就陷入了一场恶劣的暴风雨。海浪把船掀起，船好像一根木头似的在海中颠簸，海水倾泻越过围板，进入舱口，西非人猛烈地抽出海水，却来不及把海水击退。西兰诺别无选择，只能投弃掉船上部分沉重的货物，包括一堆从智利南部带来的木材，把它们统统都投进海里。

因为这艘船变轻了，所以乘浪而行被抛得越高，侵入"考验"号船舷上缘的水也越少。但船越发倾斜。当西兰诺在 1803 年初获取该船时，它已经很破旧而且有漏洞，一年多来，这艘船被过度使用却缺少维护。现在，它几乎被毁了，船帆磨损了，帆索也被弄得乱七八糟。海藻的长草带子缠绕覆盖在船头，藤壶在船体表面形成一层硬壳。"在这片海域，一艘船很快就会被损坏，"一名水手这样描写"考验"号通过的这片水域。[2]

"考验"号绕过圣玛利亚岛南端的那天早上，亚玛撒·德拉诺躺在床上，正在思考将玩笑打闹与不服从管理区分开来的界线。四天前，"坚毅"号已放下了锚，等待塞缪尔，但他一直都没有出现。不久后，德拉诺就把 8 个人从船上拖出来留在岛上，因为他发现这些人密谋反抗他。他又让另外 8 个人去海边玩，"打猎、钓鱼、掏鸟蛋、打球"。尽管经历了新南威尔士的骚乱、前往智利的紧张航行以及他的船员们在胡安·费尔南德斯群岛附近的可疑行动（亚玛撒一直不知道那天晚上发生了什么）后，但他不确定这群人中会有多少人回到船上。圣玛利亚岛不是一个大岛。它只有 5 英里长、2.5 英里宽，但是有很多地方可以躲藏，比如说松树林、沼泽地或小海湾。德拉诺不得不等弟弟塞缪尔来了以后再去追捕弃船而去的人，因为留在"坚毅"号上的许多人，他们本身也差点开小差逃跑。

德拉诺在被告知发现"考验"号后，他穿好衣服来到甲板上，考虑接下来要做些什么。他害怕私掠船，并亲身体验了它们假装遇险然后攻击的把戏。但他也知道，如果没有好意和信任，海上贸易以及由此带来的繁荣是不可能存在的。"一艘船可能需要另一艘船上备用的东西。"德拉诺后来写道。此外，这艘船可能是一个盟友，甚至可以帮助他解决自己的麻烦。

德拉诺下令将船上的小艇装上鱼、水、面包和南瓜，并迅速出发，因为看起来好像海风正把"考验"号吹向暗礁。德拉诺最近从楠塔基特岛捕鲸船"火星"号的巴尼船长那里得知，德拉诺的"这些逃犯船员"还有一个阴谋，就是偷走他的小艇，然后前往楠塔基特岛。然而，这一次，与胡安·费尔南德斯岛不同的是，德拉诺有一些可以信任的人，包括德拉诺的第一个见习船员纳撒尼尔·卢瑟（Nathaniel Luther），还有自己的兄弟威廉。德拉诺让威廉负责这艘船，并和卢瑟一起登上小艇。

圣玛丽亚岛坐落在一个宽广的位于沿海海湾之外五十英里远的地方，源自安第斯山脉的比奥比奥河（Bio Bio River）注入此海湾，该河流作为自然分界线，把智利北部的良田和南部的荒野分隔开来。几个世纪以来，西班牙一直试图将圣玛丽亚岛变成一个防御要塞，一个对抗海盗、走私者、强盗、未经授权的捕鲸者和捕猎海豹者以及敌对帝国的前哨。[3] 但是这个岛在 1805 年仍然是几乎无人居住的荒岛。在《班尼托·西兰诺》开头的场景中，梅尔维尔把这个地方描写得异常灰暗："万籁无声，风平浪静；一切都灰蒙蒙的……天空仿佛一件灰色男士外套。一群群惊慌失措的灰色水鸟，酷似那些与它们混杂在一起的令人不安的灰色水汽团……现在这些灰色的阴影暗示会有更浓郁的阴影来临。"但是，当德拉诺朝着"考验"号前行之时，阳光冲破清晨的薄雾，碧蓝的天空出现在眼前，后来便一直是碧空如洗。[4]

西非人本可以通过减少船上人员的数量来维持他们日益减少的食物和水。然而，如果他们要前往塞内加尔，他们还需要剩下的船员来驾船。就现存的文件来看，他们并没有互相攻击。相反，在与"坚毅"号相遇之前的几周里，叛乱者陷入了沉寂。在海面无风的日子里，"考验"号在水中"无精打采"地摇晃着，横杆端在吊索上嘎吱作响，夏末的阳光给船体染上一抹暖色。权力也无能为力。在疯狂的起义和匆忙的处决之后，接下来是暴风雨，需要大量的劳动来清空货舱，现在却无事可做。直到看到"坚毅"号，叛乱者才从听天由命的念头中惊醒过来。

目击者说，是巴波和莫瑞提出这个计划的。如果他们试图逃跑，"坚毅"号可能不会追击。然而，西非人并不知道这一点。他们本可以立即战斗。班尼托·西兰诺后来证实，在靠拢德拉诺的船时，叛乱者拿起了刀和宽刃斧，做好了准备。但是，巴波和莫瑞想到了一个欺骗搜查人员的想法，装作他们好像仍然是奴隶。莫瑞警告西兰诺要听从他说的每一句话，看着他的每一个举动行事。如果西兰诺给出"任何暗示，说明船上发生了什么事情，"西班牙关于此事件的报告在后来说，"他们会当场杀了他，连同所有其他船员和乘客。"

巴波、莫瑞，可能还有"考验"号的其他人，都是有文化的人，可能在古兰经学校里受过教育。他们知道如何观察天象，至少能记录日历，以及如何用他们自己的语言写字。巴波、莫瑞让西兰诺与他们签订以自己的生命为交换条件的合同，1805 年时在这伊斯兰教徒中早已定型，在基督徒中也是如此。莫瑞知道的西班牙语足以使他与西兰诺沟通。巴波在其他西非人中获得高度尊重，这表明在成为奴隶之前的生活中，他可能是一位伊斯兰教修士（神职人员）或一位"法基赫"（faqīh，意为"学者"）。[5]

当时，在整个西非都存在奴隶制。巴波、莫瑞和其他一些人可能自身就是奴隶主。或者他们可能是奴隶。当时西非许多地区动荡不安，不管身份地位还是教育水平都不能保护他们在冲突中不会被俘虏、卖给欧洲人。不管巴波可能对奴隶制有何亲身体验，如果他是一位宗教人士，或者是一位年长的学者，他也会很精通奴隶制的神学。例如，今天在廷巴克图和马里其他地方发现的许多重要苏菲派学者的手稿，都就奴隶制作为一个道德、法律、智力问题进行了苦苦探索。① 和基督徒一样，伊斯兰哲学家和神职人员努力调和其人道主义——认为所有人都可以得救，正如一位 14 世纪的穆斯林法学家所说，"对于亚当所有的孩子来说，基本原则都是自由——这与奴隶制的实践是矛盾的。

就像在基督教中那样，这一矛盾引出一些伊斯兰学者难以回答的问题：谁能合法地被奴役？谁有奴役的权力？对主人的权力应该设置何种限制？奴隶对自己的主人有何义务？伊斯兰神学家和基督教神学家一样，详细阐述了规范奴役制的强大道德规范，敦促奴隶服从他们的主人，主人应该公正仁慈，把奴隶当作家庭成员来对待。②

和基督徒还很相像的是，伊斯兰哲学家将自由和奴役宽泛地理解为心理和精神状况。欲望或世俗的嫉妒和骄傲，都是奴役；摆脱欲望，放弃野心，就是自由。尤其是苏菲派，他们用奴役来比喻人们培养自己与安拉的亲密关系，将自己的意志和生命都交给安拉。有谁不是奴隶？服务上帝的人都像奴隶一样。10 世纪的苏菲派神学家阿卜杜拉·卡里姆·伊本（Abd al-Karim ibn Hawazin al-Qushayri）说："让人们知晓，自由的真正意义在于对奴役的完善。"⁶

在某种程度上，放弃自我正是巴波、莫瑞等人的所作所为。看着德拉诺穿过海湾时，他们开始放弃自己通过反抗赢得的自由的外在形式，他们在太平洋航行期间，这种自由已经消失。他们利用自

---

① 在马里北部叛乱期间，这些手稿最近受到威胁，其中许多因为图书馆员和学者们的英勇工作保存下来，就像几个世纪里反复出现的危急状况那样。参见 Lydia Polgreen, "As Extremists Invaded, Timbuktu Hid Artifacts of a Golden Age," *New York Times*, February 3, 2013。

② 西非最著名的哲学家中，有一位是艾哈迈德·巴巴（Ahmad Baba），1564 年出生于廷巴克图，他本人就是北非人的奴隶。他写了大约 40 本书，其中包括伊斯兰教最具影响力的关于公正和不公正奴隶制的论著。历史学家保罗·拉夫乔伊（Paul Lovejoy）认为，作为奴隶被带到美洲的西非穆斯林知道巴巴的作品，包括巴巴反对非法奴役的论点。

己以往生活经历中的主奴关系，通过表现责任感、服从和爱戴的言谈举止，准备好扮演自己的角色，体现自己的身份。他们将尝试"完善奴隶制"。

德拉诺和他的手下花了大约 20 分钟才接近"考验"号，而"考验"号则慢慢地从海湾里漂走，避开岩礁，避开"坚毅"号。德拉诺登上"考验"号之后，迅速查看船的状态，分配他带来的食物和水。那天剩下的大部分时间里，德拉诺都和西兰诺和莫瑞待在一起。他派遣见习船员卢瑟和外遣队的其他人去获得更多的补给品，所以他是只身一人待在"考验"号上。德拉诺知道他们需要很长时间才能回来。他们首先要到岛上内陆的一个淡水泉去装满"考验"号的水桶，然后再返回"坚毅"号拿帆布和更多的食物。德拉诺还告诉他们，要等"坚毅"号造得更精良、更大的小艇回来，这艘小艇出去钓鱼了，等它回来就把装满水的木桶和食物送到"考验"号上。

德拉诺刚登上"考验"号时，西兰诺已经热情地跟他打过招呼，两位船长开始用蹩脚的西班牙语和基础英语交谈。西兰诺振作起来，扮演自己的角色，他告诉德拉诺，他的船是从布宜诺斯艾利斯出发，开往秘鲁的利马，但在合恩角周围遇到狂风暴雨，他船上的许多人落水。他把船开到太平洋去了，却因为无风船停止不前。他说，在无风无潮的海上，热病来袭，杀死了他所有高级船员和大部分其他船员。

西兰诺似乎已经试图发出暗示，船上的真相不像其表象，例如，他向德拉诺介绍莫瑞时，把他称作"奴隶船长"。多疑的人也许会理解这个反语，也就是说，被奴役的是西兰诺，而莫瑞则是他的主人。但是德拉诺没有发现。西兰诺疲惫不堪，消瘦憔悴，难以保持状态继续扮演他的角色。他开始疏远德拉诺。德拉诺一直问他问题，而西兰诺则试图回答。但他的回答变得越来越简短。他行为举止的变化，对德拉诺产生了明显的影响，德拉诺开始认为自己最初的担忧是有道理的，即西兰诺打算杀了他，联合奴隶，抢他的船。

然而，这些担忧开始消退，却让德拉诺产生了另一种脆弱感。他开始认为自己被侮辱了，西兰诺是有意"忽视"自己。德拉诺越来越激动，开始更多地关注西兰诺身边的黑人。但他无法集中精力。他的思绪从一件事转到另一件事上，从西兰诺到莫瑞，再到边喂奶边吟唱哀歌的女人、其余的奴隶，然后注意力又回到西兰诺身上。

"考验"号上的叛乱者并未竭尽全力"完善奴隶制"。他们变得不耐烦。他们似乎想要看看他们自己能做些什么，却依然让一个白人认为他们是奴隶。有一次，一名年轻的非洲人，就站在德拉诺附近，拿起一把刀猛砍一名西班牙侍者的头，刀深入骨，血液涌出，震惊的德拉诺看着西兰诺，西兰诺推脱说此次袭击"仅仅是玩笑"。"相当严肃的玩笑，"德拉诺说。德拉诺注意到其他类似的事件，这让他认为奴隶们享有他所称的"不同寻常的自由"。

在卢瑟携带补给品回来后不久，也就是下午3点左右，德拉诺感到风向变化，并注意到"考验"号已经几乎漂离海湾，现在离他的"坚毅"号已经有三里格左右远。德拉诺问西兰诺为什么没有抛锚。由于没有得到满意的答复，他自己负起责任，命令把船开过来，尽可能靠近他的船。这事完成后，他把锚放出，准备离开。他已经受够了。

整整一天，德拉诺都曾试图跟西兰诺算账。他很乐意为西兰诺提供帮助，但就像对待巴斯海峡的"诚信"号一样，他希望自己的努力得到补偿。然而，每当他问西兰诺他们是否可以单独谈一谈，让莫瑞离开，西兰诺总是断然拒绝，他告诉德拉诺，无论他想说什么，都可以在这个奴隶前面说。在莫瑞面前谈论钱肯定让德拉诺感到不安，因此他把谈话一直往后推迟。就在德拉诺准备离开之前，他最后一次问西兰诺是否可以和他走下甲板谈一下。他又被拒绝了。然后，德拉诺邀请这个西班牙人到他的船上喝茶或咖啡。西兰诺说不。"他的回答很简短，"德拉诺回忆道。他决定报复。"作为回应，我也不和他应酬了，几乎没说什么话。"

但是，正当德拉诺走到"考验"号边上，即将爬下去回到他的小船时，西兰诺向他走来。德拉诺的手一直紧握着顶栏杆，西兰诺把他的手放在德拉诺的手上，压下来，捏紧了。德拉诺顿感安慰。他立刻恢复了温和的态度。西兰诺似乎不愿意放手，甚至要用力才能把他的手拉开。德拉诺感到释然了，因为他之前担心这个西班牙人瞧不起他。他这种感觉如此强烈，以至于10年后他在回忆录中讲述自己在"考验"号上的经历时，好像是他与西兰诺的关系在驱使着人们行动，好像他还不知道（尽管当时他肯定早已知道）那种关系是西非人精心策划的。

"我犯了一个错误"，德拉诺写道，说他认为西兰诺"态度冷漠是因为他有意怠慢；我一发现真实情况，就很高兴地改变了自己的想法，立刻恢复友好交流。他继续紧握我的手，直到我从舷边走下来，这时，他才松手，站着向我道谢"。[7]

对于他自己扮演的角色，莫瑞的表演几乎是完美的，就像西班牙官员后来说的那样。但莫瑞也因为骄傲而丧命。当亚玛撒·德拉诺从梯子上爬下来时，这西非人偏离了自己的角色，走向西兰诺，悄悄地问他这个美国人的"坚毅"号上有多少人。西班牙人回答说，30人，但他们中许多人都在岛上。"好"，莫瑞点了点头，然后低声说："我们只需要三个黑人就能夺下它，夜幕降临之前，你会有两条船要驾驶。"

莫瑞的自夸使西兰诺从麻木中惊醒过来。他看了看他的黑人船长，踏上船舷上缘，然后跳到船外。

/ 22 反扑报复

德拉诺坐在小艇的后面，他手下人将小艇推离"考验"号船体，距离刚好足以降低他们的船桨，此时，班尼托·西兰诺下到小艇上。他一登上小艇，就对他的人喊道："所有会游泳的都跳入水中，其余的人爬上索具。"他火急火燎地说着，而德拉诺只会一点简单的西班牙语，听不懂他的话。当时，德拉诺还以为自己是西兰诺的攻击对象，以为他早些时候的担忧终究没错。但在一名葡萄牙水手帮助翻译后，德拉诺终于明白了眼前正在发生的情况。

事件随后发展得很快。德拉诺的船员们把"考验"号上4名水手中的3人从水中拉出后，他们开始朝着"坚毅"号游去。当他们到达听力所及之范围内，德拉诺仍然坐在小艇的尾部，一只手臂紧紧地按住舵柄，另一只手环抱着摇摇欲坠的西兰诺，命令他那些在"坚毅"号甲板上的人架起大炮，使其伸出舷窗。但是，西非人已经切断了"考验"号的锚索，利用潮水摆动船头，把船从海湾中开出来。"坚毅"号处在糟糕的位置，只有尾炮面对逃跑的"考验"号。尾炮射击了6次，每一次都没有打中，只有一次打掉了前桅杆上的索具。

"考验"号在移动，但"坚毅"号有两个锚被拴着，无法立即跟上。切断船的锚索可以让德拉诺迅速起航。但这可能会给"坚毅"号的投资者或保险公司带来财务损失。在《白鲸》中，当"裴廓德"号的大副斯塔巴克告诉亚哈，他的痴迷在经济上是不合理的并会伤害船东的利益时，亚哈通过诅咒理性回应说："让所有的人站在楠塔基特岛的海滩上，大声呼喊，声音盖过台风。亚哈会在乎什么？船东，船东？你总是对我瞎扯，斯塔巴克，那些小气的船东，就好像他们是我的良心。"[1]

相反，德拉诺不仅为了挽救两个锚几乎让"考验"号逃脱，而且多年后在回忆录中说这个故事时，中断讲述追捕之事，大篇幅宣讲保险法规定的船长的责任和职责。他说，如果切断其船只的锚索，"就会违规操作从而违背我们的保单，我在此警告所有船只的主人不要如此行事。"只要有可能，凡是会损害承保人、船只的股东和航行资助人利益的事情，最好都不要做。"所有的恶果，"他继续说，"知道自己的责任并且忠实地遵守有关规定的人，都可以避免。"面对风暴、海豹和航行中的其他危险，德拉诺会去冒险。但是，对于那些已建立的商业管理机制（如保险和法律），他一直忠心耿耿，觉得责无旁贷。他宁愿冒险让"考验"号溜掉，也不愿意偏离正确的行事路线。①

德拉诺决定让他的小艇去追"考验"号。此时，他的船上大约有 23 人。他从中挑选出 20 人参加这次追击，包括他的畸足弟弟威廉、枪手查尔斯·斯宾塞（Charles Spence），以及见习船员纳撒尼尔·卢瑟。他让负责鞭笞的鲁弗斯·洛负责指挥此次追击行动。

在发出捕捉叛乱的"考验"号的命令之前，德拉诺抓住西兰诺的胳膊，带着他远离他手下的人。他终于有机会单独和西兰诺讲那句话了。后来，两个人就所说的内容和方式进行了争论，但德拉诺很快就回到了他手下的人这边，让他们聚在一起。集合完毕后，他现在说话听起来不像一个在忙着做计算表的办事员，而是更像一位疯狂的船长。

在岛的另一边，太阳正在平静地落山，和早上升起时一样，好像什么事儿也没有发生，夕阳的余晖投射到海湾上。亚玛撒在"坚

---

① 其他船长在保险索赔方面的疑虑较少，不仅仅是有关失去的船锚。如前所述，"漫游者"号的船长抛弃了失明的西非人，因为他们死去后可以索赔一笔费用，这比他们活着更有价值。前文提到的一个更知名的案例是"宗格"号，该船共运送 442 人，它的船东对 132 名被船长卢克·科林伍德扔进大海的患病的非洲人提出了索赔。

毅"号的船尾用望远镜观察正在移动的"考验"号，他可以看到"考验"号上幸存的水手爬上了船的上桅杆。德拉诺指着他们，提醒他的手下人，"这些可怜的西班牙人"在奴隶手下"遭受着苦难"。如果这些人不能夺回这艘船，"他们必死无疑"。至于班尼托·西兰诺，他当时在甲板上倾听，"这艘船以及船里的东西已经失去。"德拉诺说。那就意味着这艘船是可以夺取的战利品，他估计这艘船的价值是数万比索。"如果我们捕获了这艘船，那它就应该全部属于我们。"

"上帝保佑繁荣"，德拉诺祈祷着。他告诉他手下的人，如果他们失败了，他希望"永远不要再看到他们的脸"。他后来说，所有这些鼓励都是"相当有力的刺激"。这些人登上了小船，欢呼三声给自己鼓劲，然后开始划船。

德拉诺命令捕获"考验"号，加上"做好事"和"赚大钱"的双重承诺，这都有助于团结一群分崩离析的船员。"坚毅"号的两艘小船配备了步枪、手枪、军刀、矛和锋利的长矛，这些是外遣队给海豹剥皮用的。小船划得很快，追赶者很快就出现在叛乱奴隶控制的"考验"号的一侧，他们打开火枪枪栓。他们将枪对准掌舵室，领导起义的人就聚集在那里。西非人命令驾船的一名西班牙水手趁着射击的时候放弃船舵，爬上索具。但德拉诺的人误以为他是一名叛乱分子，向他开了两枪。他掉到甲板上。阿兰达随行人员中的一个幸存者——他的表弟，一个巴斯克人，名叫桑切斯·阿拉沃拉萨（Arabaolaza）——过去掌舵，也被射中。

起风了，"考验"号开始前行，但是它那布满苔藓的船首和被藤壶包裹着的船体拖慢了它的速度。德拉诺的手下人使劲划船，紧跟其后。他们对那些逃到前桅杆和主桅杆的西班牙人大声喊叫，让他们切断船帆，切断横杆，他们做到了，只留下后船桅来控制船只。他们持续开枪射击一个多小时，把叛乱的奴隶累垮。船上留下的人中没有知道如何掌舵的，最后，船转过头顶风而行，这让两艘小船可以在船头两侧登船。在火枪的掩护下，小船上的人开始登上"考验"号。

"坚毅"号的水手们爬上了船体。此时此刻，太阳已经下山，但在万里无云的天空中，下弦月的月光照亮了甲板。在船的两边，每艘小船上，都有一个主力船员举着一盏油灯。西非人撤退到船尾，德拉诺后来称其为"黑人避难处"。一些叛乱者已经抓住了空水桶和巴拉圭茶干叶包，在船中部建造了一堵临时的矮矮的防护墙，有6英尺高，和船一样宽。德拉诺的那些人，仍然在小船火力的掩护下强行登上"考验"号。一名西非人用矛刺中了鲁弗斯·洛的胸部，他伤得很严重。但是防护墙被攻破。巴波是第一个死去的人。被德拉诺的人包围着，叛变的敛缝工华金疯狂地挥舞着斧头，一圈圈地转动，直到被击倒地，他受伤了但还活着。

德拉诺说，西非人通过"殊死一搏"来防卫自己，但他的手下使用了精良的武器，尤其是长矛，他们"非常愤怒"地攻击叛乱者。

这场战斗持续了4个小时。到晚上10点。德拉诺得知"考验"号被占领。他和西兰诺等到第二天早上才登船，他们随身带来了手铐、脚镣和枷锁。但这些东西都不需要了。

德拉诺说，他们发现情况"真的很可怕"。巴波的尸体躺在巴拉圭茶干叶包中间，其他6名西非人的尸体也在同一处，分别是阿土缶、迪克、勒奥贝、迪亚洛、那图和奎安莫泊。其余的奴隶则被紧紧地绑着，手脚相连，捆在甲板上的带环螺栓上。他们已经受到拷打折磨。有些人被打出了内脏，在自己的内脏上痛苦地扭动着。另一些人后背上和大腿上的皮都已被剃掉。

这是用"坚毅"号上的剥皮刀干的，德拉诺写道："这些刀具总是确保极其锋利，像绅士的剑那样闪闪发光。"

/ 223

"考验"号被锁定,船上的奴隶被"打上双重烙印"。但德拉诺并不信任这艘船上幸存的船员。他登上该船后不久,西兰诺的一名大副用刮胡刀猛削一个西非人的脸。他正要去割那人的喉咙,这时"坚毅"号上的一名水手拦住了他。然后,一分钟后,一名水手拖拽德拉诺的袖子,朝着西兰诺那边点点头,西兰诺从腰带上拔下匕首,正要去刺一名叛乱者,可能是莫瑞。德拉诺抓住他的手臂,西兰诺扔下匕首。这位美国人威胁说,如果他们还不罢休,西班牙人就会遭到鞭打。要阻止西兰诺的人"把叛乱者切割成碎片,杀死这些可怜的不幸之人",他能做的也就是这些了。[1]

德拉诺觉得他的权威因为此次胜利得到认可。他命令把 6 名叛乱者的尸体,包括巴波的,扔到海里,然后告诉西兰诺最好和他一起返回"坚毅"号,让他的二副——一位名叫布朗的先生——负责指挥"考验"号,并要求他做出一份船上库存清单。德拉诺这样做有两个目的。他不想被指责为趁火打劫,但他确实想为自己的服务获得回报。布朗数了一个袋子里装的钱,里面有将近 1000 达布隆(古西班牙金币),另一个钱包里有同样多的美元、几篮子手表,还有一些金银,这些都属于被谋杀的贩奴商亚历山卓·德·阿兰达。

德拉诺回到"坚毅"号就开始计算了。即使船上的货物大部分都已丢失,这艘船和它的奴隶,也肯定值三四万比索。在副手、见习船员、炮手、水手长和木匠之间按比例分配,这笔钱也许能挽救他那注定要失败的航行,并能使那些不满的船员对自己友好一些。问题在于"考验"号是不是"战利品"?西兰诺前一天放弃了这艘船,这就意味这艘船是"战利品",在这种情况下,他们将得到船上的一切。抑或这只能算作被"营救"的船,如此他们只会得到一定比例的奖励。德拉诺让鲁弗斯·洛去圣玛利亚岛,告诉那里的人发生了什么事，如果他们重新加入"坚毅"号，他们可望获得钱财。

　　然后，他准备把"考验"号带到附近的城镇——塔尔卡瓦诺（Talcahuano），那是一个港口，服务于一个更大的内陆城市康塞普西翁（Concepcion），在进入巴塔哥尼亚（Patagonia）荒野之前，这里是西班牙当局最后一个重要的南部前哨。德拉诺想等待他的兄弟塞缪尔和"朝圣者"号出现，所以他利用时间去打捞"考验"号的锚，叛乱者试图逃跑时曾砍断锚绳。锚是很有价值的，而且如果船只没有保险，丢掉锚就会减少船的价值。第二天，塞缪尔还没到，两艘船就起航了。

　　塔尔卡瓦诺藏在一个看似遮蔽的海湾里，被一个狭窄的湾口保护着。这个海湾看起来"安然适航"，却具有欺骗性，因为其海底非常浅，无法减弱海啸的冲击，而海啸时常袭击智利南部。这个港口坐落在环太平洋沿岸地质构造的"火山带"上，德拉诺出现在此地之时，港口已经被地震或海啸摧毁了 5 次。在查尔斯·达尔文对"比格尔"号（Beagle）航行的记述中，他描述了 1835 年他到达塔尔卡瓦诺所看到的情况，也就是在该市第六次地震后的几天。他写道："整个海岸撒满木材和家具，仿佛有一千艘船失事了。"仓库"突然裂开，大袋的棉花、巴拉圭茶和其他值钱的商品散落在岸边"。海岸线因地震的强力扭曲，抬升了 2~3 英尺。通往康塞普西翁的 9 英里长的道路受到严重破坏，达尔文对目睹之状况印象深刻。他说，这是一个"可怕而又有趣的景象"，让他对地壳的弹性、地下流动的巨大能量有了直观的印象。[2]

/ 226

　　30 年前，当"坚毅"号到达港口，后面紧跟"考验"号之时，西班牙的政治权力正在迅速转移。几个世纪以来，一直统治着庞大世界帝国的天主教君主政体分崩离析。就在几年后，智利独立革命即将开始。德拉诺不知道这一情况，但接待他并对西非奴隶的命运进行裁决的这位官员——康塞普西翁的皇家律师胡安·马丁内斯·

德·罗萨斯（Juan Martínez de Rozas）——当时甚至正在想象有一天西班牙将失去对美洲的统治。

罗萨斯是一个谋士和自由思想家，更糟糕的是，他后来被王室官员指责为拿破仑的崇拜者。这位法学家被认为是西班牙殖民地中最优秀的法律人才之一。现在人们知道，当"考验"号的起义领袖们被送到塔尔卡瓦诺港口当局时，他正在与一小群年轻学生秘密会面，讨论与自治有关的共和思想。尽管罗萨斯和他那些年轻的伏尔泰、卢梭信徒正在共谋反对新世界的权威（一位保皇派人士大约在此时谴责卢梭的《社会契约论》是"无政府主义者的《古兰经》"），而且几年后罗萨斯就要开始收集武器、建立革命军队，为自由而战，但是他还是参加了对西非人的裁判，而这些西非人在"考验"号上就是按照大致相同的原则战斗的。[3]

无论"考验"号案件提出了什么样的哲学难题，对罗萨斯来说这个案件也是一个个人难题。他父亲是门多萨最大的蓄奴者之一，罗萨斯出生、成长在表兄弟姐妹互婚、紧密团结的西班牙人社区中，被杀死的贩奴商亚历山卓·德·阿兰达正是他童年时代的伙伴，当时两家之间只隔着几座房子。[4]

罗萨斯首先处理两位船长的事宜，听西兰诺描述阿兰达被谋杀的恐怖情景，听德拉诺陈述他如何拯救了"考验"号及其几名幸存的船员。罗萨斯处理完此事后，派了一个神父去审问奴隶，他们被关在塔尔卡瓦诺的一个小牢房里。

大多数西非人——妇女、儿童、婴儿、老人和年轻的男孩——仍待在"考验"号上。只有那些未死的叛乱头领被带到岸上，分别是莫瑞、马非基、阿拉善、扬、尤拉、路易斯（尽管这是一个西班牙人的名字，但经识别他是一名西非人；他也许就是别处记录中名为"里奇"的那名叛乱者），其他还有马尔鹏达和桑巴或称亚姆巴路，船上的非洲敛缝工华金，以及阿兰达的仆人——何塞和弗朗西斯科。

神父不会"说他们的语言",这样他就从囚犯那里"得不到任何信息"。也许他没有让莫瑞翻译,或者莫瑞没有合作。牧师与"三个基督徒"(华金、何塞、弗朗西斯科)交谈起来更容易,他们三人为自己辩护说,他们"反对西班牙人是为了赢得自由,回到自己的国土"。由于无法做更多的事情,神父为这11个人举行了拉丁语的忏悔仪式,结束了他的访问。

一位公共律师为这些俘虏辩护,他被称为"黑人庇护者"(defensor de los negros),他向罗萨斯提出申辩。辩护的具体细节没有被记录在审判的书面总结文件中。记录诉讼过程的抄写员甚至懒得提及该律师的名字。然而,有关其辩护词的简短描述说明,他试图将新世界共和主义的三个最具反叛性质的原则——每个人都是自由的,他们有权反抗任何剥夺他们自由的体制,法律面前人人平等——用在西非人身上。

甚至更激进的是,这位辩护律师用一个具体例子来充实这些抽象的概念,把奴隶的叛乱与最近发生的一次事件相比,即西班牙战俘谋杀了英国狱卒逃出监狱:"西非人犯罪,目的是重获自由,回到自己的家国,他们利用了西班牙人的疏忽大意,试图摆脱奴役。不久以前,西班牙的囚犯也做了同样的事……而他们被称为英雄。西班牙人的那次行动,与西非人这一行动完全没有区别。"

这位律师辩护词的概要,在西班牙语原文中,是80个词。35年后,美国总统约翰·昆西·亚当斯(John Quincy Adams)将用135页的篇幅来捍卫"阿米斯塔德"号(Amistad)上起义的非洲人。然而,这两位律师辩护的论据基本上是一致的,即个人为捍卫自由而反抗的权利是绝对的,放之四海而皆准。

罗萨斯不接受他的辩护。抛开他对杀害阿兰达的西非人可能怀有的个人怨恨,他对律师的辩护也没有什么同情。

罗萨斯阅读了罗马法律,吸取了其中的"道德经验教训",并通过走私买进法语书籍来学习政治哲学思想;法国之于像罗萨斯这样有学识的西班牙裔美洲人，正如海地之于莫瑞这样的奴隶：法国为他们提供了考虑其他选择的机会。他还定期与来自新英格兰的水手接触，获取与美国革命有关的新闻。威廉·莫尔顿（"奥尼克"号上的"托马斯·潘恩"）在日记中写道，他在塔尔卡瓦诺登陆时，与一位"博学的人"交谈，他精通"神圣和世俗的历史"。他很可能是在描述罗萨斯，他说该人向他保证，"自由之火将会点燃西班牙统治下的南美洲"。[5]

然而，罗萨斯的共和主义，与其说是有关个人自然权利的不可侵犯，不如说是要建立基于理性的公共权威的统一王国，扫除西班牙殖民主义统治下存在的所有阴暗势力，如贵族和天主教会享有的特权。后来，罗萨斯将会支持废除奴隶制。但是，在1805年，奴隶制仍然是一个合法的公共制度，奴隶起义是违反公共秩序的罪行。

罗萨斯花了一周的时间才宣布他的裁决。他发现了足够的证据，表明西非人及其三个盟友的行动是有预谋的，因此强调了他们罪行的残暴。他宣布，在叛乱当天，11名奴隶犯下谋杀罪，杀死了18人，在按下来的几天里，亚历山卓·德·阿兰达和其他一些人被处决。他还裁定，他们的反抗是不合法的，尽管他没有详细说明原因，而且奴隶们还对德拉诺及其手下的人发动了不公正的"战争"。[6]

罗萨斯判处莫瑞、马屯魁、阿拉善、约拉、扬、马尔鹏达、路易斯、桑巴、华金死刑。① 他对若泽和弗朗西斯科给予了宽大处理，

/ 229

---

① 我为写这本书在智利康塞普西翁市做研究时，拜访了这座城市的图书馆，馆长亚历山卓·米霍维洛维奇·格拉茨（Alejandro Mihovilovich Gratz）是当地的历史学家。从他那里，我知道了更多有关罗萨斯的情况，得知他在智利历史上扮演了重要角色。格拉茨说，罗萨斯是智利最激进的开国元勋之一，并强烈反对奴隶制。我问他，他是否认为这很有讽刺性，罗萨斯对奴隶叛乱分子做出了如此严厉的判决，就是因为他们做了他自己本人密谋要做的事情。格拉茨停顿了一下，然后问："你来自美国，不是吗？"我回答是，知道接下来他会说什么。"然后——好，那么——你怎么能问这样一个问题呢？"

判处他们10年劳役，在瓦尔迪维亚的巴塔哥尼亚殖民监狱服刑，该监狱位于康塞普西翁以南大约250英里的地方。3月底，圣地亚哥的皇家法院下令执行死刑。[7]

这9名被判死刑的男子被从塔尔卡瓦诺转移到康塞普西翁的监狱里，而且在城市广场竖起了一个绞刑架。行刑那天早上，士兵们把他们从牢房里提捉出来，用链条锁在一起，排成一列，最前面是莫瑞。然后莫瑞被绑在一头驴的尾巴上。居民们从房子里出来，牧师、修女和僧侣聚集在教堂和修道院前面，当这列人绕圈穿过该市各大街道时，围观的人群追随着他们，敲钟燃香。当队列来到竖有绞刑架的广场时，之前待在"考验"号上的非洲妇女和孩子正在那里等待：罗萨斯已经命令把他们带到市里来目睹死刑的执行。[8]

多年后，康塞普西翁的一位英国领事亨利·威廉·劳斯（Henry William Rouse）讲述了他第一次到达该城镇时听到的一个故事：就在绞刑架的活板门弹起、莫瑞的身体倒下之前，这位西非人终于开口。他谴责那些"捕捉他的人残忍无人道，这些人在完全没有法律依据的情况下，将他们从自己的家园中掠走"。

9名叛乱分子的尸体从绞刑架上放下来，并被斩首。他们的头被挂在广场周围的长矛上，尸体被放在广场中心的一大堆柴火上烧掉。康塞普西翁市是一个沼泽之城，到处都散布着潟湖和沼泽，其中有一片沼泽临近主广场，在那里，市政当局处理被拒绝按照基督教礼仪埋葬之人的尸体。城中的刽子手们就把莫瑞及其同伴的骨灰撒在那片沼泽中。这片沼泽早已被填埋，上面建有建筑，但是在19世纪以后的时期和20世纪早期，康塞普西翁的编年史家们都把这个湖称为"黑人潟湖"。当地一位历史学家称，在"可怜的黑人的骨灰被扔进潟湖"后，"他们变成精灵"，或被称鬼神。[9]

亚玛撒·德拉诺和班尼托·西兰诺之间的情况甚至在莫瑞被绞死之前就已开始恶化。在抵达塔尔卡瓦诺的第一天，西兰诺在呈送给罗萨斯的最初陈述中赞扬了他的朋友玛撒，说他慷慨大方、身怀绝技——西班牙人倾向于把他的名字读作玛撒，是"神圣的天意"，他说："派遣玛撒·德拉诺去镇压黑人。"然而，很快，这位西班牙人意识到，美国人打算让他兑现自己做出的承诺，在"坚毅"号上他们短暂的私人谈话中，西兰诺曾提出，如果德拉诺镇压了叛乱者并把船还给他，他会提供报酬。

西兰诺向西班牙当局抱怨，德拉诺的骚扰"让他遭遇的苦难雪上加霜"。西兰诺说，德拉诺会有如此要求，表示他疯了。他还能做些什么呢？他们已经划船回到"坚毅"号上，而且德拉诺已经让手下准备就绪去战斗。然而，这个美国人却拒绝下最后的命令去夺回"考验"号，直到他知道他可望获取"该战利品的哪一部分"作为回报。西兰诺说，他乞求德拉诺"怜悯他"。他恳求这个美国人帮助拯救那些留在船上的"可怜的"水手们，把他们从"野蛮、残忍、血腥的黑人奴隶手中"拯救出来。然而，德拉诺拒绝采取行动，直到西兰诺说出他想要听到的承诺。

"船的一半"，西兰诺说当时他绝望地喊叫道，但在那一刻他会同意任何条件。"我本可以把这一切都告诉他，因为那一刻我如此痛苦，以致无法和他讲道理。"

西兰诺想知道，什么样的人会要求某人兑现在那种情况做出的承诺？当时他心慌意乱、担惊受恐，几乎不能"进行交易或者商谈有关报酬的百分比"。剩下的货物不能由他决定送人。他遭遇如此不幸，不应该因此陷入毁灭性的债务中。西兰诺引用海商法律，要求从海盗（西兰诺这样认为西非人）那里复得的财产应该还给其合法的所有者。因此，德拉诺有义务帮助一艘遇险的船。但是，德拉诺却利用西兰诺当时不能"讨价还价"的弱点。西兰诺承认德拉诺是他的救命恩人。但西兰诺坚持说，他没有欠德拉诺船和货物的一半价值。这位美国人声称他们提供服务应该得到回报，只不过是海盗战利品。

在圣玛利亚岛弃船潜逃的 5 名"坚毅"号船员，却被西班牙当局拘捕，他们支持西兰诺的指控。在塔尔卡瓦诺的监狱牢房里，他们一致证明了德拉诺那带来灾难的指挥。其中两个人说，"坚毅"号从波士顿驶出已有一年多，他们只收获了 7000 张海豹皮。约翰·麦凯恩（John McCain）抱怨说，他航海几个月，所有的收获只是一件"夹克、一件背心和两条裤子"。另一个人讲述了德拉诺日益疯狂的船长作风，哪怕是最小的过错，他都要动用鞭笞。"没有什么能让他高兴，"大卫·布朗（David Brown）证实说，他请求允许他留在智利。威廉·布朗（William Brown）说，"看到形势无可改变，决定不再继续追随德拉诺"。彼得·桑松（Peter Sanson）说，"这次航行失败了"，他声称"坚毅"号"不得不当海盗，以弥补其开支"。这就是为什么他抛弃了德拉诺。

西兰诺认为，这些证词证明德拉诺几乎并不比强盗好多少。他要求罗萨斯让德拉诺远离他。他说，其他"英裔美国人"经常进入西班牙的港口寻求庇护，试探西班牙人的"热情好客"。德拉诺则是另外一回事，他的奉承谄媚令人难以恭维，他的幽默低级拙劣。对于西兰诺而言，德拉诺是新成立的美利坚合众国"制造出的一个怪物"。

到 4 月初，罗萨斯已经受够了德拉诺和西兰诺两人的争执。总的来说，罗萨斯比较喜欢波士顿人。然而，德拉诺似乎有点太急于讨人喜欢，太渴望别人的赞美。至于西兰诺，罗萨斯对利马的大多数西班牙居民都抱有强烈的反感。他们的船东垄断了康塞普西翁和秘鲁之间的运输，他们向托运小麦到利马市场的智利人收取高昂的运费。此外，利马人卑躬屈膝、矫揉造作。"他们总是向总督下跪、鞠躬，"他在给朋友的信中曾写道，"他们奴颜婢膝，在最坏的人面前卑躬屈膝，奉承无能之辈。他们既不能做高尚的事，也不会有邪恶行径，因为这些都需要太多精力和坚强的性格。"[10]

法官曾试图让这两名船长谈判，以达成协议，他提出，德拉诺应该得到 3000 比索的合理补偿。德拉诺很"恼火"地拒绝了这个提议，他说西兰诺已经妥协了，愿意拿出一万比索，这远远少于船价值的一半。他说，西兰诺当时答应他提出的报酬条件时理智上很清醒，但现在这艘船回到了他的手中，他就要食言。德拉诺认为，他本可以索要所有货物以及船只本身。相反，他确保让这艘船"安全地被引导进入港口"。所以他想要他应得的那部分报酬。

罗萨斯放弃了。他准许西兰诺返回利马，告诉德拉诺到圣地亚哥起诉。4 月底，"考验"号离开了塔尔卡瓦诺，紧随其后的是"坚毅"号。德拉诺的名声在他抵达该地前就被搞坏了，圣地亚哥的皇家当局甚至都不允许他离开自己的船。他们告诉他，如果他"前往利马"并直接与总督谈话，那将是最好的。[11]

过去，德拉诺曾抱怨西班牙人墨守法规，他们那没完没了的文牍工作，对单一项目莫名其妙地征收两倍或三倍的税，以及管理贸易和航运的那些复杂而看似武断的规章制度。他对日常西班牙用语理解起来都有困难，而正式的西班牙语，其被动语态和反身动词似乎是有意混淆主语和宾语，对他而言，像是一个"令人眼花缭乱的镜厅"。

他曾希望"简单地"处理与西兰诺的争端。在康塞普西翁，德拉诺告诉托马斯·德尔芬（Thomas Delphin），他"不想进行任何形式的法律争诉"，托马斯·德尔芬是一位长期居住在智利的爱尔兰商人，自称"Tomás Delfín"。德拉诺说，他最"强烈的愿望是避免一场官司"。现在，面对自己半知不解的控诉，他试图申辩，并争取得到他认为自己应得的报酬，却发现自己从一个地方法官被传给另一个地方法官，迷失在西班牙殖民主义的昏暗世界中，因为王室权威衰退，那里晦涩难懂的条文条例和阴谋诡计甚至令人更加困惑。

所以德拉诺就去了利马。

/ **文明的机械**

《班尼托·西兰诺》一书中虚构的亚玛撒·德拉诺，读起来就像是对赫尔曼·梅尔维尔创作的那位更著名的人物形象亚哈船长的补充，这两个人代表了美国扩张历史的两面性。一位善良正直，另一位复仇心切。亚玛撒是浮浅的，因为自己对世事理解肤浅而身陷困境。亚哈是深沉的。他有深刻的洞察力。第一位不能看到邪恶，第二位却只能看到人本性中"难以捉摸的恶性"。亚哈在《白鲸》中说："每一次风平浪静都伴随着一场暴风雨。"

亚哈和历史上真实的亚玛撒·德拉诺之间也有互补性。这两个人分别代表那个时代中最具掠夺性的两个行业，他们的船拖着"文明的机械"（真实的德拉诺这样说），航行前往太平洋，用钢、铁、烈火来屠杀动物，并将其尸体当场转化成价值。有些评论家将亚哈的"野蛮的利己主义"理解为在美国扩张过程中诞生的个人主义的自然产物，他义愤填膺，因为自我拒绝接受自然边界的限制，他想在辽阔的海洋中保持个人至尊的地位，而且无法与其他人沟通，除了偶尔和皮普交谈。亚玛撒也是自我驱动的。在其长达 500 多页的回忆录里，他很少提到其他船员。你会以为他是在独自航行。但是，与亚哈相反的是，他的自我主义转向内在世界，与其说他要掌控世界（尽管他确实想要成功），还不如说他痴迷于自我控制。[1]

亚哈是一个例外，他是一个造反派，不杀死那只大白鲸决不罢休，无视所有合理的经济逻辑。他劫持了"裴廓德"号捕鲸船这台"机器"，疯狂地反抗"文明"，违背他和船东的合同，进行堂吉诃德式的追捕。这个人物在今天成了毁灭的同义词，用来解释从美国总统乔治·沃克·布什（George W. Bush）的反恐战争到全球变暖诸事，他是一个要毁灭地球的人，体现了人类对资源贪得无厌的索求。但是，像亚哈这样的造反派，不管他对周边人有多危险，也不会是破坏的主要驱动力。他不是那种把动物猎杀到濒于灭绝的人，也不会把世界逼到崩溃的边缘。正如杰里米·哈丁（Jeremy Harding）在一篇关于《白鲸》的文章中所写的那样，那些人永远不会持异见，他们是那种"日复一日不断汲取资源"的人，那些人"为这个星球的荣光所倾倒，却只专注于消耗这些资源"，就像亚玛撒·德拉诺那样。[2]

德拉诺就是法则。让人迷惑的亚哈——"被雷劈开的老橡木"——被认为是 20 世纪极权主义者的原型，是独腿希特勒或斯大林，而德拉诺则代表一种更为普遍的现代权威。他的权力不是基于个人魅力产生的煽动性感染，而是基于包含控制劳力和将逐渐减少的自然资源转化为适销物品的日常压力。由于供给和需求的钳制，被卷入生态资源枯竭的漩涡中，他自己的船员濒于叛变，因为没有海豹可供捕杀，无钱可赚，德拉诺集合手下人去追逐的不是白鲸，而是黑人反叛者。他们陷入野蛮状态，接下来他又追着班尼托·西兰诺要报酬，残酷无情，同时又很世俗，他要求获得船和船上货物的一半价值作为报酬，他这样做，不是因为他对商业和资本的法则持有异议，而是因为他在一板一眼地忠实地执行这些法则。正如他本人所说，他"知道自己的责任"，并且"忠实地服从定规"。

第七部

共同海损

海损（保险）：一船货物的损失，小于全部损失……源于阿拉伯语 awarijah，意思是"被海水损坏的商品"。

单独海损是一种只影响特定利益的保险损失……。共同海损是一种会影响船上所有货物利益以及船舶本身的保险损失。

——《国际贸易词典》（2005）

/ 24　利马裁决

利马位于距海 9 英里的内陆，高出海平面 1500 英尺，俯瞰太平洋，号称诸王之城，是宗教法庭和皇家铸币厂所在地，这座城市堪称西班牙天主教在南美洲的宏伟宝座。位于利马城下方海岸上的卡亚俄港则别具一格。它是世界上最繁忙的全球性港口之一，将西属美洲与菲律宾、中国、日本、印度尼西亚、印度和俄罗斯连接起来，这里有深水锚泊地和平静的海水，能同时为数百艘船提供安全泊位。[1]

这座城市也是最黑暗的一个地方。将近 3 个世纪里，约有 10 万非洲人通过卡亚俄港被贩卖到秘鲁。但卡亚俄不仅是一个奴隶港口，还是黑暗太平洋的辐射中心，见证了西班牙在美洲的海上贸易，"其帝国的运转"，主要都是由有色人种来推动的。亚玛撒·德拉诺进入港口后，欣赏着远处的利马建筑物尖顶，乘渡船到码头，穿过成群的火烈鸟，然后爬上顺着防波堤蜿蜒的阶梯，首先映入他眼帘的是狭窄肮脏的街道上"充斥着的水手和黑人，肤色深浅不同，还有秘鲁人和骡子"。街道上满是非洲和非裔美洲水手、小商贩、工匠、赶车人、乞丐和妓女，其中一些人是自由的，另一些则是被奴役的，他们的生意都是自由进行的，这在美国的奴隶港口（除了新奥尔良）是不可想象的。

利马城本身似乎被"压缩到了最小的规模——降至最低水平"，成为一个破败的城市，里面是狭小的街道、单层的土坯房，这些房子主卧里摇摆的吊床在街上都能看到。德拉诺可能会"好奇于驴子、脏得让人难以想象的赶驴人、妇女艳丽的衣服"，还有盖丘亚族（南美印第安人的一大分支）士兵的"独特外观"——戴着小帽子，穿着微红的灰色制服，他们有"高高的面颊"，他们的"眼睛……像是燃烧的煤炭"，"好像火山火正在皮肤下面肆意燃烧"。

有一条商业街，在那里，船具商人销售松香、焦油、绳索、填絮（用于填塞船缝）、斧头和其他航海用品，服装店里装满了南京裤子、荷兰马裤和英国的厚呢短大衣，还有舞厅，至少还有一个肮脏的旅馆和客栈，那里的男人都是"骗子，女人都是黑眼睛、黑面孔的苏珊"。每个角落里都有水手，还有成群结队的"船长坐在旧椅子上"。

城里这个地方尽管尘土飞扬，但在 1805 年被认为是新地方。老卡亚俄坐落在伸入海港的一个半岛的顶端，1746 年被一场巨大的海啸摧毁，当时海啸几乎到达了利马城门。至少有 5000 人在这场灾难中丧生，几乎包括全部港口居民。德拉诺访问废墟时，他看到地上仍然还有四处散落的骨头，感到非常震惊。其中一些是地震时被困在家中的遇难者的，或者是海啸退去后被潮水冲上岸的尸体残骸。"尸体被海水吞吐浸泡了好几个月，裸体的死尸被鱼啃去了一半，"当时的一位目击者说。另一些骨头则是被埋在集体墓穴里的人的，由于侵蚀而"显露于碎石间"。[2]

尸骸到处都是，散落在贫瘠的土地上，房子被冲到海里，地下室里堆积着一堆堆残骸。最惊人的场景出现于一对有拱顶的地窖，这是一座监狱大楼留下的唯一遗迹，海啸席卷而来时，这里"曾关押着外国人以及低阶层的西班牙人"："这些拱门里满是人的骨头，地下室大半也是骸骨，而且毫无遮掩。"另一名游客描述了他参观"带拱门洞穴"的情形，看到骷髅"胡乱推挤在狭窄的拱顶里，拱顶足够高刚好可以躺进去，样子千姿百态，临死前遭受了极大的痛苦"。[3]

/ 241

德拉诺在回忆录中似乎常常掠过事物的表面，从一个事件跳跃到另一个事件，凭直觉揭示其重要性，甚至有时还会进行尖锐的评论，却从未完全理解历史背后涌动的深刻潜流。但在卡亚俄这个众多非洲人进入利马的门户，城市本身就是建立在被征服的印加人的坟墓之上的，德拉诺站在一片白骨累累的广阔田野上，几乎能领会时间洪流的全部内涵。"一个亲临现场的人综观所有这些遗址的话，"他在书中写道，"我认为必须动用所有的思维力。"[4]

来到利马市中心后，德拉诺在卡洛斯国王法庭上的所作所为有点像一个来自新英格兰的美国人。事实上，这座皇家城市比康塞普西翁更适合德拉诺。那个城镇尽管充斥着启蒙运动的激进主义气息，却是古板、褊狭的。相比之下，利马虽没有在独立之后成为一处毫无约束之地，但它更像是一个大熔炉，在那里，严格审查的天主教、过于拘谨的新教信徒都能表达思想。利马"这个词"的"独特发音"，一位说英语的旅行者这样描写该城的名字，"在我听来，就像一首活泼而又带点忧伤的西班牙舞曲。"[5]

街道上人头攒动，商店里货物琳琅满目，城市里云集了"各种阶层、肤色和职业的人"。那里的教堂比剧院或台球房多，而且许多教堂即便衰败也余韵犹存。梅尔维尔1844年时在这座城市里，他把低垂的十字架比喻为"被锚定舰队的倾斜的帆桁"。

那里也有许多酒馆和小旅馆。德拉诺待在一个受船长们青睐的小旅馆，他还记录了他参与的一个恶作剧，是捉弄一名天主教牧师的。这名牧师来到旅馆请求提供捐助，并敦促新教船员亲吻圣母玛利亚的圣像。趁牧师稍不注意，德拉诺和他的同伴把圣母像藏在他的床单之下。这名牧师找不到圣像，非常苦恼，直到最后，一位水手拉开床单，露出了藏在下面的圣母像。他说，既然牧师靠出售她的"吻"来获取捐款，也许她决定要自己创业，就直接爬上了床。

因为圣地亚哥的官员们拒绝了德拉诺正式会见的请求，唐突地把他和他的船送上路，所以德拉诺认为他也许可以在没有通告的情况下，突然出现在总督的宫殿里，并希望获得最好的结果。他在秋天一个周日的早晨到达总督府，总督是加布里埃尔·德·阿维莱斯－德尔·菲耶罗（Gabriel de Avilés Itúrbide y del Fierro），他是阿维莱斯家族的第二任侯爵，此时他自己准备要去做弥撒。与南美洲最有权势的西班牙官员寻求临时会面，此时不是最合适的时机。那几个月里，马德里与美国的关系紧张，因为托马斯·杰斐逊从法国人那里购买路易斯安那州的谈判，其中涉及卡洛斯四世主张拥有的大片领土，进展不顺利。但阿维莱斯逐渐开始喜欢德拉诺。他允许德拉诺随意来往，只要他高兴就可以来见他，甚至宫殿的廷臣也开始将这位来自杜克斯伯里镇的船长称为"国王的宠人"。[6]

利马那三层楼高的皇宫位于市中心，占地近 5 英亩。这座建筑闻名遐迩，有迷宫般的走廊，茂盛的花园里种着无花果树和花卉，巨穴般的大厅里装饰有挂毯和油画，二楼整层都是画廊。1535 年，印加帝国的征服者和西属秘鲁的创建者弗朗西斯科·皮萨罗（Francisco Pizarro）首次建造该皇宫，自那以后，这座皇宫被摧毁过、重建过，规模扩大了许多倍。德拉诺到达之时，这个宫廷被认为是"整个王国内最好、最奢华的建筑，因为几乎没有一位总督在位期间不去增建新房间或新厢房，以增加它的庄严性"。[7]

亚玛撒在利马逗留期间，拜访了该宫殿至少 50 次，经常在"很多转弯和绕圈"中迷路。他读过《河畔地理》，知道宫廷皇家哨兵的装扮有多华丽，他立即出发考察，以满足他的好奇心。"直到我亲眼看到他们，我才完全相信书中的描述。"[8] 德拉诺穿着粗羊毛水手外套和棉质灯笼裤，检视了这些哨兵，他们穿着精美的红色马裤、金边蓝色马甲、长筒丝袜和天鹅绒鞋，装备着法国剑和瑞士的戟矛斧。他还穿过了一个由五名奴隶组成的仪仗小队——国王的黑人，他们全套穿着昂贵的基多蓝棉衬衫，上面有天鹅绒宽领子、象牙纽扣，戴着宽边高顶的草帽，还有优雅的棉斗篷。"这些护卫人员的装束，塑造了我所见过的最优雅、最非凡的形象。"[9]

/ 243

德拉诺试图弄明白妨碍他获取应得正当报酬的对手的商业利益链，却迷惑不解，尽管阿维莱斯对德拉诺很喜爱，但这位总督却不能轻易解决他的投诉。"考验"号上的奴隶起义，大部分货物损失，包括被流放、被执行死刑和饿死的非洲人，影响了许多强大的利益方，包括一些资助西兰诺购买船只的商人。在这个很大程度上依靠期票和外汇票据的经济体内，他们不太可能将一艘装满真正货币化财富（以奴隶的形式体现）的船只拱手让出。[10]

德拉诺到达前几天，西兰诺已将"考验"号开入卡亚俄港，船上载有 55 名无主的奴隶，其中大约一半是妇女和儿童，投资者希望获得他们的份额。西非人不是无主鲸，作为会"呼吸"的债务、信贷和抵押品，他们属于哪个主人是争执事项。

既然阿兰达已死，谁有权出售"考验"号上幸存的叛乱者呢？谁能获得出售他们的利润呢？这是各方辩词中都要问的两个主要问题。之前是布宜诺斯艾利斯牧场主、贩奴商胡安·诺内尔（Juan Nonnel），听到有关奴隶起义及镇压奴隶起义的消息时，他委托一名利马律师根据阿兰达欠他的债务扣押奴隶。与此同时，阿兰达在门多萨的岳父和妻子，也提交了扣押西非奴隶的申请。他们希望至少能弥补阿兰达在 1804 年 4 月购买奴隶时支付给诺内尔的那笔首付款，同时还有一盒珠宝及其他财产，这些是阿兰达在旅行中丢失的。西兰诺的许多债权人向他放贷购买"考验"号，还有就是一些失去了航运货物的商人，他们也主张要归还欠他们的债。还有西兰诺本人。他认为这些奴隶是他的战利品，他希望把奴隶卖掉，以弥补他的损失，偿还债务，并让自己摆脱亚玛撒·德拉诺的纠缠。[11]

为了替自己的主张辩护，西兰诺在其提交给利马商事法庭的诉状中援用了海商法即共同海损法（西班牙语：avería gruesa）的原则。这是一种古老的法则，在专门的货物保险普及之前，罗马人、伊斯兰教和基督教水手都利用这个法则。其目的是均摊海难造成的损失。如果一队船员不得不投弃一个商人的货物，以减轻船只重量来安全躲过风暴，那么所有通过这艘受损船只运货的商人，都将被要求根据其在总运货中所占的百分比承担部分损失。18、19 世纪，随着海损保险逐渐形成，贩奴船船东也通过运用共同海损法来索赔奴隶动乱期间遭受的损失。他们认为，这些动乱应该被认为是不可抗力，像一场风暴或其他"海事危险"，因此对船和货物造成的任何损害或损失，应该在所有利害关系方中分担（保险计算员计算过，贩奴船遭遇叛乱的概率是 10%，在每次叛乱中，有 1/8 的奴隶会被杀死）。至少有一个臭名昭著的案例，即 1781 年的"宗格"号案件，贩奴船船东声称，为了拯救剩余的奴隶和船员，把 132 名非洲奴隶抛入大海是必要的，因为这艘船上的食物不足以让他们完成穿越大西洋的航行。①

　　西兰诺没有保险，但他援用此原则进行争辩，说出售"考验"

---

① 对奴隶起义应用共同海损的原则，提出了一个棘手的哲学问题，由于在其他情况下，没有货物的损失是货物本身的意志和行为造成的。1842 年，这一问题在路易斯安那州最高法院的一个案件中被曝光。当时，承保贩奴船"克里奥尔"号（Creole）的商人保险公司的律师称，他们的客户不应承担奴隶起义导致的船只损害赔偿责任。他们说，叛乱不是由"外部事故"引起的，而是由"保险标的物的内在缺陷"造成的。也就是说，奴隶有要反叛这个固有特性。该公司的一名律师是犹大·本杰明（Judah Benjamin），他后来成为南部联邦总检察长，他的论点基于奴隶的基本人性："一个奴隶是什么？他是一个人。他有感觉、感情和才智。他的心像白人的心一样，充满爱，燃烧着嫉妒的火焰，因悲伤而痛苦，在抑制和不适之下会悲伤，为复仇而激昂，永远渴求自由。"他"在本质上是会反抗的……谁能否认，'克里奥尔'号上血腥和灾难性的起义是奴隶本身固有特性造成的结果，他们不仅是因为被奴役的恶劣状况而被唤醒，而且是因为被迫背井离乡而受到刺激……同时，这艘船纪律松弛，白人的数量不足，而且已经接近英国的一个郡，这些情况促使他们起来反抗？"历史学家蒂姆·阿姆斯特朗（Tim Armstrong）指出，本杰明在另一个案件中认为，"反抗是奴隶制的固有特征"，而奴隶制"自东罗马帝国皇帝查士丁尼时代起，就被说成是反自然的制度，是当地情况造成的，并非普遍适用……其中更普遍的含义是奴隶的处境是暂时性的，也是可逆的。奴隶绝不能被看作一件可以拥有的物品"。本杰明的论证，为保险人赢得了官司，他的观点，在某种程度上，与蒙得维的亚医生的观点是一致的，这位医生认为席卷"华金"号的流行病，其原因是奴隶们具有内在情感生活，这例证了奴隶制的悲惨恐怖是如何帮助医学实现现代化的。而在现在这个案件中，这些恐怖事件迫使法律走向现代化：人是普遍的存在，但奴隶制度则不是，本杰明后来成为美国南部邦联的首席律师，他持这种观点耐人寻味。

号奴隶的部分利润，应用于帮助他抵消债务并且摆脱德拉诺的纠缠。他的请求在第一次听证会上被驳回，但经过几个月的上诉，他最终获得部分有利的裁决。一名法官命令把西非人卖给利马最活跃的贩奴商之一——哈辛托·吉麦罗（Jacinto Jimeño），以奴隶的评估价值为基础来定价。而吉麦罗则将款项分别支付给诺内尔、阿兰达的继承人、西兰诺。不过，这一裁决并没有解决问题。诺内尔和阿兰达的继承人提出上诉，西兰诺的债权人继续提出他们的要求，在风暴中其货物被扔进大海以减轻船只重量的商人也提出赔偿。多重诉讼和反诉讼缠绕在一起，就如何分配"考验"号上幸存奴隶的预估价值的问题争执了很长时间，就像《荒凉山庄》中的"贾丹思诉贾－丹思"案件，但多年来，没有两位律师可以谈论此案件"5分钟，却不会对所有的前提持完全不一致意见"。[12]

与此同时，亚玛撒·德拉诺继续向西兰诺索要一万比索。他的兄弟萨缪尔于6月抵达利马，告诉他海豹仍然稀少，这毫无疑问地确认了他们早已明白的事情：这次航行失败了。

在接下来几个月里，德拉诺一次又一次地去找皇家官员。对每一个人，他都叙述了自己和手下人在南太平洋那天里所冒的风险。对每一个人，他都指出，在西兰诺的证词中，这位西班牙人赞扬了他的行为，称他为英雄，说他慷慨，而且西兰诺在另一宣誓作证中说，"感谢上苍"，派遣"亚玛撒·德拉诺来镇压黑人"。对每一个人，他都诉诸有关奖励和补偿提供服务的海商法和惯例。对每一个人，他都重申，他本可以保有整艘船和船上的货物，保留"每一样可观的东西"。

最后，在9月，他最后一次向阿维莱斯恳求帮助。德拉诺说，他明白，总督有很多利益要考虑。但他请求他彻底解决这个问题。自从他第一次到达塔尔卡瓦诺，他的手下就不断弃他而去，他们经常从船上带走有价值的设备。他在利马待了几个月，因为要设法养活那些留在他身边的人而负债累累。他是如此绝望，甚至试图把"坚毅"号卖给西班牙海军，希望能还清他欠下的债，然后乘坐"朝圣者"号回家。海军拒绝了这一提议，认为将这艘帆船改装成军舰费用过高。他在不同的岛上仍"留守了将近30人"。留守人员需要食物和其他补给，如果他的要求还得不到满足，肯定"会遭殃"。[13]

阿维莱斯最后对德拉诺说，他会做出对他有利的裁决，但前提是他的索求价格降到8000比索。德拉诺早些时候在康塞普西翁曾拒绝妥协，但现在他别无选择，只能同意。总督把西兰诺召进办公室，德拉诺也在场，总督告诉这位西班牙人，如果他不支付钱财，就把他关进监狱。西兰诺尚未收到把西非奴隶出售给吉麦罗的款项中他享有的份额（他最终是否收到至今未知），但因为慑于这个裁决的权威性，他只好抵押"考验"号，借钱支付欠德拉诺的钱。

德拉诺得到了他的报酬，即价值8000比索的黄金，但这笔钱没有维持多久。这几乎只能支付他欠卡亚俄港各色供货商的钱，为了让"坚毅"号不停航，还要让他的手下能吃上饭，他不得不赊借。他又花了一年多的时间，在离廾波士顿近三年后，德拉诺才终于让他的船舱填满海豹皮。1806年7月，他驾着"坚毅"号去中国，但由于市场仍然供过于求，他不得不等上几个月才能把毛皮卖出去。

塞缪尔·德拉诺在智利和秘鲁近海水域里又待了一年，最后在1807年9月离开时，只获得13000张海豹皮。在去广州的路上，"朝圣者"号在进入中国海的途中，遇到了一股从东北方向刮来的狂风，船身向一边倾斜，直到它的桅杆被海浪打断。三个人失踪了，看来这艘船也会沉没。但是，风却奇迹般地将船头调转过来，在水充满整个船舱之前，矫正了船的方向。"朝圣者"号得救了，尽管几乎所有的海豹皮都被毁了。

回过头来说，在利马，吉麦罗在一年内卖掉了他持有的55名西非男人、女人、孩子和婴儿中的大部分。许多人被单独买走。他们分散在利马各地，茕茕孑立，他们之前在漫长的旅途中团结一致，形成一个团体，但是现在却四散各处。另外一些人幸运一些，两三人一起被一个主人买走。

社会学家奥兰多·帕特森（Orlando Patterson）写道，奴隶制的本质是"社会死亡"。在某种程度上，帕特森描述的内容，与医生于1803年底在蒙得维的亚关于"华金"号的结论是一致的，奴隶制导致分裂，把人从他们的过去、历史、家庭和家园分离出来，并将其变成"与家族系谱隔离的人"。没有什么比利马档案中关于"考验"号上幸存的男人、女人和孩子们的销售收据更能说明这种断裂了。文档记录惜字如金。这些记录最多只提供了被出售之人的年龄和性别，以及交易的价格和信贷条款。他们省略了这些人最初的名字，没有给出任何关于婴儿的信息，不管他们是和母亲在一起还是被卖给了不同的家庭。[14]

这些收据确实提供了一点点信息，表明精神上的断裂并不是绝对的。一些交易记录显示了西非人的新基督教名字："两个新黑人"，被一个家庭以960比索买走，"对应名字是安东尼奥和曼缪尔，13岁。"一个年轻的男孩被一个商人买走，"对应名字是华金"。用"对应"这个词表示公事公办、不带感情色彩。但这听起来也刺耳。主人们好像承认这些新标签一直要成为他们的别名，意味着奴隶们尚未完全把他们最近的经历和过去的生活从记忆中抹去。被从"考验"号上带走的两名12岁的女孩，以920比索的价格卖给玛丽亚·达加夫人和玛丽亚·里维拉夫人，以后"对应的基督教名字可能是玛丽亚和罗莎"，但这并非她们唯一的名字。

尽管班尼托·西兰诺把自己那艘船的英文名字一直漆在船体上，但他偶尔也将"考验"号称作"la Prueba"，这是个西班牙单词，也有信仰考验的意思。在西属美洲，天主教徒用宗教主题来为其船只命名是很常见的，和美国新英格兰地区的新教徒一样，尽管前者偏爱殉教的圣徒［包括圣胡安·尼波诺修诺（San Juan Nepornuceno）］，而后者更喜欢种种美德（比如坚毅）。无论如何，在经历了比约伯更甚的考验之后，班尼托·西兰诺从康塞普西翁回到利马，决定重新命名其船只。这艘船现在将会以"la Dichosa"——"幸运儿"号的名字航行。[1]

西兰诺不会坐这艘船了。他发誓永远不会再回到海上，他把"幸运儿"号租给另一位商船船长，开始在陆地上谋生。返回利马一周后，西兰诺与刚丧夫的弗朗西斯卡·米尔（Francisca Murre）结婚，其前夫留给她一个颇具规模的糖料种植园——胡玛雅大庄园（Hacienda Humaya），位于利马城北 70 英里处。当时，衡量农田价值的最佳标准不是其规模，而是其使用年限和作物高度。西兰诺和弗朗西斯卡搬进来时，胡玛雅庄园内有 12 块田地，种植着生长了 18 个月的甘蔗，已有 12 英尺高，将近成熟就可以收割了。把糖、果园、作坊、庄园主宅邸和牲畜都加起来，该种植园的价值将近 20 万比索。[2]

估价中包括奴隶，因为如果没有人手来收割的话，甘蔗就没有价值了。庄园中 236 名奴隶的估价为 91782 比索，几乎是财产总价的一半。包括 129 名男性和 107 名女性，但其中多数人在美洲的时间比他们的新男主人都要长，他们在秘鲁出生长大，在天主教信仰中接受洗礼。有些是 1693 年庄园建造时就到来的第一批非洲奴隶的后裔。其他人的祖先甚至比那时更早就来到了秘鲁。

西兰诺重新开始了他远在安达卢西亚的家人早已失去的这种地主乡绅生活,他很容易认为已经把"考验"号上所有发生在他身上的事情都抛诸脑后。他还从利马的喧嚣和政治中脱身,胡玛雅大庄园位于起伏的瓦乌拉山谷(Huaura Valley)云雾笼罩的那边,一直向上延伸。这是一座古老的耶稣会庄园,经由一条古老有车辙的道路和海岸相连。当西兰诺接管该庄园时,双中殿的教堂里仍然保留着最初的管风琴、石刻的洗礼盘和木制的讲坛。

没有巴波这样的反叛奴隶。没有阿土缶们和莫瑞们。没有莱奥贝们、奎安莫泊们、阿拉善们、马尔鹏达们或马屯魁们。没有大量不能辨别身份的非洲妇女在唱着死亡的挽歌。只有胡玛雅庄园里安家乐业的奴隶,他们可以参与收益分成,住在路边成排的茅草房里,这条路将庄园的房子和种植园的墓地连接起来。其中包括63岁的胡安·卡皮斯特拉诺(Juan Capistrano)——他管理着研磨机(他的估价是三百比索),多明哥·德拉·涅韦尔(Domingo de la Nieves)(81岁,每一年只值1个比索),以及佩华·德拉·罗萨(Augustina de la Rosa),一个90岁的残疾人(值10个比索)。

但在1820年,世界再次扰乱了西兰诺的生活。

西属美洲独立战争——从1810年到19世纪20年代,持续了10年以上——在墨西哥、哥伦比亚、委内瑞拉、阿根廷以及安第斯山脉爆发,成千上万的黑人奴隶离开了他们的土地、作坊和房屋,加入了起义军队。在一些地方,他们占据了革命力量的30%。

智利是独立和解放的先锋,正是在胡安·马丁内斯·德·罗萨斯的领导下,建立了自治委员会,于1811年通过了一系列限制奴隶制的措施。其中包括"出生自由法"(law of free womb),它规定所有奴隶父母出生的孩子都是自由人,并禁止未来将新奴隶引入智利领土。当秘鲁总督派皇家军队去镇压智利独立运动时,安第斯山的革命军——由何塞·德·圣马丁将军(General José de San

主要由来自布宜诺斯艾利斯和门多萨的被释放的奴隶组成——从阿根廷穿越安第斯山并打败皇家军队。实际上，这些由奴隶转化而来的革命分子中有许多人都重走了巴波和莫瑞他们走过的旅程，但所处时代环境截然不同：尽管他们作为财产首次抵达蒙得维的亚，此时他们是作为自由人长途跋涉穿过潘帕斯草原，在门多萨加入圣马丁的起义队伍，然后翻越安第斯山脉去解放智利，这是西属南部美洲全部实现独立过程中的一个重要步骤。3

这些由被解放的奴隶组成的起义士兵，加上加入的自由的和被释放的智利黑人，有成千上万之众，继续沿着"考验"号叛乱者的路线前进。他们于 1820 年 8 月从瓦尔帕莱索航行出发前往利马，作为圣马丁远征舰队的一部分，发誓要推翻"那些相信自己可奴役自由之子而免罚的暴君"。这支小型舰队最初在利马南部登陆。在连接太平洋和安第斯山脉的纵横交错的山谷中上下穿行，奴隶们从他们的庄园里逃了出来，加入了圣马丁的队伍，带着他们从种植园里偷来的食物、牲畜和马匹。另一些人只是简单地利用了入侵造成的混乱而逃跑，既不加入爱国者的队伍，也不加入务实派的行列。4

1820 年 11 月 9 日，圣马丁从利马北部航行到位于瓦乌拉山谷底部的瓦丘湾（Bay of Huacho）。此后不久，他的军队沿着山谷向上进军，雄赳赳，气昂昂，凡是加入他们队伍的奴隶都能获得解放。12 月 27 日——正好是"考验"号奋起反抗之日，一支起义先遣队抵达胡玛雅庄园大门外。西兰诺这个从暴乱中幸存下来的人，没有等着被卷入另一场暴乱。士兵们第二天进入庄园时，他就不在了，他已经逃到利马，把庄园遗弃给他的奴隶们。5

一段时间内，利马就像往常一样运行。罗萨斯对城市商人的评价没错。他们有奴性。甚至布宜诺斯艾利斯、蒙得维的亚、加拉加斯、波哥大、圣地亚哥以及随后的康塞普西翁和门多萨之类的外省城镇，都在拥护独立，而"利马这座堡垒"充斥着牧师、领主、富商，他们与塞维利亚和加的斯的大型贸易商行以及装备精良的总督军队关系密切，对西班牙依然忠心耿耿。一位观察人士写道，这座城市及其周边的居民们，"维持着他们一贯豪华奢靡的生活，优游自在地过日子，毫无顾虑，直到敌人前来叩击'诸王之城的银门'。"[6]

1821 年 7 月，城门被攻破。圣马丁及其军队进入利马，城中的居民终于意识到他们生活的时代改天换地。"他们极度张惶失措，"上述那位目击者写道，"男人们彷徨游移，手足无措；妇女们四处飞奔，逃入女修道院；狭窄的街道被马车和骡子堵塞，还有骑马的人。"西兰诺可能是那些力图逃离利马的人中的一个，"或步行，或坐车，或骑马，……男人、女人和孩子，马和骡子，还有背着行李和其他贵重物品的奴隶……一片喧嚣嘈杂"。然而，街道很快就空了，因为有恐慌消息蔓延开来，"城市的奴隶打算趁我们没有军队全体起义，屠杀白人"。[7]

利马的贵族们没什么可担心的。圣马丁在占领利马之后，发表了一系列限制奴隶贸易和奴隶制的法令。但是，他仍然面临城外强大的皇家军队，他希望能赢得农村地主的支持。他采用一条折中的路线，解放了那些加入他的队伍的奴隶，但他清楚地声明，逃亡的奴隶仍属于其主人。战斗持续了数年之久。直到 1824 年 12 月，在阿亚库乔（Ayacucho）战役中才最终把保皇派势力驱逐出去。

西属美洲独立运动早期的激进承诺是，革命军队进军各大庄园，解放成千上万的奴隶。到那时，这种承诺有所保留。1811 年在智利开始的废奴运动将会继续。但是，该运动是逐步有保留地进行的，采取颁布了种种措施、法律和法令来维持该地区拥有土地的精英阶层的权力。尽管如此，美国内战在阿波马托克斯（Appomattox）结束十年前，即 1855 年，在脱离西班牙独立的所有美洲共和国中，购买、销售、持有人作为奴隶的行为都已消失。

至于班尼托·西兰诺，他被关进监狱几天，因为被指控逃离圣马丁的军队后曾协助过皇家军队。[8] 但他很快就被释放了，社会秩序恢复正常后，他被允许收回胡玛雅庄园和庄园中的奴隶，恢复了如今顺应共和国统治者的贵族生活。1829 年，他突然患上偏瘫，结果瘫痪了。他死于 1830 年。他的遗孀弗朗西斯卡一直活到 1853 年。在秘鲁，废除奴隶制还要再等一年，但她临死前释放了胡玛雅庄园里的"大量奴隶"，只把一名奴隶留给自己的女儿。[9]

早在多年前，西兰诺就已失去那条之前被称为"考验"号的船，这条船被现卖给西兰诺的债权人。后来，"黄玉"号（Topaz）的贵格会船长梅休·福尔格（Mayhew Folger）见过"La Dichosa"，即"幸运儿"号。福尔格曾在皮特凯恩岛（Pitcairn Island）救援了布莱的"邦蒂"号上的幸存者，他因此而闻名。1810 年回到楠塔基特时，他告诉朋友托马斯·科芬，说"幸运儿"号正在瓦尔帕莱索港腐烂，"船壳被剥掉了，经过风吹雨打后，沉没在水里"。[10]

/ 26 飘零转蓬

1807 年 5 月,"坚毅"号即将到达好望角,后面跟着成群的海豚与海鸟。"坚毅"号正在从中国返回美国新英格兰的途中,载着半船瓷器和茶叶,价值还不够支付德拉诺欠他手下人的钱或偿还他的债权人。这艘船磨损了。根据其航行日志,需要"全体船员"努力来让其维持航行。"这艘船漏水很严重",船员们"不得不每半小时抽排一次水"。当它进入南大西洋后,天气变得"阴沉",云朵飘飞,风向不定,还有来自西部的巨大波涛。7 月 4 日破晓时分,"天气黑暗且有风暴"。船上没酒了,但船员们吃了炖杂烩来庆祝国庆节。7 月 24 日,星期五,"科德角高地"出现在视线内。几天后,"坚毅"号抵达波士顿,结束了近四年的航行,环游地球两次,航程五万多英里。[1]

德拉诺曾盼望返乡时会有喜事等着他。他说,"许多有权势的朋友"在利马已经告诉他,除了他从西兰诺那里获得的黄金之外,西班牙国王卡洛斯四世将亲自给他一个额外的奖励。不难想象,当他在一个又一个办公室里恳求判决他的案子时,皇家官员告诉他这样的事情,是希望他离开此地往前走。结果是,波士顿有给他的一份礼物,尽管这不是他所希望的。这是一枚印有卡洛斯四世侧面像的金质奖,还有一封来自西班牙驻美国使节的信,代表国王感谢德拉诺提供仁慈、高尚的服务。几个月后,卡洛斯四世将被拿破仑废黜,这彻底终结了德拉诺的希望,他本来还想,如他所说,收到"对我基本上有用的东西"。[2]

德拉诺本可以使用它的。他不在的时候,美国发生了变化。在这个不断发展的国家中,债务在经济中扮演了更重要的角色,德拉诺陷入了困境,被告上法庭,看来好像还被扔进了关押欠债人的监狱。甚至在"坚毅"号第一次航行前,他已经欠好几个人很多债务

（包括杜克斯伯里镇的以斯拉·韦斯顿）。但现在他却被那些从未谋面的人起诉，这些债权人，从早期的债权人那里购买了他的债务，或者是那些声称自己是已故船员的遗嘱执行人。他欠了各种人数千美元，而当时波士顿监狱里关押的大多数是水手，他们因为未到期偿还不到 20 美元的债务坐牢。一个叫乔治·莱利（George Riley）的人，欠了约 50 美元，他在监狱里待了 6 年。一名波士顿盲人因为欠了 6 美元而入狱。[3]

在一段不短的时间内，德拉诺继续驾驶"坚毅"号，把干鳕鱼运到加勒比海，他的债务以及养家糊口的压力，迫使他暂时不顾与奴隶岛做生意的良心不安。在霍利斯街牧师贺拉斯·霍利（Reverend Horace Holley）的帮助下，德拉诺得以拜访该市一些最有名望的人士，寻求他们的帮助。莱缪尔·肖（Lemuel Shaw），一名刚开始从业的年轻律师，为他提供无偿法律服务，让他免于坐牢，莱缪尔·肖后来成为马萨诸塞州最高法院的首席法官，即赫尔曼·梅尔维尔的岳父。德拉诺还写信给联邦最高法院法官约瑟夫·斯托里（Joseph Story），他后来因支持阿米斯塔德（Amistad）的起义奴隶而出名，德拉诺请求斯托里代表他与一名法官在一起案件中做辩护。德拉诺恳求道："请帮助一个诚实的人，并施以恩惠。"德拉诺在大多数债务审判中都缺席。他就是不在法庭上露面。[4]

德拉诺在 1810 年底卖掉了他的船，支付了他所欠的部分债务，但不是全部。他在波士顿海关那里找了一份工作，住进了夏日街（Summer Street），离波士顿的印度码头步行没多远，他家有 8 个人，包括姐妹、侄子、侄女，他是一家之长，却破产了。大约这时，在霍利牧师的鼓励下，他开始写回忆录。他的律师肖为德拉诺和三名人士起草了一份合同，这三人可能是德拉诺的朋友，但更可能只是新的债权人，他们预付了德拉诺的印书费。该回忆录是通过订阅出售的，目的是使德拉诺摆脱遭遇的一连串"不幸和窘迫"。霍利写了个小传，也包括在回忆录中，作为附录，他写道，像德拉诺这样"宽宏大量、无私公正的人，为过上好日子付出了如此巨大的努力，在他生命这个时候却如此不幸"。[5]

德拉诺对回忆录《航海和旅行纪实》抱有很高的期望。他向华盛顿的国务卿约翰·昆西·亚当斯（John Quincy Adams）寄去了一本，希望得到好评，这可能有助于推销这本书，并告诉亚当斯，他写这本书是为了增加"库克船长和其他人已经收集到的海量知识"。[①]这本回忆录充满了对自然世界的广泛描述〔"博鲁（Bouro）的巨蛇是最奇异非凡的"〕和有用的航海信息，如水流的方向、水下岩石的定位，以及进入这个或那个港口时风一般来自哪个方向。"圣费利克斯岛的西端"与"东端的颜色是不同的"。"红色和黑色部分之间是最好的着陆地点。"德拉诺在整本书中都用了很长的篇幅来讨论哲学问题，例如，他考虑到世界宗教的普遍性、希腊的"辩证法体系"和印度教的相似之处。他写道，"几乎没有一个哲学家提出的概念"，不能在"婆罗门（印度四种姓的最高种姓）的文学作品"中找到。[6]

但是，当一个人透过字面阅读德拉诺的回忆录时，德拉诺的叙述读起来不像是一本关于世界知识的百科全书，而像一本补缀在一起的冗长流水账，航行中的种种失败、灾难，证明知识是无能为力的，或者至少说明用书中所收集的知识不可能完成任何事情。在美国革命中伟大的平等主义者推动下被投进世界的德拉诺发现，这是一场漫长的"屈辱的大航行"，这个词经常出现在他的回忆录中。我在这里只描述了他的一些失败，但他回忆录中还有很多。德拉诺

---

① 亚当斯给出一个外交式的回应，感谢了他的礼物，同时又回避他提出的要求："我向你表示感谢，读完这部作品，我无疑也会对此产生你肯定也会有的好感。"

描述了自己的生活，当他航行在巴斯海峡时，他认为自己会被淹死，同样他的生活充满了"苦难和贫困，还遭遇了许多不公正、忘恩负义和让人沮丧的场面，令人心碎"。

德拉诺认为，他的书将有助于去除世界的神话色彩，就像他年轻时认为去海上航行会让他看清楚他在书中读到的许多"夸大的描述"，揭穿水手们散播的"假话"。他认为看清世界的真实模样，如他所说，用"两只眼睛"看世界，是很重要的。也许这就是为什么以这样一个故事开始其回忆录，即他如何努力用恶作剧让其船员理性地看问题。

他写道，水手是一个奇怪的"阶层"。他们一辈子都在记录自然世界的活动，即恒星、行星、潮汐和洋流可能的变化。但是，如果航海是一项可习得的技能，这也是一种"秘技"，正如学徒合同中所规定的。"水手们虽然通常是世界上最勇敢的人，却常常是迷信恐惧的可怜奴隶，"德拉诺抱怨道。在航行中，狂风一阵接着一阵，难以捉摸，水手们不断感受到大自然的变化无常，知道许多时代相传的有关预兆、符咒、预言和无形神灵力量的传统"。鸣汽笛能召唤撒旦，淹死一只猫就会带来一场风暴，水手们还可以通过拴住一只翠鸟的鸟喙把它吊起来判断天气，就像查看气压计一样，而一个占星家的一词半语可能会导致全体船员离开一艘船。"

德拉诺认为这样的做法嘲弄了"神灵"，就好像上帝会为了"最微不足道的目的"而干预自然机制，比如说，让北方的星星在南方发光。所以，在一个晚上，当德拉诺无意中偷听到手下几个人在值班辩论鬼魂是否存在时，他决定必须做点什么。他找到了甲板上的一个旧拖把，用白色亚麻布把它裹起来，看起来就像一个裹着外罩的细腰女人，把它挂在船尾的一块木板上。他打算轻轻地吓唬一下值夜的人，然后揭露这是个骗局，希望这个真相能"治愈"他们的

"迷信愚昧"。[7]

这个玩笑太有效果了。一群坐在船尾甲板的人"被吓呆了，因为恐惧一动不动，看起来像屏息凝视的化石"。他们慢慢移动过去，和这个幽灵谈话，问询她："以神圣上帝的名义，你是谁，你想要什么？"由于担心自己做得太过分，德拉诺把这个'人造的幽灵'拿了下来，撤回到他的小屋睡觉，准备早上再揭露这一骗局。但是半夜时分德拉诺被他的大副叫醒，大副告诉他，船员们聚集在甲板上，"充满了焦虑和恐慌"。德拉诺试图让他的手下人冷静下来，但他们所承受的"苦难"是如此"极端"，以至于他不能加以安抚。他不敢透露自己的计谋，保持沉默。在接下来的旅程中，这段秘事困扰着德拉诺，给他带来了"极大的焦虑"。他承认，这个玩笑没有"实现我设计它的效果"。

这作为德拉诺回忆录的序曲很合适，为后面写的欺骗和欺诈埋下了伏笔。在这些小插曲之后，比如，对于在皮奥·金托（Pio Quinto）他的英国伙伴对他搞的恶作剧，德拉诺经常用大段篇幅描写自己的心理活动，与荷马《奥德赛》中的奥德修斯一样。但奥德修斯能够利用这些内心的想法帮助自己。他堵住了他手下人的耳朵，这样他们就不会屈服于海妖塞壬（Sirens）的歌声的控制，他欺骗了独眼巨人库克罗普斯（Cyclops），让自己和手下人逃脱。而德拉诺只能用自己的诡计让自己陷入困境，造成与他意愿相反的结果，向他手下人证实鬼魂的存在。

美国独立革命，对于像德拉诺这样的人来说，是一个伟大事件，向他澄清了迷惘世事，有助于使他对这个世界不再抱有幻想。杜克斯伯里镇支持独立的传教士们告诉他，人的命运不是前世注定的，人有理智和自由意志，这让他有能力塑造自我。但对倒霉的德拉诺来说，对理性和自由意志的信仰，其结果也是附魅的，使他看不到使人们团结一致，在成功者和失败者之间设定界限，以及决定谁人有自由、谁人没有自由的纽带。①

大革命时代，亚玛撒四处游荡，从海地到法兰西岛，从孟买到利马，回家时却发现等待他的只有过期本票、法庭传票，在没有他落脚之地的美国，他唯一的勋章来自即将被废黜的君主。[8]

在塞缪尔·德拉诺驾驶"朝圣者"号进行最后一次捕猎海豹的航行中，他的船几乎倾覆，他丢失了所有海豹皮，航行结束后，他重新皈依基督教。他卷入了美国的第二次大觉醒运动，这是对他年轻时潜入他思想中的基督教的理智主义的一种反抗，人们回归宗教，将其作为一种感性、世俗的体验。在一封写给他那在新奥尔良的儿子的信中，塞缪尔警告他，在那个"疾病流行的地方"，要注意守住自己的灵魂，同时塞缪尔还提醒儿子，上帝已经"把自己的独子派到人间，伪装成普通人，被鞭打，被猛击，被钉在十字架上，流血，死亡，目的是我们……会后悔自己犯下的罪恶"。"准备去死"，他说，因为"死后会有审判"。塞缪尔甚至自己也产生过预示性的"夜晚幻象"（night vision），一种混杂着"女人""色欲""肉体"

---

① 在回忆录中谈论自己的债务问题时这种情况最清楚不过。债务是社会苦难的根源。1820年，波士顿法院将1442名债务人送进了监狱，其中一些人只欠了微不足道的金额。一些债务人是新的冒险者，投资了各种失败的计划。另一些人则是败家子，坐吃山空。但很多人是像德拉诺这样的海员和商人，他们认为信贷和债务要用于支持商品贸易，而不是本身用于交易，结果他们被无法控制的市场力量击垮，包括19世纪第一个十年在新英格兰地区出现的一系列银行倒闭。莱缪尔·肖的一个很难读懂的文件暗示，德拉诺在这样一场银行崩溃中失去了他的那点积蓄。然而，德拉诺说，解决这个问题的办法是承担更多个人方面的责任。他写道："每个人都要管好自己的收入，不要让收入因为上述任何原则的执行而被剥夺。""永远不要对朋友或敌人公开账户，尽管他们可能会说，你的账户等你回来后还是原样。"他忠告说，人们自认为"充足的余额"，却永远不足以支付"需求"。德拉诺没有说这些朋友或敌人是谁，但看来他信任的人很快就会利用法院来增加他的痛苦。他写道，任何一个让自己适用这种法律操作的海员，都会发现自己"晚年时一贫如洗，没有朋友"。这将会"使他心碎，尤其是如果他拥有高尚的心灵"。

的乱象，他把这些都解释为"圣典"的"构象"。童年时代，他坐在教堂的长凳上听宗教布道，诸如伊利亚·布朗（Elijah Brown）之类的牧师宣称理性是"天赐之福的向导"；从那时到现在，他在逻辑演练方面已经走过漫长的历程。[9]

亚玛撒则走了另一条路。在回忆录中，他展示了对其他文化的宽容和相对主义态度，19世纪后半叶，梅尔维尔写作的时候，这些文化观念变得十分普遍，但在19世纪早期却很少见。德拉诺在讨论欧洲人对非欧洲人的影响时最善于分析，对更大的社会势力最有洞察力。例如，描述帕劳（Palau）群岛时，他批评道，满载枪炮、纺织品、珠宝和白兰地的船只到来，使岛上居民中存在的善恶之间的平衡受到影响。德拉诺似乎直接借用了让-雅克·卢梭《论人类不平等的起源和基础》中的话，他写道，商品使他们的欲望不断膨胀，创造了更多的个人"需要"，使他们更精于算计，更有工具性，甚至更加虚伪，追求"通过不诚实的途径来满足欲望"。他写道，文明依赖于建立一种美德体系来平抑"邪恶……卑鄙的激情"，这似乎也在借鉴卢梭的理论，以及像查尔斯·特纳和伊利亚·布朗这样的杜克斯伯里镇传教士的演讲。"欲望"快速增长甚至可以使"文明的国度……变得比任何野蛮人都更痛苦"。"岛民们"就更糟糕了，不是因为何种内在缺陷，而是因为"白人"没有给他们时间形成制约欲望的平衡力。"欧洲人"直接进入，加速了破坏，利用其"技术和武力……背叛、绑架或公开暴力地逮捕当地人，为了实现最自私，最不人道的目的"。他写道，这样的行动反过来又引发了"报复行动"。

尽管如此责难，这一批评依然基于信仰，基于德拉诺在年轻时接受的基督教乐观主义。他认为，如果给欧洲人时间和约束，贸易将最终帮助"岛民"孕育"美德和福祉，并培养更多的人才，唤起更多的同情心"。但到了19世纪20年代，在经历了更多的不幸和窘迫之后，可能包括入狱，他的心碎了，他的书卖不出去，德拉诺对多元化的质疑，发展为更深层次的怀疑。

1821 年 9 月，他在波士顿的报纸上偶然发现了一篇文章，名为《印第安人简史》，讲述了一位名叫"红夹克"的塞内卡族勇士和波士顿传教士于 1805 年 11 月在纽约"水牛城"（Buffalo Greek）的会面。这次会面结束时，"红夹克"以演绎手法指导那些自称是老师的波士顿传教士："你们说你们是对的，我们输了；我们怎么知道这是真的？"不知德拉诺是被"红夹克"描述的印第安人蒙受的痛苦感动，还是对他的问题留下了深刻的印象，他剪下了这篇文章，连同一封信一起寄给了杜克斯伯里镇的塞缪尔。①

"请阅读这篇文章，并仔细思考每一个句子，"亚玛撒在写给他信奉原教旨主义的兄弟的信中写道，"这让你想起，你知道的，信仰基督教的种族对其他人民做了什么，他们甚至让自己彼此都很悲惨。"塞缪尔也在为债务而挣扎，亚玛撒可能在这里提到的就是这一点。"我问问你，"他继续说道，"在这个世界上，是谁让你如此不快乐，不就是基督徒嘛。想想，有没有中国人、三明治岛的岛民或其他岛上的居民，对你做了什么坏事，即没有基督徒……混杂其中的地方。"在信中一些字迹模糊的部分，亚玛撒似乎在说，他不会

---

① "红夹克"（Red-Jacket）列举了一连串对"白人"的不满："我们给了他们玉米和肉；他们回报给我们毒药……最后，他们的人数大大增加；他们想要更多的土地；他们想要我们的国家。"他接着说："我们知道你们的宗教写在一本书里；如果它是为我们和你们所准备的，为什么大神（北美许多印第安部族崇拜的——译者注）没有把它给我们，而不仅仅是给我们，为什么它不让我们的祖先知道那本书，而且告诉他们如何正确理解那本书？我们只知道你们告诉了我们这本书。我们怎么知道什么时候该相信，因为我们经常被白人欺骗？兄弟，你说崇拜和侍奉大神的方式只有一种；如果只有一种宗教，为什么你们白人对它有如此不同的看法？为什么你们不能全部达成一致，因为你们都可以读这本书？"这个演讲，持续到今天仍在不断地再版，在高中和大学里被讲授。有意思的是，在美国革命期间，"红夹克"曾与赫尔曼·梅尔维尔的外祖父彼得·甘斯沃尔特进行过斗争。

"废除基督教"，因为这是"我们父辈的宗教"。但是那些欺诈印第安人的基督徒不值得尊重。[10]

德拉诺随后将这种文化帝国主义与他自己的精神不安联系起来。他说自己漂泊不定，好像"断梗飘蓬"，他继续说道：

/ 262

> 关于我自己的心态，我再说几句，然后就不再赘述了。多年来，我一直觉得飘零无定如转蓬，不知何从，以致担心月亮会落在我身上，把我压死，想到未来时，我总觉得对它一无所知，也没有别人知道，曾知道，也不会知道，直至我进入坟墓，但我总是像即将开始战斗的士兵那样做祷告：请上帝，如果有上帝，拯救我的灵魂，如果我有灵魂。

> 你挚爱的哥哥
> 亚玛撒·德拉诺

两年后，亚玛撒于 1823 年去世，似乎是因为心脏病发作。他死前并不孤单。德拉诺和他的妻子、姐妹和侄子住在一起。可是，从他的通信中可以看出，他感到自己孤独无靠。

他本不应这样的，不仅是因为他有大家庭，还因为波士顿在他晚年时显然就像他的家乡杜克斯伯里镇一样，至少在反加尔文主义的基督教义获胜的时候是这样的。他的兄弟可能已经信仰了一个经过地狱之火熬炼的基督，而他自己差点完全拒绝基督教，但波士顿的宗教和智识生活由新一代一神论传教士控制，像德拉诺的牧师贺拉斯·霍利，以及更有影响力的威廉·埃勒里·钱宁（William Ellery Channing），他们比特纳牧师和布朗牧师更加肯定人有自由意志，个人和世界都可以受理性控制，信仰可以净化掉宿命论中的悲观主义，基督教与启蒙运动可以调和。他们的神学在各种改革协会中得以体现，如废奴协会、劳动阶级民生改善协会、妇女解放协会，以及不断发展的中产阶级中流行的各种"自我提升"的世俗运动。在其他方面，美国在民主方面的实验似乎依然充满活力、积极活跃。例如，在整个新英格兰，文化复兴即将开始，"美国文艺复兴"将会产生像拉尔夫·瓦尔多·爱默生（Ralph Waldo Emerson）和亨利·大卫·梭罗（Henry David Thoreau）这样的哲学家，以及像赫尔曼·梅尔维尔和玛格丽特·富勒（Margaret Fuller）这样的作家。[11]

但危机的轮廓已经显现。密苏里妥协案刚刚把这个国家划分为自由州和蓄奴州，将道德争议变成了领土争端。密西西比州、阿拉巴马州和密苏里州最近都加入了联邦，而移民则正迁往西部，把他们的奴隶带到了路易斯安那州、密西西比三角洲和得克萨斯州。在德拉诺去世前一年，超过30名非裔美国奴隶，包括据说是他们领导人的登马克·维西（Denmark Vesey），在南卡罗来纳州的查尔斯顿（Charleston）被吊死，因为他们被指控正在策划一场受海地革命启发的起义。

德拉诺年轻时期信奉的共和主义已经开始分裂，一方面，激进分子想要将对自由的承诺扩大到所有人，而那些保守主义者可能反对奴隶制，但他们认为结束奴隶制对国家带来这么大的风险不值得。在杜克斯伯里镇，赛斯·斯普瑞格（Seth Sprague）比德拉诺只年长几岁，他认为奴隶制是一种罪恶，需要不惜一切代价从这个国度连根拔除。但他那成为美国参议员的儿子皮莱格（Peleg）却说耶稣基督自己也不会支持废奴，如果这意味着"我们的政府和合众国面临分裂的危险，而在此政府和国家的领导下，我们前所未有地繁荣昌盛，为地球上的各个国家指明了治国之道，这是任何开明政体都不能企及的"。[12]

亚玛撒初涉世事时，可能对美国会有这种信念，而不需要公开辩论，一些人有自由，意味着对另一些人进行奴役。他离世时，认为自己永远也不会明白自己的心灵，一点也不知道，而且没有其他人能够或将会知晓。

亚玛撒的总资产包括：一张破旧的吊床，估价 50 美分；一张陈旧的松木写字台，同样值 50 美分；700 本《航海和旅行纪实》。也就是说，吊床是他航海生活的遗物；桌子是他写作生生活的遗物；他的书，总结了他的两种生活，却没有发售。[13]

19世纪早期，席卷西属美洲的革命热潮，开始在整个美国南部蔓延。就像商人几十年前就已经开始运送越来越多的奴隶穿过潘帕斯草原，然后翻越安第斯山脉，现在越来越多的被奴役的民众被带出原来的蓄奴州，包括弗吉尼亚州、北卡罗来纳州、特拉华州、马里兰州，被带入美国的南方腹地和西南部新的糖料和棉花种植园。

他们中许多人都像巴波、莫瑞和无数其他俘虏一样，被捆绑着，排成一列或两列，徒步而行，脖子上戴着枷锁，好像链条上的圆环，他们就这样穿过平原，越过高山。另一些人则坐驳船沿着密西西比河和俄亥俄河前进。正如莫德耶曾把走私的奴隶卸载在拉普拉塔河的多孔渗水海滩上那样，法国私掠船船长〔其中最著名的是让·拉菲特（Jean Lafitte）〕与商人合伙，在路易斯安那州、密西西比河流域和得克萨斯州一带倾销他们从墨西哥沿岸空阔地带（包括加尔维斯顿岛）捕获的船只上的奴隶。当德拉诺于1805年初登上"考验"号时，美国的奴隶不到100万人，大多数集中在南部沿海或离海不远的内陆，在田纳西州、肯塔基州，以及密西西比流域和奥尔良一带。40年后，从大西洋沿岸到密苏里州和得克萨斯州，总共有近400万奴隶，总价值超过30亿美元，"超过了投资美国铁路和工厂的资本的总和"。在美国，奴隶制是一种贸易、一种制度，也是一种精神错乱现象、"一种狂热"——一种"完美的狂热"、一种"黑人狂热"，佐治亚州的报纸如此描述对奴隶的需求。[1]

/ 266

晚至 1850 年，赫尔曼·梅尔维尔以及他这一代的其他许多人，仍然认为"要成为美国人，本质上就是要摆脱过去的身份，与过去彻底决裂"。[2] "过去已经死了，"他在小说《白夹克》（*White-Jacket*）中写道，"未来既是希望，也是结果。……美国就要敢为天下人先，而不是步人后尘。"这番话出现在大篇幅论述废除海军军舰上的鞭笞刑罚之后，梅尔维尔把这种刑罚比喻为其他形式的专制、绝对权力，包括奴隶制。"要废除鞭笞刑罚"，他这样告诉美国的"船长和船队队长们"。在这段话后面，梅尔维尔把美国未来的发展想象成一场横跨西部到太平洋的运动：他把整个美洲大陆比作上帝与"古以色列人"的契约，拥有自由人民的"与生俱来的权利"。"我们美国人，"他写道，"承载着世界自由的方舟……我们是世界的先驱；我们是先锋，被赋予大任去开天荒，在我们的新世界里开辟一条新道路。"[3]

但是，披荆斩棘开辟那条"新道路"的是被奴役的人民，至少是在南部和西南部，他们把美国的"天荒"变成了种植园和适销的房地产，摘棉花，砍甘蔗，推动越来越多的区域加入繁荣的大西洋经济。美国领土的拓张非但没有避免南方奴隶制的扩展，并将共和党主张的自由向西部推广，反而使奴隶制得以复兴，使南方的种植园主逃离他们耗竭的土地。在政治上也是如此，到 19 世纪 40 年代中期，为实现这个国家的"天定命运"（manifest destiny），当时这个词刚被创造出来，奴隶制所带来的窘况加深。1846 年，美国吞并得克萨斯，同年又入侵墨西哥，消除了通往太平洋的最后一个障碍。但是，奴隶制给国家带来的问题非但没有解决，开疆辟土、越境扩张反而恶化了危机，因为贩奴商、自由党人和废奴主义者为自己在不断发展的美国中失势而斗争。

墨西哥在 1829 年废除了奴隶制，到 19 世纪 50 年代中期，西属美洲其余大部分地区都加入了废奴行列。但是，感觉到被北方包围的南方人看到了一个机会："我想要塔毛利帕斯州（Tamaulipas）、波托西州（Potosi），以及一两个其他墨西哥州，"密西西比州参议员阿尔伯特·加勒廷·布朗（Albert Gallatin Brown）在 1859 年说，"我要它们的理由都一样——用来培植或传播奴隶制。"奥古斯塔市的《立宪主义者》日报甚至更加雄心勃勃，呼吁在西属美洲重建奴隶制。佐治亚州的报纸想要南方人建立一个奴隶"帝国"，从"太平洋沿岸的圣地亚哥开始，从那里向南沿着墨西哥和中美洲的低潮海岸线到巴拿马地峡；到那里后再向南——一直向南——沿着新格拉纳达（New Granada）和厄瓜多尔（Ecuador）的西海岸线到达厄瓜多尔南部边界抵近大海处——智利海域附近，亦即亚玛撒·德拉诺的"坚毅"号遇到班尼托·西兰诺的"考验"号的地方。在某种程度上，这一愿景让本书叙述的故事周而复始、循环往复，将 1805 年德拉诺经历的噩梦在 50 年后变成贩奴商在整个西半球推行奴隶制的梦想。[4]

对于那些关注时势的人来说，情况就像"夜间的火警警铃"一样令人担忧，托马斯·杰斐逊在 1820 年就是这样描述这种形势的，不断扩张的共和国被划分为自由阵营和奴隶阵营。尽管如此，在整个 19 世纪 40 年代，人们还是有可能相信，可以在美国的法律和政治体制下实现废奴，使法律现实和法律理想相一致：所有人生而平等。这种可能性在 1841 年似乎得到证实，当时美国总统约翰·昆西·亚当斯（1825～1829）援引了自然权利的原则，在美国最高法院成功为"阿米斯塔德"号上的非洲叛乱者做了辩护。为争取自由，53 名非洲人（49 名成年人和 4 名儿童）发动起义，劫持了那艘囚禁他们的奴隶船，并杀害了船长和一些船员。亚当斯认为，除了个别行为之外，这一反叛行动完全符合"自然法则以及自然之神的法则，我们的开国元勋就是根据这些法则成立我们的国家的"。叛乱分子被释放，并被允许返回非洲。

但 9 年后，美国国会通过了一项法案，该法案颠倒了许多人认为是自由主义的自然进程。为了尽力安抚南方各州，立法者批准了《逃亡奴隶法案》，该法案保证联邦政府会将逃跑的奴隶归还其主人。这是一场大交易的部分内容，但这也是由国家领导人达成的另一个"妥协"，像波士顿的丹尼尔·韦伯斯特（Daniel Webster）这样的人，他们认为保护财产和维护联邦比废除奴隶制更重要。第一批落入该法案法网而遭到逮捕的奴隶包括托马斯·西姆斯（Thomas Sims）——一名 17 岁的逃亡奴隶。1851 年 4 月，依据佐治亚州其主人请求发出的逮捕令，他在波士顿街头被捕，城中的废奴主义者社区因此受到刺激，律师们向马萨诸塞州最高法院的首席法官莱缪尔·肖即赫尔曼·梅尔维尔的岳父提出了人身保护令。

批准该令状将意味着《逃亡奴隶法案》是违宪的，从而证实了南方奴隶主们对华盛顿不愿意执行这项法案的批评。早前，就在法案生效的那一年，成千上万住在北方州的逃亡奴隶，包括一些在该法案下被逮捕不得不再次逃亡的奴隶，他们逃到加拿大，仅在 1850 年的最后几个月，至少就有 3000 人逃到加拿大。一大群人聚集在波士顿的法院，警察、执法官和民兵组成密集方阵保护法院。为了防止西姆斯逃跑，大楼四周**以锁链环绕**，法官肖不得不弯腰进入："法官在自己设置的锁链下爬行，"反奴隶制的媒体这样报道。[5]

肖当时是美国最受尊敬的法学家之一。他个人赞成奴隶解放，多年来，他创造性地解释法律，限制奴隶制的实施范围，扩大了自由劳动的定义。梅尔维尔的岳父并不是今天所谓的"原旨主义者"。但是，当时他认为共和政体的命运掌握在自己手中，因此他说，对宪法的严格解读会限制他反驳联邦法律的能力。在不同场合，他的裁决明确指出，他所称的"和平""幸福"和"繁荣"，只有维护"合众国"才能实现，这些比自由的自然权利更重要。"人身保护令被拒绝了"，肖说道。

然后，请愿书被递交给杜克斯伯里镇的法勒·斯普瑞格（Peleg Sprague）。早些时候，当斯普瑞格还是一名参议员时，他曾说过，如果废除奴隶制意味着要搅乱一个国家的法律，"救世主"自己也不会这样做。现在作为一名联邦上诉法官，他有机会像他相信耶稣会做的那样去判决。斯普瑞格也否决了西姆斯的请愿。他被押着穿过波士顿的街道来到港口，被拷在"橡果"号（Acorn）上，然后航行回到萨凡纳（Savannah），在那里他当众遭到鞭打，并被安排在一个稻田里工作。

西姆斯案使反奴隶制的改革者变得激进，对他们中的许多人来说，这个案件摧毁了法律和法律机构的合法性。废奴主义者把首席大法官比作庞修斯·彼拉多①（Pontius Pilate），而亨利·大卫·梭罗在说法官只是"窃贼的检察官和谋杀者的工具，告诉他们工作流程是否正常"时，他显然是在暗指肖，也许还有斯普瑞格。这一裁决"让拉尔夫·瓦尔多·爱默生也坐不住了"，这位哲学家向来重视宁静沉思和个体自主性，现在却呼吁集体抵制法律。如果法官们都不知道如何保护"国家主权"和"每个居民的生活和自由"，那么他们的"学识和尊崇地位"有什么用？爱默生问道。"他们和白痴差不多。"[6]

和有关梅尔维尔政治活动的所有情况一样，关于他对他岳父的裁决的看法，学者们也各执一词。梅尔维尔并非造反派，尽管他满腔义愤，尽管他在文章中为世界各地的自由事业大声喝彩，尽管他能够看出即便是那些"最卑微的局外人、被丢弃者、叛徒"也有"悲壮的优雅"。他害怕战争和革命，认为无论理由多么充分，它们的结果都会更糟。"我们感受到的风暴之后还有风暴在形成"，他后来在他的一首名为《疑惧》的内战诗中写道。他不相信许多废奴主

---

① 钉死耶稣的古罗马犹太总督。

义者的热情，他认为，废奴主义者给美国那被赋予"人类伟大希望"的"制度"带来危险，正如巴黎的雅各宾派对法国大革命的"承诺"造成的结果一样。

和制定并维护《逃亡奴隶法案》以及其姑息政策的政治家和法官（诸如肖和斯普瑞格）不同的是，梅尔维尔还明白，废奴主义者和雅各宾派指认的不公正行为对人类的希望同样造成了破坏。在他创作的许多故事中，从他第一本书《泰比》开始，都涉及船上的叛乱。然而，其中只有一次叛变进行到底。其他的故事中，要么是叛乱在最后一刻中止，要么由于船上一名高级船员的调解或悔改，引发叛乱的虐待行为得到纠正。梅尔维尔完整描述一次叛乱事件的唯一作品是《班尼托·西兰诺》，而其结局几乎是彻头彻尾的灾难。[7]

《班尼托·西兰诺》创作于西姆斯案件判决四年后，它捕捉到了19 世纪 50 年代政治上的僵局，当时美国需要在两个同样不可接受的选项中选择一个。废除奴隶制，这可能导致合众国解散；任由奴隶制存在并接受一些人的自由，意味着另一些人受到奴役。"考验"号，在小说中梅尔维尔名之曰"圣多米尼克"号而非"阿米斯塔德"号，喻指美国。

西姆斯案之后的几年里，事件迅速发展。堪萨斯州"在流血"，约翰·布朗（John Brown）突然发动袭击，奴隶们继续逃亡，辉格党崩溃，被反对奴隶制的共和党人取代，他们很快就会把亚伯拉罕·林肯送进白宫。

当内战最终来临的时候，林肯听起来就像加尔文本人一样严厉，他警告美国人说，这场冲突可能是上帝的惩罚，"奴隶们250 年来辛苦劳作，积累了大量财富，却无回报"。但早在 19 世纪 50 年代，一个更乐观的人——富兰克林·皮尔斯（Franklin Pierce）领导着这个国家，导致国家的信心和华尔街的利润像泡沫一样飞涨。尽管在兼并得克萨斯、征服将近一半的墨西哥领土之后，美国党派分歧或危机更加恶化，但皮尔斯还是"告诉"这个国家继续扩张，抛开任何有关"扩张"之"恶"的"胆怯预感"。

向西部进军（西进运动——译者注）不仅振兴了奴隶制、加剧了两极分化，而且明确了此前尚未明示的事实，如埃德蒙·摩根（Edmund Morgan）所写的那样，在美国，当时自由与奴隶制是"相互交织、相互依存的"。皮尔斯签署的法案《堪萨斯 – 内布拉斯加州法案》，允许白人定居者自行决定其领土是自由州或蓄奴州。根据北方民主党人倡导的"人民主权论"学说，该法案有效地将自由定义为白人男性奴役黑人男性、女性和儿童。在南方，奴隶制的辩护者们在公开场合宣称他们中许多人私下笃信无疑的观点：自由需要奴隶制。用南卡罗来纳州的约翰·卡尔洪（John Calhoun）的话说，奴隶制是一种"有积极意义的好事"，是"自由和稳定的政治制度"的基础。[8]

/ 271

在1851年底出版的《白鲸》中，梅尔维尔预言了他的国家即将遭遇的灾难。尽管这本书的结尾犹如世界末日，但其基调是欢快的，暗示了可能实现的情感解放，包括皮普有能力唤醒亚哈的"人道精神"、以实玛利和岛民奎奎格之间的友谊。谁非奴隶？我们都是！然而，四年后，在皮尔斯总统任期内，梅尔维尔可能会再次想到这个问题，此时他坐下来重写亚玛撒·德拉诺回忆录的第18章。答案将会是一样的，但隐含着更可怕的后果。登上"考验"号的人中没有谁是自由人。西兰诺显然不是，他被挟持为人质前往西非。巴波、莫瑞以及其他的叛乱者不是，他们被迫再次遭受奴役和羞辱。亚玛撒·德拉诺也不是，他被困在自己无知的软壳中 。试图"解除一个魅惑"，梅尔维尔这样描写其笔下虚构的新英格兰人，德拉诺"又陷入一个谜团"。

梅尔维尔不需要虚构亚玛撒式的"遗忘"。在他的朋友和邻居中，在他所尊敬的人中，背弃合众国初心的人比比皆是。如纳撒尼尔·霍桑，有一段时间，梅尔维尔认为他是美国出品的对人权状况最悲观、认识最深刻的思想家，但他带着一种天真的怀旧之情写道，南方的主人和奴隶"之间的生活和谐友好……胜于任何其他地方存在的工头和奴隶之间的关系"。梅尔维尔的伯克郡邻居奥利弗·温德尔·福尔摩斯（Oliver Wendell Holmes）热情地谈道，"奴隶制是最美好、最温和的形式"——就像虚构的德拉诺认为西兰诺和巴波之间存在的那种关系，直到事件最后证明事实恰恰相反。梅尔维尔的岳父莱缪尔·肖在退休后仍然相信自己让托马斯·西姆斯重回奴役状态的裁决是正确的，在其生命最后几天里，肖还敦促马萨诸塞州废除一项废止《逃亡奴隶法案》的法律。9

　　在讲述了"考验"号上起义和欺骗的故事之后，梅尔维尔没有讲德拉诺接下来向西兰诺追索报酬的事情，在几乎长达一年的时间里，德拉诺追着西兰诺要求得到"考验"号总价的一半，包括船上奴隶的价值。梅尔维尔则以亚玛撒安慰即将死去的班尼托作为故事结尾，我不认为这样结尾的本意是让这位美国船长的形象更加光彩。我认为这是梅尔维尔的一种说法，他不再相信他的国家，甚至应该试着逃离历史："但是，过去已经过去了；为什么还要从道德角度解释它呢？"梅尔维尔让德拉诺这样建议这位西班牙人："忘掉它吧。看，那边明亮的太阳已经忘记这一切，还有碧海蓝天；它们都已经翻开新的篇章了。"梅尔维尔笔下的德拉诺想知道，为什么西兰诺不能忘却往事继续前进？西兰诺的回答让人想起历史上真实的西兰诺把历史上真实的德拉诺描述为怪物（德拉诺的回忆录中没有这种描述，因此梅尔维尔不是有意这样写的）。

　　"因为它们没有记忆，"西兰诺回答，"因为它们不是人类。"10

　　事实证明，梅尔维尔的"疑惧"是错误的。战争来了，奴隶解放了，联邦也得以幸存。美国似乎已经打破了自由和奴隶制的悖论。

当战争终于开始的时候，梅尔维尔是一位联邦主义者，他在内战诗歌的附录中称，奴隶制是"不信神的罪孽"，并"为消灭奴隶制而欢欣鼓舞"。但是，他继续沉思，担心美国对自由的承诺堕落为"邪恶的自由"（vile liberty），他在1876年美国革命百年纪念时提出此概念，"邪恶的自由"是"崇敬""虚无"——不敬上帝，不敬自然，也不敬任何其他人。

梅尔维尔在一部短篇小说的题词中写道："人类高歌猛进，要实现更大的自由，却扩展了必然帝国。"这句话仅仅指出了奴隶和自由之间的悖论关系，但是还可以另一种方式来思考这种关系。这个理念传达了前进运动，暗示美国的特性不是这种悖论，而是不断争取逃避这个悖论，摆脱历史的束缚，即使这般努力不可避免地深化了原有的复杂情况，造成新的"必然"。例如，西部大开发推进了奴隶制，加速了战争爆发。或者，随着自由贸易的兴起，人们期望（现在依然如此），如果每个人都能够自由地追求自我利益，那么将会产生一个更加和谐的世界。经验已经证明，事实正好相反。在美国，自由的纯净理想，至少在一些人中，既基于自由民主和自由放任经济的原则，也基于一种更原始的敌意，即个人至上论，这种观念不仅否认了人们需要团结合作的必然因素，而且反对有关这种必然因素的任何提示。

/ 273

历史学家戴维·布里翁·戴维斯（David Brion Davis）写道，奴役非洲人和非裔美洲人的制度，有一个"突出的优点，作为泾渭分明的一种理想模式"，把更加错综复杂的人类束缚形式精简为一种特别奇怪、野蛮、可见的制度。这种恐惧是如此明确，事实上，它"倾向于将奴隶制度与其他野蛮和压迫的形式区分开来"，包括在内战结束后让之前的奴隶"实际上重新被奴役"的机制，以及更为微妙的"人际关系结合点"和"隐形的圈套网"。戴维斯写道，这些隐形的陷阱，"是我们日常生活精神病理学的重要部分，而只有少数诗人、小说家和知觉特别敏锐的精神病学医生才会察觉到"。

赫尔曼·梅尔维尔称之为"鲸线"（whale-line），他认为这些可以把国家和人类联结在一起。[11]

资料来源和其他事项说明

《班尼托·西兰诺》

　　《班尼托·西兰诺》是一个真实的故事，《白鲸》也是一个真实的故事，但两者的真实性不同。梅尔维尔的《白鲸》一书不仅取材于"埃塞克斯"号的火炉，还以《李尔王》和《失乐园》为蓝本。相比之下，《班尼托·西兰诺》几乎完全出自亚玛撒·德拉诺的《南北半球航海和旅行纪实：包括三次环球航行；以及一次在太平洋和东方岛屿进行的调查和发现之旅》（*A Narrative of Voyages and Travels in the Northern and Southern Hemispheres：Comprising Three Voyages round the World；Together with a Voyage of Survey and Discovery in the Pacific Ocean and Oriental Islands*，以下简称《南北半球航海和旅行纪实》）的第18章。历史学家斯特林·斯塔基（Sterling Stuckey）认为，梅尔维尔读过苏格兰探险家蒙戈·帕克（Mungo Park）的游记作品，对西非文化产生了好感，罗伯特·华莱士（Robert Wallace）认为梅尔维尔从曾是奴隶的废奴主义演说家弗雷德里克·道格拉斯（Frederick Douglass）那里借用了形象，包括梅尔维尔作品中那个著名的场景，即巴波以剃须为借口，恐吓西兰诺。但《班尼托·西兰诺》的主要来源几乎完全是德拉诺的回忆录《南北半球航海和旅行纪实》。德拉诺在回忆录中复制了一系列译自西班牙文的法庭文件，来支持他向班尼托·西兰诺（德拉诺全书都用唐·博尼托指代）提出的索赔。梅尔维尔在其虚构的叙述中也复制了这些文件，并进行了重要的修改以支持其叙述。这些原始资料保存在智利的国家档案馆和国家图书馆中。

有关《班尼托·西兰诺》的评论很多。最好的解释是从相反的角度来看待这个故事，包括：Sterling Stuckey, *African Culture and Melville's Art: The Creative Process in* Benito Cereno *and Moby-Dick*(New York: Oxford University Press, 2009); Carolyn Karcher, *Shadow over the Promised Land: Slavery, Race, and Violence in Melville's America*(Baton Rouge: Louisiana State University Press, 1980); Michael Paul Rogin, *Subversive Genealogy: The Politics and Art of Herman Melville* (Berkeley: University of California Press, 1985); Hershel Parker, Melville and Politics: A Scrutiny of the Political Milieux of Herman Melville's Life and Works(PhD dissertation, Northwestern University, 1963); Parker's *Herman Melville: A Biography, 1851-1891*,vol. 2(Baltimore: Johns Hopkins University Press, 2002), pp. 237-242; C. L. R. James, *Mariners, Renegades, and Castaways: The Story of Herman Melville and the World We Live In, 1953*(Hanover: University Press of New England, 1978); Andrew Delbanco, *Herman Melville: His World and Work*(New York: Knopf, 2005); Eric Sundquist, *To Wake the Nations: Race in the Making of American Literature*(Cambridge: Harvard University Press, 1999); Robert Wallace, *Douglass and Melville: Anchored Together in Neighborly Style*(New Bedford: Spinner Publications, 2005); and Clare Spark, *Hunting Captain Ahab: Psychological Warfare and the Melville Revival*(Kent: Kent State University Press, 2001)。亦参见 Christopher Freeburg, *Melville and the Idea of Blackness: Race and Imperialism in Nineteenth-Century America*(Cambridge: Cambridge University Press, 2012), chapter three, and *Critical Essays on Herman Melville's "Benito Cereno,"* ed. byRobert E.

Burkholder(New York: G. K. Hall Co., 1992)。

旁注

在过去 100 多年里，研究梅尔维尔的学者们不仅孜孜不倦地去发掘其创作的灵感源泉，而且鉴定其持有的实际书籍，其拥有、借来的、在公共图书馆里找到的或者其家庭成员收藏的。但是有一本书尚未找到，那就是梅尔维尔持有的德拉诺的《南北半球航海和旅行纪实》。这本回忆录在出版后不久就广泛传播，远在中国广州和加勒比地区的图书馆中都能找到，而梅尔维尔可能在一艘船上的图书馆里偶然发现了它。或者他岳父莱缪尔·肖法官可能给了他一本，因为肖在初涉法律界时曾当过德拉诺的律师。为了找到梅尔维尔使用的版本，我在图书馆和私人收藏中查看了该书第一版的文本（包括 1818 年第 2 版）。梅尔维尔写了许多旁注，包括在莎士比亚、米尔顿、爱默生、华兹华斯、阿诺德、荷马和其他一些人的作品空白处，他都标记、画线、写感叹号和评论。（例如，在圣约翰福音中的一段话旁边，"他的门徒问他说，主，谁犯了罪，这个人，或他的父母，他生来就是瞎子？"梅尔维尔写道："接下来的诗篇似乎回避了这个重要问题。"这一评论到底指的是假设罪恶已经犯下还是说失明是罪恶的结果，这尚不清楚"）。然后，我想，他手中的回忆录会有大量的标注，因为他援用了这本书中那么多的细节来写《班尼托·西兰诺》。使用《世界书目》即旧的《美国联合目录》[在纽约公共图书馆的杰西卡·皮哥撒（Jessica Pigza）的帮助下] 以及在线旧书目录（如 Abe-books and eBay），我已在 100 多家图书馆和私人收藏品中确定了大约 150 本现存回忆录的第一版，并检查了其中的 75 本。可惜的是，没有任何一本书表明它是梅尔维尔拥有或使用过的，书本身没有显示出这些信息。我很乐意与任何想继续搜寻类似信息的人分享这份索书单。可通过电子邮箱 grandin@nyu.edu 联系我。

有些博士学位论文已研究了梅尔维尔的旁注（例如，Walker Cowen, "Melville's Marginalia," Harvard, 1965），有一家小图书馆保存有一些书籍和论文，是关于梅尔维尔的资料来源、梅尔维尔的阅读材料、梅尔维尔的圣经、梅尔维尔的米尔顿、梅尔维尔的无聊等方面的。史蒂芬·奥尔森－史密斯（Steven Olsen-Smith）、彼得·诺伯格（Peter Norberg）和丹尼斯·马拉尼翁（Dennis Marnon）编辑了一个很有用的互联网项目，称为"梅尔维尔的旁注"（Melville's Marginalia），网址为 http://melvillesmarginalia.org/front.php。

梅尔维尔和非洲

梅尔维尔不知道"考验"号上奴隶的来源，除了其中一些被认为来自塞内加尔和西非。然而，通过阅读亚历山大·福尔肯布里奇（Alexander Falconbridge）和蒙戈·帕克的著作，他不仅获得了有关非洲和奴隶制度的一般信息，而且得知该地区乃至一些奴隶被装上船的港口的信息。梅尔维尔的外祖父彼得·甘斯沃尔特（Peter Gansevoort）拥有一本福尔肯布里奇写的《关于非洲海岸奴隶贸易的记载》[Falconbridge, *Account of the Slave Trade on the Coast of Africa*(London: J. Phillips, 1788)]，现在该书藏于纽约公共图书馆的甘斯沃尔特－兰辛收藏。赫歇尔·帕克（Hershel Parker）在一封电子邮件中说，福尔肯布里奇的书可能会传到梅尔维尔叔叔彼得的藏书室里，在那里，1832 年的夏天，赫尔曼可以"自由翻阅"。

一次描述（an account）就意味着一次曝光，写作可以激起对奴隶制的怒火。正如梅尔维尔后来所做的那样，福尔肯布里奇强调了黑人奴隶和白人水手都遭遇过类似的虐待，他们都详细描述了甲板上的船员们对这两种人施加的"残酷严重"的折磨。在《班尼托·西兰诺》中，梅尔维尔写道："实际上，和大部分心地善良、无忧无虑的人一样，德拉诺船长喜欢黑人，不是出于慈善，而是感到很亲切，如同其他人喜欢纽芬兰犬一样。"的确，作为一种犬种，纽芬兰犬以其善良和忠诚著称。但有趣的是，福尔肯布里奇写道，在奴隶船上用这些狗来进行恐吓："任何船员被击打时，纽芬兰犬……通常会跳到他们身上，撕开他们的衣服，咬他们。"

我们知道，梅尔维尔阅读了旅行者蒙戈·帕克的著作，他在《白鲸》《玛迪》《班尼托·西兰诺》最初在杂志上连载的版本中引用了他的著作。斯特林·斯塔基写道："梅尔维尔在帕克的《非洲内陆地区的旅行》中发现了非洲的人性，这与美洲白人和自由黑人对非洲的看法不同，他对非洲的看法因此发生了戏剧性的转变。"无论他在阅读《非洲内陆地区的旅行》之前对非洲人有何好感，该书有关其工作技能的描述肯定让他觉得震惊，认为非洲人为奴隶制带来任何技能的看法，猛烈地冲击了当时占主导地位的观点，即作为一个种族，他们天生无知，无可救药地比白人低等"["The Tambourine in Glory:African Culture and Melville's Art," in *The Cambridge Companion to Herman Melville*,ed. by Robert Levine(Cambridge: Cambridge University Press,1998,p. 43)]。帕克关于其非洲之行的描述最早在1799年出版。同时参见 Seymour Gross, "Mungo Park and Ledyard in Melville's Benito Cereno," *English Language Notes* 3 (1965): 122-123。

奴隶制与自由

关于奴隶制与自由的状况如何相互定义、相互依存的文献卷帙浩繁，包括了戴维·布里翁·戴维斯几乎所有不可缺少的学术贡献。正如戴维斯所写，有关自由的华丽辞藻与奴隶制的现实之间存在差距："对原则与实践保持一致的要求，无论多么真诚，都是无关紧要的。只有实践才能让这些原则成为可能。"[*The Problem of Slavery in the Age of Revolution, Slavery, and Human Progress* (New York: Oxford University Press, 1984), p. 262]。我们所说自由的知识、

/ 278

哲学和宗教根源可以追溯到 16 世纪初，在第一艘奴隶船从西非航行到美国之前，甚至在第一个黑皮肤的非洲人在伊比利亚半岛作为奴隶出售之前。但是，借用梅尔维尔关于利物浦纳尔逊雕像的评述可以知，大西洋世界的繁荣与奴隶贸易有不可分割的联系，而财富反过来又促进了自由的概念，让越来越多的人认识到自己是自由的。

除了产生使美国独立运动成为可能的物质财富之外，奴隶制的思想和实践通过很多其他方式塑造了现代自由的经济和政治经验。第一，和黑人奴隶共同生活并掌控他们，让白人看到何为不自由的具体例子。第二，奴隶制不仅是负面例证，而且是自由人一个良好的品质。据一些传统的政治思想，"自由人的特点之一就是有奴隶在其控制之下" [Barry Alan Shain, *The Myth of American Individualism: The Protestant Origins of American Political Thought*(Princeton: Princeton University Press, 1994), p. 300]。第三，对于拥有奴隶的贵族来说，把非洲人和非洲人后裔当作商品，有助于帮助他们摆脱日常生活的商品化，使他们无须在市场中摸爬滚打，从而"培养一些更高尚和更崇高的人性特征"（Shain, *Myth of American Individualism*, p. 300）。第四，奴隶生产出炫耀性消费物品、黄金、白银和皮革（通过繁殖后代，或是其他奴隶 ），这些东西让成功者能够展示其"高尚的品质"。第五，奴隶制和其带来的财富使社会商业化，这些"高尚的品质"得以民主化，让越来越多的人认为自己是自主、自由的。最后，至少就这一总结而言，有关奴隶制的暴力、霸道以及放纵暴虐激情的感伤描写，都有助于加强内在修养和自我约束的观念，这是共和主义和自由主义理想自我的核心内容。

参见 David Brion Davis, *Problem of Slavery*, and *Inhuman Bondage: The Rise and Fall of Slavery in the New World*(New York: Oxford University Press, 2006); Barbara J. Fields, "Ideology and Race in American History," in *Region, Race, and Reconstruction: Essays in Honor of C. Vann Woodward,* ed.by Morgan J. Koussar and James McPherson (New York: Oxford University Press, 1982) ; Barbara J. Fields, "Slavery, Race and Ideology in the United States of America," *New Left Review* 181 (1990): 95−118; Shain, *Myth of American Individualism*, especially pp. 288−319; Orlando Patterson, *Slavery and Social Death: A Comparative Study* (Cambridge: Harvard University Press, 1982); Orlando Patterson, *Freedom: The Making of Western Culture*(New York: Basic Books, 1991); Bernard Bailyn, *The Ideological Origins of the American Revolution*(Cambridge: Harvard University Press, 1967); Eric Foner, *The Story of American Freedom*(New York: Norton, 1999); Robin Einhorn, *American Taxation, American Slavery*(Chicago: University of Chicago Press, 2006); Joan Baum, *Mind−Forg'd Manacles: Slavery and the English Romantic Poets*(North Haven: Archon, 1994); Christine Levecq, *Slavery and Sentiment: The Politics of Feeling in Black Atlantic Antislavery Writing, 1770−1850*(Lebanon: University of New Hampshire Press, 2008); Debbie Lee, *Slavery and the Romantic Imagination* (Philadelphia: University of Pennsylvania Press, 2004); Jeanne Elders de Waard, " 'The Shadow of Law' : Sentimental Interiority, Gothic Terror, and the Legal Subject," *Arizona Quarterly: A Journal of American Literature, Culture, and Theory* 62 (2006): 1−30; Gillian Brown, *Domestic Individualism: Imagining Self in Nineteenth−Century America*(Berkeley: University of California Press, 1990); Sidney Mintz, *Sweetness and Power: The Place of Sugar in Modern History*(New York: Viking, 1985); Sidney Mintz, "Slavery and Emergent Capitalism," in *Slavery in the New World*, ed.by Laura Foner and Eugene D. Genovese(Englewood Cliffs: Prentice−Hall, 1969). For comprehensive treatments of slavery in the Americas that I've relied on throughout this work, see Robin Blackburn, *The Making of New World Slavery: From the Baroque to the Modern, 1492- 1800* (London: Verso, 1997);Robin Blackburn,*The American Crucible: Slavery, Emancipation, and Human Rights*(London: Verso, 2011); Herb Klein, *African Slavery in Latin America and the Caribbean*(New York: Oxford University Press, 1986);Herb Klein,*The Atlantic Slave Trade*(New York: Cambridge University Press, 1999); David Eltis, *The Rise of African Slav-ery in the Americas*(Oxford: Oxford University Press, 2000). 在布宜诺斯艾利斯，亚历克斯·博鲁茨基（Alex Borucki）和莱曼·约翰逊（Lyman Johnson）被广为征引的作品，体现了自由和奴隶制在当地是如何相互作用的。

梅尔维尔和奴隶制

　　梅尔维尔在奴隶制问题上的立场是一个经常讨论的话题。有关此问题在《班尼托·西兰诺》中的体现，我借鉴了下述作者的观点，尽管他们之中许多人持相反的观点，从赫歇尔·帕克——他淡化了奴隶制和种族的重要性，到斯特林·斯塔基——他坚持认为非洲和非裔美国人文化在梅尔维尔的思想和艺术中占中心地位。例如，斯塔基在梅尔维尔的散文中听到了爵士乐的早期音律，他推测梅尔维尔可能是在纽约和奥尔巴尼的街角和市场上听过奴隶们演奏音乐，从而演绎这种风格。

　　《班尼托·西兰诺》打乱了奴隶制的反对者和支持者的核心理念。那些笃信宗教的废奴主义者，如哈里特·比彻·斯托，她把黑人当作类似基督的无辜者，和他们不一样的是，梅尔维尔笔下的巴波毫不客气地恐吓他的白人俘虏。那些为奴隶制辩护的人，像弗吉尼亚州的乔治·菲茨休（George Fitzhugh），他说，奴隶制建立在"亲情"的基础上，黑人智力的不足帮助其主人实现他们最好的自我，奴隶制教化了奴隶，同样也熏陶了其主人，梅尔维尔笔下的奴隶演员们演绎了这些假设，用他们的智力来表演人们认为他们缺乏智力的样子［参见 *Sociology for the South, or the Failure of Free Society*(Richmond: Morris, 1984), pp. 37-40, 201］。因此，他们揭露了南方人所说的奴隶天生低下其实是虚伪做作的，因为演戏显然是矫饰造作。"策划并领导起义"的是巴波的"大脑而不是身体"。对于那些相信奴隶制引发的危机可以和平解决的人来说，梅尔维尔写了一个结局几乎彻底毁灭的故事（有关此论点的阐述，见 Rogin, *Subversive Genealogy*, p. 213）。

/ 280

梅尔维尔读过荷马的《奥德赛》，这部作品围绕奥德修斯这个角色展开，许多学者认为他代表了第一个"现代"自我，不仅有内在本性，还会狡猾地控制其内在本性，在表面形象和内在真实之间造成分裂。虽然《奥德赛》无关奴隶制，政治哲学家包括梅尔维尔创作年代里的许多人经常使用奴役制度，尤其是主人对奴隶的支配力量来隐喻奥德修斯拥有的这种能力，即利用理性和意志来控制激情和恶习。无论如何，在"考验"号上演的骗局，都相当于荷马《奥德赛》中奥德修斯为逃离独眼巨人库克罗普斯使用的诡计。奥德修斯说："我是无名小卒（nobody）。"他利用语言的微妙来欺骗独眼巨人，这正是莫瑞、巴波、其他奴隶叛乱者组成的剧团所表演的，他们装作自己是无关紧要的奴隶，是几乎不屑一顾的无名小卒。不管梅尔维尔在《班尼托·西兰诺》中对奴隶制持何观点，这个故事从根本上说是有关无知的，不能看到事物的本质，这是梅尔维尔作品中一个永恒的主题。例如，如果把这个故事与《白鲸》中以实玛利关于"鲸鱼眼睛的独特侧面位置"的讨论做比较，我们就会意识到作者一直在思考亚玛撒·德拉诺在一段时间里描述的问题。

参见 Karcher, *Shadow over the Promised Land*; Hershel Parker, "Melville and Politics"; Eleanor E. Simpson, "Melville and the Negro: From

Typee to 'Benito Cereno,' " *American Literature* 41 (March 1969): 19-38; Rogin, *Subversive Genealogy*; Stuckey, *African Culture and Melville's Art*; Spark, *Hunting Captain Ahab*, especially pp. 102-107. See also Waichee Dimock, *Empire for Liberty: Melville and the Poetics of Individualism*(Princeton: Princeton University Press, 1989). For Melville's complex engagement with the Civil War, see Stanton Garner, *The Civil War World of Herman Melville* (Lawrence: University of Kansas Press, 1993); Daniel Aaron, *The Unwritten War: American Writers and the Civil War*(New York: Knopf, 1973), pp. 75-90; Parker, *Melville: A Biography*, vol. 2, pp. 606-625。

"海神"号

"海神"号是由英国东印度公司在印度孟买建造的（因此用的是柚木），取名"桂冠"号（Laurel），作为商船航行。但是法国人夺走了这艘船并重命名为"海神"号。英国人夺回了这艘船，并将其拍卖给约翰·博尔顿，他保留了船名，并将其改装为贩奴船［默西赛德郡海事博物馆（Merseyside Maritime Museum），利物浦商船登记册，1793～1802年，缩微胶片卷轴23，70/1799］。假如莫德耶没有拦截船只及其货物，"海神"号可能会回到伦敦，船上满载深色的加勒比桃花心木，用来雕刻博尔顿的斯托尔斯大厅（Storrs Hall）那气派的大门。

纳尔逊勋爵和非洲的错误

为建造利物浦的纳尔逊纪念碑组建的公民委员会有19名委员，其中16人是贩奴商。市长约翰·布里奇·阿斯皮纳（John Bridge Aspinall）召集了这个委员会，他是一个著名的贩奴商，他和家人一起进行了180次航行，把近6万非洲人运到美洲。然而，委员会由废奴主义者威廉·罗斯科（William Roscoe）主持，他是议会议员，还写了一些反对奴隶贸易的诗歌和小册子，包括《非洲的错误和圣多明各岛上黑人暴动之原因的探讨》（*The Wrongs of Africa and An Enquiry into the Causes of the Insurrection of the Negroes in the Island of St. Domingo*，1972）。一些利物浦的历史学家推测，罗斯科在帮助选择纪念碑的设计方案时，有意通过纪念碑下4名戴枷锁的囚犯来表达对奴隶制含蓄的批评。罗斯科也是赫尔曼·梅尔维尔父亲的朋友，梅尔维尔后来在其《雷德本》（*Redburn*）中的一个意识流段落中提到了这个事实："我的思想又回到了我父亲的朋友罗斯科，一位伟大的好人，他无所畏惧地反对奴隶贸易；他在各方面都施展聪明才智，来抑制奴隶贸易；他写了一首诗（《非洲的冤屈》）、几本小册子；在议会上，他在自己的位子上做了一次反对奴隶贸易的演讲，因为这是来自利物浦的议员的演讲，应该会拉来很多选票，在随后的明智政策和人道主义的胜利中起到了相当大的作用。"

有关阿斯皮纳，参阅跨大西洋奴隶数据库（Trans-Atlantic Slave Database, http://www.slavevoyages.org/tast/index.faces）。有关纪念碑建造委员会的组成，参见 Thomas Baines, *History of the Commerce and Town of Liverpool*, vol. 1(London: Longman, 1852), p. 524。 有关罗斯科，参见 Penelope Curtis, *Patronage and Practice: Sculpture on Merseyside*(Liverpool: Tate Gallery Liverpool, 1989), pp. 21-26。有关梅尔维尔的父亲与罗斯科的关系，参见 Hershel Parker, *Melville: The Making of the Poet*(Chicago: Northwestern University Press, 2007), p. 46; Parker, *Melville: A Biography*, vol. 1, p.9。

"考验"号及其起义者

埃里克·罗伯特·泰勒（Eric Robert Taylor）对数百艘贩奴船上的起义情况进行了全面考察，撰写了一本非常有用的书 *If We*

Must Die in This Way (Baton Rouge: Louisiana State University Press, 2009)，他在书中写道，"考验"号起义"特别引人注目"，因为"关于这次起义的大量信息保存下来"。这是一个令人震惊的声明，因为到目前为止，为撰写本书进行研究的最令人沮丧的方面是，关于卷入起义的西非人历史的可用信息有限，他们是如何到达美洲的，他们来自哪里，以及他们在途中遭受了怎样的痛苦。文献记录的匮乏强调了新世界的奴隶制在很大程度上相当于一种默默无闻的种族灭绝。被解放的奴隶写有很多回忆录，而诸如"阿米斯塔德"号上的奴隶起义和1835年巴西巴伊亚奴隶起义这样的具体事件，都提供了大量的文献证据。但是，与奴隶的巨大数量相比，这类信息的数量就不值一提了。参见 Taylor, p. 139。有关"阿米斯塔德"号，参见马库斯·雷迪克（Marcus Rediker）撰写的权威著作 *The Amistad Rebellion: An Atlantic Odyssey of Slavery and Freedom* (New York: Viking, 2012)。有关回忆录的例子，参见 Olaudah Equiano's *Interesting Narrative of the Life of Olaudah Equiano; or, Gustavus Vassa, the African*, 1789; James Williams, *A Narrative of Events, since the First of August, 1834*, ed.by Diana Paton (Durham: Duke University Press, 2001); 特里·阿尔福德（Terry Alford）撰写的有关阿卜杜拉·拉赫曼·易卜拉希马（Abd al Rahman Ibrahima）的生活史；*A Prince among Slaves*(New York: Oxford University Press), 1977。

/ 282

至少有1250万人被从非洲带到美洲，而历史学家只发现了大约10万名非洲人的原始名姓，这一数字让人感觉到极大的历史沉默。这些名字大多列在非洲人渊源项目（African Origins Project, http://www.african-origins.org/african-data/）中，该项目基于大约9200名被英国皇家海军在1808年以后解放的非洲奴隶的有关记录。这个项目虽然非常有用，提供的信息却有限。在英国废除奴隶贸易后，非洲人从被拦截的船只中解放出来，他们的名字可能远不足以代表在西非从塞内冈比亚（Senegambia）到比夫拉（Biafra）的众多港口装载奴隶的船只。该项目的其中一个目标是与说非洲语言的人一起研究这些姓名，以确定其来源和种族。受访者已经将莫瑞（Mori）这个名字或其变化形式和库兰科人（Kuranko）相联系，他们居住在今天的塞拉利昂和几内亚，与曼丁哥人关系密切，说门德人 ① 的方言。如今，库兰科人中将近50%是穆斯林。"考验"号上的叛乱者中其他可查到名字的13人中，多数也在伯尼岛或伯尼岛附近被装上船。然而，更有可能的是，"考验"号上的叛乱者在塞内甘比亚某个地方被带上船。我与塞内加尔学者布巴卡·巴里（Boubacar Barry）的通信在识别这些名字可能的种族和渊源方面很有用。参见 Alex Borucki, Daniel Domingues da Silva, David Eltis, Paul Lachance, Philip Misevich, and Olatunji Ojo, "Using Pre-Orthographic African Names to Identify the Origins of Captives in the Transatlantic Slave Trade: The Registers of Liberated Africans, 1808-1862"（即将出版）。

通过梳理在门多萨、圣地亚哥和布宜诺斯艾利斯的公证记录，可以得知胡安·诺内尔在1804年4月销售和转运给门多萨商人亚历山卓·德·阿兰达的64名非洲人的有关信息，还知道其中一些人很可能是坐"海神"号来的。这一批人中的其他人则乘坐不同的船只而来。亚历克斯·博鲁茨基（Alex Borucki）报告说，在那些年里，塞内甘比亚和拉普拉塔河流域之间经常发生联系，主要是通过美国的贩奴商。"考验"号上的叛乱者很可能都来自西非，但他们可能并不都是穆斯林。西班牙语文件将他们描述为 guineos, etíopes 或 "来自塞内加尔海岸"，这种区别对他们的主人和监管者来说可能有所意味，也可能毫无意义。西班牙贩奴商倾向于用塞内加尔来称呼塞

---

① 门德人（Mende），居住在塞拉利昂中部和东南部。

内加尔河和冈比亚河之间的区域。他们也可能用几内亚这个词来表示这一地区。但是，他们更经常用塞内加尔指代冈比亚河以南、耸立于大西洋之上的非洲西部凸起的区域，包括在大尼日尔河三角洲地区的伯尼岛，莫德耶在利物浦抓获的许多"战利品"——奴隶就是在这里被装上船。几内亚和埃塞俄比亚也可能意味着整个非洲。许多（也许是大多数）奴隶交易都是非法的，因此没有被记录下来。1804 年以来，蒙得维的亚和布宜诺斯艾利斯的"黑奴自由贸易"达到顶峰，如果有记录通常也是匆匆写就的，反映奴隶贸易处于疯狂时期。利物浦和伦敦有一些关于"海神"号的资料，但没有载货清单或其他文书表明该船在伯尼岛运载的 400 名左右非洲人的信息。

　　要重现"考验"号事件，除了德拉诺的回忆录之外，最重要的文件包括（缩写词参见下一部分"参考档案"）：AGI (Seville), Lima, 731, N.27 ("Carta n° 445 del virrey Marqués de Avilés a Miguel Cayetano Soler, Ministro de Hacienda. Comunica el alzamiento de los negros esclavos de Senegal, conducidos a Lima desde Montevideo y Valparaíso en los navíos 'San Juan Nepomuceno' y 'Trial,' respectivamente," April 23, 1805); AHN (Madrid), legajo 5543, expediente 5 ("El Capitán Amasu de Eleno presta aux−ilio en la isla Santa María, a la tripulación de la fragata español Trial, en la que habían sublevado los negros"); BN (Santiago), Sala Medina, MSS, vol. 331, ff. 170−89 ("Informe de Luís de Alva al Presidente Luís Muñoz de Guzmán, Concepción"); ANC (Santiago), Real Audiencia de Santiago, vol. 608, ff. 90−93 ("Libro copiador de sentencias 1802 a 1814"); ANC (Santiago), Tribunal del Consulado, vol. 12, ff. 179−89 ("Informe rebelión de negros en la fragata Trial"); ANC (Santiago), "Amacio Delano Capitán de la Fragata Perseverancia con el dueño de la Trial sobre el com−pensativo," ff. 199−213。在圣地亚哥 ANC 的会计委员会（Conta−duría Mayor）

有关航运的未编目的文件和其他文书以及在智利和利马发现的有关德拉诺和西兰诺后来发生的法律纠纷的引用文件中也可以发现有关细节。此外，其他有用的资料还包括：Benjam í n Vicuña Mackenna, *Historia de Valpara í so*, vol. 2(Valparaiso: Imprenta Albi ó n de Cox i Taylor, 1869);Javiera Carmona, "De Senegal a Talcahuano: Los esclavos de un alzamiento en la costa pac í f ica (1804)," in *Huellas de África en América. Perspectivas para Chile*, ed. By Celia L. Cussen(Santiago: Editorial Universitaria, 2009), pp. 137-158; Jorge Pinto, "Una rebelión de negros en las costas del Pac í fico Sur: El caso de la fragata Trial en 1804," *Revista Histórica* 10 (1986): 139-155。有关诺内尔向阿兰达出售奴隶的信息，也参见 notary entries for Inocencio Agrelo, April 10, 1805, December 24th, 1806, January 1811, and April 16th, 1839（原始公证条目的旁注）。

海地和自由

　　海地革命是被奴役者的希望之源，而对那些奴役者带来的恐惧也是众所周知的。海地革命对历史进程产生了直接影响，认识到这一点的人却较少。拿破仑的侵略军受命夺回这个岛国，让其重新成为法国的殖民地，1803 年，海地人彻底击溃了拿破仑的军队。拿破仑预想在圣多米尼克这个产糖岛复辟奴隶制，并将之作为一个支柱，创建一个新的法属美洲，一直延伸到密西西比河流域，将法属加拿大与加勒比海连接起来，把年轻的美国隔离在东面，开拓西部，让法国殖民者移居过来。但海地人迫使拿破仑放弃了这个梦想。他把路易斯安那州卖给了托马斯·杰斐逊，并把注意力转向摧毁欧洲的古老政权，尽管他与马德里的波旁王朝建立了同盟关系，但这可能只意味着一件事：废黜那些建立在美洲奴隶制基础上的王室。在耶拿战役（Battle of Jena）中打败普鲁士，并在埃劳（Eylau）遏制俄国之后，拿破仑入侵葡萄牙，然后转向西班牙，废黜波旁家族，让其弟弟约瑟夫登上王位（亚玛撒·德拉诺原来想，他帮助重新夺回"考验"号，奖赏应该不止一枚勋章，现在他这种期望破灭了）。西班牙和英国作战耗尽其财政，接下来法国又占领西班牙和葡萄牙长达 6 年之久，这标志着西班牙对美洲统治的终结，为像玻利瓦尔和圣马丁这样的人发动独立战争铺平了道路。接下来会有很多新的开始、停止，许多进步和挫折，但是从海地开始，争取更多自由的运动遍及整个美洲，后来，争取完全自由成为不可阻挡的潮流。就在一系列事件在欧洲和西属美洲发展之时，另一事件在北美也加速进行：海地击败拿破仑，这让托马斯·杰斐逊得以购买路易斯安那州，让西部扩张和奴隶制扩展得以同时进行，先是导致了美墨战争，然后引发了美国内战。

不久以前，革命历史上鲜有关于海地的记录，几乎只关注美国、法国和西属美洲的革命。现在，通过下述学者——米歇尔-罗尔夫·特鲁罗（Michel-Rolph Trouillot）、艾达·费雷尔（Ada Ferrer）、杰里米·波普金（Jeremy Popkin）、劳伦特·杜波依斯（Laurent Dubois）、戴维·帕特里克（David Patrick Geggus）、西比勒·费舍尔（Sibylle Fischer）、苏·皮博迪（Sue Peabody）、朱利叶斯·斯科特（Julius Scott）、马修·加尔文（Matthew Clavin）、罗宾·布莱克本（Robin Blackburn）的研究工作，海地革命不仅被认为是那个时代的一个核心事件，而且被认为是唯一的核心事件，因为当时的起义者都坚持以用海地革命中的自由理念适用于现实存在的奴隶制。

巴勃罗·聂鲁达、约翰·休斯顿、保罗·纽曼和《我是间谍》

20 世纪 60 年代末，巴勃罗·聂鲁达对一位采访者说，他想写关于"考验"号起义的故事，但不知如何着手。梅尔维尔主要描写骗局，而聂鲁达则想要写奴隶自身，把他的电影剧本命名为《造反者巴波》。但他发现自己在"与阴影做斗争"，这也许意味着梅尔维尔投下的阴影。在他创作的一个剧本片段中，他把梅尔维尔描绘成最后的幸存者，就像以实玛利一样，与聂鲁达争论谁能把这个故事讲得最好。

> 聂鲁达：要讲这个故事。
>
> 梅尔维尔：让别人来讲。
>
> 聂鲁达：你是那个时代唯一的证人，现在就只留下你的声音。

约翰·休斯顿（John Huston）早些时候已经把《白鲸》搬上银幕，他希望《班尼托·西兰诺》成为他最后一部电影，并希望说服保罗·纽曼（Paul Newman）出演亚玛撒·德拉诺。"亲爱的保罗，"他在 1987 年 4 月 8 日写道，"我希望能再拍一部电影，就是这部……并且希望你——世界上我最喜欢的演员——出演……我希望我们的关系最后完美收场。"两个月后，《纽约时报》报道说，罗伯特·杜瓦尔（Robert Duvall）和劳尔·朱莉亚（Raul Julia）已经被选定分别扮演德拉诺和西兰诺。休斯顿于 1987 年 8 月 28 日去世，当时该电影项目还未启动。

20 世纪 60 年代中期，诗人罗伯特·洛威尔（Robert Lowell）制作了舞台剧《班尼托·西兰诺》。主演罗斯科·李·布朗（Roscoe Lee Browne）扮演巴波，洛威尔在剧本中称其为巴布（Babu）。该剧于 1965 年在公共电视播出，就在 NBC 电视台说服其南方附属电视台的大部分反对者，首播"第一个由黑人联合主演的每周网络电视节目"后几周，这个网络电视节目就是由比尔·考斯比（Bill Cosby）出演的《我是间谍》。参见 "'I Spy' with Negro Is Widely Booked," *New York Times*, September 19, 1965。

巴波、非裔美国学者和作家、巴拉克·奥巴马

聂鲁达理解巴波可能有些困难，但非裔美国作家很容易领悟他。拉尔夫·埃里森（Ralph Ellison）在其小说《隐身人》中引用这个故事作为题词，叙述者的祖父临死前揭示，他不是一个温顺听话的汤姆，而是鬼鬼祟祟的巴波，最后他建议其儿子要用"'是'来打败白人，用笑来削弱白人，让他们把你们吞下去，直到他们呕吐，直到他们肚皮胀破"。斯特林·斯特克将巴波与"兔子大哥"（Brer Rabbit）联系在一起，"兔子大哥"是美国黑人民间故事中一名高明的骗子。来自美国以外去殖民化的第三世界的作家，他们在巴波的行动中看到了自己的挣扎。"梅尔维尔在《班尼托·西兰诺》中的关注点是现代世界中的大多数人，"特立尼达人 C. L. R. 詹姆斯（C. L. R. James）在1953年写道，"即落后民族，今天，亚洲和非洲大陆上的人，他们的所作所为充斥我们报纸的头版。"詹姆斯认为，巴波是"梅尔维尔小说中最具英雄气概的人物……一个意志坚定的人、天生的领导者、大型计划的组织者，还是一个细节大师"。"'巴波（Babo）'是什么意思？"1974年，尼日利亚学者查尔斯·E. 诺利姆（Charles E. Nnolim）问道，"在豪萨语中，'babo'这个词。意思是'不'——表达了强烈的不赞成。梅尔维尔是怎么知道'巴波'……是'不'的意思呢？"

最近，巴拉克·奥巴马（Barack Obama）说过，《班尼托·西兰诺》在他年轻时对他产生过影响，这也许为招致对他的幻觉的狂热批评做了铺垫，这些人指责他劫持了国家之船，并幻想把他的头挂在长矛上。

Stuckey, *Going through the Storm: The Influence of African American Art in History*(New York: Oxford University Press, 1994); Charles E. Nnolim, *Melville's "Benito Cereno" : A Study*

in Meaning of Name Symbolism(New York: New Voices, 1974);
Marvin Fisher, *Going Under: Melville's Short Fiction and the American
1850s*(Baton Rouge: Louisiana State University Press, 1977); James,
Mariners, Renegades, and Castaways, p. 112.

类人猿和天使

赫尔曼·梅尔维尔读了他那个时代的博物学者和地质学家的著
述，并且在整个写作生涯中，他都会思考后来被称达尔文主义的这
种思想的含义。《物种起源》出版前的十年，他开始了文学生涯，当
时，他开玩笑地说，"人类的祖先是袋鼠，而不是猴子"，有袋类动
物是"人类的第一个版本，后来不断修订、纠正"。30 年后，在他
长达 18000 行的诗作《克拉瑞尔》结束时，他问道："如果路德时代
一直延续到达尔文年代 / 那将会排除希望——消除恐惧吗？……是
的，类人猿和天使，争斗和古老的辩论 / 天堂里的竖琴和地狱里沉
闷的锣 / 科学只会加剧争执—— / 她并非鸣钟和丧钟之间的裁判 / 那
明星和傻瓜的战斗一直在进行 / 将永无休止——如果没有上帝。"

/ 286

梅尔维尔于 1847 年购买了一本查尔斯·达尔文的《比格尔号航海
日记》(*Journal of Researches into the Natural History and Geology of the
Countries Visited during the Voyage of H.M.S. Beagle round the World,
under the Command of Capt. Fitz Roy, R.N.*)。有关梅尔维尔阅读达尔
文作品的研究，参见 Charles Roberts Anderson, *Melville in the South
Seas*(New York: Dover, 1966), p. 265; Merton M. Sealts, *Melville's
Reading*(Columbia: University of South Carolina Press), 1988, p. 171;
Mary K. Bercaw, *Melville's Sources*(Chicago: Northwestern University
Press, 1987), pp. 2, 74。关于莱伊尔和达尔文对梅尔维尔的影响，参
见 James Robert Corey, "Herman Melville and the Theory of Evolution
(PhD dissertation, Washington State University, 1968)。亦见于 Eric Wilson,

"Melville, Darwin, and the Great Chain of Being," *Studies in American Fiction* 28 (2000): 131-150。另一段模仿达尔文《贝格尔号航海志》的段落，参见 *Moby-Dick*,eds.by Harrison Hayford, G. Thomas Tanselle, and Hershel Parker (Chicago: Northwestern University Press, 1988), p. 829。

"圣胡安·内波穆塞诺"号上的奴隶起义

除了一本秘鲁历史杂志上发表的一篇文章简短论及该起义外，我还没有发现任何其他学术文献提到这场引人注目的起义。有关"圣胡安·内波穆塞诺"号遭遇的消息被船上的 3 名乘客带到美国。他们乘坐双桅横帆船"苏凯"号（Sukey），被送到马萨诸塞州的萨勒姆（Salem），"苏凯"号船长是约翰·爱德华兹（John Edwards），他曾在塞内加尔从事兽皮、树胶、花生和棕榈油的贸易。有关该起义的第一份报告于 1801 年 7 月 30 日在《萨勒姆的公正登记册》（*Salem Impartial Register*）上发表，后来在新英格兰各地报纸上重印，并于 1801 年 12 月 16 日在布宜诺斯艾利斯的《商品电讯》（*Telégrafo Mercantil*）上翻译出版。关于"苏凯"号，参见 *History of Essex County, Massachusetts: With Biographical Sketches of Many of Its Pioneers and Prominent Men*, vol. 1, ed.by Duane Hamilton Hurd(Philadelphia: J. W. Lewis, 1888), p. 92。

亚玛撒·德拉诺和富兰克林·德拉诺·西奥多·罗斯福

埃莉诺·罗斯福·西格雷夫（Eleanor Roosevelt Seagraves）在一封电子邮件中说，有个老故事，是说她祖父富兰克林·德拉诺·罗斯福买了亚玛撒·德拉诺回忆录的所有现存文本，这是不真实的。她不记得在她的童年时代任何家庭成员讨论过亚玛撒，尽管她最终编辑了一部关于亚玛撒《航海纪实》的删减版（1994）。根据乔希·佛朗斯－斯特林（Josh Frens-String）在智利外交部发现

的 文 档（Archivo General Histórico del Ministerio de Relaciones Exteriores, Fondo Histórico, vol. 1404），罗斯福负责拉丁美洲的副国务卿于 1934 年告诉罗斯福有关德拉诺回忆录的事情，他建议罗斯福买一本捐赠给智利国立大学，作为睦邻外交的一个标志。罗斯福同意了这一观点，他在书上题词："希望我的亲戚在智利建设中所扮演的一个普通角色，能鼓励我们两国人民之间的合作，我们拥有关于正义、和平和人性的共同理想。"

胡安·马丁内斯·德·罗萨斯、莱缪尔·肖和《比利·巴德》

胡安·马丁内斯·德·罗萨斯和莱缪尔·肖两个人在创建各自国家的法律体系中扮演了类似的角色，他们都帮助将混乱的殖民法律体系变成条理清晰的现代共和政体的判例法体系（肖的法律判决，特别有助于规范商业、自由劳动、心智能力和言论自由）。同样，罗萨斯在审判 1805 年"考验"号一案时做出的判决，在某种程度上可与肖 1851 年支持《逃亡奴隶法案》的判决相提并论。这两个人本身都反对奴隶制，但当被迫在正义与秩序的斗争前做出裁决时，他们都选择了秩序（尽管肖的裁决也支持了美国联邦主义，即国家主权的层层嵌套体系，这对罗萨斯则是一个令其混乱的诅咒）。

在梅尔维尔最后创作、死后才出版的小说《比利·巴德》中，他提出了这个问题：正义由"恒久不变的制度"还是由独立于这些制度的自然权利决定？书中如耶稣一般的主角，被英国海军军舰舰长维尔定罪并被执行死刑，因为其无意之中杀死了一名虐待他的军官。一些法律学者认为，梅尔维尔是在肖的形象基础之上来塑造舰长维尔的。政治理论家汉娜·阿伦特（Hannah Arendt）引用《比利·巴德》，认为既然绝对正义永远不能通过制度表现，以战斗争取正义会导致永久的暴力，"与世界和平以及人类的真正福利相冲突，"她引用了梅尔维尔对维尔舰长的评论作为总结。阿伦特写作的时间正值暴动的 20 世纪 60 年代，她认为法律制度中"美德"的角色，"并非防止邪恶的犯罪，而是惩罚完全无辜的暴力"，因为要达至完美的驱动力（或"完美的自由"，亚玛撒·德拉诺认为这是法国革命者的愚蠢目标）可能会像"基本之恶"（elemental evil）那样快速摧毁社会，如果不是更快的话。

关于罗萨斯，参见 Domingo Amunátegui Solar, *Don Juan Martínez de Rozas*(Santiago: Universo, 1925); Manuel Martínez Lavín, *Biografía de Juan Martfínez de Rozas*(Santiago: Imprenta Albion, 1894); Diego Barros Arana, *Historia general de Chile*, vol. 8(Santiago: Editorial Universitaria, 2002), pp. 10-15; and Julio Bañados Espinosa, *Ensayos y bosquejos*(Santiago: Librería Americana, 1884), pp. 255-266. Cristián Gazmuri Riveros, "Libros e ideas políticas Francesas durante la gestación de la inde-pendencia de Chile," in *América Latina ante la Revolución Francesa*, ed. By María del Carmen Borrego Plá and Leopoldo Zea(Mexico: UNAM, 1003), p. 99 把罗萨斯描述成"智利独立进程之初真正的思想家"。 有关阿伦特对《比利·巴德》的讨论，参见 *On Revolution*(New York: Penguin, 1965), p. 84。

在阿伦特之后，法律理论家们继续辩论这部小说的意义。参见 Richard Posner, *Law and Literature*, 3rd ed(Cambridge: Harvard University Press, 2009), pp. 211-228; Alfred Konefsky, "The Accidental Legal Historian: Herman Melville and the History of American Law," *Buffalo Law Review* 52 (2004);Robert Cover, *Justice Accused: Antislavery and the Judicial Process*(New Haven: Yale University Press, 1975)。

死刑

考虑到莫瑞和许多其他被判定有罪的人可能都是穆斯林，有一个笔误值得注意，尽管我自己肯定这是过度的解读。当罗萨斯的抄写员记录死刑命令这部分内容时，在写到判处犯人被系在骡子尾巴上在康塞普西翁穿街过巷游行时，他拼错了源于安达卢斯的 bestia de albarda（"载重牲口"）。他把最后一个词分成两部分，并将冠词大写，即 bestia Al varda。这更清楚地揭示了该词的阿拉伯语起源。

在西班牙和西属美洲，如果有人犯下弑亲罪，反抗国王、教会、上帝、主人或者家庭父亲的权威，不管是白人还是黑人，对他们标准的处罚是公开处决，然后毁灭其尸体。他们可能会被活活烧死或吊死，就像约瑟·马里亚·德·伊斯帕纳（José María de España）一样，他是一名克里奥尔白人，在 1799 年于委内瑞拉被控告密谋反对西班牙。在被执行死刑后，伊斯帕纳的腿和手臂被绑在四匹马上，他的身体被四匹马拉扯成碎片；随后，他身体每"四分之一部分"都被展示在显眼的位置，作为警告。另一种处决方式是直接从 1 世纪的罗马法中吸收的，需要把受刑人鞭打到体无完肤，然后一直悬挂至死，接着把尸体放在皮袋里，皮袋里还装有一只狗、一条蛇、一只公鸡和一头猴子的尸体，其后把皮袋扔进一片水域里。这种处罚在频率上有所下降，但在西属美洲，包括在智利和路易斯安那，18 世纪时依然偶尔使用（尽管到那时，动物通常用绘画体现，不再用真的动物尸体）。后来，共和党的造反派自己也会公开处决保皇党人。1811 年，胡安·马丁内斯·德·罗萨斯处死了一名背叛爱国事业的叛徒，他血淋淋的尸体和被枪击毁的脸被展示，让"公众注视"。这是一种法律传统，认为当众惩罚可以培养公民美德，1841 年，西班牙驻美国大使曾援用此法律传统，请求美国政府将"阿米斯塔德"号上的非洲叛乱者归还西班牙，以便进行"公开复仇"。

参见 Derek Noel Kerr, "Petty Felony, Slave Defiance, and Frontier Villainy: Crime and Criminal Justice in Spanish Louisiana, 1770-1803(PhD dissertation, Tulane University, 1983), p. 154。亦参见 Claudia

Arancibia Floody, José Tomás Cornejo Cancino, and Carolina González Undurraga, *Pena de muerte en Chile Colonial: Cinco casos de homicidio de la Real Audiencia*(Santiago: Centro de Inves-tigaciones Diego Barros Arana, 2003); José Félix Blanco, ed., *Documentos para la historia de la vida pública del libertador de Colombia, Perú y Bolivia*(Caracas: La Opinión Nacional, 1875), p. 366; V. Lastarria, M. A. Torconal, et al., *Historia jeneral de la República de Chile desde su independencia hasta nuestros dias*(Santiago: Nacional, 1866), p. 310。

梅尔维尔和天定命运

在梅尔维尔的写作生涯中,不可能找出一条简单的演变轨迹,说明他从信奉天定命运转变为对其持更具批判性的立场。他第一次大篇幅论述美国西部作为"安全阀门"这个概念,是在小说《玛迪》(*Mardi*)中,该书出版一年后,梅尔维尔才写了《白外套》中那著名的"自由之舟"段落。在《白外套》(*White-Jacket*)中,梅尔维尔就表示怀疑。"西部荒原"不会在一天内被"践踏"殆尽,他写道,"但最终会被完全践踏;然后,一定会出现报应"。早在1846年,在写给他兄弟甘斯沃尔特(Gansevoort)的信中,梅尔维尔就对美国入侵墨西哥的情况表示不解。他开玩笑地但也讽刺地描述了席卷整个国家的战争"狂热"。绅士们在擦亮他们"外套的蜡染红",而"学徒们成批逃走,去参加战争"。他这一代人和美国革命那一代人相隔两代,但人们渴望像他们的祖父那样英勇立功。梅尔维尔担心,与墨西哥作战只会使这种渴望更加强烈,从而增加美国对军国主义的容忍度。"主啊,这一天即将到来",他写道,那时,革命战争中的"蒙茅斯之役将被认为是孩童的游戏"。他担心战争会带来更多的战争,他对此后果感到烦忧:"'星星之火可以燎原',正如著名的谚语作者所写的那样——而且谁都知道这一切会带来什么后果。"后来，在 1876 年，梅尔维尔写诗赞美他当海军的表哥居特·甘斯沃尔特在墨西哥战争中的英勇壮举。但是，在这首诗中，貌似沙文主义的诗节（其中，居特"猛冲猛杀"/"蓝色军服"在太阳下闪耀，占领墨西哥的韦拉克鲁斯，竖起"星条旗"。"嗨，圣洁的亚拿！"）和更具质疑精神的诗句交互，其中一节对体现战争的可能性表示怀疑："但是啊，如何表达不受约束的飓风般猛烈的事物。"有趣的是，美墨战争十年后，居特·甘斯沃尔特（他是伦纳德·甘斯沃尔特的儿子，也可能是奥尔巴尼 1793 年奴隶纵火案的首要或主要目标）成为"迪凯特"号（Decatur）驱逐舰的指挥官，1856 年，该舰击退了两千苏跨米希人（Suaquamish）和杜瓦米许人（Duwamish）的进攻，这些土著试图从白人移民那里夺回西雅图港。

　　和他处理大部分其他政治问题的态度一样，梅尔维尔对倡导天定命运的"杰克逊式民主"也是矛盾重重：《白鲸》著名的第 26 章"骑士和随从，"看起来像是在赞美杰克逊是"伟大的民主上帝"的先知，而梅尔维尔下一部小说《皮埃尔》却暗示，杰克逊式民主并没有废除旧秩序，只是让不平等现象自然化，好像它们是自然景观的一部分。梅尔维尔一贯批评基督教传教士的伪善和对美国土著施加的暴力，甚至有时会近乎愤世嫉俗，达到亚玛撒·德拉诺晚年那种程度："盎格鲁－撒克逊人——缺乏优雅/赢不了任何种族的爱戴/却让无数人憎恨/他们被剥夺权益——东部和西部的印第安人/这些地球上的海盗们！罪行累累的抢掠者——/罪孽深重的拜金伪善的强盗/以基督和交易的名义/（哦，这些厚脸皮的人那由盾保护的前额）/去糟踏世界上最后一片森林空地！"但这些话都是这首人物众多的诗作中一个人物的观点。参见 Frederick C. Crews, "Melville the Great," *New York Review of Books*, December 1, 2005. 同时参见 Parker, "Politics and Art" 中的讨论。关于《皮埃尔》，参见 Samuel

Otter, "The Eden of Saddle Meadows: Landscape and Ideology in Melville's *Pierre*," *American Literature* 66 (1994): 55–81。

必然帝国

梅尔维尔说其短篇小说《钟楼》(*The Bell-Tower*) 中所用的题词（"人类高歌猛进，要实现更大的自由，却扩展了必然帝国"）来自一份私人手稿，这可能是他自己拥有的。然而，一些梅尔维尔研究者，包括赫歇尔·帕克（在一次电子邮件交流中），推测该题词是他自己写的。《钟楼》是梅尔维尔在《普特南月刊》上匿名发表的，这篇短篇小说开头还有另外两句引语，据说也都来自同一份私人手稿。其中一句引话写道："像黑人一样，这些力量使人愠怒，且使他们对其主人时刻保持警惕；服侍之时，策划报复。"(Like negroes, these powers own man sullenly, mindful of their higher master; while serving, plot revenge.) 这个由16个单词组成的句子，用了三个逗号和一个分号，这个精彩而又费解的短句，几乎和后面的故事一样难以解读。《钟楼》中讲述的故事发生在意大利文艺复兴时期，讲的是一名钟表匠在铸造巨钟的过程中杀死了一名工人，他的血液掉进了熔化的铁里，建成的巨钟因此嵌入了一个致命的缺陷。整个钟楼建成后，里面还有一个披着斗篷、真人大小的敲钟人，他在整点时向前移动，用一根棍子击打铃铛，实际上这是一个机械人，梅尔维尔明确地把它比作奴隶。故事的结尾是，敲钟人用棍棒打死了造钟者，塔倒塌了。梅尔维尔的结论是："就这样，那盲目的奴隶听从其更加盲目的主人；但是，在听命之时，杀死了主人。就这样，创造者被其创造物毁灭。所以说，巨钟的主要弱点是人自身造成的。所以说，骄傲在败坏之前，狂心在跌倒之前。"梅尔维尔在《普特南月刊》上发表的下一个故事就是《班尼托·西兰诺》。

在美洲，并非所有建立在奴隶制上的社会，都在废奴之后的历史进程中试图摆脱必然帝国。拉丁美洲强大的社会民主传统，保证其公民享有医疗、教育及体面、有尊严的生活的权利，这种传统承认个人自由是受限制的。这些承诺在实践中往往没有兑现，但该地区对社会权利的口头承诺至少承认了必然对自由的约束。美国和拉丁美洲的政治文化在社会权利方面产生分歧的原因有很多，并非所有这些原因都与奴隶制的历史相关。但有些原因是与之有关的。在西属美洲，由奴隶制推动的市场革命在其脱离西班牙统治之前就已发生，这个事实意味着政治独立和废奴运动可以被许多共和党人看作一码事。独立之后，基于种族类别在政治上剥夺公民选举权和社会控制还继续存在，但是种族本身并没有被抽象为物自体（a thing in itself）（至少没有像在美国那么严重）。

/ 291

在拉丁美洲，国家独立后为争取政治民主和社会权利、自由和平等的斗争，不太可能从种族的角度来理解，或者如果这样理解的话，那将是一种好方法，整个地区的黑皮肤人民都在为争取普遍的社会民主而战斗。在美国，由奴隶驱动的市场革命发生在美国革命之后，不仅白人为争取更多民主权利和更大自由的战斗被视为不同于争取废奴的战斗，而且许多人认为，白人要获得更多民主权利和更大自由有赖于奴隶制，这种观点在《堪萨斯－内布拉斯加法案》（*Kansas-Nebraska Act*）中被神化，约翰·卡尔霍恩（John Calhoun）认为奴隶制是一种"积极良性"的制度，也是这种观点的体现。废除奴隶制之后，这种由奴隶制打造的自由在边疆地区有了新面貌，让那些被梅尔维尔称为"万王之王"（sovereign-kings）的人有无限机会向前逃跑，他们想象着自己逃离了主奴关系，逃离了必然帝国。

参考档案

　　奴隶制创造了现代世界。这种说法经常被提出，人们容易同意，但难以理解，因为事实真相在此抽象表达中丢失了。但是，在本书写作过程中，我又重新体会了这种观点，意识到奴隶制是如何迂回渗透进西方的灵魂和肌体的。这部历史书的研究工作是在 9 个国家的档案馆、图书馆和博物馆里进行的，包括西班牙 [马德里、塞维利亚和卡兰雅思（Calañas）——班尼托·西兰诺出生的安达卢西亚的村庄]、乌拉圭、阿根廷（布宜诺斯艾利斯、门多萨——亚历山卓·德·阿兰达的家乡），智利（圣地亚哥、瓦尔帕莱索、康塞普西翁）、秘鲁（利马、瓦乔）、英国（利物浦、伦敦）、塞内加尔（达喀尔、圣路易斯港）、法国 [艾克斯 - 普罗旺斯（Aix-en-Provence）] 和美国（波士顿、杜克斯伯里镇——亚玛撒·德拉诺的出生地、奥尔巴尼、纽约、普罗维登斯和华盛顿特区等地）。我乘坐公共汽车穿过草原，翻越安第斯山脉，大致沿着当年莫瑞、巴波和其他西非俘虏被迫步行和骑骡行走的路线前行，并参观了秘鲁利马北部的瓦乌拉山谷，西兰诺在经受严酷考验勉强幸存下来后来到此地，他放弃航海，拥有了胡玛雅大庄园这个庞大的糖料种植园。我乘坐超载的渡船，从智利的洛塔（Lota）前往太平洋上的圣玛丽亚岛，花了 3 天时间等待回程船只，除了重读《班尼托·西兰诺》、在海湾沉思，没有别的事情可做，而就在此地，德拉诺的"坚毅"号遇到西兰诺的"考验"号（这里甚至没有啤酒可买，因为岛上的大部分居民似乎都已皈依五旬节派）。

在这段旅程中，有些地方在此特殊历史时期内只与奴隶制度有间接关系。其他地方，如塞维利亚、布宜诺斯艾利斯、圣路易、利马、波士顿和利物浦，都是一个网络中的中心枢纽，这些地方资助、管理奴隶贸易并从中获利，这是一个庞大却令人惊讶的亲密网络，就像"考验"号的故事所展示的那样。在这个过程中，我开始看到奴隶制的痕迹无处不在，不仅是它留下的财富，布宜诺斯艾利斯有美丽的巴洛克建筑、庄严美观的城市和修剪整齐的花园，比如布宜诺斯艾利斯那坐落在古老奴隶市场"莱蒂洛"（El Retiro）之上的花园，而且有奴隶制创造的意义。

奴隶制无处不在，以至于产生了自己的同步性，使偶然事件看起来几乎都有因果关系，就好像某位神人把它们联合起来，变成了一种有意策划的模式。仅举一个例子，利物浦贩奴商约翰·博尔顿对梅尔维尔的文学创作反复产生影响。除了他派遣贩奴船"海神"号到伯尼岛，筹集资金建造利物浦的纳尔逊纪念碑，他还用从奴隶制中获取的财富来款待和支持一些英国最伟大的浪漫主义诗人，其中包括威廉·华兹华斯。华兹华斯提倡人权，反对奴隶制，对赫尔曼·梅尔维尔产生了强烈影响。[①] 赫歇尔·帕克（Hershel Parker, *Melville: A Biography*, vol. 2, p.165）写道，华兹华斯教导梅尔维尔在自然界中寻找"人性中的寂静、悲伤音乐"，留意荒芜的风景，观看其中的社会及自然历史［也许可去看智利、阿根廷交界处23000英尺高的阿空加瓜山（Mount Aconcagua），了解山中蜿蜒

---

① 华兹华斯曾为海地的杜桑·卢维杜尔（Toussaint Louverture）创作过一首十四行诗，和纳尔逊勋爵一样，杜桑·卢维杜尔死在胜利之时。他被拿破仑的军队俘虏，1803年4月他死于寒风凛冽的阿尔卑斯山上一个冰寒的法国地牢内，几个月后，海地人把法国人从他们的岛屿上永久性地驱逐出去。"没有一丝寻常之风，"华兹华斯写道，"会忘记您。"

着的一条过去奴隶行走的道路〕。我试图理解其中的一些联系，让自己沿着切线，跟随历史的超链接，从一件事想到到另一件事。我开始觉得自己有点像梅尔维尔本人，1839 年，他在利物浦看着"纳尔逊勋爵倒在胜利女神的怀抱中"，并没有看到一个人的纪念碑，而是发现了作为开启历史的钥匙的奴隶贸易。

从梅尔维尔第一次看到纳尔逊纪念碑到《班尼托·西兰诺》出版，中间相隔 14 年。但是，当我在利物浦参观纳尔逊雕像，在那里寻找关于博尔顿"海神"号的信息时，我忍不住思忖，当梅尔维尔在作品中让巴波把阿兰达的骨头扎捆起来放到船首并告诉俘虏对黑人讲信用时，他想到了"残酷、贪婪的死神"。

档案馆

阿根廷布宜诺斯艾利斯国家档案总局　Archivo General de la Nación, Buenos Aires, Argentina [AGN (Buenos Aires)]

阿根廷门多萨省总档案馆　Archivo General de la Provincia, Mendoza, Argentina [AGP (Mendoza)]

阿根廷门多萨德尔教区档案馆　Archivo del Arzobispado, Mendoza, Argentina [AA (Mendoza)]

秘鲁利马国家档案总局　Archivo General de la Nación, Lima, Peru [AGN (Lima)]

秘鲁利马国家档案局　Archivo Arzobispal, Lima, Peru [AA (Lima)]

乌拉圭蒙得维的亚国家档案总局　Archivo General de la Nación, Montevideo, Uruguay [AGN (Montevideo)]

圣地亚哥智利国家档案局　Archivo Nacional de Chile, Santiago [ANC (Santiago)]

智利圣地亚哥国家图书馆　Biblioteca Nacional de Chile,

Santiago

西班牙马德里国家历史档案馆　Archivo Histórico Nacional, Madrid, Spain [AHN (Madrid)]

西班牙塞维利亚总档案馆　Archivo General de Indias, Seville, Spain [AGI (Seville)]

西班牙卡拉尼亚斯卡拉尼亚斯城市档案馆　Archivo Municipal de Calañas, Calañas, Spain [AMC (Calañas)]

马里兰州马里兰大学帕克分校国家档案与文献管理局　National Archives and Record Administration, College Park, Maryland [NARA (College Park)]

/ 295

波士顿美国国家档案馆和文献管理局　National Archives and Record Administration, Boston [NARA (Boston)]

马萨诸塞州杜克斯伯里乡村和历史协会　Duxbury Rural and Historical Society, Massachusetts (DRHS)

波士顿马萨诸塞州档案馆　Massachusetts Archives, Boston [MA (Boston)]

马萨诸塞州剑桥哈佛大学霍顿图书馆　Houghton Library, Harvard University, Cambridge,

马萨诸塞州剑桥哈佛大学贝克图书馆　Massachusetts Baker Library, Harvard University, Cambridge, Massachusetts

伦敦英国国家档案馆　British National Archives, London [BN (London)]

英国利物浦默西塞德海事博物馆的海事档案馆和图书馆 Maritime Archives and Library at the Merseyside Maritime Museum, Liverpool, UK

其他资料收藏机构

秘鲁军事研究中心（利马），档案和编目部　Centro de Estudios Militares del Peru (Lima), Sección Archivos y Catálogos

富兰克林 D. 罗斯福总统图书馆　Franklin D. Roosevelt Presidential Library

纽约州立图书馆，手稿和特藏部　New York State Library, Manuscripts and Special Collections

哈佛大学法学院图书馆，小件手稿收藏于社会法律图书馆（波士顿）Harvard Law Library, Small Manuscript Collection Social Law Library (Boston)

纽黑文殖民地历史协会　New Haven Colony Historical Society

楠塔基特历史协会　Nantucket Historical Association

皮博迪埃塞克斯博物馆　Peabody Essex Museum

美国国会图书馆　Library of Congress

国家档案馆（法国艾克斯普罗旺斯）　Archives Nationales d'Outre Mer (Aix-en-Provence, France)

"梅尔维尔的旁注在线"　"Melville's Marginalia Online" (edited by Steven Olsen-Smith, Peter Norberg, and Dennis C. Marnon at http://melvillesmarginalia.org)

纽约公共图书馆，甘塞沃特－朗辛收藏室　The New York Public Library, Gansevoort-Lansing Collection

纽约历史学会　The New York Historical Society

布朗大学约翰·布朗·卡特图书馆　John Brown Carter Library, Brown University

塞内加尔国家档案馆　Archives Nationales du Sénégal (Dakar, Senegal)

注 释

绪 言

1. Amasa Delano, *A Narrative of Voyages and Travels in the Northern and Southern Hemispheres: Comprising Three Voyages round the World; Together with a Voyage of Survey and Discovery in the Pacific Ocean and Oriental Islands* (Boston: E. G. House, 1817) .

2. 1916 年 12 月，《太平洋》(*Pacífico*) 杂志发表了智利作家华金·迪亚兹·加斯塞斯 (Joaquín Díaz Garcés) 写的一个虚构小故事《奴隶之路》(*El Camino de los Esclavos*)。这个故事侧重于描写莫瑞、巴波及其同伴横跨南美洲的陆路旅程。迪亚兹·加斯塞斯在 20 世纪 20 年代梅尔维尔热兴起前去世，而《班尼托·西兰诺》直到 20 世纪 40 年代才被翻译为西班牙文 (直到 20 世纪 60 年代才开始在拉丁美洲广为传播)，所以他肯定是通过智利历史学家本杰明·维古尼亚·麦肯纳 (Benjamín Vicuña Mackenna) 知道"考验"号事件的。麦肯纳写了《瓦尔帕莱索史》(*Historia de Valparaíso*) (2 vols,Valparaiso: Imprenta Albión de Cox i Taylor, 1869)。迪亚兹·加斯塞斯在其故事注释中说他希望"打开智利人那冷漠的眼睛，让他们看到非洲人被奴役的历史，看到多年来非洲奴隶悲伤痛苦地列队跨越我们的国土"，胡里奥·平托 (Julio Pinto) 在私人通信中提及的一个参照，可能是指玻利维亚人和秘鲁人被驱逐出境。迪亚兹·加斯塞斯计划写另一个故事，描写"考验"号上发生的"不可能"事件，但是未能实现。1944 年，迪亚兹·加斯塞斯去世后 20 年，他推动建立的齐格扎格 (Zig Zag) 出版社推出了《班尼托·西兰诺》的第一个西班牙文版本。关于聂鲁达，请参阅附录中的讨论。

3. 《班尼托·西兰诺》中所有的引文均来自 *Billy Budd, and Other Stories*（New York: Penguin, 1986）。《玛迪》《雷德本》《白鲸》中的引文来自梅尔维尔作品的版本（the Library of America, New York, 1982，1983）。

4. Brian Higgins and Hershel Parker, Herman Melville: The Contemporary Reviews（Cambridge: Cambridge University Press, 2009）, pp.469-483; Kevin Hayes, The *Cambridge Introduction to Herman Melville*（Cambridge: Cambridge University Press）, p.79.

5. Hershel Parker, *Herman Melville: A Biography, vol. 2: 1851-1891*（Baltimore: Johns Hopkins University Press, 2002）, p.244 for "collapsed," p.399 for "cold north."

6. Edmund Morgan, American Slavery, American Freedom: The Ordeal of Colonial Virginia（New York: Norton, 1975）, pp.4-5.

7. "纯粹是一个海上苦工，就是一个几内亚奴隶"。1779 年，一名巡逻非洲海岸保护英国贩奴船的英国军舰舰长这样形容自己。James G. Basker, ed., *Amazing Grace: An Anthology of Poems about Slavery, 1660-1810*（New Haven: Yale University Press, 2002）, p.283.

8. 基于 2012 年 12 月 8 日在跨大西洋奴隶数据库（Trans-Atlantic Slave Database, http://www.slavevoyages.org/tast/index.faces）进行的有选择性的研究。

9. 在最基本的层面上，西非人在"考验"号上设下的骗局针对有关家长奴隶制的辩论，不仅仅是奴隶主阶层用来为奴隶制辩护的语言，而且涉及奴隶制和奴隶对这种语言的相信程度。这是一个漫长的讨论，但是，与有关奴隶制的大多数事情一样，都是从 W. E. B. 杜波依斯（W. E. B. Du Bois）开始的，特别是他的《黑人的灵魂》（*The Souls of Black Folk*）（1903）和《黑人》（*The Negro*）（1915）。1959 年，斯坦利·埃尔金斯［Stanley Elkins, *Slavery: A Problem in American Institutional and Intellectual Life*（Chicago: University of Chicago Press,1959）］在（二战期间纳粹对犹太人的）大屠杀发生后的阴影中写作，他用短语"全控机构"（total institutions）来形容奴隶种植园，将种植园与集中营做比较，认为种植园对被奴役的人也拥有同样的极权，能够摧毁他们的个性，并强迫他们对其从属地位心服口服，把他们变成婴儿般听话的黑人（就像德拉诺初见莫瑞时的印象）。厄尔·刘易斯（Earl Lewis）的 "To Turn on a Pivot: Writing African Americans into a History of Overlapping Diasporas"

[in Darlene Clark Hine and Jacqueline McLeod, eds., Crossing Boundaries: Comparative History of Black People in Diaspora (Bloomington: Indiana University Press, 1999)] 讨论了埃尔金斯这篇文章的重要性，还有一代学者从 20 世纪 60 年代末期开始，"公开反驳" 埃尔金斯的论点。70 年代初，约翰·W. 布拉斯格姆 [John W. Blassingame, *The Slave Community: Plantation Life in the Antebellum South* (New York: Oxford University Press, 1972)] 强调了奴隶能够操纵分配给他们的角色。尤金－吉诺维斯（Eugene D.Genovese）用其全部职业生涯来描述他所称的奴隶主阶级 "致命的自欺欺人"，和他一起写作的还有伊丽莎白·福克斯－吉诺维斯（Elizabeth Fox-Genovese）。 1971 年，吉诺维斯在谈及家庭仆人时说，奴隶主阶级 "一直以为他们了解这些黑人，爱他们，被他们爱戴，而且他们认为奴隶是其家庭的一部分。有一天，他们明白，他们一直在自欺欺人，他们一直在和自己毫不了解的人亲密相处" [Eugene D. Genovese, *Red and Black: Marxian Explorations in Southern and Afro-American History* (New York: Pantheon Books, 1971) , p.117]。

/ 1 老鹰来了

1. Clifton Kroeber, *The Growth of the Shipping Industry in the Río de la Plata Region: 1794-1860* (Madison: University of Wisconsin Press, 1957) ; Carlos Noé Alberto Guevara, *La problemática marítima argentina*, vol. 2 (Buenos Aires: Fundación Argen-tina de Estudios Marítimos, 1981) , p.74; Rubén Naranjo, *Paraná, el pariente del mar* (Rosario: Editorial Biblioteca, 1973) , p.180.

2. 本章及其他章节有关 "海神" 号的讨论，参见阿根廷、乌拉圭和英国下述有关文件：in the AGN (Buenos Aires) , in the Tribunales collection, legajo 94, expediente 21; legajo 131, expedi-ente 3288; in the Hacienda collection, legajo 132, expediente 3305, and legajo 120, expediente 3046; and legajo 36 in the collection named División Colonia, Sección Gobierno, Guerra y Marina 9.24.4/1806. In the AGN (Montevideo) , in the collection called Protocolos de Marina (1795-1814) for the year 1805, see "Fianza don Rafael Fernández, don Jaime Illa y don Antonio San Vicente, con don Benito Olazábal." Also in the AGN (Montevideo) , in a collection called Ex. Archivo y Museo Histórico Nacional, in caja (box) 257, carpeta (file) 40, there is a document

called "Obrados de la fragata 'Aguila' presa por la fragata 'Neptuno.'"
See also the collection called Escribanía de Gobierno y Hacienda, caja 66,
expediente 157 ("Caso de la Hoop") , caja 192 ("Expediente formado sobre
ocho rollos de tabaco negro del Brasil hallados en la corbeta Francesa La
Ligera su capitán Hipólito Mordell procedente de la costa de África") . See
also BN (London) BT 98/63, 229, and ADM 12/110。

3. 有关伯尼岛的描述参照下列文献：William Richardson, *A Mariner of England*
(London: Murray, 1908) , p.47; Alexander X. Byrd, *Captives and Voyages:
Black Migrants across the Eighteenth-Century British Atlantic World* (Baton
Rouge: Louisiana State University Press, 2008) (这本书强调非洲内陆的俘虏
到海岸的旅程和到大西洋中央航道的旅程经常需要相同的时间，经历同等的
苦难) ; Alexander Falconbridge, *An Account of the Slave Trade on the Coast
of Africa* (London: J. Phillips, 1788) ; George Francis Dow, *Slave Ships and
Slaving* (Mineola: Dover, 2002) 。

4. BN (London) T 70/34.

5. Leitch Ritchie, *Travelling Sketches on the Sea-Coasts of France* (London:
Longman, 1834) ; Byrd, *Captives and Voyages*, p.55, discusses the reputation
for fatalism.

6. Mario Falcao Espalter, "Hipolito Mordeille, Corsario frances al servicio de
España," *Revista del Instituto Histórico y Geográfico del Uruguay* 2 (1922) :
473–529. 有关莫德耶成功夺取美国船只的情况，参见 Greg Williams, *The
French Assault on American Shipping, 1793-1813* (Jefferson: McFarland,
2010) ; 莫德耶在 "希望" 号船长乔治·阿斯蒂埃 (George Astier) 带领船
员经过 "殊死抵抗" 夺取 "希望" 号的有关信息，见第 183 页。

7. Amédée Gréhan, ed., *La France maritime*, vol. 2 (Paris: Postel, 1837) , p.157.

8. 有关博尔顿，见 Clement Wakefield Jones, *John Bolton of Storrs, 1756-
1837* (Kendal: T. Wilson, 1959) , p.51; George Baille, *Interesting Letters
Addressed to John Bolton, Esq. of Liverpool, Merchant, and Colonel of a
Regiment of Volunteers, to Which Is Annexed Sundry Valuable Documents*
(London: J. Gold, 1809) , p.34. For Liverpool and French Revolution, see
Cecil Sebag-Montefiore, *A History of the Volunteer Forces from the Earliest*

Times to the Year 1860, London: A. Constable, 1908, p.255; Historic Society of Lancashire and Cheshire, *Transactions of the Historic Society of Lancashire and Cheshire*, vol. 93, Historic Society of Lancashire and Cheshire, 1942, p.110; *Patriot*, November 13, 1819. For Wordsworth's friendship with Bolton, including long evenings at Storrs Hall, see 有关华兹华斯和博尔顿的友谊，包括华兹华斯在斯托尔斯大厅度过的长夜，参见 Charles Wordsworth, *Annals of My Early Life, 1806-1846* (London: Longmans, Green, 1891) , pp.13, 93; Juliet Barker, *Wordsworth: A Life* (New York: HarperCollins, 2006) , p.392; *George Canning and His Friends*, vol. 2(London: E. P.Dutton, 1909) , p.288; Ian Goodall, "Storrs Hall, Windermere," *Georgian Group Journal* 15 (2006-7) : 159-214; William Angus Knight, ed., *Letters of the Wordsworth Family from 1787 to 1855*, vol. 2 (Boston: Ginn, 1907) , p.129。

9. Manuel Mujica Láinez, Aquí vivieron: Historias de una quinta de San Isidro, 1583-1924 (Buenos Aires: Sudamérica, 1949) , p.106; Gréhan, La France mari-time, p.157.

10. 这里有一个例子，说明战争和革命像摆动的换向齿轮一样，迫使人从一种状况进入另一种状况，如此反复，每次都会使人们的身份发生变化。在英法战争初期，一艘停靠在海岸角城堡的英国商船购买了一批被俘的非洲人。这些非洲人被认为是奴隶，被锁在船上，准备运到西印度群岛糖业种植园做苦役。这艘船被法国海军拦截，法国海军没有把非洲人当作奴隶，而是作为应征士兵，把他们分配到护卫舰和兵舰上。非洲人现在是水手。但到了1803年，英国人又夺回了其中的65个。在海军部议会进行了一番辩论之后，英国人认为非裔士兵不是奴隶，而是战争俘虏，是一个耍流氓的合法国家的臣民或法国人喜欢称呼的公民。但由于无法让法国按照惯例履行义务并供养这些（或任何其他人，无论是白人还是黑人）被捕的船员，英国人将他们分配到皇家海军各艘船上。他们又成为水手，可能也成为新的英国臣民［BN（伦敦）ADM 1/3744］。参见 John Thompson, *The Life of John Thompson, a Fugitive Slave* (Worcester, 1856) , for the memoir of an escaped Maryland slave who found a life of freedom on the high seas.

11. J. Aspinall, *Liverpool a Few Years Since: By an Old Stager* (London, 1852) , p.8; Emma Christopher, *Slave Ship Sailors and Their Captive*

Cargoes, 1730–1807 (Cambridge: Cambridge University Press, 2006), p.11.

12. Marcus Rediker, *Between the Devil and the Deep Blue Sea: Merchant Seamen, Pirates, and the Anglo-American Maritime World, 1700–1750* (New York: Cam-bridge University Press, 1989). See also Peter Linebaugh and Marcus Rediker, *The Many-Headed Hydra: Sailors, Slaves, Commoners, and the Hidden History of the Revolutionary Atlantic* (New York: Beacon Press, 2001).

/ 2 更多自由

1. Samuel Hull Wilcocke, *History of the Viceroyalty of Buenos Ayres* (London: Sherwood, Neely and Jones, 1807), p.180.

2. Rubén Carámbula, *Negro y tambor: Poemas, pregones, danzas y leyendas sobre motivos del folklore Afro-rioplatense* (Buenos Aires: Editorial Folklórica Americana, 1952); *Pregones del Montevideo Colonial* (Montevideo: Mosca, 1968). 有关布宜诺斯艾利斯那些"黑皮肤的叫卖小贩"的记忆，参见 Lucio V. Mansilla, *Mis Memorias: Infancia-Adolescencia* (Paris: Garnier Hermanos, 1904), p.132, 书上写着他们的篮子装满了面包、牛奶、鱼、桃子、蛋糕、热肉馅饼，"唱着叫卖甜苹果酒、牛肚、鸡胸肉"。

3. Domingo Faustino Sarmiento, *Obras completas de Sarmiento*, vol. 42 (Buenos Aires: Luz del Día), p.15.

4. John Purdy, *The Brasilian Navigator; or, Sailing Directory for All the Coasts of Brasil, to Accompany Laurie's New General Chart* (London: R. H. Laurie, 1838), p.174; Wilcocke, *History of the Viceroyalty of Buenos Ayres*, p.180.

5. AGN (Montevideo), Archivos Particulares, caja 332, carpeta 4 ("Documentos relativos al Período Colonial. Libro Copiador de correspondencia comercial, a Martín de Alzaga").

6. Lyman Johnson, *Workshop of Revolution: Plebéian Buenos Aires and the Atlantic World, 1776–1810* (Durham: Duke University Press, 2011), pp.19-20, 299; Jerry Cooney, "Doing Business in the Smuggling Way: Yankee Contraband in the Río de la Plata," *American Neptune* 47 (1987): 162-168; Vicente Gesualdo, "Los Negros en Buenos Aires y el Interior,"

Historia 2（1982）：26-49.

7. George Reid Andrews, *The Afro-Argentines of Buenos Aires, 1800-1900* （Madison: University of Wisconsin Press, 1980）, p.24; Berenice A. Jacobs, "The *Mary Ann*, an Illicit Adventure," *Hispanic American Historical Review* 37 （1957）：200-212; Charles Lyon Chandler, "The River Plate Voyages, 1798- 1800," *American Historical Review* 23（1918）：816-826; Ernesto Bassi Arevaol, "Slaves as Commercial Scape-goats: Smuggling Clothes under the Cover of the Slave Trade in Caribbean New Granada," paper presented at the American Historical Association Conference, New Orleans, January 5, 2013.

8. 参见 Jeremy Adelman, *Sovereignty and Revolution in the Iberian Atlantic* （Prince- ton: Princeton University Press, 2006）, ch. 2, 尤其是第 58 ~ 73 页。阿德尔 曼写道："对殖民地压力宗主国提供的每一种解决方案或让步都会产生更大的 压力，并因此积累成为一种全新的帝国贸易模式：贩卖奴隶是让商人发财并 将商业前沿扩展到帝国腹地的核心途径。"（第 72 页）西属美洲殖民地的奴隶 数量一个世纪以来一直在稳步增长——在哥伦比亚和委内瑞拉开采黄金、收 获可可，在秘鲁和古巴收割糖料作物，都需要奴隶，在 18 世纪前 10 年末呈 爆发式增长。[Herbert Klein, *The Atlantic Slave Trade: New Approaches to the Americas* （New York: Cambridge University Press, 1999）, pp.38-40]. See also for what follows Frank T. Proctor, "Afro-Mexican Slave Labor in the Obrajes de Paños of New Spain, Seventeenth and Eighteenth Centuries," *Americas*, 60（2003）：33-58; Kris Lane, "Africans and Natives in the Mines of Spanish America," in *Beyond Black and Red: African-Native Relations in Colonial Latin America*, ed. by Matthew Restall （Albuquerque: University of New Mexico Press, 2005）, pp.159-84; Kris Lane, *Colour of Paradise: The Emerald in the Age of Gunpowder Empires* （New Haven: Yale University Press, 2010）, pp.67-69. For African and Andean interactions in coastal estates, see Rachel O'Toole, *Bound Lives: Africans, Indians, and the Making of Race in Colonial Peru* （Pittsburgh: University of Pittsburgh Press, 2012）; Nicholas P.Cushner, *Farm and Factory: The Jesuits and the Development of Agrarian Capitalism in Colonial Quito, 1600-1767* （Albany: State University of New York Press, 1982）.

/ 302

9. 关于古巴，参见 Louis Perez, *Cuba and the United States: Ties of Singular Intimacy* (Atlanta: University of Georgia Press, 2003), p.5. For discussion of deregulation, see Manuel Lucena Salmoral, *Regulación de la esclavitud negra en las colonias de América Española (1503–1886): Documentos para su studio*, 2005, part 1 (on CD-ROM), pp.170–75; part 2, pp.247, 257. 关于 "贩奴热"，参见 part 1, p.144；有关在 "任何见到黑人的地方购买黑人" 的权利，参见 Mario Hernán Baquero, *El Virrey Don Antonio Amar y Borbón* (Bogotá: Banco de la República, 1988), p.172。

10. Alex Borucki, "The Slave Trade to the Río de la Plata, 1777–1812: Trans-Imperial Networks and Atlantic Warfare," *Colonial Latin American Review* 20 (2011): 85.

11. 参见 letter from Thomas White to Messrs. Gardner and Dean, March 17, 1806, Slavery Collection, series II: Gardner and Dean, New-York Historical Society。

12. 阿德尔曼的《主权与革命》(*Sovereignty and Revolution*) 帮助我理解了奴隶制对南美市场革命的重要性。对奴隶贸易放松管制是西班牙努力使殖民体系适应 "帝国间竞争压力加剧" 的核心组成部分。但是，根据阿德尔曼的说法，与美国南部和加勒比的出口型大种植园不同，南美洲的奴隶制在整个大陆把 "越来越多样化和分散的商业中心" 联系在一起。"可以说，" 阿德尔曼写道，"借鉴伊拉·柏林 (Ira Berlin) 的观点，南美不断扩张的腹地是奴隶社会 (而不仅仅是有奴隶的社会)，奴隶是生产过程的核心。有种植园，但是它们嵌入更多样化的社会系统中。" 规模较小，雇佣劳动和强制劳动相结合。"奴隶制帮助支持南美洲腹地和商业资本流动相融合的迅速商业化、相对分散和自适性的生产。在此期间，奴隶制帮助殖民地变得日益自主，在经济和社会方面，越来越不听宗主国西班牙和葡萄牙的指挥。" 换言之，美洲的奴隶制使其自由成为可能，即脱离西班牙而独立 (第 59 页)。这种方法为比较美国和西属美洲的奴隶制开辟了新的途径，并且考虑到了奴隶制在经济上的重要性，而不再重复关于奴隶制是资本主义还是与资本主义相容的旧辩论。在美国，历史学家最近回到一个较为古老的学术传统，强调奴隶制对建立现代资本主义的重要性，不仅将奴隶制视为劳动制度或利润发生器，而且还将其视为金融资本和不动产投机的驱动因素，同时还研究了种植园是如何成为"具有代表性的现代管理的典型创新商业实践"的组织模型，正如哈佛大学的斯文·贝克特（Sven Beckert）和布朗大学的塞斯·洛克曼（Seth Rockman）在《奴隶制如何引导现代资本主义》（"How Slavery Led to Modern Capitalism," in Bloomberg, January 24, 2012）一文中所写的那样。（http://www.bloomberg.com/news/2012-01-24/how-slavery-led-to-modern-capitalism-echoes.html）亦参见贝克特和洛克曼即将出版的论文集 "Slavery's Capitalism: A New History of American Economic Development," 将由宾夕法尼亚大学出版社出版，还有更早的研究，包括：Eric Williams, *Capitalism and Slavery* (Chapel Hill: University of North Carolina Press, 1944) ; Sidney Mintz, *Sweetness and Power: The Place of Sugar in Modern History* (New York: Viking, 1985); Sidney Mintz, "Slavery and Emergent Capitalism," in *Slavery in the New World*, ed.by Laura Foner and Eugene D. Genovese (Englewood Cliffs: Prentice-Hall, 1969)。亦参见沃尔特·约翰逊（Walter Johnson）新近出版的 *River of Dark Dreams: Slavery and Empire in the Cotton Kingdom* (Cambridge: Harvard University Press, 2013)。

13. 然而，在行会内组成一群独立选民的贩奴商抱怨这种海盗船参与商业的做法，认为这实际上恢复了之前王室已经废除的奴隶交易税 [José María Mariluz Urquijo, *El virreinato del Río de la Plata en la época del Marqués de Avilés (1799-1801)* (Buenos Aires: Academia Nacional de la Historia, 1964), pp.78-88]。

14. Agustín Beraza, *Los corsarios de Montevideo* (Montevideo: Centro de Estudios Históricos, Navales, y Maritimos, 1978), p.43; Falcao Espalter, "Hipolito Mordeille" ; Arturo Ariel Bentancur, *El puerto colonial de Montevideo (I). Guerras y apertura comercial: Tres lustros de crecimiento económico (1791-1806)* (Montevi-deo: Universidad de la Republica, 1997), pp.322-341.

/ 3 无冕之狮

1. 参见 Marcus Rediker, *The Slave Ship: A Human History* (New York: Penguin, 2008)。

2. Andrews, *Afro-Argentines*, p.31; Johnson, *Workshop*, 38; Susan Migden Socolow, *The Women of Colonial Latin America*（Cambridge: Cambridge University Press, 2000）, pp.84, 132. 最近，葡萄牙三桅帆船"海上仙女"号（Nymph of the Sea）从坦桑尼亚基尔瓦（Kilwa, Tanzania）运入 276 名非洲奴隶。在美国注册的"苏珊"号带来 90 名冈比亚人。西班牙的"布宜诺斯艾利斯丽池"号（El Retiro de Buenos Aires）刚从非洲沿岸的一个无名地方带来 130 名俘虏。"圣伊格纳西奥"号（San Ignacio）——里约热内卢的一艘桅船，带来蜂蜜、朗姆酒、咖啡、棉花、奴隶。*Semanario de Agricultura, Industria y Comercio*, vols. 1-2（facsímile）（Buenos Aires: Junta de Historia y Numismátic, 1928）, p.151; AGN（Buenos Aires）Sala IX Comercio y padrones de Esclavos; Escribano de la Marina, 49.3.2; Registro de Navios 10.4.7; The Trans-Atlantic Slave Trade Database, http://www.slave voyages.org/tast/index.faces; Elena F. S. de Studer, *La trata de negros en el Río de la Plata durante el siglo XVIII*, vol. 2（Montevideo: Libros de Hispanoamérica, 1984）.

3. María Díaz de Guerra, *Documentación relativa a esclavos en el Departamento de Maldonado, Siglos XVIII y XIX*, Montevideo: Imprenta Cooperativa, 1983, 30-32; AGN（Montevideo）, Fondo Archivo General Administrativo, libro 15 A, "Libro de acuerdos que dio principio en abril de 1800," Acta del Cabildo, March 28, 1803, f. 87. 关于弑杀主人潮的兴起，参见 Gesualdo, "Los negros"。

4. Johnson, *Workshop of Revolution*, pp.177-78.

5. *Revista de la Biblioteca Pública de Buenos Aires*, vol. 3（Buenos Aires: Librería de Mayo, 1881）, p.475; AGN（Montevideo）, Fondo Archivo General Administrativo, libro 15 A, "Libro de acuerdos que dio principio en abril de 1800," Acta del Cabildo, March 28, 1803, ff. 87-89; Carlos Rama, *Historia social del pueblo Uru-guayo*（Montevideo: Editorial Comunidad del Sur, 1972）, p.22; Lincoln R. Maiztegui Casas, *Orientales: Una historia política del Uruguay*, vol. 1（Montevideo: Planeta, 2005）, p.28; Oscar D. Montaño, *Umkhonto: Historia del aporte negro-africano en la formación del Uruguay*（Montevideo: Rosebud Ediciones, 1997）, p.151; Agustín Beraza, *Amos y esclavos, Enciclopedia Uruguaya*, vol. 1（Montevideo: Editores

R eunidos y Arca, 1968）, pp.165–66.

6. W. L. Schurz, *This New World: The Civilization of Latin America*（New York: Dutton, 1954）, pp.180–81; Leslie R out, *The African Experience in Spanish Amer–ica: 1502 to the Present Day*（Cambridge: Cambridge University Press, 1976）, p.149; Mariselle Meléndez, "Visualizing Difference: The R hetoric of Clothing in Colonial Spanish America," in *Latin American Fashion R eader*, ed.by R egina R oot（New York: Berg, 2006）, p.25. 下述资料来源与脚注中讨论的奥尔巴尼火灾有关。关于此次火灾以及被起诉的纵火犯后来被执行的绞刑情况，参见 *Albany R egister*, November 25, 1793; *New-York Daily Gazette*, November 25, 1793; *Albany R egister*, March 17, 1794; *Albany R egister*, January 27, 1894; *Albany Chronicles: A History of the City Arranged Chronologi-cally, from the Earliest Settlement to the Present Time; Illustrated with Many Historical Pictures of R arity and R eproductions of the R obert C. Pruyn Collection of the Mayors of Albany*（Albany: J. B. Lyon, 1906）, p.384; George R ogers Howell, *Bicentennial History of Albany: History of the County of Albany, N.Y., from 1609 to 1886*, vol. 1（Albany: W. Munsell, 1886）, p.302; "Examination of Bet Negro Female Slave of Philip S. Van R ensselaer, Esquire," New York State Library, Manuscripts and Special Collections; Alice Kenney, *The Gansevoorts of Albany: Dutch Patricians in the Upper Hudson Valley*（Syracuse: Syracuse University Press, 1969）, pp.80–107. 亦参见 Oscar Williams, "Slavery in Albany, New York, 1624–1827," *Afro-Americans in New York Life and History*, vol. 34, 2010（accessed online July 6, 2012）。关于纵火犯受海地独立革命启发的担忧，参见 Henriette Lucie Dillon La Tour du Pin Gouvernet, *Journal d'une femme de cinquante ans*, vol. 2（Paris: Chapelot, 1912）, p.18。关于庞普，参见 *Collections on the History of Albany*, vol. 2（Albany: J. Munsell, 1867）, p.383。《晚报》（*Evening Journal*）是有关庞普描述的资料来源，具体日期不详，可能是《奥尔巴尼晚报》（*Albany Evening Journal*）。

/ 4 身心交瘁

1. For the king's "pious mind," 参见有关国王的"虔诚之心"，参见 Ildefonso Pereda Valdés, *El negro en el Uruguay, pasado y presente*（Montevideo

Instituto Histórico y Geográfico del Uruguay, 1965）, p.230; Archivo General de la Nación, *Acuerdos del extinguido cabildo de Montevideo*, vol. 17, annex （Montevideo, 1942）, pp.230-31。For descriptions of the "village," see Isidoro De-María, *Tradiciones y recuerdos: Montevideo antiguo*（Elzeviriana, 1887）; Archivo General de la Nación, *Revista del Archivo General Administrativo*, vol. 6, book 11（Montevideo: El Siglo Lustrado, 1917）, p.78; Karla Chagas, Natalia Stalla, and Alex Borucki, "Uruguay," in UNESCO, ed.,*Sitios de memoria y culturas vivas de los afrodescendientes en Argentina, Paraguay y Uruguay*（Montevideo: UNESCO, 2011）, pp.112-53。有关将奴隶看作一个国家问题的讨论，参见 Salmoral, *Regulación*, part 1, pp.183-207。

2. AGI（Seville）, Gobierno, Indiferente 2826, ff. 286-395. Urquijo, in *El virreinato del Río de la Plata*, p.361, describes the high mortality of the Portuguese slaves. See also Joseph Calder Miller, *Way of Death: Merchant Capitalism and the Angolan Slave Trade, 1730-1830*（Madison: University of Wisconsin Press, 1996）.

3. Falconbridge, *Account*, pp.24-25.

4. 例如，1798 年，罗德岛的贩奴船 "阿松森" 号（Ascensión）在莫桑比克购买了 283 名奴隶，其中 33 人因天花病倒，在离开非洲前就很快被卸下。33 人死于船上。刚到蒙得维的亚，另有 4 人死亡，剩下的健康奴隶平均售价超过 200 比索。然而，8 个 "生病的" 奴隶以 90 比索的处理价出售，这是一项冒险的投资，买家可能会有很高的回报：他们很有可能不会存活，但如果他们活下来了，他们的免疫力将会使他们更有价值。参见有关奴隶贸易的没有签名、没有日期的会计记录，Slavery Collection, [1798 ?], series I: Samuel and William Vernon, New-York Historical Society。根据该合集其他文档得知这艘船是 "阿松森" 号，参见 AGI（Seville）下列文档，Cuba, legajo 1691, December 4, 1806; Indiferente General, legajo 1558-A, June 14, 1804（关于波密斯买卖古巴奴隶）；有关通过 "黑人手臂" 运送疫苗，参见 Chile, 205（"Correspondencia de Presidente Luis Muñoz de Guzmán"）, November 9, 1805。有关非洲妇女把疫苗带到布宜诺斯艾利斯的情况，参见 Congreso de la Nación, *Diario de sesiones de la Cámara de Diputados*, vol. 1, 1903,

p.398; see also Guillermo Fúrlong Cárdiff, *Historia social y cultural del Río de la Plata, 1536-1810*, vol. 2 (Buenos Aires: Tipográfica Editora Argentina, 1969), p.346; Diego Barros Arana, *Historia general de Chile*, vol. 7(Santiago: Rafael Jover: 1886) , pp.265-271; Gonzalo Vial Correa, *El Africano en el Reino de Chile* (Santiago: Instituto de Investigaciones Históricas, 1957) ; José G. Rigau-Pérez, "The Introduction of Smallpox Vaccine in 1803 and the Adoption of Immunization as a Government Function in Puerto Rico, *Hispanic American Historical Review* 69 (1989) : 393-423。有关洪堡特的评论，参见 Alexander von Humboldt, *Political Essay on the Kingdom of New Spain*, vol. 1 (New York: Riley, 1811) , p.87。

5. 有关美国在这方面的全面考察，参见 Harriet Washington, *Medical Apartheid: The Dark History of Medical Experimentation on Black Americans from Colonial Times to the Present* (New York: Doubleday, 2007) ; see also Richard Sheridan, *Doctors and Slaves: A Medical and Demo-graphic History of Slavery in the British West Indies, 1680-1834* (London: Cambridge University Press, 2009)。

6. 有关"游荡者"号，参见 Ritchie, *Travelling Sketches on the Sea-Coasts of France*, pp.76-82, 该书包括一手记录的翻译，以及 "Le cri des Africains contre les Européens, leurs oppresseurs; ou Coup-d' oeil sur le com-merce homicide appelé Traite des Noirs," *Journal des voyages, découvertes et navigations modernes; ou Archives géographiques et statistiques du XIX siècle* 36 (October-December 1821) : 323-24. Sébastien Guillié 对该案例的研究，"Observation sur une blépharoblénorrhée contagieuse," *Bibliothèque ophtalmologique; ou Recueil d' observations sur les maladies des yeux faites à la clinique de l' Institution royale des jeunes aveugles* 1 (1820) , 在这两份资料前发表，For Guillié, see Zina Weygand, *The Blind in French Society: From the Middle Ages to the Century of Louis Braille* (Stanford: Stanford University Press, 2009)。法国和英国的废奴主义者援用"游荡者"号的案例，包括本杰明·康斯坦特（Benjamin Constant）和威廉·威尔伯福斯（William Wilberforce）。

7. AGN (Buenos Aires) , División Colonial, Sección Gobierno, Tribunales,

legajo 94, 26.2.3; also Studer, *La trata*, pp.311-314.

8. For Alzaga's fear of egalitarianism, see Johnson, *Workshop of Revolution*, 157-178; the quotation is on p.164.

9. Miguel de la Sierra y Lozano, *Elogios de Cristo y María: Aplicados a quarenta sermones de sus fiestas* (Zaragoza: Pedro Verges, 1646) , p.61; Real Academia Española, *Diccionario de la lengua castellana* (Madrid, 1783) ; "On Hypochondri-asis," *Journal of Psychological Medicine and Mental Pathology*, January 1, 1850, p.3; G. E. Berrios, "Melancholia and Depression during the 19th Century: A Conceptual History," *British Journal of Psychiatry* 153 （1988）: 298-304. 新教徒（"华金"号调查委员会 5 名外科医生中，至少有 3 人是新教徒）可能认为在偶像面前做怪相、卑躬屈膝的天主教徒容易患病， 因为这种行为暴露了"他们对神圣本质的低级想法"。参见 Anthony Ashley Cooper, *Characteristics of Men, Manners, Opinions, Times* (J. J. Tourneisen and J. L. Legrand, 1790) , p.103。

10. Thomas W. Laqueur, "Bodies, Details, and the Humanitarian Narrative," in *The New Cultural History*, ed.by Lynn Hunt (Berkeley: University of California Press, 1989) , pp.176-177.

11. Manuel Hurtado de Mendoza, Antonio Ballano, and Celedonio Martínez Caballero, *Suplemento al diccionario de medicina y cirugía*, 1823.

12. For Redhead, see José Luis Molinari, "Manuel Belgrano: Sus enfermedades y sus médicos," *Historia*, Buenos Aires, Vol.20,1960, pp.88-160,130.

13. Johnson, *Workshop of Revolution*, pp.39-43, 151-54. To compare Montevideo with other urban slave 将蒙得维的亚就奴隶历史和其他城市比较，参照以下文献，和墨西哥城比较，Herman Bennett, *Africans in Colonial Mexico: Absolutism, Christianity, and Afro-Creole Consciousness, 1570-1640* (Bloomington: Indiana University Press, 2003) ; "Genealogies to a Past: Africa, Ethnicity, and Marriage in Seventeenth-Century Mexico," in *New Studies in the History of American Slavery*, ed. By Edward Baptist and Stephanie Camp (Athens: University of Georgia Press, 2006)。和布宜诺斯艾利斯和利马比较，参见 Christine Hünefeldt, *Paying the Price of Freedom: Family and Labor among Lima's Slaves, 1800-1854* (Berkeley: University of California Press,

1994）。艾默里克·埃塞克斯·比达尔（Emeric Essex Vidal）于19世纪初访问了布宜诺斯艾利斯，他在 *Picturesque Illustrations of Buenos Ayres and Monte Video*（London: R. Ackermann, 1820）第30页写道："与其他国家相比，布宜诺斯艾利斯的奴隶制度是完全自由的。"这是一个矛盾的说法，尽管它没有考虑到该市许多居民的艰难困苦，但仍然描述了他们拥有的相对自主权。参见 Tomás Olivera Chirimini, "Candombe, African Nations, and the Africanity of Uruguay," in Sheila Walker, ed., *African Roots/African Cutlure: Africa in the Creation of the Americas*（Lanham: Rowman and Littlefield, 2001）; Mansilla, *Mis memorias*, pp.132-133。和新奥尔良做比较，参见 Ned Sublette, *The World That Made New Orleans: From Span-ish Silver to Congo Square*（Chicago: Review Press, 2009）; 和奥尔巴尼做比较，参见 Sterling Stuckey, *Going Through the Storm: The Influence of African-American Art in History*（New York: Oxford University Press, 2009）, pp.53-80。有关抱怨，参见 Gesualdo, "Los Negros," p.34; Vicente Rossi, *Cosas de negros: Los orígenes del tango y otros aportes al folklore rioplatense*（Buenos Aires: Aguilar, 1926）。For "sociedad de la nación moro," along with the many other "naciones," see Miguel Rosal, "Aspectos de la Religiosidad Afroporteña, siglos XVIII-XIX," available online at http://www.revistaquilombo.com.ar/documen tos.htm.

14. Manuel Nuñez de Taboada, *Diccionario de la lengua castellana*, 1825.

/ 5 举投入海

1. Paul Lovejoy, *Trans-Atlantic Dimensions of Ethnicity in the African Diaspora*（London: Continuum, 2003）, p.289; Elizabeth Allo Isichei, *Voices of the Poor in Africa*（Rochester: Boydell and Brewer, 2002）, p.287; Walter Rucker, *The River Flows On: Black Resistance, Culture, and Identity Formation in Early America*（Baton Rouge: Louisiana State University Press, 2006）, p.288; Falconbridge, *Account*, p.30; Estebán Montejo, and Miguel Barnet, eds., *The Autobiography of a Run-away Slave*（New York: Macmillan, 1993）, pp.63-64. Byrd, *Captives and Voyages*, pp.20-30, 讨论了 Igbo 这个短语的诸多意思。

2. The case of the *Santa Eulalia* is described in the documents cited earlier regard-ing the *Neptune* and in "圣欧拉利亚"号的案例在有关"海神"号引用的文献中有描述，相关文献还有 AGN（Buenos Aires），División Colonia, Sección Gobi-erno, Guerra y Marina, 9.24.4/1806, legajo 36。也见于 AGN（Lima），notary record, José Escudero de Sicilia, Escribano del Tribunal del Consulato, 1805. Cristina Mazzeo de Vivó was kind enough to send me a draft of her essay on the voyage, "Vivir y morir en alta mar: La comercialización del esclavo en Hispanoa-mérica a fines del siglo XVIII"，该文献包括其他资料，后来在下述文献中发表，即 *Homenaje a José Antonio del Busto Duthurburu*, ed. Margarita Guerra Martini è re and Rafael Sánchez-Concha Barrios, 2 vols., Lima: Fondo Editorial PUCP, 2012。

3. Vicente Osvaldo Cutolo, *Nuevo Diccionario Biográfico Argentino（1750-1930）*, vol. 5（N-Q）（Buenos Aires: Editorial Elche, 1978），p.649; AGN（Montevideo），Protocolos de Marina（1803-4），Registro corriente de Entradas de Marina del año de 1805（"Fianza: Señor Antonio Pérez por el depósito de los Negros del Bergantín Diana y Polacra Ligera de Mordelle"）. "戴安娜"号（Diana）——莫德耶的一个战利品，也称"多丽丝"号（Dolores），参见 Departamento de Estudios Históricos Navales, *Historia marítima argentina*, vol. 4（Buenos Aires: Departamento de Estudios Históricos Navales, 1993），p.323。

4. Jacques Duprey, *Voyage aux origines françaises de l' Uruguay: Montevideo et l' Uruguay vus par des voyageurs français entre 1708 et 1850*（Montevideo: Instituto Histórico y Geográfico del Uruguay, 1952），p.182.

/ 插曲　目睹死亡我无法不心惊胆颤

1. 有关梭罗，参见 *Political Writings*, ed. By Nancy Rosenblum（Cambridge: Cambridge University Press, 1996）. pp.26-27。有关梅尔维尔用奴隶制来比喻一般的奴役状况以及将一般的奴役状况比作奴隶制的讨论，参见 Carolyn L. Karcher, *Shadow over the Promised Land: Slavery, Race, and Violence in Melville' s America*（Baton Rouge: Louisiana State University Press, 1980）。《白外套》中的基尼就是一个"尽享世界上自由"的"奴隶"。Hershel

Parker, *Herman Melville: A Biography*, vol. 1, 1819–1851, (Baltimore: Johns Hop-kins University Press, 2005, p.147).

2. *Moby-Dick*, pp.798, 1094, 1216–1219.

3. John Griscom, *A Year in Europe: Comprising a Journal of Observations in England, Scotland, Ireland, France, Switzerland, the North of Italy, and Holland* (New York: Collins, 1823), p.30.

4. Herman Melville, *Redburn, White-Jacket, Moby-Dick* (New York: Library of America, 1983), p.170.

5. Howard Horsford and Lynn Horth, eds., *The Writings of Herman Melville: Journals* (Evanston: Northwestern University Press, 1989), p.50.

/ 6 可靠的幸福指南

1. 菲利普·德·拉诺伊（Philippe de Lannoy）生托马斯，托马斯生老乔纳森，老乔纳森生撒母耳，撒母耳生亚玛撒。参见 Alicia Crane Williams, ed., Esther Littleford Woodworth-Barnes, comp., *Mayflower Families through Five Generations*, vol. 16, part 1 (Plymouth: General Society of Mayflower Descendants, 1999), p.49; Daniel Delano Jr., *Franklin Roosevelt and the Delano Influence* (Pittsburgh: James Nudi, 1946); Muriel Curtis Cushing, *Philip Delano of the "Fortune" 1621, and His Descendants for Four Generations* (Plymouth: General Society of Mayflower Descendants, 2002); *Philip Delano of the "Fortune" 1621, and His Descendants in the Fifth, Sixth, and Seventh Generations*, parts 1 and 2 (Plymouth: General Society of Mayflower Descendants, 2004, 2011)。

2. 有关杜克斯伯里镇的奴隶制，参见 Justin Winsor, *History of the Town of Duxbury, Mas-sachusetts, with Genealogical Registers* (Boston: Crosby and Nichols, 1849), pp. 68, 70–71, 130, 271, 340; 有关奴役美洲土著的情况，参见 pp.71, 314。杜克斯伯里镇的创始人迈尔斯·斯坦迪什（Myles Standish）被描述成一个"胆大如钢"的人，能够"砍下森林，以面包屑为生"。见 "Alden Genealogy," *New England Historical and Genealogical Register*, vol. 51 (October 1897), p.430。亦见 George Ethridge, ed., *Copy of the Old Records of the Town of Duxbury, Mas: From 1642 to 1770*,

Plymouth: Avery and Doten, 1893, p. 338; Jennifer Turner, "Almshouse, Workhouse, Outdoor Relief: Responses to the Poor in Southeastern Massachusetts, 1740-1800," *Historical Journal of Massachusetts* 31（2003）: 212-214。

3. 有时被写为"原罪之人拥有的手艺和管理技能越多，就越为神所厌恶"。《圣经》中亚玛撒遇害的故事发生在《撒母耳 2》中，赫尔曼·梅尔维尔仔细阅读过，这从他在写《班尼托·西兰诺》时所使用的《圣经》中的下划线、打勾和记号可以看出。非常感谢克利福德·罗斯（Clifford Ross）允许我查阅他私人收藏的那本书。另一本梅尔维尔家庭《圣经》（Philadelphia: Mathew Carey, 1810）目前存于纽约公共图书馆的甘斯福 - 兰辛藏书（Gansevoort-Lansing collection）中，该书中标题为"原始语言中有意义的专有名称索引"的附录将亚玛撒定义为"保护人民"。

4. 亚玛撒祖上很多人是印第安人屠夫。1637 年，菲利普·德·拉诺伊（Philippe de Lanoy）自愿加入对抗佩科特人的战争，这场种族灭绝战争几乎摧毁了美洲原住民族群。幸存者要么被追捕，要么被杀害，要么作为奴隶被卖给西班牙人。1637 年 7 月，在臭名昭著的神秘大屠杀（Mystic Massacre）之后，菲利普主动请命，当时英国人包围了一个里面主要是妇女、儿童和老人的佩科特人的圆形房屋，并把它彻底烧毁，杀死了数百人。他可能参加了 1637（同上）年 7 月的"大沼泽地战役"（swamp engagement），这是这次战争的最后一场战斗。资料来自 2012 年 12 月 16 日与阿尔弗雷德·凯夫（Alfred Cave）的个人交流。参见 Alfred Cave, *The Pequot War*, Amherst: University of Massachusetts Press, 1996。有关亚玛撒·德拉诺以及有关攻击圣弗朗西斯的事件，参见 Ian McCulloch and Timothy Todish, eds., *Through So Many Dangers: The Memoirs and Adventures of Robert Kirk, Late of the Royal Highland Regiment*（Fleischmanns: Purple Mountain Press, 2004）, pp. 66-67; BN（London）, WO 71/68, Marching Regiments（October 1760-July 1761）, pp. 147-150; Nicolas Renaud d'Avène des Méloizes, *Journal militaire de Nicolas Renaud d'Avène des Méloizes 1756-1759*（Quebec, 1930）, pp. 86-87; Stephen Brumwell, *White Devil: A True Story of War, Savagery, and Vengeance in Colonial America*（Cambridge: Da Capo Press, 2004）, pp. 230, 235, 305。

5. Seth Sprague, "Reminiscences of the Olden Times," 1845, n.p., in *Hon. Seth Sprague of Duxbury, Plymouth County, Massachusetts; His Descendants down to the Sixth Generation and His Reminiscences of the Old Colony Town*, comp. William Bradford Weston, n.p., 1915.

6. 有关杜克斯伯里镇的牧师为神体一位论兴起所做的贡献，参见 Samuel Atkins Eliot, *Heralds of a Liberal Faith*（Boston: American Unitar-ian Association, 1910）, pp. 122-130, 194-199。有关特纳的年度选举布道，参见 Pauline Maier, *Ratification: The People Debate the Constitution, 1787-1788*（New York: Simon & Schuster, 2011）, p. 205, and Charles Turner, *A Sermon Preached before His Excellency Thomas Hutchinson*（Boston: Richard Draper, 1773）。

7. 有关激情、兴趣、美德和邪恶之间的重新平衡，参见 Daniel Walker Howe, *Making the American Self: Jonathan Edwards to Abraham Lincoln*（Cambridge: Harvard University Press, 1997）, p. 66, and Albert O. Hirschman, *The Passions and Interests: Political Arguments for Capitalism before Its Triumph*（Princeton: Princeton University Press, 1997）。

8. Ira Stoll, *Samuel Adams: A Life*（New York: Simon & Schuster, 2009）, pp. 107-108; Harry Stout, *The New England Soul: Preaching and Religious Culture in Colonial New England*（New York: Oxford University Press, 1988）, pp. 279, 377.

9. "The Pence Property," *Duxbury Clipper*, September 8, 2009.

10. 舍伯恩第一教区一神论普世教会（Unitarian Universalist Church at First Parish in Sherborn）, http://www.uuac.org /about /roots. pdf, 2012 年 9 月 5 日访问; Elijah Brown, *A Sermon Preached at the Ordination of... Zedeziah [Zedekiah] Sanger*, Boston: Fleets, 1776。

11. Winsor, *History of the Town of Duxbury*, p. 144. 杜克斯伯里镇 1/3 的男性人口，大约 270 名男性，几乎所有不需要维持城镇生计的人，都将加入革命民兵，其中许多人将死在英国人及其盟友手中，包括一个被塞内卡战士剥下头皮的心爱儿子。参见 William Stone, *Life of Joseph Brant（Thayendanegea）including the Border Wars of the American Revolution*, vol. 1（Albany: Munsell, 1865）, p. 373; Kevin Phillips, *1775: A Good*

Year for Revolution（New York：Viking，2012）。

12. Sprague，"Reminiscences of the Olden Times," n.p., for "literary attainments"，亦见于 Dorothy Wentworth，*Settlement and Growth of Duxbury*（Duxbury：Duxbury Rural and Historical Society，2000），p. 108；Weston，*Hon. Seth Sprague of Duxbury*；Patrick T. J. Browne，*King Caesar of Duxbury: Exploring the World of Ezra Weston, Shipbuilder and Merchant*（Duxbury：Duxbury Rural and Historical Society，2006）。

13. "Old Duxbury Village Once Called Sodom," *Duxbury Clipper*，June 26，1996.

14. Turner，"Almshouse, Workhouse, Outdoor Relief," pp. 212-214.

15. Gordon Wood，*The Radicalism of the American Revolution*（New York：Vintage，1993），pp. 230，246，305-6. 思想史家和政治理论家对 18、19 世纪的美国共和主义和自由主义有所区分。广义而言，共和主义强调公民责任和公共美德，自由主义强调个人自由、自然权利和追求自身利益。理论上，这两种理想在如何理解将产生的"共同利益"上有区别，共和主义构想一个超越个人的公正共和国（戈登·伍德写道，共和主义包含"道德维度、乌托邦式的深度"、重视"为整体的更大利益牺牲个人利益"；理想的情况是，"共和主义消灭了个人"），而自由主义观点则认为，共同利益来自个人的私人追求。政府的作用首先是体现或强化美德，其次要保护产生美德的多种自由、权利、利益和追求。一些学者认为共和主义和自由主义之间的紧张关系是美国政治文化的核心。在实践中，普通民众、政治家和知识分子对这些理想的体验存在很大的偏差和重叠。例如，像亚玛撒·德拉诺这样被我们称为在 18 世纪共和主义精神中长大的人，他会相信道德和责任高于自己的个人经历，让他独自追求自己的利益将会增加公众美德。有关告诫我们不要过分区分这两种思想的历史学家，参见 Howe，*Making the American Self*，pp. 10-13；Stephen Macedo，*Liberal Virtues: Citizenship, Virtue, and Community in Lib-eral Constitutionalism*（Princeton：1987）；Joyce Appleby，*Liberalism and Republicanism in the Historical Imagination*（Cambridge：Harvard University Press，1992）。

16. 或者，正如后来的历史学家更直白解释的那样，在独立革命后的美国，扩张"是尊重贪婪和道德的唯一途径，是致富积德的唯一途径"。William

Appleman Williams, *America Confronts a Revolutionary World, 1776-1976* (New York: Morrow, 1976), p. 43. See also Justin Winsor, *The Two Hundred and Fiftieth Anniversary of the Settlement of Duxbury* (Plymouth: Avery and Doten, 1887), p. 47.

17. Howe, *Making the American Self*; Wood, *Radicalism*; Hirschman, *Passions and the Interests* (Princeton: Princeton University Press, 1977).

18. 德拉诺的引语参见 *Narrative*, pp. 204, 256, 590。

/ 7 平等制度

1. 有关德拉诺参与鸦片贸易的情况，参见 DRHS, series 1, box 1, folder 1, "Amasa Delano to Samuel Delano, Jr., April 23, 1791。

2. 有关此处和下文的引语，参见 Delano, *Narrative*, pp. 200-204。

3. Lorenzo Sabine, *Biographical Sketches of Loyalists of the American Revolution*, vol. 2 (Bedford: Applewood Books, 2009), pp. 398, 430; Weston, *Hon. Seth Sprague of Duxbury*, p. 73; Winsor, *History of the Town of Duxbury*, p. 138.

4. Meghan Vaughan, *Creating the Creole Island: Slavery in Eighteenth-Century Mauritius* (Durham: Duke University Press, 2005), pp. 231-235.

5. DRHS, series 1, box 1, folder 2, "Amasa Delano to Samuel Delano, Jr., 1794."

6. Delano, *Narrative*, pp. 212, 250.

/ 8 南洋美梦

1. Delano, *Narrative*, pp. 252-253.

2. Delano, *Narrative*, p. 254.

3. DRHS, Bureau of Marine Inspection and Navigation Report, original in NARA (College Park), RG 41.

4. Lorenzo Johnston Greene, *The Negro in Colonial New England* (New York: Athenaeum, 1968), pp. 23-69; William Cahn, *A Matter of Life and Death: The Connecticut Mutual Story* (New York: Random House, 1970); "Slavery's Fellow Travelers," *New York Times*, July 13, 2000;

"How Slavery Fueled Business in the North," *New York Times*, July 24, 2000; "Slave Policies," *New York Times*, May 5, 2002; Jay Coughtry, *The Notorious Triangle: Rhode Island and the African Slave Trade, 1700– 1807* (Philadelphia: Temple University Press, 1981), pp. 92–95; Sharon Murphy, *Investing in Life: Insurance in Antebellum America* (Baltimore: Johns Hopkins University Press, 2010). 亦见于 The Slavery Era Insurance Registry Report, http://www.insurance.ca.gov/0100–consumers/0300– public–programs /0200–slavery–era–insur/slavery–era–report.cfm (accessed December 19, 2012); Ronald Bailey, "The Slave (ry) Trade and the Development of Capitalism in the United States: The Textile Industry in New England, *Social Science History* 14 (1990): 373– 414; Anne Farrow, Joel Lang, and Jennifer Frank, *Complicity: How the North Promoted, Prolonged, and Profited from Slavery* (New York: Ballantine Books, 2006); Richard Hooker, *Aetna Life Insurance Company: Its First Hundred Years* (Hartford: Aetna Life Insurance Co., 1956), pp. 14–15; Gary Simon and Cheryl Chen, "Actuarial Issues in Insurance on Slaves in the United States South," *Journal of African American History* 89 (Fall 2004): 348–357。See the review by Shaun Nichols of the conference "Slavery's Capitalism," held at Brown and Harvard Universities, H–Net Reviews. May 2011, http://www. h–net. org/reviews/showrev.php? id=33419. See also Beckert and Rockman's summation, "How Slavery Led to Modern Capitalism," Bloomberg.

5. David Brion Davis, *The Problem of Slavery in the Age of Revolution*, Davis, *Slavery and Human Progress*, New York: Oxford University, Press, 1984; Douglas Egerton, "The Empire of Liberty Reconsidered," in James Horn, Jan Ellen Lewis, and Peter Onuf, eds., *The Revolution of 1800: Democracy, Race, and the New* (Charlottesville: University of Virginia Press, 2002), p. 313, 262.

6. DRHS, Gamaliel Bradford's Diary. 布拉德福德的女儿萨拉·奥尔登·布拉德福德·里普利（Sarah Alden Bradford Ripley）是康科德早期的超验主义者，她也是老牧师宅（Old Manse）的主人，她把这所房子租给了纳撒尼

尔·霍桑和索菲娅·霍桑。布拉德福德的儿子乔治·帕特里奇·布拉德福德
（George Partridge Bradford）是拉尔夫·瓦尔多·爱默生的朋友，也是布鲁
克农场（美国马萨诸塞州的一个农场，1841～1847年曾进行过乌托邦式公社
生活的实验，正式名称为农业和教育社）的一名成员。布拉德福德本人将建
立波士顿海员道德改善协会（Society for the Moral Improvement of Seamen
in Boston），可能在19世纪10年代和20年代初与亚玛撒·德拉诺在同一个
一神教教堂做礼拜。

/ 313

7. Bernard Bailyn, *The Ideological Origins of the American Revolution*, 2nd ed
（Cambridge: Harvard University Press, 1992）, p. 232; Barry Alan Shain,
The Myth of American Individualism（Princeton: Princeton University
Press, 1994）, pp. 288-319.

8. *Patriot Ledger*, 2011 年 1 月 17 日, http://www.patriotledger.com/archive/
x2081097545/Add-Duxbury-to-the-list-of-local -towns-with-historical-
ties-to-slavery#ixzz1d1nH1SN1, 2011年11月9日访问。亦见于 *The Sessional
Papers Printed by the House of Lords*; *Correspondence with Foreign Powers
Relating to the Slave Trade*（London: William Clowes and Sons, 1842）,
pp. 183-184, for the British Royal Navy's seizure of the Duxbury brig
Douglas, bound for Bonny from Havana, on the charge of having "on board
a suspicious cargo" believed to be traded for slaves; Browne, *King Caesar of
Duxbury*, pp. 94-97, 100-105, 111-112; Elizabeth Donnan, *Documents
Illustrative of the Slave Trade to America*, vol. 3（New York: Octagon
Books, 1965）, pp. 102-8; Frederick George Kay, *The Shame-ful Trade*
（London: Muller, 1967）, p. 126。

9. "A Zombie Is A Slave Forever," *New York Times*, October 30, 2012.

10. Nathaniel Philbrick, *In the Heart of the Sea: The Tragedy at the Whaleship
Essex*（New York: Penguin, 2000）, p. xi.

11. *Moby-Dick*, p. 1246.

12. *Moby-Dick*, p. 1239.

13. Colonial Society of Massachusetts, *Publications of the Colonial Society of
Massachusetts*, vol. 7（Boston: The Society, 1905）, pp. 94-98.

14. 接下来发生的事情，参见 Delano, *Narrative*, pp. 49-53。这个男孩是"美

洲豹"号上的水手拉斯卡（lascar），这些水手被以奴役、抵押、强征或以其他方式胁迫劳作，皇家海军和孟买海军的所有船只都依赖他们。这时，"拉斯卡"已经成为对缅甸人、孟加拉人、马拉巴尔人、马来人、马尼拉人、爪哇人、中国人和其他亚洲水手的统称。这个词最初来自乌尔都语或阿拉伯语，并不完全是奴隶的意思，但它通常暗示了一些很不平等的东西。英国商船和皇家海军舰艇经常在亚洲舰艇上直接强征这些水手。英国国会的一位改革者说："可怜的拉斯卡。"英国船长"把他们视为狗或奴隶，使他们挤居在前甲板下面的水手舱，猪圈里的猪都比他们住得宽敞"。参见 Anne Bulley, *Free Mariner: John Adolphus Pope in the East Indies, 1786-1821* (London: British Association for Cemeteries in South Asia, 1992); N. B. Dennys, ed., *Notes and Queries on China and Japan*, vol. 3 (Hong Kong: C. A. Saint, 1869), p. 78; Great Britain, Parliament, *The Parliamentary Debates* (London: Reuter's Telegram Co., 1895), p. 194; Norma Myers, *Reconstructing the Black Past: Blacks in Britain, c. 1780-1830* (London: Taylor and Francis (Routledge), 1996), pp. 104-117; Anne Bulley, *The Bombay Country Ships, 1790-1833* (London: Curzon Press, 2000)。

15. Davis, *Problem of Slavery*, pp. 558-562. 关于"存在主义僵局"这个短语，参见 Alexandre Kojève, *Introduction to the Reading of Hegel*, ed. Bby Raymond Queneau (Ithaca: Cornell University Press, 1980), p. 46。参见 Davis, *Problem of Slavery* p. 561; G. W. F. Hegel, *The Philosophy of History*, trans. by John Sibree (New York: American Home Library Co., 1902), p.511。

/ 插曲　黑色永远让人感到阴郁忧伤

1. John Freeman, *Herman Melville* (New York: Macmillan, 1926), p. 61; Hugh Hetherington, ed., *Melville's Reviewers: British and American, 1846-1891* (Chapel Hill: University of North Carolina Press, 1961), p. 253.

2. Carl Van Doren, "A Note of Confession," *Nation*, December 5, 1928; Adam Hochschild, *King Leopold's Ghost: A Story of Greed, Terror, and Heroism in Colonial Africa* (New York: Houghton Mifflin, 1998), p. 3.

3. 这些观点中，许多见于 John P. Runden, ed., *Melville's Benito Cereno: A Text for Guided Research* (Boston: Heath, 1965)。亦见于 Burkholder, ed.,

Critical Essays。有关其原始资料来源，参见 Rosalie Feltenstein, "Melville's 'Benito Cereno,'" *American Literature* 19（1947）: 245-255; Arthur Vogelback, "Shake-speare and Melville's *Benito Cereno*," *Modern Language Notes* 67（1952）: 113-116; Newton Arvin, *Herman Melville*, 1950, New York: Grove, 2002, p. 240; Stanley Williams, "Follow Your Leader: Melville's *Benito Cereno*," *Virginia Quarterly* 23（Winter 1947）: 65-76; Richard Harter Fogle, *Melville's Shorter Tales*（Norman: University of Oklahoma Press, 1960）, p. 137; F. O. Matthiessen, *American Renaissance: Art and Expression in the Age of Emerson and Whitman*（New York: Oxford University Press, 1941）, p. 508; Yvor Winters, *In Defense of Reason*（Denver: Allan Swallow, 1947）, p. 222。这些认为巴波代表邪恶的许多判断产生于 20 世纪 40 年代末，也就是第二次世界大战到冷战之间的过渡时期。在这一时期，政治常常表现为形而上学。也就是说，人们理解纳粹右翼和斯大林左翼的极权主义就像理解巴波的行为一样，这些行为被认为是没有动机的，被对自由的仇恨驱使。有关《班尼托·西兰诺》的学术研究，实际上有关梅尔维尔的一般研究，都反映出这种倾向，学者们认为亚玛撒·德拉诺就像美国一样"无辜"，只是出于无奈才去对抗世界上的邪恶。一个很好的例子是理查德·蔡斯（Richard Chase）于 1950 年对赫尔曼·梅尔维尔的研究，该研究利用梅尔维尔的怀疑精神和对邪恶的洞察来批评亨利·华莱士（Henry Wallace）、进步党以及二战后新政联盟（New Deal coalition）的部分人士，他们希望重新把重点放在纠正国内经济不公问题上，而不是在国外建立遏制苏联的军队 [*Melville: A Critical Study*（New York: Macmillan, 1949）]。有关冷战政治与梅尔维尔研究的综述，参见 Clare Spark, *Hunting Captain Ahab: Psychological Warfare and the Melville Revival*（Kent: Kent State University Press, 2001。赫歇尔帕克（Hershel Parker）淡化了《班尼托·西兰诺》对种族主义的批判："梅尔维尔没有在《班尼托·西兰诺》中秘密抨击美国的奴隶制度。" Hershel Parker, Melville and Politics: A Scrutiny of the Political Milieux of Herman Melville's Life and Works（PhD dissertation, Northwestern University, 1963）, p. 222.

4. Sterling Brown, *The Negro in American Fiction*, 1937, Arno Press, 1969, p. 13. 一些学者认为这个故事有关奴隶制，但认为它支持或陷入种族假设，

参见 Sidney Kaplan, "Herman Melville and the American National Sin: The Meaning of *'Benito Cereno,'" Journal of Negro History* 57 (1957): 12-27。安德鲁·德尔班科 (Andrew Delbanco) 描述了越战后对梅尔维尔的文学批评。Andrew Delbanco, "Melville in the '80s," *American Literary History* 4 (Winter 1992): 709-725. 亦见于 Marvin Fisher, *Going Under: Melville's Short Fiction and the American 1850s* (Baton Rouge: Louisiana State University Press, 1977)。有关斯特林·布朗的影响，参见 Anthony Appiah, Henry Louis Gates, Jr., eds. *Africana: Arts and Letters: An A-Z Reference of Writers, Musicians and Artists of the African American Experience* (Philadelphia: Running Press, 2004), p. 114; "Sterling A. Brown, 87, Poet and Educator, is Dead," *New York Times*, January 17, 1989。

5. D. H. Lawrence, *Studies in Classic American Literature*, 1923, New York: Penguin, 1990, p. 153. 有关德拉诺肖像上丰满、"斜视"的"白色"的描述，参见 Max Putzel, "The Source and the Symbols of Melville's 'Benito Cereno,'" *American Literature* 34 (May 1962): 196。

6. Lewis Mumford, *Herman Melville: A Study of His Life and Vision*, New York: Harcourt, 1962 [1929]; p. 162; Percy Holmes Boynton, *More Contemporary Americans*, 1926 (Freeport: Books for Libraries Press, 1967), p. 42.

7. *Moby-Dick*, pp. 993-1001.

8. 根据 Merton M. Sealts, *Melville's Reading*, Columbia: University of South Carolina Press, p. 160, 梅尔维尔参阅了下述文本，现收藏于哈佛大学的霍顿图书馆 (Houghton Library): Edmund Burke, *A Philosophical Inquiry into the Origin of Our Ideas of the Sublime and Beautiful, with an Introductory Discourse concerning Taste, and Several Other Additions*, Philadelphia, printed for D. Johnson, Portland, by J. Watts, 1806。引文见 pp. 219, 221, 223, 227-228。

/ 9 皮货交易

1. Andrews, *Afro-Argentines*, p. 29; Archivo General de la Nación, *Acuerdos del Extinguido Cabildo de Buenos Aires*, Buenos Aires: Kraft, 1925, p. 212.

2. 关于"苏珊"号和"路易斯安那"号，参见 AGN（Buenos Aires）Sala IX "Comercio y padrones de esclavos, 1777–1808"。

3. 烙印标志的例子，参见 Olga Portuondo Zúñiga, *Entre esclvos y libres de Cuba colonial*, Santiago, Cuba: Editorial Oriente, 2003, pp. 35–43。关于法令（Decree），参见 Salmoral, *Regulación*, part 1, p. 147。有关烙印持续使用的情况，参见 Johnson, *Workshop of Revolution*, p. 38。

4. AGN（Lima）, notary record, Emeterio Andrés Valenciano, no. 72b, f. 689; AGN（Lima）, notary record, Francisco Munarris, no. 449, f. 29. 亦参见 Kris E. Lane, *Quito 1599: City and Colony in Transition*（Albuquerque: University of New Mexico Press, 2002）, p. 65; Alejandro de la Fuente, *Havana and the Atlantic in the Sixteenth Century*（Chapel Hill: University of North Carolina Press, 2008）, p. 149。

5. AGN（Buenos Aires）, notary record, registro 6, 1803（Inocencio Agrelo）, ff. 244–46; *Documentos del archivo de Belgrano*, vol. 2（Buenos Aires: Coni Hermanos, 1913）, p. 334。

6. Dirección General de Estadística, *Registro estadístico de la Provincia de Buenos Aires*, vol. 11（Buenos Aires: Dirección General de Estadística, 1867）, p. 6; Studer, *La trata*, p. 202; Federico Gualberto Garrell, *La Gduana: Su origin, su evolución*（Buenos Aires: Editorial I. A. R. A., 1967）, p. 121。

7. John Horace Parry, *The Spanish Seaborne Empire*（Berkeley: University of California Press, 1990）, p. 308. 他写道："大约在 1776 年，第一家腌制牛肉出口的大型腌制品工厂在布宜诺斯艾利斯建立。"

8. *Household Words: A Weekly Journal*, January 25, 1851.

9. 参见 Francisco de Solano, Esclavitud y derechos humanos: La lucha por la libertad del negro en el siglo XIX, ed. By Agustín Guimerá Ravina（Madrid: CSIC, 1990）, p. 629; José Pedro Barrán and Benjamín Nahum, *Historia rural del Uruguay moderno: 1851–1885*, 2 vols（Montevideo: Ediciones de la Banda Oriental, 1967）; Alex Borucki, Karla Chagas, and Natalia Stalla, *Esclavitud y trabajo: Un estudio sobre los afrodescendientes en la frontera uruguaya（1835–1855）*（Montevideo: Pulmón Ediciones, 2004）, pp. 18-

/ 316

22; Andrews, *Afro-Argentines*, p. 31; Alfredo Montoya, *Historia de los saladeros argentinos* (Buenos Aires: Editorial Raigal, 1956), p. 22。有关奴隶制如何刺激拉普拉塔河流域肉类腌制业发展的第一手描述，参考贩奴商何塞·拉蒙·米尔兰·德·拉·罗卡（José Ramón Milá de la Roca）的长篇证词，他自称"完善"了腌制过程；AGI (Seville), Buenos Aires, 483 ("Testimonio de Ramón Milá de la Roca," May 29, 1807)。

10. Jonathan Brown, *A Brief History of Argentina* (New York: Facts on File, 2003), p.111.

11. Benjamín Vicuña Mackenna, *La Argentina en el año 1855* (Buenos Aires: Americana, 1936), p. 131.

12. Lin Widmann, *Twigs of a Tree: A Family Tale* (Bloomington: AuthorHouse, 2012), p.79.

13. AGI, Buenos Aires, 588, Expedientes de Consulados y Comercio, 1804–06 ("Carta del virrey del Río de la Plata a su Majestad"); AGI, Gobierno, Indife-rente 2826, ff. 776–89; Lucía Sala de Tourón, Nelson de la Torre, and Julio C. Rodríguez, *Estructura económico- social de la colonia* (Montevideo: Ediciones Pueblos Unidos, 1967), p. 30. See the "slavery collection" of the New York Historical Society for Rhode Island slavers doing such business: letter from Thomas White to Messrs. Gardner and Dean, March 17, 1806, series II: Gardner and Dean; letter from Samuel Chase to Messrs. Vernon and Gardner, August 4, 1798, series I: Samuel and William Vernon; unsigned, undated account record of trade, Slavery Collection, [1798?], series I: Samuel and William Vernon; Messrs. Vernon Gardner & Co. owners of ship *Ascensión* in account current with Samuel Chace, November 17, 1798, series I: Samuel and William Vernon; and Account of Sales of the *Ascensión*'s Cargo of Slaves…, March 24, 1798, series I: Samuel and William Vernon.

14. 有关罗卡作为贩奴商的失败，参见 AGI (Seville), Buenos Aires, 483, "Testimonio José Ramón Milá de la Roca"; Arturo Ariel Bentancur, *El Puerto Colonial de Montevideo: Guerras y apertura comercial* (Montevideo: Universidad de la Republica, 1997), pp. 255–260。有关罗密欧的成功，

参见 AGI（Seville），Buenos Aires，592，"Expedientos sobre permiso para la introducción de negros，1798-1805"；AGN（Buenos Aires），División Colonia，Sección Gobierno，Tribu-nales，legajo 94，expediente 17，IX-36-7-3（"Autos sobre la participación de Tomás Antonio Romero en el contrabando"）；*La revista de Buenos Aires* 18（1869）：177；AGI（Seville），Gobierno，Indiferente 2826，ff. 369-423；AGN（Buenos Aires），Navíos，Topografía，10-4-7（"Valor de los frutos extraídas de cuenta de don Tomás Antonio Romero como producto de esclavatura"）；Borucki，"Slave Trade，" p. 99；Jeremy Adelman，*Republic of Capital: Buenos Aires and the Legal Transformation of the Atlantic World*（Stanford：Stanford University Press，1999），pp. 44，74；Eduardo R. Saguier，*Genealogía de la Tragedia Argentina（1600-1900）*，vol. 1，"La cultura como espacio de lucha，" available at http://www.er-saguier.org/obras/gta/indice.php accessed July 26，2011；Germán O. E. Tjarks，*El Consulado de Buenos Aires y sus proyecciones en la historia del Río de la Plata*，vol. 2（Buenos Aires：Universidad de Buenos Aires，Facultad de Filosofía y Letras，1962），p. 569；Susan Migden Socolow，*The Bureaucrats of Buenos Aires，1769-1810: Amor al Real Servicio*（Durham：Duke University Press，1987），pp. 236-241；Sigfrido Augusto Radaelli，*Memorias de los Virreyes del Río de la Plata*（Buenos Aires：Editorial Bajel，1945），p. 393；Studer，*La trata*，p. 288；AGI（Seville），Buenos Aires，592，1798（"Testimonio de expediente promovido por Don Tomás Antonio Romero"）；Berenice Jacobs，"The *Mary Ann*，an Illicit Adventure，" *Hispanic American Historical Review* 37（May 1957）：200-212；John Brown Carter Library，Brown and Ives Papers，Sub-Series L：Schooner *Eliza*，and Sub-Series FF：Ship *Mary Ann*. For shortage of currency，see David Rock，*Argentina，1516-1987*（Berkeley：University of California Press，1985），p. 71。

15. 有关阿兰达的债务及其对门多萨商会的参与，参见 Saguier，*Genealogía de la Tragedia Argentina*，especially vol. 2，"Derrumbe del orden imperial-absolutista y crisis del estado colonial（Río de la Plata-siglo XVIII），" and appendix B-XI. For Aranda's previous slave purchases，see the document

dated April 18, 1801, in AGN (Buenos Aires) Sala IX "Comercio y padrones de esclavos, 1777–1808" 。

/ 10 沦落之人

1. Jean de Milleret, *Entrevistas con Jorge Luis Borges* (Caracas: Monte Avila Editores, 1971), p. 27. For the Llavallol family, see *Obras completas de Sarmiento*, vol. 42 (Buenos Aires: Luz del Día), p. 15; Stelio Cro, *Jorge Luis Borges: Poeta, saggista e narratore* (Milan: Mursia, 1971), p. 246; Jorge Luis Borges and Fernando Mateo, *El otro Borges: Entrevistas (1960–1986)* (Buenos Aires: Equis Editores, 1997), p. 98; Roberto Alifano, *Diálogos esenciales con Jorge Luis Borges*, vol. 3 (Buenos Aires: Alloni/Proa, 2007), p. 63.

2. 有关阿兰达兄弟俩的信息，参见以下文件：In the AA (Mendoza): Libro de bautismo (matriz), no. 6, f. 272; Libro defunciones (matriz), no. 3A, f. 215; Libro matrimonios (matriz), no. 4, ff. 133–133v; Censo Parroquial (April 1, 1802). In the AGP (Mendoza), the notary records of Francisco de Videla, no. 89, ff. 81–86v ("Testamento de Manuel Fernández de Aranda"); José de Porto y Mariño, February 14, 1800; and Santiago Garnay, 41v. In the same archive, see also Libro Mayor, Real Caja de Mendoza, folders 37, 39, 40. For the political importance of Aranda's stepfather, José Clemente Benegas, see *Revista del Instituto de Historia del Derecho* 9 (1958): 101–104; Damián Hud-son, *Recuerdos históricos sobre la provincia de Cuyo: 1824–1851*, vol. 2 (Buenos Aires: Alsina, 1898); Jorge Comadrán Ruiz, *Los Subdelegados de Real Haci-enda y Guerra de Mendoza (1784–1810)* (Mendoza: Universidad, 1959)。贝内加斯负责门多萨的税收工作，而阿兰达则负责将 "考验" 号上的奴隶转移到镇上。参见 AGP (Mendoza), folder 86, document 64。有关阿兰达未来的岳父伊西多尔·马萨 (Isidro Sáinz de la Maza) 的 "贵族" 地位，参见 see Leoncio Gianello, *Historia del Congreso de Tucumán* (Buenos Aires: Academia Nacional de la Historia, 1966)。

3. Julian Mellet, *Viajes pro el interior de la América Meridional, 1808–1820* (Santiago: Editorial del Pacifico, 1959).

4. AGP（Mendoza），folder 74，document 29（"listas militares"）；AGN（Buenos Aires），Licencias y Pasaportes，libro 6，f. 198（"Pide permiso para regresar a Men-doza"）；AGN（Buenos Aires），Criminales，legajo 50，expediente 5（"El alcalde ordinario de la ciudad de Mendoza，Juan de la Cruz Vargas，sobre haberse ausen-tado ésta y otras personas hacia Chile，sin el correspondiente permiso de ese juzgado"）；AGN（Buenos Aires），Despachos Militares y Cédulas de Premio，libro 2，f. 85（"Nicolás Aranda es nombrado alférez del Regimiento de voluntarios de caballería de Mendoza"）.

5. 有关玛利亚·卡门的出生，参见 AA（Mendoza），Libro de bautismos（matriz），no. 8，f. 23；有关她和阿兰达的婚姻，参见 AA（Mendoza），Libro de matrimonios（matriz），no. 4，ff. 113–13v。

6. 有关普埃布拉（Puebla）的葡萄园，参见 Pablo Lacoste，*La mujer y el vino: Emociones, vida privada, emancipación económica*（*entre el reino de Chile y el virreinato del Río de La Plata, 1561–1810*）（Mendoza: Caviar Bleu，2008）；Pablo Lacoste，"Viticultura y movilidad social: Provincia de Cuyo，Reino de Chile，siglo XVIII，" *Colonial Latin American Historical Review* 13（2004）: 230。

7. AA（Mendoza），Libro de bautismos，no. 11，f. 174.

8. José Mariluz Urquijo，"El horizonte femenino porteño de mediados del setecien-tos，" *Investigaciones y ensayos* 36（July–December 1987）: 83；AA（Mendoza），Libro de matrimonios（matriz），no. 11，f. 9v；AGP（Mendoza），Censo parroquial 1777，folder 28，document 2.

9. Pablo Lacoste，"El arriero y el transporte terrestre en el Cono Sur（Mendoza，1780–1800），" *Revista de Indias* 68（2008）: 35–68.

10. Luis César Caballero，*Los negros esclavos en Mendoza, algunas genealogías*（Mendoza: Cuadernos de Genealogía，2010），p. 233.

11. Gesualdo，"Los negros"；Mansilla，*Mis memorias*，p. 133.

/ 11 跨越草原

1. Mellet，*Viajes*；Concolorcorvo，*El lazarillo de ciegos caminantes desde Buenos Aires hasta Lima, 1773*（Buenos Aires: Compañía Sud-Americana de Billetes de Banco，1908）；D. J. Robinson，"Trade and Trading Links

in Western Argentina during the Viceroyality," *Geographical Journal* 135
(1970): 24– 41; Alonso de Ovalle, *Histórica relación del Reino de Chile y
de la misiones y ministerios que ejercita en él la Compañía de Jesús*, Santiago:
Instituto de Literatura Chilena, 1969.

2. Robert Proctor, *Narrative of a Journey across the Cordillera of the Andes*
(London: Constable and Co., 1825), p.7; Max Wolffsohn, "Across the
Cordillera, from Chili to Buenos Ayres," *Gentleman's Magazine* 268
(1890): 589; Charles Samuel Stewart, *Brazil and La Plata: The Personal
Record of a Cruise*, New York: Putnam, 1856, p. 325. 关于早期的贩奴大篷
车队，参见 Gesualdo, "Los negros," p. 28。

3. Victoria Ocampo, *338171 T. E. Lawrence of Arabia* (Buenos Aires:
Editoriales Sur, 1942), p. 12; David Garnett, ed., *The Letters of T. E.
Lawrence* (Garden City: Doubleday, Doran, 1939), p. 56.

4. Proctor, *Narrative of a Journey*, p. 17.

5. "Sheep Husbandry in South America," *Cultivator and Country Gentleman*,
May 3, 1866.

6. Edmund Burke, *A Philosophical Inquiry into the Origin of Our Ideas of the
Sublime and Beautiful, with an Introductory Discourse concerning Taste,
and Several Other Additions* (Philadelphia: J. Watts, 1806), p. 81, 140;
Corey Robin, *The Reactionary Mind* (New York: Oxford University Press,
2011), pp. 147–148.

/ 12 足底钻石

1. Reginaldo de Lizárraga, *Descripción breve de toda la tierra del Perú, Tucumán,
Río de la Plata y Chile* (Madrid: Ediciones Atlas, 1968), p. 375.

2. Ricardo Rodríguez Molas, *Los sometidos de la conquista: Argentina,
Bolivia, Paraguay* (Buenos Aires: Bibliotecas Universitarias, 1985), pp.
200, 254.

3. AGP (Mendoza), notary record, Juan de Herrera, no. 5, March 24, 1601, ff.
96–98v; Caballero, *Los negros esclavos en Mendoza* (Mendoza, 2010), p. 20.

4. Rolando Mellafe, *La introducción de la esclavitud negra en Chile: Trafico y rutas* (Santiago: Universidad de Chile, 1959), pp. 250–251; Vial Correa, *El Africano en el Reino de Chile*, pp. 85–86. 有关后来这条陆上奴隶运输路线的捐税问题，参见 ANC (Santiago), Contaduría Mayor, 2nd ser., vol. 645 ("Alcabala entrada por cordillera esclavos 1777"), and vol. 812 ("Almojarifazgo, 1778")。1803 年和 1804 年，从瓦尔帕莱索运往利马的来自安第斯山脉的货物，包括奴隶在内，参见 ANC (Santiago), Contaduría Mayor, 1st ser., vols. 1881–1991 and 1992–1999。

5. ANC (Santiago), Contaduría Mayor, 1998; Pedro Santos Martínez, *Las comunicaciones entre el Virreinato del Río de la Plata y Chile por Uspallata (1776–1810)* (Santiago: Universidad Católica, 1963).

6. Edward Arthur Fitzgerald et al., *The Highest Andes: A Record of the First Ascent of Aconcagua and Tupungato in Argentina, and the Exploration of the Surrounding Valleys* (London: Methuen, 1899), pp. 173–174; Peter Schmidtmeyer, *Travels into Chile, over the Andes, in the Years 1820 and 1821* (London: Longman, 1824), p. 315.

7. "José Espinoza y Felipe Bauza Vieje de Santiago a Mendoza," in *La Expedición Malaspina en la frontera del imperio español*, ed.by Rafael Sagrado Baeza and José Ignacio González Leiva (Santiago: Editorial Universitaria, 2004), pp. 875–883; Jerónimo de Vivar, *Crónica y relación copiosa y verdadera de los reinos de Chile* (Santiago: Colloquium Verlag, 1979), p. 187.

8. 引文来自梅尔维尔查阅过的版本，Darwin's *Journal of Researches into the Natural History and Geology of the Countries Visited during the Voyage of H.M.S. Beagle round the World, under the Command of Capt. Fitz Roy, R.N.*, 2 vols, vol.2 (New York: Harper and Brothers, 1846), pp.76–77。

9. Concolorcorvo, *El lazarillo de ciegos caminantes*, p. 150; Francisco Le Dantec, *Cronicas del viejo Valparaíso* (Valparaíso: Ediciones Universitarias, 1984), pp. 68–72; Vial Correa, *El Africano en el Reino de Chile*, p. 90.

/ 320

1. *Moby-Dick*, pp. 1233-1237.
2. Sandra A. Zagarell. "Reenvisioning America: Melville's 'Benito Cereno'" in Burkholder, ed., *Critical Essays*, p. 58.
3. 1847 年，梅尔维尔购买了一本查尔斯·达尔文著的《比格尔号航海日记》（发表于 *Journal of Researches*）。参见 Sealts, *Melville's Reading*, p. 171; 本章引用的段落见 vol. 2, p. 86。关于"洛特的妻子"，参见 *More Letters of Charles Darwin: A Record of His Work in a Series of Hitherto Unpublished Letters*, vol. 1 (New York: Appleton, 1903), p. 23 (April 18, 1835)。

/ 13 屠杀海豹

1. Richard Ellis, *The Empty Ocean: Plundering the World's Marine Life* (Washington, D.C.: Island Press, 2003), p. 155.
2. Robert McNab, *Murihiku and the Southern Islands: A History of the West Coast Sounds, Foveaux Strait, Stewart Island, the Snares, Bounty, Antipodes, Auckland, Campbell and Macquarie Islands, from 1770 to 1829* (Invercargill: W. Smith, 1907), p. 221.
3. James Kirker, *Adventures to China: Americans in the Southern Oceans, 1792-1812* (New York: Oxford University Press, 1970), p. 78.
4. John Byron et al., *An Account of the Voyages Undertaken by the Order of His Present Majesty for Making Discoveries in the Southern Hemisphere* (London: W. Strahan, 1785), p. 44.
5. Kirker, *Adventures to China*, p. 73.
6. Edward Cooke, *A Voyage to the South Sea and around the World in the Years 1708 to 1711, 1712* (New York: Da Capo Press, 1969); Woodes Rogers, *A Cruising Voyage round the World: First to the South-Seas* (London: A. Bell and B. Lintot, 1712).
7. Augustus Earle, *A Narrative of a Nine Months' Residence in New Zealand in 1827: Together with a Journal of a Residence in Tristan D' Acunha, an*

Island Situated between South America and the Cape of Good Hope (London: Longman, 1832) , p.344.

8. Samuel Johnson et al., *The World Displayed; or, A Curious Collection of Voyages and Travels, Selected from the Writers of All Nations*, vol. 8 (London: J. Newbery, 1760) , p. 39; William Dowling, *A Popular Natural History of Quadrupeds and Birds* (London: James Burns, 1849) , pp. 103–104.

9. Robert K. Headland, *The Island of South Georgia* (Victoria: Cambridge University Press, 1992) , p. 52.

10. Delano, *Narrative*, p. 306.

11. George Little, *Life on the Ocean; or, Twenty Years at Sea* (Boston: Waite, Peirce, 1844) , pp. 106–107.

12. George Staunton, *An Authentic Account of an Embassy from the King of Great Britain to the Emperor of China: Including Cursory Observations Made, and Information Obtained in Travelling through That Ancient Empire, and a Small Part of Chinese Tartary* (London: G. Nicol, 1797) , p. 236.

13. William Jardine, *The Naturalist's Library*, vol. 8 (Edinburgh: W. H. Lizars, 1839) , p.222; Richard Phillips, *A Million of Facts, of Correct Data, and Elementary Constants in the Entire Circle of the Sciences and on All Subjects of Speculation and Practice* (London: Darton and Clark, 1840) , pp. 172–173; *Gentleman's Maga–zine, and Historical Chronicle* 83 (1813) : 339.

14. Antoine–Joseph Pernety, *The History of a Voyage to the Malouine (or Falkland) Islands: Made in 1763 and 1764, under the Command of M. de Bougainville* (London: T. Jefferys, 1771) , p. 203.

15. *Papers of the New Haven Colony Historical Society* 3 (1882) : 148.

16. Edmund Fanning, *Voyages round the World: With Selected Sketches* (New York: Collins and Hamay, 1833) , p. 26.

17. "Narrative of a Sealing and Trading Voyage in the Ship *Huron*, from New Haven, around the World, September, 1802, to October, 1806, by Joel

Root, the Supercargo," *Papers of the New Haven Colony Historical Society*
5 (1894) : 160.

18. William Moulton, *A Concise Extract, from the Sea Journal of William Moulton* (Utica: n.p., 1804) , p. 62.

19. *The Voyage of the Neptune: 1796-1799*, exhibit pamphlet, New Haven Colony Historical Society, October 1996-June 1997; Edouard Stackpole, *The Sea-Hunters: The New England Whalemen during Two Centuries, 1635-1835* (New York: J. B. Lippincott, 1953) , p. 192; Diary of David Forbes, New Haven Colony Historical Society, MSS 22, box 1, folder L; Francis Bacon Trowbridge, *The Trow-bridge Genealogy: History of the Trowbridge Family in America* (New Haven: n.p., 1908) , p. 76.

20. "Letters of Sullivan Dorr," *Proceedings of the Massachusetts Historical Society* 67 (October 1941-May 1944) : 297-302.

21. Kirker, *Adventures to China*, p. 70.

22. Richard J. Cleveland, *Voyages and Commercial Enterprises, of the Sons of New England* (New York: Leavitt and Allen, 1857) , p. 9; Briton Cooper Busch, *The War against the Seals: A History of the North American Seal Fishery* (Montreal: McGill-Queen' s University Press, 1985) , p. 36.

/ 14　被摒弃者

1. *Moby-Dick*, p. 916.

2. Kirker, *Adventures to China*, p. 70.

3. Stackpole, *Sea-Hunters*, p. 192.

4. Kirker, *Adventures to China*, p. 77; Diary of David Forbes, May 2 and May 4, 1799.

5. Diary of David Forbes, April 13, 1799.

6. Rediker, *Between the Devil*, p. 218.

7. Samuel Eliot Morison, *Maritime History of Massachusetts, 1783-1860* (Boston: Houghton Mifflin, 1921) , pp. 319-24.

8. Kirker, *Adventures to China*, p. 75; Eugenio Pereira Salas, *Los primeros contactos entre Chile y los Estados Unidos, 1778-1809* (Santiago: Editorial

Andrés Bello, 1971）, pp. 146-147；ANC（Santiago）, Capitanía General,
vol. 375（"Caso de la Venta del Bergantín Mentor," June 14, 1804）；
"Letters of Sullivan Dorr," *Proceedings*, p. 352. 有关罢工，参见 *Economic Review* 5（April 1895）: 216；亦见于 *Between the Devil*, p. 205。

9. Tim Severin, *In Search of Robinson Crusoe*, New York: Basic, 2002, p. 52. 在这起事件中，南希船长是谁还不太确定，大多数记录认为是来自波士顿或新伦敦的克罗克。但是，俄国捕猎海豹者认为是一名叫亚当斯的船长，Glynn Barratt, *Russia and the South Pacific, 1696-1840: Southern and Eastern Polynesia*, vol. 2（Vancouver: University of British Columbia Press, 1988）, p. 244。理查德·克利夫兰（Richard Cleveland）指出，该人的身份是"H船长"，Richard Cleveland, *Voyages and Commercial Enterprises*, p. 212。日期也有出入，有人说事件发生在 1805 年，也有人说发生在 1808 年。引文参见 Otto von Kotzebue, *A Voyage of Discovery, into the South Sea and Beering's Straits*, vol. 1（London: Spottiswoode, 1821）, p. 143。

10. Ralph Paine, *The Ships and Sailors of Old Salem: The Record of a Brilliant Era of American Achievement*（New York: Outing Publishing Co., 1908）, pp.323-324.

11. "Letters of Sullivan Dorr," p. 361.

12. "Letters of Sullivan Dorr," p. 352.

13. "The Voyage of the Neptune," *Papers of the New Haven Colony Historical Society* 4（1888）: 48.

/ 15 暴政虐刑

1. Moulton, *Concise Extract*, 1804.

2. Rediker, *Between the Devil*, pp. 208, 218；Falconbridge, *Account*, p.39.

3. *Niles' Weekly Register* 48（1835）: 67；Cyrene M. Clark, *Glances at Life Upon the Sea, or Journal of a Voyage to the Antarctic Ocean: In the Brig Parana, of Sag Harbor, L.I., in the Years '53 '54; Description of Sea-Elephant Hunting among the Icy Islands of South Shetland, Capture of Whales, Scenery in the Polar Regions, &c.*（Middletown: Charles H. Pelton, 1855）, p.49.

4. Delano, *Narrative*, p.291.

5. "Narrative of a Sealing and Trading Voyage in the Ship *Huron*," p.163; Busch, *War against the Seals*, pp.15–16. Nantucket Historical Association, Ships Logs Collection, *Topaz*.

/ 16 奴隶等级

1. Anna Davis Hallowell, *James and Lucretia Mott: Life and Letters* (Boston: Houghton Mifflin, 1881), p. 32; Otelia Cromwell, *Lucretia Mott* (New York: Russell and Russell, 1958), p. 9. For the *Tryal*, 参见 NARA (College Park), RG 76, Spain, Disallowed Claims, vol. 55, *Trial or Tryal*; ANC (Santiago), Capitanía General, vols. 789 and 908; 亦参见 ANC (Santiago), notary records, José María Sánchez, Valparaíso, May 18, 1802, and Escribanos de Valparaíso, vol. 24, April 29, 1802, and December 16, 1803。有关 1709 年从太平洋岛屿对西班牙商船发动的一系列私掠袭击的第一手资料，包括两艘从巴拿马开往利马、载有 50 名非洲奴隶的船只，参见 Rogers, *Cruising Voyage*, pp. 140–180。Carol Faulkner, *Lucretica Motts' Heresy: Abolition and Women's Rights in Nineteenth Century America*(Philadelphia: University of Pennsylvania Press, 2011), p. 22.

2. Peabody Essex Museum, 1800 Mashpee Census, miscellaneous bound documents, MSS 48, box 2, folder 16 ("李维·麦尔，纽波特的一个混血儿子，有一个人口众多的大家庭，第一个妻子是纯血统的，生下好几个孩子，第二个妻子有部分黑人血统，有两三个孩子")。

3. Jack Campisi, *The Mashpee Indians: Tribe on Trial* (Syracuse: Syracuse University Press, 1991), p. 88; Peabody Essex Museum, 1800 Mashpee Census. 有关殖民之前的传染病，以及在此期间新英格兰原住民更详尽的历史学讨论，参见 Nathaniel Philbrick, *Mayflower: A Story of Courage, Community, and War* (New York: Penguin, 2006), pp. 48–49; 372–373。

4. Jean Hankins, "Solomon Briant and Joseph Johnson: Indian Teachers and Preachers in Colonial New England," *Connecticut History* 33 (1992): 49; Mark Nicholas, "Mashpee Wampanoags of Cape Cod, the Whalefishery, and Seafaring's Impact on Community Development," *American Indian*

Quarterly 26（2002）：165-97. 关于阿摩司·哈斯金斯，参见 Daniel Vickers，"Nantucket Whalemen in the Deep-Sea Fishery: The Changing Anatomy of an Early American Labor Force," *Journal of American History* 72（1985）：277-296。

5. "Stephen Hall and Another versus Paul Gardner, Jun., & al.," October term，1804, *Reports of Cases Argued and Determined in the Supreme Judicial Court of the Commonwealth of Massachusetts*, vol. 1（Boston: Little，Brown, 1851）, pp. 172-180.

6. James D. Schmidt, "'Restless Movements Characteristic of Childhood': The Legal Construction of Child Labor in Nineteenth-Century Massachusetts," *Law and History Review* 23（Summer 2005）：323. 关于"无限制派遣许可"，即主人将其学徒派遣到任何地方的权利，参见 the case Commonwealth v. Edwards（which cites Hall et al. v. Gardner et al.）in Penn-sylvania Supreme Court, *Reports of Cases...1754-1845*, vol. 6（Philadelphia: Kay and Brothers, 1891）, p. 204。霍尔等人诉加德纳等人案后来在北方及南方诸州（包括夏威夷州）的至少 19 个案件中被援引或提及，Weeks v. Holmes（Mass. 1853）；Randall v. Rotch（Mass. 1831）；Coffin v. Bassett（Mass. 1824）；Mason v. Waite（Mass. 1823）；Davis v. Coburn（Mass. 1811）；Brooks v. Byam（Mass. 1843）；J. Nott & Co. v. Kanahele（Hawaii King. Jul Term 1877）；In re Gip Ah Chan（Hawaii King. Aug Term 1870）；W. B. Conkey Co. v. Gold-man（Ill. App. 1 Dist. Dec 04, 1905）；Vickere v. Pierce（Me. 1835）；Futrell v. Vann（N.C. Jun Term 1848）；Dyer v. Hunt（N.H. 1831）；Overseers of Town of Guilderland v. Overseers of Town of Knox（N.Y. Sup. 1826）；Commonwealth v. Edwards（Pa. 1813）；Lobdell v. Allen（Mass. Oct Term 1857）；Lord v. Pierce（Me. 1851）；and Gill v. Ferris（Mo. Apr Term 1884）。感谢纽约大学法学院图书馆藏书服务处副主任罗恩·布朗（Ron Brown）提供了这些援引案例。声称奴隶是真正的契约仆人是从奴隶州搬到自由州的奴隶主保持其财产的一种方式。上述联邦诉爱德华兹案（Commonwealth v. Edwards）援引了霍尔等人诉加德纳等人案，帮助限制那种做法。参见 Paul Finkelman, *An Imperfect Union: Slavery, Feder-alism, and Comity*（Clark: Lawbook Exchange, 2000）, p. 58。

7. *Decisions at Chambers by Single Justices of the Supreme Court of the Hawaiian Islands* (Honolulu: Hawaiian Gazette Co., 1889), pp. 25–41.

8. 尽管失去了亲人，科菲仍然热情地为西裔美州人辩护，并教给女儿卢克丽霞许多西班牙语短语，她后来成为著名的废奴主义者和女权主义者。参见 Faulkner, *Lucrecia Mott's Heresy*。

9. AGN (Lima), notary records, Vicente de Aizcorbe, no. 72; 1802–3, ff. 642v–44.

/ 插曲 大快朵颐

1. In *Billy Budd and Other Stories*, pp. 73, 78–79.

/ 17 万能之夜

1. Evelyn Underhill, *Mysticism: A Study in the Nature and Development of Man's Spiritual Consciousness* (London: Jack Books, 1980), pp. 81, 86; Reynold Alleyne Nicholson, *The Mystics of Islam*, London: George Bell, 1914, p. 20; Samar Attar, *Debunking the Myths of Colonization: The Arabs and Europe* (Lanham: University Press of America, 2010), p. 62; Cheikh Anta Mbacké Babou, *Fighting the Greater Jihad: Amadu Bamba and the Founding of the Muridiyya of Senegal, 1853–1913* (Athens: Ohio University Press, 2007); Nile Green, *Sufism: A Global History* (Hoboken: John Wiley, 2012); E. E. Evans-Pritchard, *Witchcraft, Oracles and Magic among the Azande* (London: Oxford University Press), 1937, p. 2.

2. Ousman Murzik Kobo, *Unveiling Modernity in Twentieth-Century West African Islamic Reforms* (Leiden: Brill, 2012), p. 134; Lansiné Kapa, *The Wahhabiyya: Islamic Reform and Politics in French West Africa* (Evanston: Northwestern Uni-versity Press, 1974), p. 49.

3. 《古兰经》只有一个阿拉伯文版本，但有许多英文版本。我用了阿卜杜拉·阿里（Abdullah Yusuf Ali）翻译的版本，*The Qur'an: Text, Translation and Commentary* (Singapore: Muslim Converts' Association, 1946)。对于叛乱是发生在 1804 年 12 月 27 日凌晨还是 12 月 28 日凌晨，法庭记录不一。同

样，德拉诺记录的叛乱日期和西兰诺记录的日期也有两天的误差。但吉庆夜可能会是斋月最后十几天；1804 年 12 月 28 日在伊斯兰教历中是 1219 年斋月 25 日。和 1835 年"巴伊亚"号上的奴隶起义的比较，参见 Reis, *Slave Rebellion*, pp. 118-119。港口和税务文件给出了 1804 年"考验"号的航线，参见 ANC (Santiago), Contaduría Mayor, 1st ser., vols. 1993, 1998, 2335, 2338, and 2339；7 月，从利马至瓦尔帕莱索和南部港口；9 月，从瓦尔帕莱索前往利马，除其他货物外，还载有两名未具名的非洲男奴和女奴，从布宜诺斯艾利斯经陆路运到利马出售；10 月 3 日，从利马至南部港口，包括康塞普西翁；11 月 20 日，从康塞普西翁返回北方港口，运送小麦、猪油、柏木和松板、瓶装和桶装酒、黄油、奶酪、牛至、松子、鸡、饼干；12 月 2 日，抵达瓦尔帕莱索。有关 19 世纪初旅行者的描述，参见 Schmidtmeyer, *Travels into Chile*, p. 208。

4. W. Jeffrey Bolster, *Black Tars: African American Seamen in the Age of Sail* (Cambridge: Harvard University Press, 1998).

5. Concolorcorva, *El lazarillo*, pp. 250-251.

6. 卡拉尼亚斯的西兰诺有关的信息，参见 AMC (Calañas, Spain) 下列信息：legajo 252 (assorted resolutions 1827-94); legajos 202-3 (militia lists, 1771-1830); legajo 559 (asset holders, A-L); legajo 560 (ecclesiastical and other holdings); legajo 561 (tax lists covering years 1760-1850); legajo 562 (the *Unica Contribución* tax of 1771); legajo 1134 (sundry records of estate partitions and inheritance distribution); legajos 1129-30 (estate partitions and inheritance distribution, 1762-72); legajos 1092-95; 1099-1100 (notary records, 1757-1804). 亦参见 Antonio Ramírez Borrero, *Calañas en la segunda mitad del s. XVIII*, Huelva: Diputación Provincial, 1995; José de la Puente, *Historia marítima del Perú: La independencia de 1790-1826*, part 5, vol. 2, Lima: Editorial Ausonis, 1972, p. 168。有关西兰诺对其秘鲁债权人持续负债的情况，参见 AGN (Lima), notary record, Francisco Munárriz, no. 453, f. 432 ("Obligación a Don Juan Ignacio Rotalde")。西兰诺的表兄弟拉蒙·马奎斯 (Ramón Marques) 也参与了"考验"号的筹资活动，参见 AGN (Lima), notary record, Vicente de Aizcorbe, no. 72, ff. 642v-644r。有关西兰诺表兄弟对他的协助，参见 AGN (Lima), notary record, José

Escudero de Sicilia, no. 214, ff. 980r–981v and 1048r–1049r。马奎斯死后，西兰诺充当其女儿的监护人，参见 AGN（Lima），notary record, Francisco Munárriz, no. 453, f. 428r。

7. Henriette Lucie Dillon La Tour du Pin Gouvernet, *Journal d'une femme de cinquante ans*, vol. 2（Paris: Chapelot, 1912）, p. 18; Alice Kenney, *The Gansevoorts of Albany: Dutch Patricians in the Upper Hudson Valley*（Syracuse: Syracuse University Press, 1969）, pp.80–107.; *Albany Gazette*, November 25, 1793, reprinted in the *New-York Daily Gazette*, November 25, 1793; "Examination of Bet Negro Female Slave of Philip S. Van Rensselaer, Esquire," New York State Library, Manuscripts and Special Collections; *Albany Chronicles: A History of the City Arranged Chronologically, from the Earliest Settlement to the Present Time; Illustrated with Many Historical Pictures of Rarity and Reproductions of the Robert C. Pruyn Collection of the Mayors of Albany*（Albany: J. B. Lyon, 1906）, p.384.

8. Cristina Soriano, *Rumors of Change: Repercussions of Caribbean Turmoil and Social Conflicts in Venezuela（1790–1810）*（PhD dissertation, New York University, 2011）, p. 151.

9. Ada Ferrer, "Haiti, Free Soil, and Antislavery in the Revolutionary Atlantic," *American Historical Review* 117（2012）: 40–66.

10. *Letters on West Africa and the Slave Trade: Paul Erdmann Isert's Journey to Guinea and the Carib bean Islands in Columbia（1788）*, trans. and ed. By Selena Axelrod Winsnes（Oxford: Oxford University Press, 1992）, p. 180.

11. 我要感谢詹妮弗·洛夫克兰茨（Jennifer Lofkrantz），她在一次个人交流中提供了关于西非奴隶制和伊斯兰法的信息。

/ 18 "圣胡安"号的故事

1. María Luisa Laviana Cuetos, *Guayaquil en el siglo XVIII: Recursos naturales y desarrollo económico*（Seville: CSIC, 1987）, p. 292. 关于瓜亚基尔造船厂中自由和被奴役的有色人，参见 Lawrence Clayton, *Caulkers and Carpenters in a New World: The Shipyards of Colonial Guayaquil*（Athens: Center for

International Studies, Ohio University, 1980）. "圣胡安·内波穆塞诺"号上的西非人可能是乘坐下列两艘船之一抵达蒙得维的亚的，可能是载有 91 名奴隶的 "彩虹号" (Rainbow)，于 1800 年 8 月抵达 [AGN-A, Sala IX, 18-8-11；感谢亚历克斯·博鲁茨基（Alex Borucki）提供引文]，也可能是蒙得维的亚商人何塞·拉蒙·米尔兰·德·拉·罗卡（José Ramón Milá de la Roca）拥有的 "阿斯塔加拉加"号（Astigarraga），德·拉·罗卡于 1800 年 6 月 15 日携带 58 名塞内加尔人来到蒙得维的亚。参见 AGI (Seville), Buenos Aires, 483 ("Testimonio de Ramón Milá de la Roca," May 29, 1807), f. 11. 有关 "圣胡安·内波穆塞诺"号的货物及其别名 "上帝的祝福"，参见 the "Derechos de Alcaldía" and "Derechos de Almojarifazgo" documents in AGN (Buenos Aires), Sala XIII, 39-9-3, Aduana Montevideo, for the months September through November 1800。关于罗塔尔德，参见 Patricia Marks, *Deconstructing Legitimacy: Viceroys, Merchants, and the Military in Late Colonial Peru* (University Park: Penn State University Press, 2007), p. 32. 关于奥亚戈，参见 Ronald Escobedo Mansilla, Ana de Zaballa Beascoechea, and Óscar Álvarez Gila, eds., *Comerciantes, mineros y nautas: Los vascos en la economía americana* (Bilbao: Servicio Editorial, Universidad del País Vasco, 1996), p. 86。

2. *Telégrafo Mercantil*, December 16, 1801. 法国殖民档案馆收藏了与此次起义有关的 9 份文件，时间是 1816 年，当时这艘船的秘鲁船主利用拿破仑倒台（还有 "波旁王朝复辟，西班牙和法国君主之间的古老关系得以恢复"）来弥补其损失。参见 Archives nationales d'outre mer (Aix-en-Provence, France), Fonds Ministeriel, Series Geographique, Senegal Papers, series 6, dos-sier 3. Mention of the event is also found in "Correspondance du gouverneur Blanchot (François Emilie de Verly), gouverneur de Gorée et du Sénégal de 1786 á 1807, avec le ministre (an X/1808)," located in Fonds Ministerial, in the subcategory Sénégal et Côtes d' Afrique—Sous-série C⁶ 1588/1810。

3. Eric Robert Taylor, *If We Must Die in This Way* (Baton Rouge: Louisiana State University Press, 2002), p. 172; 亦参见 David Richardson, "Shipboard Revolts, African Authority, and the Atlantic Slave Trade," *William and Mary*

Quarterly 58（2001）：69-92。

4. *Letters on West Africa*, p. 176；Taylor, *If We Must Die*, p. 110. Johannes Postma, *The Dutch in the Atlantic Slave Trade, 1600-1815*, New York：Cambridge University Press, 2008, p. 167, writes that the explosion was caused by a cannon blast from a hostile ship.

5. 关于大约此时的圣路易斯市，参见 Howard Brown, "The Search for Stability," in *Taking Liberties: Problems of a New Order from the French Revolution to Napoleon*, ed. by Howard Brown and Judith Miller（Manchester：Manchester University Press, 2002）, p. 37。亦参见 George Brooks, *Yankee Traders, Old Coasters, and African Middlemen: A History of American Legitimate Trade with West Africa in the Nineteenth Century*（Boston：Boston University Press, 1970）；Lucie Gallistel Colvin, *Historical Dictionary of Senegal*（Scarecrow Press/Metuchen, 1981）, pp. 81-98。关于沙博尼耶，参见 Sylvain Sankalé, *À la mode du pays: Chroniques saint-lousiennes d'Antoine François Feuiltaine, Saint-Louis du Sénégal, 1788-1835*（Paris：Riveneuve, 2007）；Léon Diouf, *Église locale et crise africaine: Le diocèse de Dakar*（Paris：Karthala, 2001）；Joseph-Roger de Benoist, *Histoire de l'Eglise catholique au Sénégal du milieu du XVe siècle à l'aube du troisième millénaire*（Paris：Karthala, 2008）；Martin Klein, "Slaves, Gum, and Peanuts: Adaptation to the End of the Slave Trade in Senegal, 1817-48," *William and Mary Quarterly* 66（October 1999）：895-914；Philip Curtin, *Economic Change in Precolonial Africa: Senegambia in the Era of the Slave Trade*（Madison：University of Wisconsin Press, 1975）；James Searing, *West African Slavery and Atlantic Commerce: The Senegal River Valley, 1700-1860*（Cambridge：Cambridge University Press, 1993）。尽管废除了奴隶制度，但西班牙人仍从圣路易斯带走奴隶，至少在沙博尼耶上任之前是如此，参见 AGI（Seville）, Buenos Aires, 483（"Testimonio de Ramón Mila, de la Roca," May 29, 1807）。关于沙博尼耶令人不安的管理，参见 Archives du Sénégal, Dakar, Sous-Série 3 B 1 "Correspondance depart du Gourverneur du Sénégal à toutes personnes autres que le Ministre（1788-1893）" 3 B 1, documents 91 to 104.

6. AGI（Seville），Lima，731，（"Carta n° 445 del virrey Marqués de Avilés a Miguel Cayetano Soler, ministro de Hacienda," April 23, 1805）.

/ 19 被诅咒的宗派

1. Herb Klein, *The Atlantic Slave Trade*（New York: Cambridge University Press, 1999）, pp. 5-6; Robin Blackburn, *The Making of New World Slavery: From the Baroque to the Modern, 1492-1800*（London: Verso, 1997）, pp. 67-80; Stuart Schwartz, ed., *Tropical Babylons: Sugar and the Making of the Atlantic World, 1450-1680*（Chapel Hill: University of North Carolina Press, 2004）.

2. John Esposito, *The Oxford Encyclopedia of the Modern Islamic World*（New York: Oxford University Press, 1995）, p. 134. Aurelia Martín Casares, *La esclavitud en la Granada del siglo XVI: Género, raza, y religion*（Granada: Universidad de Granada, 2000）, p. 435.

3. Federico Corriente, *Dictionary of Arabic and Allied Loanwords: Spanish, Portuguese, Catalan, Galician and Kindred Dialects*（Leiden: Brill, 2008）, p. 36.

4. James Muldoon, *The Americas in the Spanish World Order: The Justification for Conquest in the Seventeenth Century*（Philadelphia: University of Pennsylvania Press）, p. 24. 参见 James Carroll, *Jerusalem, Jerusalem: How the Ancient City Ignited Our Modern World*（Boston: Houghton Mifflin Harcourt, 2011）, 152-153; Karoline Cook, Forbidden Crossings: Morisco Emigration to Spanish America, 1492-1650（PhD dissertation, Princeton University, 2008）, pp. 84-87; Barbara Fuchs, *Mimesis and Empire: The New World, Islam, and European Identities*（Cambridge: Cambridge University Press, 2004）, p. 74; Frank Graziano, *The Millennial New World*, New York: Oxford University Press, 1999, p. 25。前一段的引文来自 Francisco López de Gomara, *Histórica General de las Indias*（Caracas: Fundación Biblioteca Ayacuch, 1979）, p. 31。

5. Vincent Barletta, *Covert Gestures: Crypto-Islamic Literature as Cultural Practice in Early Modern Spain*（Minneapolis: University of Minnesota Press,

2005）, p. 3.

6. Cook, "Forbidden Crossings," p. 40.

7. 参见 Rudolph T. Ware, "The Longue Durée of Qur'anic Schooling, Society, and State in Senegambia," in *New Perspectives on Islam in Senegal: Conversion, Migration, Wealth, Power, and Femininity*, ed.by Mamadou Diouf and Mara Leichtman（New York: Palgrave Macmillan, 2009）, pp. 22-23。蒙戈·帕克（Mungo Park）于 18 世纪 90 年代在穆斯林富尔贝人中旅行，他写道，"但是，在追求信仰的过程中，他们对那些仍然保留着古老迷信的同胞并不是很宽容"［*Travels in the Interior Districts of Africa*（New York: E. Duyckinck, 1813）, p. 57］。亦参见 Paul Lovejoy, "Slavery, the Bilād al-Sūdān, and the Frontiers of the African Diaspora," in *Slavery on the Frontiers of Islam*, ed. Paul Lovejoy（Princeton: Markus Wiener, 2004）, p. 16。关于 "小鬼神"，参见 Lansiné Kapa, "The Pen, the Sword, and the Crown: Islam and Revolution in Songhay Reconsidered," *Journal of African History*, vol. 25, no. 3（1984）: 241-256。 亦参见 William Desborough Cooley, *The Negroland of the Arabs Examined and Explained: Or, An Inquiry into the Early History and Geography of Central Africa*（London: J. Arrowsmith, 1841），这是 19 世纪英国地理学家对阿拉伯商人和撒哈拉以南非洲人之间关系的经典阿拉伯手抄本的精彩诠释，包括商业模式、奴隶制度和宗教皈依。

8. Joan Cameron Bristol, *Christians, Blasphemers, and Witches: Afro-Mexican Ritual Practice in the Seventeenth Century*（Albuquerque: University of New Mexico Press, 2007）, p. 29. *The Christian Traveller: Western Africa: Being an Account of the Country and Its Products, of the People and Their Conditions, and of the Measures Taken for Their Religious and Social Benefit*（London: Charles Knight, 1841）, p. 73.

9. André Alvares de Almada, *Brief Treatise on the Rivers of Guinea*, translated and edited by Paul Edward Hedley Hair, Liverpool: Department of History, University of Liverpool, 1984［c. 1594］, pp. 19; 46. 亦参见 Alvares de Almada, *Tratado breve dos Rios de Guine' do Cabo-Verde...*（Porto: Commercial Portuense, 1841）19 世纪出版的葡萄牙文版本。

10. Balthasar Barreira, "Achievements on the Coast of Guinea and Sierra Leon,"

in *Jesuit Documents on the Guinea of Cape Verde and the Cape Verde Islands, 1585-1617*, ed. and trans.by P. E. H. Hair（Liverpool：University of Liverpool, 1989）, sect. 29, ch. 2, p.6. 关于大西洋奴隶贸易开始后不久，流动的伊斯兰神职人员如何在冈比亚河流域扫盲，参见 André Alvares de Almada, *Brief Treatise on the Rivers of Guinea*, c. 1594, ed. and trans.by P. E. H. Hair（Liverpool：University of Liverpool, 1984）, p. 46；Theodore Canot, *Adventures of an African Slaver*（Mineola：Courier Dover, 2002）, p. 180。

11. Terry Alford, *Prince among Slaves：The True Story of an African Prince Sold into Slavery in the American South*（New York：Oxford University Press）, 1977.

12. 桑多瓦尔的专著在他一生中在西班牙出版了两个版本，第一个是 1627 年版本，第二个是 1646 年的扩充版，引文来自 Nicole von Germeten 翻译的版本，Alonso de Sandoval, *Treatise on Slavery：Selections from De instauranda Aethiopum salute*（Indianapolis：Hackett Publishing, 2008）. 引文及相关段落见 pp. 33, 56, 68, 113, 120, 136。

13. Manuel Barcia, "'An Islamic Atlantic Revolution'：Dan Fodio's Jihād and Slave Rebellion in Bahia and Cuba, 1904-1844," *Journal of African Diaspora, Archaeology, and Heritage 2*, no. 1（May 2013）：6-17. 苏菲派在多大程度上可以被认为是一场"改革"运动，这一点存在争议。参见 Bernd Radtke and F. S. O'Fahey, "Neo-Sufism Reconsidered," *Der Islam 70*（1993）：52-87；W. G. Clarence-Smith, *Islam and the Abolition of Slavery*（New York：Oxford University Press, 2006）, p. 153；Lovejoy, "Slavery, the Bilād al-Sūdān, and the Frontiers of the African Diaspora," p. 15. 在《班尼托·西兰诺》中，梅尔维尔写道，巴波在非洲是一个"黑人的奴隶"，德拉诺的叙述或其他历史记录中都没有提到这个事实，这表明梅尔维尔意识到非洲人之间也存在奴役关系。

14. Thomas Ewbank, *Life in Brazil；or, A Journal of a Visit to the Land of the Cocoa and the Palm*（New York：Harper and Brothers, 1956）, p. 439.

15. Rout, *African Experience*, p. 24；Charles Christian and Sari Bennett, *Black Saga：The African American Experience. A Chronology*（New York：

/ 330

Basic Civitas Books, 1998), p. 4; Jane Landers, and Barry Robinson, eds., *Slaves, Subjects, and Subversives: Blacks in Colonial Latin America* (Albuquerque: University of New Mexico Press, 2006), p. 49.

16. 有关美洲奴隶制中的伊斯兰教，参见以下重要著作：Paul Lovejoy, "Muslim Freedman in the Atlantic World: Images of Manumission and Self-Redemption," in Lovejoy, ed., *Slavery on the Frontiers of Islam*(Princeton: Markus Wiener Publishers, 2004); Allan Austin, *African Muslims in Antebellum America: A Source Book* (New York: Garland, 1984); Edward Curtis, *Encyclopedia of Muslim-American History*, vol. 1(Infobase Publishing, 2010); Rout, *The African Experience in Spanish America*; Michael A. Gomez, *Exchanging Our Country Marks: The Transformation of African Identities in the Colonial and Antebellum South* (Chapel Hill: University of North Carolina Press, 1998); Michael A. Gomez, *The Black Crescent: The Experience and Legacy of African Muslims in the Americas* (Cambridge: Cambridge University Press, 2005); Sylviane Diouf, *Servants of Allah: African Muslims Enslaved in the Americas* (New York: New York University Press, 1997); Vincent Thompson, *Africans of the Diaspora: Evolution of Leadership, 18th Century to 20th Century* (Lawrenceville: Red Sea Press, 2000)。 有关伊斯兰教对天主教的意识形态威胁，参见 Cook, "Forbidden Crossings: Morisco Emigration to Spanish America, 1492-1650"; Fuchs, *Mimesis and Empire*, p. 74。有关这种威胁的第一手理解，除了已经引注的文献外，还可参见 António Galvão, *Tratado dos descobrimentos antigos, e modernos...* (Lisbon: Officina Ferreiriana, 1731); Gomes Eannes de Azurara (Gomes Eanes de Zurara), *Chronica do descobrimento e con-quisita de Guiné* (Paris: Aillaud, 1841); 关于奴隶制在伊斯兰教神学中扮演的角色，尤其是在西非穆斯林讨伐异教徒期间，参见 Lovejoy, "Slavery, the Bilād al-Sūdān, and the Frontiers of the African Diaspora"; Radtke and O'Fahey, "Neo-Sufism Reconsidered," *Der islam* 70 (1993): 52-87; W. G. Clarence-Smith, *Islam and the Abolition of Slavery* (New York: Oxford University Press, 2006); Babou, *Fighting the Greater Jihad*, and David Robinson, *The Holy War of Umar Tal: The*

Western Sudan in the Mid-Nineteenth Century（Oxford：Clarendon Press，
1985）；有关 19 世纪前十年伊斯兰教可能在古巴一系列重大奴隶起义中产生
的影响，参见 Manuel Barcia, *Seeds of Insurrection：Domination and Slave
Resistance on Cuban Plantations*（Baton Rouge：Louisiana State University
Press，2008）。雷斯（João José Reis）对 1835 年巴伊亚起义的研究是对
美洲历史上规模最大的城市奴隶起义的重点研究，参见 *Slave Rebellion
in Brazil：The Muslim Uprising of 1835 in Bahia*，trans.by Arthur Brakel，
Baltimore（Johns Hopkins University Press，1997）。雷斯稍微修改了他先
前认为伊斯兰教在巴伊亚起义占中心地位的观点：穆斯林无疑是起义军的领
袖，但他现在强调"指导其集体行动的种族理由"。起义被镇压后，巴西当
局专门惩罚穆斯林："1835 年，穆斯林遭到镇压，宗教受到严格禁止，数百
名穆斯林奴隶被贩卖到南方，被释放的穆斯林被驱逐或自发前往非洲，其他
人则迁移到里约热内卢和其他南部城市。尽管巴伊亚的一些穆斯林在 19 世
纪后半叶仍很活跃，但伊斯兰教未能从克里奥尔人中招募到信徒，最终不再
是一种有组织的宗教……"Reis, American Counterpoint：New Approaches
to Slavery and Abolition in Brazil（paper presented at the Annual Gilder
Lehrman Center International Conference at Yale University, October 29-
30, 2010）, available at http：//www.yale.edu/glc/brazil /papers/reis-
paper.pdf。

/ 插曲 可憎、可鄙的海蒂

1. Eric Foner, *The Fiery Trial：Abraham Lincoln and American Slavery*（New
York：Norton, 2010）.

2. Patrick Geggus and Norman Fiering, *The World of the Haitian Revolution*,
Bloomington：Indiana University Press, 2009, p. 320; David S. Reynolds,
Mightier Than the Sword：Uncle Tom's Cabin *and the Battle for America*
（New York：Norton, 2011）, p. 75; Matthew Clavin, *Toussaint Louverture
and the American Civil War：The Promise and Peril of a Second Haitian
Revolution*（Philadelphia：University of Pennsylvania Press, 2009）, pp.
41-43.

3. 参见 "At the First Performance of Lamartine's Play in Paris," *North Star*,

June 13，1850。亦参见 "Toussaint L'Ouverture," *North Star*, June 13,
1850；"Toussaint L'Ouverture," *Frederick Douglass' Paper*, September 4,
1851；"Isaac Toussaint L'Ouverture, Son of the Haitian Negro General,"
Frederick Douglass' Paper, November 25, 1854。道格拉斯本人直到 1861
年访问海地后才详细讨论海地及海地革命。在此之前，他保留"某些观众
不提这个话题，以避免让人联想到一场种族战争"。参见 Clavin, *Toussaint
Louverture*, p. 218；*Frederick Douglass: Selected Speeches and Writings*, ed.
by Philip Foner and Yval Taylor（Chicago：Chicago Review Press, 2000）。
学者罗伯特·华莱士（Robert Wallace）最近强有力地论证了道格拉斯对梅
尔维尔产生的隐秘而重要的影响，梅尔维尔将道格拉斯这位前奴隶和废奴主
义者演讲中的思想和形象融入自己的作品中。关于道格拉斯和梅尔维尔使用
火山隐喻的比较，以及道格拉斯对《班尼托·西兰诺》可能产生的其他影响，
参见 *Douglass and Melville: Anchored Together in Neighborly Style*（New
Bedford：Spinner Publications, 2005），pp. 110-118。

4. Eric J. Sundquist, *To Wake the Nations: Race in the Making of American
Literature*（Cambridge：Belknap, 1998），p. 170.

5. 赫歇尔·帕克在一次私人交流中说，他认为梅尔维尔 1855 年 2 月 26 日住在
马萨诸塞州皮茨菲尔德他自己家中。艾略特（Elliott, 有时拼写成 Eliot）没
有明确地把海地和美国南部相提并论。但《时代》杂志在评论这篇演讲时却
写道："你们的人、你们的奴隶、动产——内心都有着人类古老、不可磨灭
的对自由的激情。"奴隶的不满"现在没有表现出来"，在圣多明各很长时
间里也没有表现出来。该评论甚至重复了弗雷德里克·道格拉斯的比喻，警
告贩奴商"你就住在火山上"（"Toussaint L'Ouverture" — Lecture by C.
W. Elliott," *New York Times*, February 27, 1855）。亦参见 "The Danger
to the South," *New York Times*, May 9, 1855 and C. W. Elliott, *Heroes
Are Historic Men: St. Domingo, Its Revolution, and Its Hero, Toussaint
Louverture. An Historical Discourse Condensed for the New York Library
Association, February 26, 1855*（New York：J. A. Dix, 1855）。艾略特是弗
雷德里克·劳·奥姆斯特德（Frederick Law Olmsted）的朋友和同事——两
人不久将开始合作规划纽约中央公园——奥姆斯特德为《普特南月刊》校对
了《班尼托·西兰诺》。

/ 20 穷途末路

1. Delano, *Narrative*, pp. 277, 299.

2. 有关威廉的畸形足，参见 Hoyt Papers, in DRHS. Thanks to Carolyn Ravenscroft。

3. Delano, *Narrative*, pp. 420-421。

4. François Péron, *King Island and the Sealing Trade, 1802*(Canberra: Roebuck Society, 1971), p. 14.

5. Marjorie Tipping, *Convicts Unbound: The Story of the Calcutta Convicts and Their Settlement in Australia* (Ringwood Penguin Books Australia, 1988); Robert Knopwood, *The Diary of the Reverend Robert Knopwood, 1803-1838*(Hobart: Historical Research Association, 1977), p. 47; F. M. Bladen, ed., *Historical Records of New South Wales*, vol. 5(Sidney: N.S.W. Government, 1895), pp. 172-177, 186-197, 225, 263, 813-815;William Joy, *The Exiles* (Sydney: Shakespeare Head Press), p. 52; James Backhouse Walker, *Early Tasmania: Papers Read before the Royal Society of Tasmania during the Years 1888 to 1899*(Hobart: The Society, 1902), p. 45.

6. Delano, *Narrative*, p. 430; C. H. Gill, "Notes on the Sealing Industry of Early Australia," *Journal of the Royal Historical Society of Queensland* 8 (1967): 234; Patsy Adam Smith, *Moonbird People*(Sydney: Rigby Limited, 1965), p. 41.

7. Walker, *Early Tasmania*, pp. 41-42.

8. *Sydney Gazette*, August 19, 1804.

9. *Sydney Gazette*, April 22, 1804; August 19, 1804; August 26, 1804; September 2, 1804; and October 7, 1804，跟踪了 "坚毅" 号和 "朝圣者" 号在新南威尔士州的活动。

10. 胡安·费尔南德斯群岛曾被用作监狱殖民地，由于德拉诺和他的手下人到达此地时，犯人逃跑事件不断发生，西班牙人不想让外国人在岛上逗留。参见 Benjamín Vicuña Mackenna, *Juan Fernández, historia verdadera de la isla de Robinson Crusoe*(Santiago: R. Jover, 1883), p. 308; Ralph Lee Woodward, *Robinson Crusoe's Island: A History of the Juan Fernández Islands*(Chapel Hill: University of North Carolina Press, 1969); José Toribio Medina, *Cosas de la colonia: Apuntes para la cronica del siglo XVIII en Chile* (Santiago: Fondo Histórico y Bibliográfico José Toribio Medina, 1952), pp. 100, 266-267。

/ 333

11. Delano, *Narrative*, pp. 467-468. 一时间，亚玛撒和他的"大脚"兄弟似乎难以存活。在他身后，亚玛撒看见威廉被一件沉重的厚呢短大衣压着，"用他的跛脚和受限的手臂""努力挣扎着"，趴"在一根木头上"漂浮着。然后他转身望向远方的"朝圣者"号，看到他的另一位兄弟塞缪尔在两根桅杆之间来回奔跑。在**马市**恐慌的时刻，德拉诺想起了鲸鱼，使自己平静下来。"当雌性鲸鱼的孩子被击中时，她会不顾所有用来毁灭她的鱼叉和长矛，直到她的后代断气，直到那时鲸鱼妈妈才会消失。"德拉诺知道，只要他兄弟在前面疯狂地注视着他，"后面的弟弟"还会漂浮在水面上。如果塞缪尔退出甲板，威廉"就会淹死"。亚玛撒平静地思考着如果他死去将会发生什么，忘却了他的悲伤世界："我自己并不认为生活如此重要，因为我已经遭受了许多苦难和匮乏，还有许多令人痛心的不公正、忘恩负义和让人失望的场景。"这一幕有点像《白鲸》中一个最动人的段落，在"大舰队"这一章中，在疯狂的追捕中，"裴廓德"号捕鲸船上的以实玛利突然发现自己身处一群哺乳鲸中间："远处在上面这个稀奇的世界的下边，却另有一个更为奇特的天地映人了我们的眼帘。因为贴在这种水晶宫里的苍穹中，漂泛有许多在哺小鲸的母鲸的形体，还有一些从它们粗大的腰围看来似乎不久就将做母亲的母鲸。这个大湖，我已说过了，虽然很深，却非常明澈；一如小孩在吃奶时，安静而定睛地瞥开母亲的胸脯，望一望别的地方，仿佛同时在过着两种不同的生活：一边在接受母体的滋养，一边又在精神上饱享一些神秘的追怀——这些小鲸就正是这般模样，它们似乎在往上望着我们，但又不像在望着我们，因为在它们那新生的眼光中，我们这些人似乎只是一些马尾藻而已。那些游动在它们旁边的母亲，似乎也在悠闲地望着我们。"这一幕安抚了以实玛利，就像想到一只鲸鱼及其幼崽的情景安抚了亚玛撒一样："因此，尽管周围尽是纷争与惊恐，这些处于中心位置的神秘生物却自由无畏地沉浸在和平气氛中；是的，平静地嬉戏玩乐。但即便如此，如果我的生命如同遭到龙卷风袭击的大西洋，我自己是否还会沉默平静地自娱自乐；尽管悲伤持续不断，如沉重的星球环绕着我时，但在内心深处，我仍然沐浴在永恒的欢乐中。"

12. 有关鲁弗斯·洛在"埃塞克斯"号上的情况，参见 Library of Congress, "Sailing Master Rufus Low's Journal," Edward Preble Papers; George Henry Preble, *The First Cruise of the United States Frigate Essex* (Salem: Essex

Institute, 1870), p. 43; Christpher McKee, *Edward Preble: A Naval Biography, 1761–1807* (Annapolis: Naval Institute Press, 1996), p. 81。

/ 21 巧设骗局

1. Rogers, *Cruising Voyage*, p. 145.

2. Rogers, *Cruising Voyage*, p. 146.

3. 有关圣玛利亚岛，参见 ANC (Santiago), Capitanía General, vol. 772, no. 5 (1804); Capitanía General, vol. 522, no. 22 (1757); Real Audiencia, vol. 3000, no. 279 (1665); Real Audiencia, vol. 3030, no. 36 (1637). 也见于 AGI (Seville), in Chile 25 and 221, correspondencia, 有文件写道，西班牙在 1804 年害怕将该岛拱手让给英国海盗和走私者。

4. Melville, *Benito Cereno*, p. 161.

5. 学者们研究了非裔美国人的骗子传统，他们保留了有关狡猾的人和狡猾的动物的口头传说，如**"兔子大哥"**（Brer Rabbit），他们用智慧战胜了权势。这些故事是晚上在炉边讲的，可以追溯到非洲的农民和牧民社区，奴隶不仅通过讲述这些故事嘲笑他们的主人，而且把生存策略——如何使用诡计作为武器——传给下一代。参见 Larry E. Hudson, *Walking toward Freedom: Slave Society and Domestic Economy in the American South*(Rochester: University of Rochester Press, 1994), pp.150–152; Lawrence Levine, *Black Culture and Black Consciousness: Afro-American Folk Thought from Slavery to Freedom* (New York: Oxford University Press, 1978), p. 125. 斯特林·斯塔基明确地将《班尼托·西兰诺》中的巴波和"兔子大哥"联系在一起："巴波所策划的讽刺戏剧……正是'兔子大哥'在非裔美国人的表达中采用的……可以肯定的是，巴波非常像'兔子大哥'，他应该来自塞内加尔，这只非洲兔（即'兔子大哥'的先祖）传说盛行的中心，这是完全合乎逻辑的。""兔子大哥"和巴波都"与共同的道德正义感相关联，这导致他们成为报复的力量，惩罚贪婪和残忍的人。"［*Going through the Storm: The Influence of African American Art in History* (New York: Oxford University Press, 1994), pp. 165, 167］. 贝伊的《来自西方的骗子：早期黑人叙事中的泛非影响》［Babacar M'Baye, *The Trickster Comes West: Pan-African Influence in Early Black Diasporan Narratives*(Jackson: University Press of Mississippi, 2009)］考察了塞内加尔民

俗，特别是与沃洛夫人有关的民俗对非裔美国人文化的影响。

6. 有关伊斯兰教和奴隶制与自由的观点，参见 William Gervase Clarence-Smith, *Islam and the Abolition of Slavery*(London: Hurst and Co., 1988), pp.1-4, 19-25, 152-154, 223-229; Franz Rosenthal, *The Muslim Concept of Freedom Prior to the Nineteenth Century*(Leiden: Brill, 1960), pp. 32, 110-112; Paul Lovejoy, "The Context of Enslavement in West Africa: Ahmad Baba and the Ethics of Slavery," in *Slaves, Subjects, and Subversives*, ed.by Landers and Robinson, pp.9-38。

7. Delano, *Narrative*, pp. 324-325.

/ 22 反扑报复

1. 本章引文见 Delano, *Narrative*, pp. 325-328。有关海事保险的演变过程，参见 Jonathan Levy, *Freaks of Fortune: The Emerging World of Capitalism and Risk in America*(Cambridge: Harvard University Press, 2012)。有关"宗格"号，参见 Jane Webster, "The *Zong*, in the Context of the Eighteenth-Century Slave Trade," *Journal of Legal History* 28 (2007): 285-298; James Oldham, "Insurance Litigation Involving the *Zong* and Other British Slave Ships, 1780-1807," *Journal of Legal History* 28 (2007): 299-318。亦参见 Ian Baucom, *Specters of the Atlantic: Finance Capital, Slavery, and the Philosophy of History* (Durham: Duke University Press, 2005)。

/ 23 定罪处治

1. Delano, *Narrative*, p. 328.

2. Darwin, *Journal of Researches*, vol. 2, pp. 46-47.

3. Guillermo I. Castillo-Feliú, *Culture and Customs of Chile* (Westport: Greenwood, 2000), p. 27; Sergio Villalobos, *Tradición y reforma en 1810* (Santiago: RIL Editores, 2006), p. 199; Diego Barros Arana, *Historia general de Chile* ,vol. 8(Santiago: Editorial Universitaria, 2002), p. 15; "Observaciones sobre los serviles anarquistas de Córdova de la Plata," *Década Araucana*, July 12, 1825, p.5.

4. AGP (Mendoza), Censo parroquial mes de setiembre de 1777, folder 28, document 2.

5. Moulton, *Concise Extract*, p. 83. 罗萨斯后来会和另一个美国人普罗科皮奥·波洛克（Procopio Pollock）交朋友，波洛克是费城共济会会员，也是"沃伦"号上的外科医生，他通过秘密出版的《普罗科皮奥公报》(*Gazeta de Procopio*) 传播共和主义，该报将革命新闻和宣传翻译成西班牙语。

6. 这里的"战争"，译自 "hiceron armas contra los Americanos"。

7. 囚犯被送到瓦尔迪维亚最常见的原因是逃亡、盗窃、谋杀和流浪，监狱人口大致分为西班牙人和混血人，还有几个印度人。1804 年初，该地人口中没有非洲人或非洲后裔。参见 ANC (Santiago), Real Audiencia, vol. 2470（"Relación que manifiesta los desterrados que se hallan en las obras de plaza, y presidio de Valdivia"）。

8. AGC (Santiago), Capitanía General, vol. 873（"Expediente formado ante la Inten-dencia de Concepción relativo a la construcción de un tabladillo en el Cuartel de Dragones de Concepción"）。

9. Hernán San Martín, *Nosotros los Chilenos* (Santiago: Editora Austral, 1970), p. 251.

10. Barros Arana, *Historia General*, vol. 8, p. 78, for *Bostonés*.

11. ANC (Santiago), Contaduría Mayor, 1st ser., vol. 1634, ff. 334–335.

/ 文明的机械

1. Newton Arvin, *Melville* (New York: Sloane, 1950), p. 180, for "wild egoism".

2. Jeremy Harding, "Call Me Ahab," *London Review of Books*, October 31, 2002.

/ 24 利马裁决

1. 有关卡亚俄港的描述，参见 George Peck, *Melbourne, and the Chincha Islands, with Sketches of Lima, and a Voyage Round the World* (New York: Scribner, 1854), pp. 142–145; Gilbert Farquhar Mathison, *Narrative of a Visit*

/ 336

to Brazil, Chile, Peru, and the Sandwich Islands(London: Bentley, 1825); Proctor, *Narrative of a Journey*, William Bennet Stevenson, *Historical and Descriptive Narrative of Twenty Years' Residence in South America* (London: Longman, 1829)。

2. Charles Walker, *Shaky Colonialism: The 1746 Earthquake-Tsunami in Lima, Peru, and Its Long Aftermath*(Durham: Duke University Press, 2008), p. 10.

3. Hugh Salvin, *Journal Written on Board of His Majesty's Ship Cambridge, from January, 1824, to May, 1827*(Newcastle: Walker, 1829), p. 30. 萨尔温这里可能会错误地认为这些骷髅是最近独立战争期间保皇党势力的受害者的,因为他所描述的与德拉诺在那场战争发生前目睹的几乎相同。

4. Delano, *Narrative*, pp. 487-488.

5. Peck, *Melbourne*, p. 150.

6. Delano, *Narrative*, p. 494.

7. Bernabé Cobo, *Historia de la fundación de Lima*(Lima: Imprenta Liberal, 1882), p. 56.

8. Delano, *Narrative*, p. 494.

9. AGN (Lima), Real Hacienda Caja Real, legajo 1931, cuaderno 1630, for the dress of *los negros del rey*.

10. 几个月来,西兰诺被推定已经死亡,他的船也被认为失踪了;他的债权人已经提交申请,通过一种皇家保险单收回投资。参见 AGN (Lima), signatura GO-BI 2, legajo 91, expediente 775。

11. 关于阿兰达岳父伊西德罗·马萨(Isidro Maza)和妻子卡门·马萨(Carmen Maza)对阿兰达的货物提出的索赔,参见 AGP (Mendoza), notary records, José de Porto y Mariño, no. 152, ff. 46-47 ("Transcripción del poder de don Isidro Sainz de la Maza"), and ff. 91v-92v ("Transcripción del poder del 27 de julio de 1805 de doña Marı́a del Carmen Maza")。关于诺内尔,参见 AGN (Buenos Aires), notary records, Ino-cencio Agrelo, no. 6, ff. 387-88 ("Poder de Don Juan de Nonell a favor de Don Antonio de Estapar"); AGN (Lima), notary rec ords, José Escudero de Sicilia, no. 214, ff. 660-63, 715v-719, 1177v, 1182。关于西兰诺的债务,参见 AGN (Lima), notary records, José Escudero de Sicilia, no. 214, ff. 660-63, 715v-

719, 1048r-1949r, 1177v; AGN (Lima) TC-GO 2, legajo 13, expediente 612 ("José Escudero de Sicilia, escribano mayor del Real Tribunal del Consulado de Lima solicita la cancelación de cantidad de pesos por las costas obradas en los autos de la avería gruesa que sufrió la fragata Trial, por la sublevación de una partida de negros"); and AGN(Lima), TC-JU, legajo 182, expediente 519 ("Ante el Real Tribunal del Consulado de Lima")。

12. Michael Lobban, "Slavery, Insurance, and the Law," *Journal of Legal History* 28 (2007): 320-322; Tim Armstrong, "Slavery, Insurance, and Sacrifice in the Black Atlantic," in *Sea Changes: Historicizing the Ocean*, ed. Bernhard Klein and Gesa Mackenthun(New York: Routledge, 2004).

13. AGN (Lima), Real Hacienda, legajo 1033, cuaderno 1632 1805.

14. Orlando Patterson, *Slavery and Social Death: A Comparative Study* (Cambridge: Harvard University Press, 1982), pp. 5, 331. 这些奴隶出售的情况很多都见于 AGN (Lima), notary records, Manuel Malarin, no. 390。特别参见 ff. 555, 571, 574, 620, 667, 673。亦参见 AGN (Lima), Cabildo-Causas Civiles (CA-JO 1), legajo 158, expediente 2994; legajo 153, expediente 280; and legajo 154, expediente 2848。

/ 25 "幸运儿"号

1. AGN (Lima), TC-JU 1, legajo 182, expediente 519 ("Autos seguidos por Miguel de Monrreal, capitán y ex maestre de la fragata 'Trial' ") September 25, 1806; AGN (Lima), Real Hacienda, legajo 1036, expediente 1635.

2. AGN (Lima), Real Audiencia, Tierras y Haciendas, legajo 21, cuaderno 133, f. 44 ("Testimonio del Inventario de la Hacienda de Humaya"), and AGN (Lima), signatura C-13, legajo 25, expediente 31 ("La Administración e Intendencia de Tem-poralidades con Benito Cerreño")。亦参见 AA (Lima), Parroquia del Sagrario (Catedral): Libros de Matrimonios, no. 11 (1785-1846) f. 125; AA (Lima), Parro-quia del Sagrario, Indice de Pliegos Matrimoniales, no. 4 (1791-1814), April 21, 1805, f. 1v。

3. 1823 年智利独立后，参议院一致投票决定，立即废除奴隶制，不再给奴隶主提供学徒期或报酬。罗宾·布莱克本（Robin Blackburn）写道，这一举措比

当时在美国梅森 - 迪克森线以北各州的由法庭调解的逐渐废除奴隶制的措施"更加激进"［Blackburn, *The Overthrow of Colo-nial Slavery, 1776-1848*(London: Verso, 1988), p. 358］。智利的奴隶制度并不像秘鲁、巴西甚至是阿根廷那样根深蒂固，在那些地方，废除奴隶制度需要更长的时间。大约在这一时期，智利有 1 万~1.2 万非洲人或非洲人后裔，其中大约一半是奴隶；大多数人住在圣地亚哥及其周围或更偏北的地方。在康塞普西翁这样的南部城市，被奴役的往往是印第安人。参见 Simon Collier and William F. Slater, *A History of Chile, 1808-2002* (Cambridge: Cambridge University Press, 2004), p. 42。有关罗萨斯作为一位重要的法学家，参见 Fernando Campos Harriet, "Don Juan Martínez de Rozas, jurista de los finales del periodo indiano," *VII Congreso del Instituto Internacional de Historia del Derecho Indiano, Buenos Aires, 1 al 6 de agosto de 1983*(Buenos Aires: Pontifica Universidad Católica, 1984)。

4. Peter Blanchard, *Under the Flag of Freedom: Slave Soldiers and the Wars of Independence in Spanish South America*(Pittsburgh: University of Pittsburgh Press, 2008), pp. 92-97, 103.

5. Diego Barros Arana, *Historia general de Chile*, vol. 9 (Santiago: Editorial Universitaria, 2002) , pp. 85-88; *Memorias, Diarios y Crónicas*, vol. 2, ed. by Felix Denegri Luna(Lima: Comisión nacional del sesquicentenario de la Independencia del Peru, 1975), p. 589; "James Paroissien, anotaciones para un diario" (August 18, 1820; March 19, 1821), *Colección de obras y documentos para la historia argentina: Guerra de la independencia*, vol. 17, part 1(Buenos Aires: Senado de la Nación, 1963), p. 32.

6. Basil Hall, *Extracts from a Journal Written on the Coasts of Chili, Peru, and Mexico, in the Years 1820, 1821, 1822,* vol. 1(London: Constable and Co., 1824), p. 90.

7. Hall, *Extracts*, pp. 219-220.

8. Centro de Estudios Militares del Perú, Sección Archivos y Catálogos, tomo 1: 1821-23, legajo 2, document 6; legajo 17, document 274; *Gaceta de Gobierno de Lima*, January 22, 1817.

9. Robert Maclean y Estenós, *Sociologia Peruana*(Lima: Librería Gil, 1942), p. 154; AGN (Lima), notary records, Pedro Seminario, no. 776, f. 181 (April 17, 1852).

10. William Edward Gardner, *The Coffin Saga: Nantucket's Story, from Settlement to Summer Visitors* (Cambridge: Riverside Press, 1949), p. 168.

/ 26 飘零转蓬

1. Houghton Library, Harvard University, "Perseverance (Ship). Logbook, 27 Jan–24 Jul 1807" (MS Am 465.5).

2. 东北各地报纸转载了有关表彰的通知。比如 the *Portsmouth Oracle*, August 22, 1807, and the *United States Gazette*, August 21, 1807。

3. 马萨诸塞州最高法院（波士顿）的记录显示，德拉诺于 1797 年开始拖欠债务。他欠三个人至少 500 美元。参见 Turner V. Delano, Supreme Judicial Court for Plymouth Counter, May term 1799, Record Book Summary。亦参见 DRHS, Delano Papers, series 3, box 2, folder 2, "Summons for Amasa Delano to appear in Plymouth Court of Common Pleas," February 9, 1799; "Summons for Amasa Delano to appear in Plymouth Court of Common Pleas," July 7, 1799; "Martin Bicker and Others Recover Damages from Amasa Delano, April 3, 1798; "Bond of Arbitration between Amasa Delano and Timothy Parsons to Settle Dispute," February 25, 1798。一桩债务诉讼涉及莎莉·鲁特（Sally Rutter），一个他从未见过的女人，她自称是詹姆斯·布雷克（James Blake）遗嘱的合法执行者，布雷克参与了"坚毅"号第二次航行。布雷克在返回美国前去世，但鲁特说，她持有德拉诺在广东给布雷克的一张金额为 1608 美元的收据。布雷克和他的同伴菲尼亚斯·特罗布里奇（Phineas Trowbridge）给德拉诺兄弟带来特别多的麻烦。德拉诺的大副作证说，他们"总是在策划阴谋"。他们被留在马斯阿富埃拉岛猎杀海豹，"就他们俩住在一起"，他们合谋抢劫德拉诺价值数千美元的兽皮。鲁特还称，在出航前，德拉诺向布雷克借了 1400 美元作为出航的启动资金，承诺航行结束后归还 28000 美元。民事诉讼法庭命令德拉诺支付鲁特 2198.05 美元，外加 32.60 美元的诉讼费，最高法院维持原判。没有证据表明德拉诺对判决满意；他未能出席最后庭审，这意味着他可能被捕。参见 MA (Boston), Judicial Archives, "Supreme Judicial Court for Suffolk County, Amaso Delano, in Review v. John & Sally Rutter, Executors of the Estate of James Blake," file papers, docket no. 348。关于在波士顿的债务，参见 Port Society of Boston and Its Vicinity, *Report of the Managers of the Port Society of the City*

/ 339

of Boston and Its Vicinity(Boston: H. Eastburn, 1836), p. 13; Charles Sellers, *The Market Revolution*(New York: Oxford University Press, 1992), p. 87。

4. Harvard Law Library, Small Manuscript Collection, Judge Story Papers.

5. 有关德拉诺人生这段时期的信息来自不同资料：1810 Census, Boston, Ward 11, Suffolk, p. 107, line 33; National Archives micropublications, M 252, roll 21; *The Boston Directory; Containing the Names of the Inhabitants*(Boston: Edward Cotton, 1809), p. 47（也参见 1810 版本，第 63 页）。德拉诺的父亲在 1814 年去世，把他的房子、土地和牲畜以及两把教堂长椅留给当时正在组建家庭的小威廉。无子女的亚玛撒继承了 200 美元，但这笔钱立即归他的债权人所有。塞缪尔收到 500 美元，德拉诺三姐妹——艾琳、阿比盖尔和伊丽莎白每人继承了 100 美元。来自 Probate no. 6321, Estate of Samuel Delano, d. 6 Nov. 1814, Plymouth County Registry of Deeds, book 70, p. 148 的信息在 DRHS 中有总结记录。关于德拉诺与韦斯顿的"账目"，亦见于 DRHS, Delano Papers, box 8, folders 17 and 18。

6. Franklin D. Roosevelt Presidential Library, Hyde Park, New York, Frederic Delano Papers, exchange of letters between Amasa Delano and Secretary of State John Quincy Adams, December 1817.

7. 关于"最微不足道的目的"，参见 Perry Miller, *Errand into the Wilderness*(Cambridge: Harvard University Press, 1984), pp. 66–67。

8. Sellers, *Market Revolution*, p. 87; Bruce Mann, *Republic of Debtors: Bankruptcy in the Age of American Independence*(Cambridge: Harvard University Press, 2009). 德拉诺的人生历程，正如他在《航海和旅行纪实》中所说，读起来很像梅尔维尔的《伊斯雷尔·波特》(*Israel Potter*)，这部书在《班尼托·西兰诺》之前出版，讲述了一个人一生的故事，开始时"光彩照人"，但"一事无成"，那是革命战争后一位退伍军人的故事，他"（在一系列失败后）没有什么灵活性，也没有什么韧性，但有几乎无穷的能力来承受苦难。"故事从波特离开农场去邦克山战场作战开始，梅尔维尔把这场战斗描写得很不光彩：波特被战场上"密集的人群和混乱情景"弄得不知所措，开始疯狂地挥动枪托，就像"沙滩上的海豹猎人"挥动棍棒一样。他低头一看，以为看到一把剑正朝他刺来，但是武器握在一只断臂手里。战斗结束后，波特一跃进入政界高层。他在法国与本杰明·富兰克林合谋，与约翰·保罗·琼斯（John Paul Jones）并肩作战，试图帮助伊森·艾伦（Ethan Allen）越狱，甚至会见英国国王乔治四世。但他却像利马王宫里的亚玛撒一样，迷失在历史的迷宫中。梅尔维尔在故事结束时，让波特在流亡半个世纪之后于 1826 年 7 月 4 日回到邦克山，人群正聚集在那里，观看已经完工的纪念碑。但波特并没有被公认为是自由之子，而是差点被一辆挂着镀金横幅喜迎退伍军人的"爱国凯旋车"撞倒。他回到父亲的家园，但那里也无人认出他。他无法说服政府给他养老金，最后因破产而死；"他的伤疤成了他唯一的奖章。"关于《伊斯雷尔·波特》中的描述，参见 Andrew Delbanco, *Herman Melville: His World and Work* (New York: Knopf, 2005), p. 226; Parker, *Herman Melville: A Biography*, vol. 2, p. 224。

9. DRHS, Delano Papers, ser. 1, box 1, folder 5, Samuel Delano Jr. to Samuel Delano III, March 21, 1820; DRHS, Delano Papers, ser. 1, box 1, folder 5, Samuel Delano, Jr. to Captain Henry Chandler, December 11, 1832.

10. DRHS, Delano Papers, ser. 1, box 8, folder 14, Amasa to Samuel Delano, Jr., September 7, 1821. 有关萨缪尔的财务状况，参见 DRHS, Delano Papers, ser. 3, box 2, folder 2, "Attachment of Goods and Estate of Samuel Delano, Jr.," July 22, 1822, and "Settlement of Grievance between Samuel Delano, Jr. and G. W. Martin," April 21, 1823。

11. Daniel Walker Howe, *What Hath God Wrought: The Transformation of America, 1815-1848*, New York: Oxford University Press, 2009, p. 617.

12. *Speeches and Address of Peleg Sprague*, Boston: Phillips, Samson, 1858, p. 452.

13. MA (Boston), Judicial Archives, docket no. 27093, vols. 121 (pp. 300 and 464); 121-1 (p.37); 172 (p. 104); 193 (p. 226); 207 (p. 170).

后记　赫尔曼·梅尔维尔的美国

1. 有关狂热的原因，参见 Daniel Johnson and Rex Campbell, *Black Migration in America: A Social Demographic History* (Durham: Duke University Press, 1981); John Russell Rickford, *Spoken Soul: The Story of Black English* (Hoboken: John Wiley, 2002), p. 138; Walter Johnson, "King Cotton's Long Shadow," *New York Times*, March 30, 2013; Frederic Bancroft, *Slave Trading in the Old South, 1931* (New York: Frederick Ungar, 1959), p. 363. 亦参见 Johnson, *River of Dark Dreams*, pp. 374-378; John Craig Hammond, *Slavery, Freedom, and Expansion in*

the Early American West(Charlottesville: University of Virginia Press, 2007); Matthew Mason, *Slavery and Politics in the Early American Republic* (Chapel Hill: Univer-sity of North Carolina Press), 2006; Adam Rothman, *Slave Country: American Expansion and the Origins of the Deep South*(Cambridge: Harvard University Press), 2007, p. 193。

2. Stephen Matterson, "Introduction," in Herman Melville, *The Confidence-Man*(New York: Penguin, 1990), p. xxiv. 同时，梅尔维尔也在质问这种信念；参见 Hershel Parker, "Politics and Art"。

3. *White-Jacket*, pp. 505–506; 有关梅尔维尔与过去"彻底"决裂的讨论，参见 Matterson, "Introduction," *The Confidence-Man*, p. xxiv。有关梅尔维尔用海军纪律和军官的专制统治来隐喻奴隶制，以及一位南方评论家对这个隐喻的认同，参见 Karcher, *Shadow over the Promised Land*, pp. 44–47。

4. Robert May, *The Southern Dream of a Caribbean Empire* (Baton Rouge: Louisiana State University Press, 1973, p. 164).

5. John M. Murrin, Paul E. Johnson, James M. McPherson, Alice Fahs, and Gary Gerstle, *Liberty, Equality, Power: A History of the American People*, Independence Cengage Learning, 2012, p. 463; *Liberator*, May 23, 1851.

6. Robert Cover, *Justice Accused: Antislavery and the Judicial Process*(New Haven: Yale University Press, 1975), p. 251; *The Writings of Henry David Thoreau: Cape Cod and Miscellanies*(New York: Houghton Mifflin, 1906), p. 396; Jeannine DeLombard, "Advocacy 'in the Name of Charity' or Barratry, Champerty, and Maintenance? Legal Rhetoric and the Debate over Slavery in Antebellum Print Culture," in *Law and Literature*, ed.by Brook Thomas,Gunter Narr Verlag Turbinger, 2002, p. 271;Robert D. Richardson Jr., *Emerson: The Mind on Fire*(Berkeley: University of California Press, 1995), p. 496; Louis Menand, *The Metaphysical Club: A Story of Ideas in America*(New York: Farrar, Straus and Giroux, 2001), p. 21; Len Gougeon, *Virtue's Hero: Emerson, Antislavery, and Reform*(Athens: University of Georgia Press, 2010), p. 244; William Nelson, "The Impact of the Antislavery Movement upon Styles of Judicial Reasoning in Nineteenth-Century America," *Harvard Law Review* 87 (1974): 513–566; Anthony Sebok, *Legal Positivism in American*

Jurisprudence(New York: Cambridge University Press, 1998), p. 69; *Reports of Cases Argued and Determined in the Supreme Judicial Court of the Commonwealth of Massachusetts, 1851*, vol. 61 (Boston: Little, Brown, 1853), p. 310; Don Fehrenbacher, *The Slaveholding Republic: An Account of the United States Government's Relations to Slavery*(New York: Oxford University Press), 2002, p. 234. 有关肖之前反对奴隶制的裁决，参见 Cover, *Justice Accused*。 例如，1844 年，肖释放了乘坐 "合众国" 号军舰抵达波士顿的罗伯特·卢卡斯（与赫尔曼·梅尔维尔同船回国，梅尔维尔即将因为其太平洋航行游记体小说闻名）。肖在卢卡斯一案中的裁决，与州最高法院先前在詹姆斯·迈尔（James Mye）的准主人提出的诉讼中做出的裁决相似，詹姆斯·迈尔的准主人让他与 "考验" 号签署了雇佣合同，希望获得他在船上收入的一定比例。而卢卡斯的主人让他加入海军，并**占有**他的工资，但在马萨诸塞州上岸后，这名奴隶向法庭提出请求，要求获得自由，肖同意了。肖写道："只有自由人才能签订合同。"

7. Parker, *Herman Melville: A Biography*, vol. 2, p. 454.

8. 有关认为 "人民主权论" 是 "白人至上论" 的观点，参见 Pamela Brandwein, *Reconstructing Reconstruction: The Supreme Court and the Production of Historical Truth*(Durham: Duke University Press, 1999), p. 38; Ashraf H. A. Rushdy, *American Lynching*(New Haven: Yale University Press, 2012), p. 143; Kristen Tegtmeier Oertel, *Bleeding Borders: Race, Gender, and Violence in Pre-Civil War Kansas*(Baton Rouge: Louisiana State University Press, 2009), p. 4.

9. Delbanco, *Melville*, pp. 153–154; Parker, *Melville and Politics*, p. 234.

10. *Benito Cereno*, p. 257.

11. Davis, *Problem of Slavery*, p. 563; Douglas Blackmon, *Slavery by Another Name: The Re-Enslavement of Black Americans from the Civil War to World War II*(New York: Anchor Books, 2008).

/ 342

致　谢

　　20 世纪 20 年代早期，英国战地记者和小说家 H. M. 汤姆林森（H. M. Tomlinson）让美国人知道了一个秘密。有一本晦涩难懂的书，某些人把它作为"巧妙的测试工具"，来识别志同道合的灵魂。汤姆林森在《基督教科学箴言报》（*Christian Science Monitor*）上写道，如果他们让你读这本书，你"毫不惊讶"，你会被认为"不好"。但是，因为他们"对自己如此强烈的信念有些害怕"，他们不会告诉你，你是不好的。他们会保持沉默。然而，如果梅尔维尔的《白鲸》让你着魔，你就会证明自己是有价值的，能够"和恶魔或天使安然共处，在星空和无底洞之间泰然自若地休憩"。90 年之后，我觉得自己也拥有了一个密码，能够进入恶魔和天使的神秘世界。当有人问我在做什么时，我会说，我正在研究一个事件，这个事件赋予赫尔曼·梅尔维尔灵感撰写了一个故事。"不是《白鲸》，"我会说，"是另一个故事。"不到一半的人听说过《班尼托·西兰诺》，读过这本书的人则更少了。然而，那些读过的人知道这本书截然不同。第一位让我知道了这个秘密的人是科里·罗宾（Corey Robin），多亏了他，我才有了写这部书的主意。

　　我多年来保持一份名单，记录帮助我推动这项工作的有关人物，如果忘记提及任何人，我表示道歉。对于历史学家亚历克斯·博鲁茨基（Alex Borucki）和莱曼·约翰逊（Lyman Johnson），尽管整本书引用他们学术成果的地方都注明了，但我还是要对他们表示特别感谢。他们非常慷慨地花时间回答我的问题并阅读手稿。我还要感谢纽约大学和其他地方的朋友和同事，他们倾听、建议、纠正并包容我，包括芭芭拉·温斯坦（Barbara Weinstein）、艾达·费雷尔（Ada Ferrer）、辛克莱·汤森（Sinclair Thomson）、迈克尔·拉尔夫（Michael Ralph）、加里·怀尔德（Gary Wilder）、罗兰·杜波依斯（Laurent Dubois）、唐娜·默奇（Donna Murch）、查克·沃克（Chuck Walker）、马克·希利（Mark Healey）、卡伦·斯伯尔丁（Karen Spalding）、杰勒德·瑞尼奇（Gerardo Rénique）、珍妮弗·阿黛尔（Jennifer Adair）、黛比·普尔（Debbie Poole）、克里斯汀·罗斯（Kristin Ross）、哈利·哈鲁图尼恩（Harry Harootunian）、埃里克·福纳（Eric Foner）、艾米利亚·达·科斯塔（Emilia da Costa）、内德·萨布莱特（Ned Sublette）、康斯坦丝·阿什-萨布莱特（Constance Ash-Sublette）、沃尔特·约翰逊（Walter Johnson）、弗雷德·库珀（Fred Cooper）、埃内斯托·瑟曼（Ernesto Semán）、鲍勃·惠勒（Bob Wheeler）、胡里奥·平托（Julio Pinto）、彼得·韦恩（Peter Winn）、吉尔·约瑟夫（Gil Joseph）、斯图亚特·斯瓦茨（Stuart Schwartz）、汤姆·本德尔（Tom Bender）、马特·豪斯曼（Matt Hausmann）、艾米·豪斯曼（Amy Hausmann）、罗伯特·珀金森（Robert Perkinson）、克里斯蒂安·帕伦蒂（Christian Parenti）、劳拉·布拉姆（Laura Brahm）、杰克·威尔逊（Jack Wilson）、戈登·拉费尔（Gordon Lafer）、乔希·佛朗斯-斯特林（Josh Frens-String）、克里斯蒂·桑顿（Christy Thornton）、阿尔多·马基西（Aldo Marchesi）、ervand·亚伯拉罕（Ervand Abrahamian）、卡洛塔·麦卡利斯特（Carlota McAllister）、玛里琳·扬（Marilyn Young）、黛博拉·利文森（Deborah Levenson）、丽兹·奥格莱斯比（Liz Oglesby）、莫莉·诺兰（Molly Nolan）、劳伦·本顿（Lauren

Benton）、克里斯蒂娜·马泽奥·德·维沃（Cristina Mazzeo de Vivó）、亨利·休斯（Henry Hughes）、豪尔赫·奥尔蒂斯－索特洛（Jorge Ortiz-Sotelo）、克里斯·马克斯沃西（Chris Maxworthy）。

简·斯坦恩（Jean Stein）欣然阅读了我的手稿，并经常鼓励我。埃莉诺·罗斯福·西格雷夫斯（Eleanor Roosevelt Seagraves）花时间和我讨论德拉诺的回忆录。苏珊·拉宾纳（Susan Rabiner）从一开始就帮助指导这项工作。这个项目进行的过程中，在档案研究和写作之间，我因为痴迷梅尔维尔的作品，深陷其中，让我能得以继续推进该项目的是，我知道理查德·金（Richard Kim）会理解我。

本书研究过程中，许多人提供了帮助，包括罗伯托·皮萨罗（Roberto Pizarro）、赛斯·帕尔默（Seth Palmer）、利兹·芬克（Liz Fink）、凯尔·弗朗西斯（Kyle Francis）、马修·霍维斯（Matthew Hovious）、弗洛尔·庞迪迪·亚兹（Flor Maribet Pantoja Diaz）、埃米利亚诺·安德列·穆西（Emiliano Andrés Mussi）、冈萨雷斯·豪雷吉（Yobani Gonzales Jauregui）、安德烈·阿斯比罗斯（Andrés Azpiroz）、克里斯蒂·莫布里（Christy Mobley）、亚当·拉丝盖（Adam Rathge）。在校对和事实核查过程中，瑞秋·诺兰（Rachel Nolan）使用了她掌握的许多技能，包括她有关天主教圣徒的渊博学识。在门多萨，路易斯·凯撒·卡瓦列罗斯（Luis César Caballeros）进行了关键性的研究，而迭戈·埃斯科拉（Diego Escolar）则热情招待了我。博巴卡·巴里（Boubacar Barry）帮助我猜测了"考验"号上叛乱者名字的起源；艾尔·凯夫（Al Cave）提供了关于佩科特战争（Pequot War）的信息；克利福德·罗斯（Clifford Ross）允许我去看梅尔维尔的一本家庭《圣经》；在纽约公共图书馆，戴维·罗萨多（David

Rosado）协助我复制了一系列插图，而杰西卡·皮哥撒（Jessica Pigza）则整理了一份德拉诺回忆录现存第一版图书的清单；特兰西瓦尼亚大学图书馆的档案管理员库奇（B.J. Gooch），证实了贺拉斯·霍利（Horace Holley）是亚玛撒·德拉诺生平简介的作者；新贝德福德捕鲸博物馆的迈克尔·戴尔（Michael Dyer）鉴定了插图；詹妮弗·勒夫克兰茨（Jennifer Lofkrantz）整理了伊斯兰法律的某些要点；在康塞普西翁，亚历山卓·米霍维洛维奇·格拉茨（Alejandro Mihovilovich Gratz）分享了他有关该地区历史的渊博知识，还有曼努埃尔·洛约拉（Manuel Loyola）和马格达莱纳·瓦拉（Magdelana Varas），他们是神谕歌舞剧院（Teatro del Oráculo）的成员，致力于恢复"人民的"历史：他们偶然发现1805年莫瑞和其他西非人被执行死刑的情形，之后他们开始研究"考验"号事件，并于2006年演出《黑人潟湖》（*La Laguna de los Negros*）。关于此次演出以及其他作品的信息，可在该集团网站（http:// www.teatrodeloraculo.cl/）上找到。马萨诸塞州最高法院的档案负责人伊丽莎白·布维尔（Elizabeth Bouvier）传送并帮助解释了有关亚玛撒·德拉诺各起债务案件的文件；纽约大学法学院图书馆的罗恩·布朗（Ron Brown）整理了一份援引霍尔等人诉加德纳等人案（Hall et al. v. Gardner et al）的法律案件清单，我还要感谢易卜垃哈玛·蒂奥卜（Ibrahama Thioub）和易卜拉·塞内（Ibra Sene）与我分享有关达喀尔档案的知识。

尤当提及的是卡罗琳·斯考夫特（Carolyn Ravenscroft），她是杜克斯伯里镇农村和历史协会的档案管理员。卡罗琳从一开始就跟进这个项目，尽管在致谢中使用"慷慨"这个词的次数有限，但我还要说她非常慷慨。他曾很友善地回应了我的一份不请自来的电子邮件调查，我希望他不会后悔！从那以后，他一直孜孜不倦地回答我的问题，与我分享他有关梅尔维尔生活与工作的渊博知识。

我有幸在纽约公共图书馆的卡尔曼学者和作家中心（New York Public Library's Cullman Center for Scholars and Writers）担任吉尔德·莱尔曼美国历史研究员（Gilder Lehrman Fellow in American History）期间完成了手稿的最终版本。除了有时间写作、能够访问图书馆的收藏品之外，那一年我还有难得的机会与中心以及纽约公共图书馆的优秀工作人员讨论各种事情，特别是简·斯特劳斯（Jean Strouse）、玛丽·德欧吉尼（Marie d'Orginy）、保罗·德拉威尔达克（Paul Delaverdac）、凯特琳·基恩（Caitlin Kean）、玛丽亚·瑞亚诺（Maira Liriano），还有一群非常杰出的同事：梅·恩盖（Mae Ngai）、贝齐·布莱克默（Betsy Blackmar）、菲利普·古里维奇（Philip Gourevitch）、赛义德·赛拉菲耶扎德（Said Sayrafiezadeh）、瓦伦蒂娜·伊兹密尔列娃（Valentina Izmirlieva）、加里·潘特（Gary Panter）、杰米·莱尔森（Jamie Ryerson）、约翰·雷（John Wray）、吕克·桑特（Luc Sante）、西蒙·道特恩（Shimon Dotan）、凯蒂·摩根（Katie Morgan）、托尼·戈特利布（Tony Gottlieb）、露丝·富兰克林（Ruth Franklin）、丹尼尔·马戈希（Daniel Margocsy）。

我对大都会图书公司（Metropolitan Books）的所有人都感激不尽，包括里克·普拉彻（Rick Pracher）和凯利·图（Kelly Too），但特别要感谢的是莉娃·霍彻曼（Riva Hocherman）和康纳·盖伊（Connor Guy）。他们提供的帮助之多，在这里一言难尽。与罗斯林·施洛斯（Roslyn Schloss）再次合作是一件愉快的事情。还有萨拉·伯斯泰尔（Sara Bershtel），每当有人要我比较大学出版社审核的稿件和商业出版社审核的稿件时，我就会想到萨拉。无人可与她媲美。在思考一本书的内容和形式上，她表现出令人生畏的担当、精确和智慧，从第一次谈话开始，一直到"致谢"写完。我很幸运有她做我的编辑，更幸运的是她也是我的朋友。谢谢您！

我之前感谢过坦尼娅·哥斯瓦米（Tannia Goswami）、托施·哥斯瓦米（Toshi Goswami），当然还有马奴·哥斯瓦米（Manu Goswami）。我再次对他们表示感谢，还要感谢埃莉诺·哥斯瓦米·格兰丁（Eleanor Goswami Grandin），她的出生日期要么是伊斯兰历 1435 年 4 月 20 日，要么是法兰西历 220 年风月 ①23 日，但不管用哪种历法，对她而言，那天是她开始创造新世界的日子。

---

① 法兰西共和历中第六月，相当于公历二月十九日至三月二十日。

插图致谢

　　我感谢以下个人和机构允许我发表他们收藏的图片：杜克斯伯里镇乡村和历史协会的卡洛琳·雷文斯克罗夫特（Carolyn Ravenscroft）和埃林·麦格夫（Erin McGough）；纽约公共图书馆的朔姆堡黑人文化研究中心；印刷收藏系列，纽约公共图书馆米里亚姆和艾拉·D.瓦拉赫艺术作品、印刷品、照片收藏部；纽约公共图书馆综合研究部；纽约公共图书馆的图片收藏；新贝德福德捕鲸博物馆的迈克尔·戴尔（Michael Dyer）；大英图书馆；加里克·帕尔默（Garrick Palmer），他欣然让我复制了他两幅精彩的木版画，这两幅画曾出现在1972年版的《班尼托·西兰诺》中。

"Capturant le Gustave Adolphe," Ange-Joseph-Antoine Roux, 1806.

René Geoffroy de Villeneuve, *L'Afrique, ou histoire, moeurs, usages et coutumes des africains: le Sénégal* (1814).

Engraving by T. H. Birch, 1837, original in the National Maritime Museum (Greenwich, London).

"Slaves on the West Coast of Africa," Auguste-François Biard, c. 1833.

Johann Moritz Rugenda, *Voyage pittoresque dans le Brésil...* (1835).

"View of Montevideo from the Bay," Fernando Brambila, c. 1794.

Charles Darwin, *Journal of Researches*...(Thomas Nelson, 1890).

César Hipólito Bacle, *Trages y costumbres de la Provincia de Buenos Aires* [1833 (1947)] .

Jean-Baptiste Debret, *Voyage pittoresque et historique au Brésil* (1834).

Amasa Delano's *A Narrative*...(1816).

From the Collection of the Duxbury Rural and Historical Society; photo-graph by Norman Forgit.

Nelson's Monument, Liverpool, drawn by G. and C. Pyne, engraved by Thomas Dixon, in *Lancashire Illustrated: From Original Drawings* (1831).

C. H. Pellegrini: Su Obra, su vida, su tiempo, compiled by Elena Sansinea de Elizalde (1946).

César Hipólito Bacle, *Trages y costumbres de la Provincia de Buenos Aires* [1833 (1947)] .

Jean-Baptiste Debret, *Voyage pittoresque et historique au Brésil* (1834).

Alexander Caldcleugh, *Travels in South America* (1825).

Charles Darwin, *Journal of Researches*...(Thomas Nelson, 1890).

Charles Darwin, *Journal of Researches*...(Ward Lock, 1890).

George Anson, *A Voyage Round the World* (1748).

The Boy's Own Paper, December 10, 1887.

Map by Alexander Hogg, in G. A. Anderson, *A New, Authentic, and Complete Collection of Voyages Round the World* (1784).

"Ann Alexander," Guiseppi Fedi, 1807.

P. D. Boilat, *Esquisses Sénégalaises* (1853).

"Plano de la Isla Santa María en la costa del reyno de Chile," 1804.

"View of Talcahuano," Fernando Brambila, c. 1794.

Page numbers in *italics* refer to illustrations.

gentry life of, 249-51
Tryal chase, battle, and capture, 219-25
Tryal rebellion and deception, 1-6, 8, 173-81, 198, 211-35
Tryal trial and executions, 224-33
Cerreño, Francisca, 249, 250, 253
Chan, Gip Ah, 164-65
Channing, William Ellery, 262
Charbonnier, Aymar-Joseph-François, 185
Charleston, 20, 263
child indenture, 162-65
Chile, 1, 3, 24, 28, 52, 70, 84, 109, 110, 117, 131, 132, 173, 176, 203, 207, 225, 229n
abolition, 337n3
sealing, 131-49
war for independence, 226, 250-52
China, 69, 72, 76, 132, 239, 254
sealing market, 132, 138, 140, 148, 149, 156, 158, 205, 247
Christianity, 8, 9, 45, 55, 62, 64, 70, 82-83, 99, 154, 171, 172, 180, 191n, 214, 215
Islam vs., 186-96
reconquista and, 186-90
Second Great Awakening, 259-63
See also specific denominations
Christiansborg (ship), 179
Civil War, 6, 125, 164, 252, 270, 272
Coffin, Thomas, Jr., 160-61, 163, 165, 253, 324n8
Collingwood, Luke, 220n
Colombia, 25, 250
Columbus, Christopher, 189 and n, 190, 196, 198, 199
Concepción, 225-26, 229 and n, 230, 232, 241, 246, 252, 337n3
Concord (ship), 147-48
Confederate States of America, 244n, 245n
Congo, 48, 50n, 91
Conrad, Joseph, *Heart of Darkness*, 91

contrabanding, 24-30, 31-37, 49-53, 73-76, 105n, 118-19, 148-49, 160-61 and n, 212-13, 231, 265
convict labor, 206-7, 213
Cook, Captain, 69, 70
Cooke, Edward, 133
Coolidge, Calvin, 61
Córdoba, 186
Correa, Manuel, 33
Cortes, Hernán, 189n
Creole (ship), 244n, 245n
Crocker, 147, 322n9
Crusades, 189
Cuba, 25, 82, 178

Darwin, Charles, 70, 104, 120-21, 124, 172, 285-86
Beagle diary, 126-27, 129, 225
Melville and, 285-86
Daure, 184
Davis, David Brion, 80, 89, 273
Davis, Ossie, 92
Declaration of Independence, 26, 65, 153
Delano, Abigail, 62
Delano, Amasa (historical person), 1-6, 8, 61-71, 265, 267, 271, 312n6, 339n5
American Revolution and, 68-70, 73, 75
background of, 61-71
as British East India Company officer, 72-77, 86-88
death of, 262
dispute with Cerreño, 221, 230-33, 243-46
first sealing voyage, 131-49, 154-58
maritime career of, 69-71, 72-77, 78-90, 131-49, 173-81, 211-48, 254-59
A Narrative of Voyages and Travels, 4-5, 234, 256-59, 260, 264, 271, 276, 286-87, 339n9
second sealing voyage, *202*, 203-33, 338n3, 339n3
Tryal chase, battle, and capture, 219-25

图书在版编目（CIP）数据

必然帝国：新世界的奴役、自由与骗局 / (美) 格
雷格·格兰丁 (Greg Grandin) 著；陈晓霜，叶宪允译
. -- 北京：社会科学文献出版社，2018.12
　　书名原文: The Empire of Necessity: Slavery,
Freedom, and Deception in the New World
　　ISBN 978-7-5201-3500-9

　　Ⅰ.①必…　Ⅱ.①格…②陈…③叶…　Ⅲ.①奴隶制
度－研究－美国　Ⅳ.①D771.29

　　中国版本图书馆CIP数据核字（2018）第215000号

必然帝国：新世界的奴役、自由与骗局

著　　者 / ［美］格雷格·格兰丁（Greg Grandin）
译　　者 / 陈晓霜　叶宪允

出 版 人 / 谢寿光
项目统筹 / 段其刚　　　　　　　责任编辑 / 周方茹　肖世伟

出　　版 / 社会科学文献出版社·独立编辑工作室（010）59367151
　　　　　地址：北京市北三环中路甲29号院华龙大厦　邮编：100029
　　　　　网址：www.ssap.com.cn
发　　行 / 市场营销中心（010）59367081　59367083
印　　装 / 北京盛通印刷股份有限公司

规　　格 / 开　本：787mm×1092mm　1/16
　　　　　印　张：26.75　插　页：1.75　字　数：328千字
版　　次 / 2018年12月第1版　2018年12月第1次印刷
书　　号 / ISBN 978-7-5201-3500-9
著作权合同
登 记 号 / 图字01-2017-3385号
定　　价 / 79.00元